长治学院"太行学者"骨干人才项目支持计划
国家哲学社会科学基金一般项目(编号:17BYY198)

Study of Dialectal
Mandarin in Jin Group
of Shanxi Province

王利 著

山西晋语区地方普通话调查研究

中国社会科学出版社

图书在版编目（CIP）数据

山西晋语区地方普通话调查研究 / 王利著 . —北京：中国社会科学出版社，2023.6
ISBN 978-7-5227-1898-9

Ⅰ.①山… Ⅱ.①王… Ⅲ.①推广普通话—山西 Ⅳ.①H102

中国国家版本馆CIP数据核字(2023)第085541号

出 版 人	赵剑英
责任编辑	宋燕鹏　史丽清
责任校对	李　硕
责任印制	李寡寡

出　　版	中国社会科学出版社
社　　址	北京鼓楼西大街甲158号
邮　　编	100720
网　　址	http://www.csspw.cn
发 行 部	010-84083685
门 市 部	010-84029450
经　　销	新华书店及其他书店

印刷装订	三河市华骏印务包装有限公司
版　　次	2023年6月第1版
印　　次	2023年6月第1次印刷

开　　本	710×1000　1/16
印　　张	22.25
字　　数	331千字
定　　价	128.00元

凡购买中国社会科学出版社图书，如有质量问题请与本社营销中心联系调换
电话：010-84083683
版权所有　侵权必究

序

张树铮

  地方普通话，指的是各地方言区的人所说的带有地方特点的普通话。带有地方特点，当然是指存在一些不"标准"或者说不够"规范"的缺欠，如此说来，"地方普通话"似乎是带有贬义的一个"词"；但是，又有哪个人的普通话是毫无缺欠的呢？有几个人的普通话水平等级测试是满分的呢？例如，有的人说的普通话语音比较标准，但词汇和语法仍可能会带有方言特点。因此，在语言交际中，"标准普通话"只存在于"标准"之中，而"地方普通话"才是常态现象，差别只在于程度高低：地方味儿越重，越影响交际；地方味儿越轻，越便于交流。这是由普通话作为全国通用的共同语的性质所决定的：全国各地的人们都来说普通话，所以必然会带有各地的一些地方色彩；哪怕将来大家的普通话水平都很高了，地方味儿也仍然会存在的，只不过程度大大降低了而已。所以，关注"地方普通话"，其实就是在关注实际存在的普通话状态。

  王利的《山西晋语区地方普通话调查研究》中对"山西晋语区地方普通话"的性质有四个认定，我觉得说得很透彻：1. 它本质上属于普通话系统，是山西晋语区人们在学习和使用普通话时形成的特有的表现形式；2. 由于它是山西晋语区人们在学习普通话过程中形成的，因此带有晋语的某些特点；3. 虽然带有晋语的一些特点，但它并不属于山西晋语，也不是山西晋语向普通话靠拢的问题；4. 它不是山西晋语与普通话的简单混合，而是通过渗透、覆盖、接触等方式形成的有规律可循的语言系统。正是因为"地普"具有这样的性质，所以，研究"地普"与推广普通话、研究方言和普通话的关系、"双语双言"现象、语言习得等等密切相关。近些年来进行的中国语言资源保护工程中，"地方普通话"也作为调查内容之一，正反映了人们对"地方普通话"状况的关注。

王利的这本书通过大量的实地调查，从"双言现象"、语言能力、语言态度、语言习得和语音特征几个方面对"山西晋语区地方普通话"进行了全面的观察，反映了山西晋语区普通话使用和方言使用、语言习得、语言态度等方面的现实"语情"，分析了这种"语情"背后的原因和规律。"地方普通话"的研究虽然已经提出来有好多年了，相关的研究也不能算很少，但对一个区域内的地方普通话有如此深入的调查和分析，还是不多见的。

就我个人而言，我尤其感兴趣的是其中的大量调查数据及其分析，因为这些数据为我们提出或分析验证一些结论提供了第一手的资料。我在二十多年前曾经关注过跟地方普通话有关的几个问题，发表过几篇文章。主要有：《现代汉语方言音系简化的趋势与推广普通话》（《语言文字应用》1994年第1期，中国人民大学《复印报刊资料·语言文字学》1994年第8期转载），《试论普通话对方言语音的影响》（《语言文字应用》1995年第4期），《对"无方言族"的初步观察》（《语文建设》1998年第8期），《论普通话声韵调的可接受性变体》（香港《语文建设通讯》第62期，2000年1月）。与本书有关的几个问题是：一、普通话使用中存在着城乡差别和性别差异，其中，城市中女性要比男性更倾向于使用普通话，而乡村中则相反；二、城市中某些生活环境里的幼儿，从小就习得普通话而不会说或说不好当地方言，形成"无方言族"，尽管他们习得的也是带有一定地方色彩的地方普通话；三、现实的普通话是有标准但又存在诸多变体的共同语，其中有的变体影响交际应该排除，而有的变体不影响交际可以容许其存在。这些看法都是在二十多年前提出来的，当前的社会已经发生了当时不敢想象的巨大变化；更重要的是，当时只是一些初步的观察，而现在，我们可以根据本书的调查结果对此加以复核了。

关于普通话使用和普通话水平的性别差异，本书中关注颇多；关于城乡差异，本书中没有单独的视角，但有职业的分类，其中的"农民"一类，可以在一定程度上代表乡村。"农民"的普通话水平要低于其他职业，这在表2.4"双言人在不同职业中的分布"中反映得很突出："农民"在只说方言的一类中是比例最高的53%，远超第二高的"无业人员"（32.4%），更不要说其他职业的了；在只说普通话的一类中是比例最低的3.7%，也是比第二低的"无业人员"（7.3%）要少；在"两种（方言和普通话）都可以"的一类中，农民当然也是比例最低的（43.4%），第二低的"无业人员"是60.3%。至于性别差异，书中有好多个表说明，女性使用普通话的比例和普通话水平要比男性高，可惜的是，这里没有我上面提到的城乡女性的比较。

关于"无方言族"，书中也有统计表说明这个问题。表5.1"各地人们小时候最先学会的语言比例统计表"显示，最先学会普通话的比例是11.9%。表5.1.1"人们最先学会的语言在不同年龄人群中的分布"则显示，年龄段越低，最先学会普通话的比例越高：12岁以下是35.9%，12到18岁是20%，19到30岁是11.9%，31到45岁是8.5%，46到60岁是7.1%，60岁以上是4.7%。这充分说明了"无方言族"的不断扩大，在12岁以下竟达到了三分之一强。假定拙文《对"无方言族"的初步观察》发表时（1998年）幼儿刚刚出生，那么应该属于19到30岁的年龄段，对应的比例是11.9%；约10年之后出生的人（12岁以下）中，这一比例已经升到了35.9%。这与我们平常的观察是一致的，包括农村在内，正在有越来越多的家长从一开始就用普通话对幼儿进行语言启蒙，这甚至倒逼着平常不说普通话的爷爷奶奶们也开始跟孩子说起了普通话。表2.13.2"不同年龄人群在家针对不同交际对象选择使用普通话的情况"显示，60岁以上人群中，"常对孩子孙子等晚辈使用"普通话的比例占到了52.4%，而他们平常是很少说普通话的。表2.3"双言人在不同年龄段中的分布"显示，60岁以上人群能够说普通话的比例只有32%、平常使用普通话的比例只有4.6%。这就是说，这些爷爷奶奶们为了"孩子孙子"而使用普通话的比例由4.6%提升到了52.4%！

关于"地方普通话"的实际情况，本书第六章"山西晋语区地方普通话的语音特征"对此有详细的讨论，说明了各地"地普"由于方言影响而形成的"地方色彩"的具体表现。书中没有给出这些"地方普通话"在说普通话的人群中的比例（普通话不同等级的比例应该是各地普通话测试机构掌握的信息），但由各省普通话等级测试时定为一等（92分以上）的材料都要提交到国家普通话水平测试中心进行复核来看，"优秀"的比例应该是比较低的。即使我们假定"一等"的比例是百分之十（实际上远远不到），那也意味着百分之九十以上的人们所说的普通话都是这种有缺欠的"地方普通话"；换言之，人们实际上使用的属于普通话范畴的"普通话"至少有百分之九十以上是不标准的。由此可见，"普通话"的一般概念只是就标准普通话而言的，而实际存在的普通话却是有种种不标准的变体的，对这些"非标准变体"（这是我2000年那篇论文原来的说法，编辑给改成了"可接受性变体"）确有研究的必要，因为这是现实并且是很难改变的现实。本书的研究对象正是这些"非标准变体"。

以上所谈并非"兜售旧货""炒冷饭"，而仅仅是从个人研究兴趣的角度谈了阅读本书的一些收获，算是举了几个例子。地方普通话的形成，既有语言内部因素，也有外部的社会因素。本书的调查结果，为我们了解语言国情、扎实推普、研究普通话和方言关系、幼儿和中小学普通话教学等等提供了足够丰富的基础资料，我们完全可以从中收获更多。具体到各地来说，山西的晋语区可能与官话区情况不尽相同，山西和陕西、河北、河南、山东的情况也可能不尽相同，北方方言区和南方方言区的情况肯定差异更大，但其中的一些基本规律肯定是相同的，本书的调查可以为其他省区、方言区地方普通话的研究提供很重要的参考。

令人欣喜的是，书中告诉我们，山西晋语区平常说普通话和既使用方言也使用普通话的人群比例达到了86.1%（表2.1），这切实地反映了普通话在该区域内的普及程度，这当然也反映了该区域推普工作的巨大成绩。随着年青一代的成长，这一比例肯定会越来越高。同样令人欣喜的是，书中告诉我们，当地人们对方言的前景比较乐观和对保护方言有积极期待的比例也是比较高的，表4.6中，对当地话使用情况感到乐观的比例是24.6%，期待积极保护方言的比例是46.8%，两者相加占71.4%。在大力推广普通话的同时又积极保护当地方言，这正是我们期望看到的语言景象！因为方言不仅保存着当地的语言资源和文化资源，而且也是丰富普通话的重要源泉。

  写到这里，室外正灿烂着冬日的暖阳。新的防疫政策实施以来，疫情高峰已过，已经"阳康"的我更加充满信心地享受着阳光，也期盼着我们国家的语言生活跟我们的时代一样越来越充满阳光！

  祝贺王利《山西晋语区地方普通话调查研究》的出版！

2023年1月9日写于山东大学第五宿舍

目 录

第一章 绪论 ……………………………………………………（1）
    第一节 山西地理历史概况 …………………………………（1）
    第二节 山西晋语区地方普通话的界定 ……………………（2）
    第三节 山西晋语区地方普通话的研究现状 ………………（5）
    第四节 研究目的、意义、方法及材料来源 ………………（11）

第二章 山西晋语区地方普通话的选用情况 ………………（16）
    第一节 山西晋语区的双言现象 ……………………………（16）
    第二节 山西晋语区双言的选用 ……………………………（25）
    小 结 …………………………………………………………（84）

第三章 从语言能力看山西晋语区地方普通话的使用情况 …（85）
    第一节 山西晋语区地方普通话和方言的使用水平调查 …（86）
    第二节 山西晋语区地方普通话和方言的使用类型的调查 …（100）
    小 结 …………………………………………………………（114）

第四章 从语言态度看山西晋语区地方普通话的使用情况 …（116）
    第一节 山西晋语区人们使用地方普通话和方言原因的调查 …（117）
    第二节 山西晋语区人们对地方普通话和方言重要性的调查 …（134）
    第三节 山西晋语区人们对普通话和方言喜欢程度的调查 ……（141）

第四节　山西晋语区人们对自身普通话水平预期和方言前途的
　　　　　　调查 ·· （145）
　　小　结 ··· （156）

第五章　从语言习得看山西晋语区地方普通话的使用情况 ············ （159）
　　第一节　山西晋语区人们习得地方普通话和方言先后的调查 ··· （160）
　　第二节　山西晋语区人们习得地方普通话途径的调查 ············ （166）
　　第三节　山西晋语区人们习得地方普通话原因的调查 ············ （175）
　　小　结 ··· （185）

第六章　山西晋语区地方普通话的语音特征 ······························· （189）
　　第一节　山西晋语区地方普通话的语音特征 ······················· （191）
　　第二节　山西晋语区地方普通话语音的困难度分析 ············· （259）
　　第三节　山西晋语区方言对地方普通话语音结构的负迁移 ··· （272）

余论　从山西晋语区地方普通话看山西晋语和普通话的接触 ········· （277）
参考文献 ··· （289）
附　录 ·· （314）
后　记 ·· （345）

第一章　绪论

第一节　山西地理历史概况[①]

一　地理概况

山西因在太行山之西而得名，其地处黄土高原之上，位于北纬34°36′—40°44′，东经110°15′—114°32′，北靠古长城，西傍吕梁山，南依黄河，东依太行山，与河北、内蒙古、河南、陕西接壤。疆域轮廓呈东北斜向西南的平行四边形，全境总面积为15.6万平方千米，占全国总面积的1.6%。

山西地形非常复杂，有山地、高原、盆地、丘陵等多种地貌，整体上看是典型的为黄土广泛覆盖的山地高原。地势东北高、西南低，境内大部分地区海拔在1500米以上。

山西属于暖温带、温带大陆性气候，年平均气温在4℃—14℃之间，气温从北向南、从山地到平川逐渐增高。夏季雨水较多，全省年平均降水量400—650毫米。

据《山西省第七次全国人口普查公报》统计，到2020年全省常住人

[①] 此部分的相关数据主要参考了山西省人民政府网站（http：//www.shanxi.gov.cn）中的有关内容。

口约为 3491.5616 万人。山西省是少数民族散居省份，除汉族外，还有回族、满族、蒙古族等 54 个少数民族，少数民族约 12 万余人，占全省总人口的 0.35%。

二 历史沿革

山西历史悠久，早在旧石器时代我们的祖先已在这里繁衍生息。夏朝时候，山西南部就已经成为人们主要的聚居地。到商朝，山西南部是其直接统治区域，其余地方是其下属的方国部落。西周初期大规模分封诸侯，晋国是其中一个主要的诸侯国。春秋时期，晋国成为春秋五霸之一，其疆域大约包括今山西中南部、河北西南部、河南西北部和陕西东部，设置 50 余个县，其中山西境内有 10 个。战国时，赵、魏、韩三家分晋。秦统一六国后，在山西境内设置 5 郡 21 县，包括河东郡、太原郡、雁门郡、代郡、上党郡。到魏晋南北朝时期，匈奴、鲜卑、羌族等少数民族逐渐迁入山西，各主一地。直到公元 428 年，北魏统一山西全境，设置 9 州 35 郡。隋代取消郡级建制，在山西境内设置 14 郡。唐代，今山西为河东道所管辖，宋代，属河东路，到元代，设山西河东道，因地处黄河之东、太行山之西而得名，这是"山西"作为行政区名的开始，明初改为山西行中书省，清代，改称山西省，设置 9 府 10 直隶州。民国时期，废府州。新中国成立后，山西的行政区划多次调整，现在，全省共有 11 个地级市、26 个市辖区、80 个县。

第二节 山西晋语区地方普通话的界定

一 问题的提出

陈章太指出"推广普通话工作经历了几十年，我国的语言生活发生了很大的变化。现在，普通话在我国语言生活中的作用越来越大，一些地方和一些单位已经普及或者基本普及普通话，普通话作为教学语言、宣传语言和工作语言已经有了较好的基础。但是,从全国范围来看,普通话远没有普及"①,尤其"在小城镇和乡村,普通话的普及率还没有具体的数据"②。

据《中国语言文字使用情况调查资料》,从1998年到2004年,我国通过六年的时间首次对全国语言文字的使用情况进行了调查,调查结果显示,"现在能用通用语言交流的只有53%,一半人。这反映了语言文字工作和教育的落后……普通话的普及还存在令人担忧的情况,与社会发展不相协调"③。

据新华网文章《我国语言文字工作在大发展中仍存在"瓶颈"》,国家语委副主任王登峰在2009年年度语言文字工作会议上指出:"目前语言文字工作面临的'瓶颈'主要包括:普通话在我国尚未普及,汉字社会应用的规范化程度有待提高……"④,时隔11年之后,据新华网文章《全国推普周开幕:中国普通话普及率约达80%》,全国范围内普通话普及率为80.72%。⑤

综上,从1990年的"普通话远没有普及"、2006年的"普通话的普及存在令人担忧的情况"到2009年的"普通话在我国尚未普及"再到2020年的"全国范围内普通话普及率为80.72%",显而易见,在三十年的时间里,普通话的普及率大幅度地提高了。这说明在人们的日常交际中,方言已经不再是语言生活的"专属",普通话已经占有了一席之地。但是,"全国各地的人讲的普通话,和普通话标准的接近程度怎么样?似乎目前为止还没有一个科学的调查统计。但从语音上说,用北京音系来对照全国各地人讲的普通话,完全符合标准的,恐怕不会太多"⑥。

---

① 陈章太:《关于普通话与方言的几个问题》,《语文建设》1990年第4期,第27页。
② 陈章太:《略论我国新时期的语言变异》,《语言教学与研究》2002年第6期,第27页。
③ 中国语言文字使用情况调查办公室编:《中国语言文字使用情况调查资料》,语文出版社2006年版。
④ 吴晶:《我国语言文字工作在大发展中仍存在"瓶颈"》,http://www.gov.cn/govweb/jrzg/2009-02/24/content_1241582.htm,2009年2月24日。
⑤ 新华网:《全国推普周开幕:中国普通话普及率超过80%》,2020年9月14日。
⑥ 姚佑椿:《应该开展对"地方普通话"的研究》,《语文建设》1989年第3期,第18页。

在上述的语言生活的大背景下,晋语也在时刻承受着普通话的影响和冲击,这种情况下的"晋语"和《方言志》中所记载的"晋语"已有所不同。如今,在山西晋语区,方言一统天下的局面已被打破,各县市甚至一些乡镇,都出现了普通话和当地方言交替使用的"混合"状态,在普通话和当地方言的不断相互影响下形成了地方普通话和新派方言。

二 山西晋语区地方普通话的界定

李荣先生指出"山西省及其毗连地区有入声的方言即为晋语"[①]。鉴于此,山西晋语区即指山西省境内有入声的方言区,主要分布在太原、晋中、阳泉、大同、朔州、忻州、吕梁、长治、晋城等9个地级市。

普通话是指"以北京语音为标准音,以北方话为基础方言,以典范的现代白话文著作为语法规范的现代汉民族共同语"[②]。这一概念从语音、词汇、语法三个方面对普通话进行了规范。但人们在使用普通话进行交际时,并非所有人都能达到上述标准,也就是说,人们所说的"普通话"往往不是标准的普通话,而是有一定的方言特点。正如周有光所说,"对大众来说,学习'规范普通话',实际得到的收获往往是'方言普通话'"[③],姚佑椿也曾说过,"方言区人,也许还包括北方方言区中不属于北方官话的其他次方言区的人,他们说的普通话,绝大多数带有一定的方言特征"[④],陈章太也有类似的说法,"不标准的普通话是标准普通话的地方变体,是带有不同程度的方言色彩的普通话,对不标准的普通话,各地有些不同的叫法,过去称为'蓝青官话'、'带方言腔的普通话',新近还有说'塑料普通话'的,我们暂且采用'地方普通话'的说法……地方普通话是方言区的人学习普通话过程中必然产生的语言现象,它既有方言成分,又有普通话成分,但基本摆脱了方言而进入普通话范畴"[⑤]。我们采用陈章

[①] 李荣:《汉语方言的分区》,《汉语方言分区的几个问题》1985年第2期。
[②] 黄伯荣,廖序东:《现代汉语》(上册),高等教育出版社1990年版,第1页。
[③] 周有光:《周有光语文论集》(第四卷),上海文化出版社2002年版,第286页。
[④] 姚佑椿:《应该开展对"地方普通话"的研究》,《语文建设》1989年第3期。
[⑤] 陈章太:《关于普通话与方言的几个问题》,《语文建设》1990年第4期,第29页。

太的观点,将带有方言色彩的普通话称为"地方普通话"。

综上所述,我们认为,山西晋语区"地方普通话"是指山西省境内有入声的方言区的人们所使用的带有山西晋语特点的不标准的普通话。这个界定包含以下四方面的内容:

1. "山西晋语区地方普通话"本质上属于普通话系统,是山西晋语区人们在学习和使用普通话时形成的特有的表现形式。

2. 由于"山西晋语区地方普通话"是山西晋语区人们在学习普通话过程中形成的特定形式,因此带有晋语的某些特点。

3. "山西晋语区地方普通话"虽然带有晋语的一些特点,但它并不属于山西晋语,它与山西晋语向普通话靠拢不是一回事儿。

4. "山西晋语区地方普通话"并不是山西晋语与普通话的简单混合,而是通过渗透、覆盖、接触等方式形成的有规律可循的语言系统。

第三节 山西晋语区地方普通话的研究现状

根据我们所掌握的材料,目前直接研究山西晋语区"地方普通话"的成果非常少,仅有10篇论文,主要集中在单点、单特征的研究上。其中,有5篇论文主要研究某个县、市单点地方普通话的使用情况,即《太原市双方言词汇使用现状的调查》[①]、《朔州市中学生对普通话及朔县方言的态度研究》[②]、《山西省高平市普通话使用情况调查研究》[③]、《从社会语言学的角度考察山西平遥方言的社会功能》[④]、《长治惠民社区语言情况的调查

---

① 郑彰培、国赫彤:《太原市双方言词汇使用现状的调查》,《南开语言学刊》2006年第2期。
② 曹玉梅:《朔州市中学生对普通话及朔县方言的态度研究》,硕士学位论文,吉林大学,2012年。
③ 郭娜:《山西省高平市普通话使用情况调查研究》,硕士学位论文,青海师范大学,2013年。
④ 范椿淑:《从社会语言学的角度考察山西平遥方言的社会功能》,硕士学位论文,西北民族大学,2015年。

研究》①，有 5 篇论文主要研究某个县、市地方普通话的语言特征，即《对太原方言区 PSC 中"二乙"语音特征的分析和思考》②、《长治普通话双字词的调型结构分析》③、《长治普通话双音节词语的声调分析》④、《山西普通话的语音特征》⑤、《榆次人普通话中方言特征研究——以人身分析为视角》⑥。

间接涉及到山西晋语区普通话使用情况的论著则仅有 1 部，即《中国语言文字使用情况调查资料》⑦。该书记录了我国首次进行的历时长达六年的语言文字使用调查情况的结果，调查范围广，内容翔实，数据准确。其中包含了山西省普通话普及情况的相关数据，为我们进一步研究山西晋语区地方普通话的使用情况提供了宝贵资料。

据我们目前所掌握的资料，对山西某一区域或整个山西晋语区地方普通话的使用情况和语言特征进行专门调查、分析的成果尚未见到，但学界关于其他方言区地方普通话的研究早已有之。

早在 20 世纪 80 年代，一些学者已经开始注意到研究地方普通话的价值，如姚佑春先生指出，地方普通话"在不同的情况下，在不同人的嘴里，又有不同的表现，……有很多东西值得研究。"⑧ 但此时的研究还处于萌芽阶段，相关研究成果较少，主要有《闽南口音普通话说略》⑨、《上海

---

① 张从容：《长治惠民社区语言情况的调查研究》，硕士学位论文，北方民族大学，2018 年。
② 朱爱萍：《对太原方言区 PSC 中"二乙"语音特征的分析和思考》，第四届全国普通话培训测试学术研讨会会议论文 2009 版。
③ 李宁、孟子厚：《长治普通话双字词的调型结构分析》，第九届中国语音学学术会议论文集 2010 版。
④ 李蕾：《长治普通话双音节词语的声调分析》，第九届中国语音学学术会议论文集 2010 版。
⑤ 李宁、孟子厚、李蕾：《山西普通话的语音特征》，第十一届全国人机语音通讯学术会议论文集（二）2011 版。
⑥ 常乐：《榆次人普通话中方言特征研究——以人身分析为视角》，《中国司法鉴定》2019 年第 5 期。
⑦ 中国语言文字使用情况调查领导小组办公室编：《中国语言文字使用情况调查资料》，语文出版社 2006 版。
⑧ 姚佑椿：《应该开展对"地方普通话"的研究》，《语文建设》1989 年第 3 期。
⑨ 陈亚川：《闽南口音普通话说略》，《语言教学与研究》1987 年第 4 期。

口音的普通话说略》①、《方言与普通话之间的"过渡语"》②、《应该开展对"地方普通话"的研究》③ 等。其中,《闽南口音普通话说略》和《上海口音的普通话说略》针对具体的地方普通话进行语音分析,开启了地方普通话研究的先河。之后,《方言与普通话之间的"过渡语"》和《应该开展对"地方普通话"的研究》两篇文章从宏观上对地方普通话的性质进行了理论探讨,两位先生的观点不一。李如龙先生认为"在方言和普通话之间,存在着一种既不是方言、又不是普通话的过渡语。所谓'兰青官话'大体上就是这样的过渡语……过渡语是方言和普通话这一对立统一物之间的中介,是方言和普通话之间相互影响的中间环节。"④ 简言之,他认为地方普通话不是普通话,而将其称为"过渡语"。姚佑椿先生则认为地方普通话也是普通话,他指出:"普通话的作用主要是用来沟通各方言的交际活动的,这种带有方言成分的普通话起到了这种作用,为什么就不能算作普通话呢?"⑤

进入二十世纪九十年代之后,探讨"地方普通话"的成果逐渐增多,主要涉及地方普通话的性质、特征等宏观的理论问题以及一些具体的个案分析。

在"地方普通话"的理论研究方面,成果较为丰富。1990年6月5日至8日,语言文字应用研究所在北京召开"普通话与方言问题学术讨论会",其中"地方普通话"是一个颇受关注的议题,与会人员提交了很多相关论文。学者们一致认为,"地方普通话"是方言区人们在学习普通话过程中出现的客观现象。会后,陈亚川将与会者的发言整理成《"地方普通话"的性质特征及其他》⑥ 一文,文章着重讨论了地方普通话的性质、

---

① 姚佑椿:《上海口音的普通话说略》,《语言教学与研究》1988年第4期。
② 李如龙:《论方言与普通话之间的"过渡语"》,《福建师范大学学报(哲社版)》1988年第2期。
③ 姚佑椿:《应该开展对"地方普通话"的研究》,《语文建设》1989年第3期。
④ 李如龙:《论方言与普通话之间的"过渡语"》,《福建师范大学学报(哲社版)》1988年第2期。
⑤ 姚佑椿:《应该开展对"地方普通话"的研究》,《语文建设》1989年第3期。
⑥ 陈亚川:《"地方普通话"的性质特征及其他》,《世界汉语教学》1991年第1期。

特征及其产生根源,并运用第二语言习得中的中介语理论分析论证了"地方普通话"与方言向普通话靠拢不是一回事儿。之后,讨论地方普通话性质、特点、成因、判定标准等问题的文章逐渐增多,主要有《从我国语言实际出发研究社会语言学》①、《论母语方言对共同语学习的影响》②、《普通话学习受方言习惯影响的考证》③、《就"方言普通话"答客问》④、《中国文字使用情况调查中有关普通话的几个问题》⑤、《略论"带地方色彩的普通话"》⑥、《普通话中介语的系统成因》⑦、《关于地方普通话的产生动因、价值及未来趋势的探讨——以"南宁普通话"为例》⑧、《普通话区域变体的特点与普通话差错的分际》⑨、《土语层"普方双言"现象影响因素分析》⑩等等。

在对地方普通话进行个案分析的成果中,有对某地或某一区域普通话使用情况进行调查分析的文章,如《绍兴市城区普通话的社会分布及其发展趋势》⑪、《长沙地方普通话固化研究———地方普通话固化的个案调查》⑫、《河北省普通话普及情况调查分析》⑬、《广西普通话普及情况调查

---

① 谢俊英:《中国语言文字使用情况调查中有关普通话的几个问题》,《语言文字应用》1999年第4期。
② 陈建民、陈章太:《从我国语言实际出发研究社会语言学》,《语文建设》1988年4期。
③ 沙平:《论母语方言对共同语学习的影响》,《福建师范大学学报(哲学社会科学版)》1995年第1期。
④ 孙蕙如:《普通话学习受方言习惯影响的考证》,《河南社会科学》1997年第2期。
⑤ 齐沪扬:《就"方言普通话"答客问》,《修辞学习》1999年第4期。
⑥ 王群生、王彩豫:《略论"带地方色彩的普通话"》,《荆州师范学院学报》2001年第6期。
⑦ 肖劲松:《普通话中介语的系统成因》,《南方论刊》2007年第4期。
⑧ 李咏梅:《关于地方普通话的产生动因、价值及未来趋势的探讨——以"南宁普通话"为例》,硕士学位论文,广西大学,2012年。
⑨ 董思聪、徐杰:《普通话区域变体的特点与普通话差错的分际》,《语言科学》2015年第6期。
⑩ 李金凤、何洪峰、周宇亮:《语言态度、语言环境与农村学前留守儿童语言使用》,《语言文字应用》2017年第1期。
⑪ 陈松岑:《绍兴市城区普通话的社会分布及其发展趋势》,《语文建设》1990年第1期。
⑫ 劲松、牛芳:《长沙地方普通话固化研究——地方普通话固化的个案调查》,《语言科学》2010年第6期。
⑬ 孙曼均、李卫红:《河北省普通话普及情况调查分析》,《语言文字应用》2011年第6期。

分析》①、《江苏省普通话普及情况调查分析》②、《粤港澳大湾区电视语言使用情况调查及其规划思考》③。其中，《绍兴市城区普通话的社会分布及其发展趋势》④ 首次运用社会语言学的方法从语言使用者的不同职业、年龄以及言语交际场合等方面来分析绍兴市城区普通话的使用情况。也有对某地普通话的语言特点进行分析讨论的文章，如《上海口音普通话初探》⑤、《大田普通话的普及和偏误》⑥、《四川口音普通话的语音特征》⑦、《粤语影响下的韶关市城区普通话词汇的特点》⑧、《"金华普通话"探微》⑨、《海南口音普通话初探》⑩、《邢台地方普通话语言特征分析》⑪、《方言区"过渡语"语音问题的调查与研究——以洛阳地区为例》⑫、《徐州口音普通话初探》⑬、《"济南普通话"语音研究》⑭、《上海地方普通话口音特征语项动态分析》⑮、《地方普通话方言变项的使用和扩散——以福建永安普通话"来去"句的调查分析为例》⑯、《论内蒙古晋语区地方普通话

---

① 戴红亮：《广西普通话普及情况调查分析》，《语言文字应用》2012年第1期。
② 普通话普及情况调查项目组、苏金智、李卫红、姚喜双、魏晖：《江苏省普通话普及情况调查分析》，《语言文字应用》2012年第1期。
③ 王海兰：《粤港澳大湾区电视语言使用情况调查及其规划思考》，《语言文字应用》2019年第4期。
④ 陈松岑：《绍兴市城区普通话的社会分布及其发展趋势》，《语文建设》1990年第1期。
⑤ 汪平：《上海口音普通话初探》，《语言研究》1990年第1期。
⑥ 许长安：《大田普通话的普及和偏误》，《语文建设》1991年第7期。
⑦ 王文虎：《四川口音普通话的语音特征》，《四川大学学报（哲学社会科学版）》1994年第5期。
⑧ 邝永辉：《粤语影响下的韶关市城区普通话词汇的特点》，《韶关大学学报（自然科学版）》1996年第1期。
⑨ 赵则玲：《"金华普通话"探微》，《浙江师大学报》1996年第5期。
⑩ 刘新中：《海南口音普通话初探》，《海南师院学报》1998年第4期。
⑪ 刘华卿：《邢台地方普通话语言特征分析》，《邢台师范高专学报》2002年第1期。
⑫ 刘宏：《方言区"过渡语"语音问题的调查与研究——以洛阳地区为例》，《郑州大学学报（哲学社会科学版）》2004年第5期。
⑬ 吴琼：《徐州口音普通话初探》，硕士学位论文，华中科技大学，2004年。
⑭ 陈蒙：《"济南普通话"语音研究》，硕士学位论文，山东大学，2009年。
⑮ 叶军：《上海地方普通话口音特征语项动态分析》，《语言文字应用》2012年第S1期。
⑯ 李庐静：《地方普通话方言变项的使用和扩散——以福建永安普通话"来去"句的调查分析为例》，《语言文字应用》2013年第3期。

的语法特点》① 等等。

由此可见,"地方普通话问题已被人们所重视,陆续发表了一些调查研究地方普通话的报告和文章,这是可喜的现象。"② "科学工作者关心、讨论'地方普通话',既有理论意义又有实用价值,对我们更有针对性地更有效地推广普通话会有帮助的,这跟过去我们研究方言以帮助推广普通话有相同之处"③。"但是这种调查研究有待进一步深入,描写、分析需要更加细致。"④

总的来看,山西晋语区地方普通话的调查研究工作相对薄弱,研究成果非常少,这与山西晋语区老派方言研究成果丰富的研究现状极不协调。同时,其他方言区的地方普通话的研究,在材料收集、调查分析和理论探讨等方面都已经积累了一定的成果,这无疑为我们提供了一定的理论参考。相对于其他方言区的研究,对于山西晋语区的地方普通话的研究存在以下不足:

第一,语料严重不足,地方普通话的语料亟待全面收集调查。如前所述,目前虽有几篇对山西晋语区某地普通话进行研究的论文,但这些研究所涉及到的调查点很少,仅有长治、榆次、太原、朔州、高平、平遥等地,而且研究内容比较单一。语料的缺乏势必制约了山西晋语区的地方普通话的使用情况、语音特征等问题的深入分析和探讨。

第二,研究缺乏系统性和整体性。目前,有关地方普通话的研究成果多集中在单点上,且分布比较分散,缺乏对某一区域地方普通话的使用情况以及语音特点做系统、全面的研究,不能很好地凸显个体与整体、个性和共性的关系。

---

① 麻彩霞:《论内蒙古晋语区地方普通话的语法特点》,《内蒙古师范大学学报》2018 年第 5 期。
② 陈章太:《关于普通话与方言的几个问题》,《语文建设》1990 年第 4 期,第 29 页。
③ 于根元:《新时期推广普通话方略研究》,中国经济出版社 2005 年版,第 65 页。
④ 陈章太:《关于普通话与方言的几个问题》,《语文建设》1990 年第 4 期,第 29 页。

第一章　绪论

第四节　研究目的、意义、方法及材料来源

一　研究目的和意义

鉴于山西晋语区地方普通话和新派方言的研究现状，本书将做以下几方面的工作：

第一，对山西晋语区地方普通话的使用情况进行全面细致地调查、描写和归纳，从语言选用、语言能力、语言态度、语言习得等方面较全面、系统地揭示山西晋语区地方普通话使用的整体情况。

第二，对山西晋语区地方普通话的语音特点进行全面地调查和翔实地描写、分析，揭示方言对普通话影响的具体表现。

第三，地方普通话是方言和普通话相互影响的产物，在详细分析地方普通话特点的基础上，尝试着对方言与普通话的互动方式、特点作初步的讨论。

在普通话的强势影响下，当下山西晋语区中说普通话的人多了，说晋语的人说的"晋语土话"也和过去不同了。作为山西晋语区的语言工作者，对于这些发生在身边的活生生的语言现象和语言变化，我们不能视若无睹。我们认为，对山西晋语区地方普通话做进一步研究在当下具有以下几个重要的意义：

第一，可以获得有关山西晋语区地方普通话的第一手语料。该研究对山西晋语区地方普通话的使用情况和语音特征进行全面、系统、翔实的调查，获取大量的第一手数据，为进一步的相关研究奠定扎实的语料基础。

第二，系统、全面地揭示山西晋语和普通话相互影响的表现。从山西晋语区地方普通话的使用情况和语音特征考察山西晋语对普通话的影响，初步讨论山西晋语区方言和普通话的接触模式，为其他方言点或方言区的相关研究提供一定的参考。

第三，对山西晋语区地方普通话进行系统的调查、描写和分析，可以

为当地人学习普通话提供一定的指导，也可以为当地普通话水平测试工作提供一定的实践参考。同时，从社会语言学的角度对地方普通话使用情况所进行的数据分析还可以为当地语委办推广普通话工作提供一定的理论指导，为我国语情调查工作提供一定的参考。

二 研究方法

（一）实地调查法

实地调查法是获取地方普通话第一手材料的基本方法。如前所述，目前关于山西晋语区地方普通话的材料都非常少，因此，我们首先必须进行翔实地调查。我们在调查地方普通话的语音特征时，我们选择不同年龄、职业、受教育程度、性别的发音人进行实地录音调查。在调查前，我们会专门向发音人介绍调查的目的，而且不管发音人的普通话水平如何，都要求发音人一定要用普通话来交谈。为了便于调查者更好地辨别被调查人说的是地方普通话还是方言，我们借鉴苏金智提到的四个辨别方法："一是根据被调查人说话的语言特征；二是参照自述；三看他是单语人还是双语人，是否存在着语码转换现象；四看他的文化程度。以语言特征为主，再参照其他三种因素，判断一个人所讲的话是普通话还是方言。"[①] 同时，为了获得发音人真实自然状态下说地方普通话的语料，我们采取隐蔽的现场录音。

（二）问卷调查法

问卷调查法是较快地了解地方普通话总体情况的一种调查方法。本书从社会语言学的角度运用问卷调查法获取地方普通话使用者的年龄、职业、性别、场合等方面的总体分布情况以及地方普通话使用者的语言能力、语言态度、语言水平等总体情况，并运用 SPSS 数据库软件对相关数据进行统计。在调查过程中，针对研究内容，自制了问卷调查表《山西晋

---

① 苏金智：《中国语言文字使用情况调查准备工作中的若干问题》，《语言文字应用》1999年第1期。

语区某县（市）地方普通话使用情况调查表》。共调查了77个县市，其中9个地级市、8个县级市、60个县，涵盖山西晋语的中区、北区、西区、东南区①，发放问卷13020份，收回问卷12694份，其中有效问卷11295份。由于各地参与填写问卷的人数参差不齐，调查问卷的数量不尽一致，有的地方多一些，比如大同市、太原市、应县、泽州县等，有的地方则少一些，如浑源县、介休市、五台县等，但对这些问卷数据的调查整理，从整体上可以反映出山西晋语区普通话使用情况的大致趋向和规律。各县市发放问卷的具体数量情况见附录一。

（三）描写法和比较法

在实地调查和问卷调查的基础上，本书重点对山西晋语区的地方普通话的使用情况、语音特征做了全面、准确且详尽的描写分析，并以此作为进一步研究的基础。在对各种语料进行描写时，比较法贯穿本书研究的整个过程，即将山西晋语区各地地方普通话使用情况进行比较、将地方普通话与标准普通话进行比较，通过这一系列的比较揭示出地方普通话系统形成的原因。

三 材料来源

关于山西晋语区地方普通话、文中涉及到的新派方言的材料均为笔者亲自调查所得，山西晋语区老派方言的语音材料则来自已出版的《山西方言调查研究报告》和有关方言志。

在调查山西晋语区地方普通话的使用情况时，我们以县市政府所在地为中心并以保留入声为原则来选择调查点，共选择了9个地级市、8个县级市和60个县区，共77个调查点。9个地级市分别是：太原、晋中、阳泉、大同、朔州、忻州、吕梁、长治、晋城；8个县级市分别是：古交、介休、孝义、怀仁、原平、汾阳、潞城、高平。60个县区分别是：阳曲

---

① 此分区说法出自侯精一、温端政《山西方言调查研究报告》，山西高校联合出版社1993年版。

县、娄烦县、清徐县、寿阳县、昔阳县、和顺县、祁县、榆社县、左权县、平遥县、灵石县、盂县、平定县、交城县、文水县、大同县、天镇县、阳高县、左云县、浑源县、灵丘县、右玉县、山阴县、应县、河曲县、神池县、代县、保德县、岢岚县、五台县、定襄县、五寨县、偏关县、宁武县、繁峙县、兴县、岚县、临县、柳林县、中阳县、石楼县、交口县、方山县、静乐县、汾西县、隰县、沁源县、沁县、武乡县、襄垣县、黎城县、屯留县、平顺县、壶关县、长治县、长子县、沁水县、陵川县、阳城县、泽州县。2017年9月初到2018年9月，我们采用概率抽样的方式选取被试，对山西晋语区（包括东南部地区18个县市，西部地区13个县市，北部地区25个县市，中部地区21个县市）上述共77个县市的人们使用普通话和方言的情况进行调查与分析，调查内容涉及普通话和本地话的习得、使用场合、使用能力、使用态度、使用水平等问题。共发放问卷13020份，收回问卷12694份，其中有效问卷11295份，无效问卷1399份。调查对象的年龄包括六个阶段，分别为12岁以下、12—18岁、19—30岁、31—45岁、45—60岁以及60岁以上；职业包括教师、公务员、企事业单位人员、商业服务人员、个体户、农民、学生、无业人员及其他；受教育程度分为没上过学、小学、初中、高中、大专、本科及以上（详细数据见附录一）。样本的性别结构、年龄结构、职业结构、受教育程度结构等基本合理，具有可信性和有效性，具备对总体的代表性。被调查对象的具体结构分析见附录二。

  有关其他方言区的相关材料都来自他人的研究成果，包括有关方言志、方言调查报告、历史文献和学术论文等（参见文末的参考文献）。

第一章 绪论

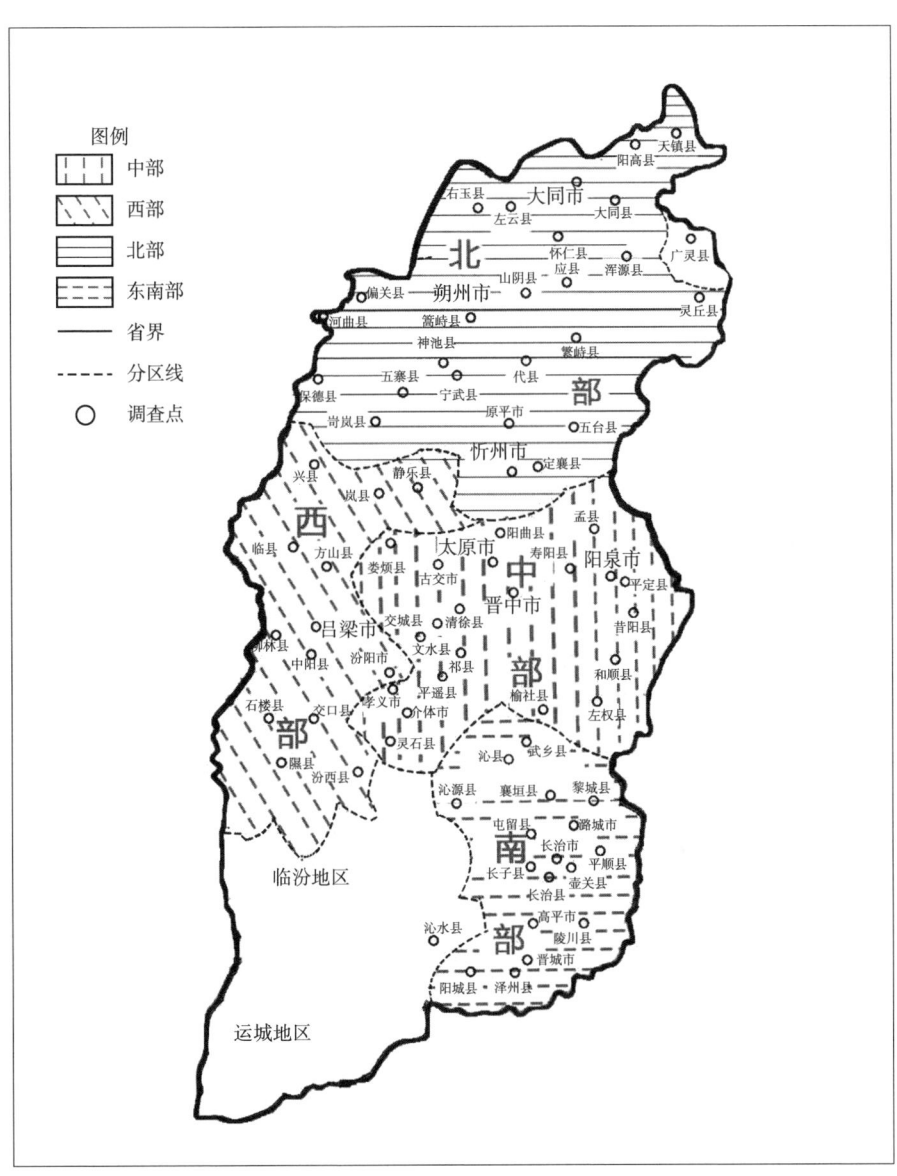

图1 山西晋语区分布图

第二章 山西晋语区地方普通话的选用情况

随着山西经济、文化的迅速发展，对外交流程度的不断加深，大众传媒影响力的日益扩大，推广普通话的力度不断加大，方言在山西晋语区已不能独占一席之地，普通话使用者已从无到有、由少到多，逐渐渗透到山西晋语区的各个群体，各县市会说普通话的人越来越多。正如陈章太先生所说："既使用地域方言，又说标准语——普通话，这是最为普遍的现象；从东部到西部，从城市到乡村，全国几乎都是这种情况……"① 山西晋语区也不例外。山西晋语区的人们从过去的只使用方言的"单一"状态已发展为现在的方言和普通话都在使用的"双言"格局。在这种"双言"格局中，人们依据不同的对象、不同的场合有规律地选择使用某一种交际方式。本章我们通过梳理分析相关调查数据，考察山西晋语区地方普通话的选用情况，并讨论影响和制约人们语言选用的具体因素，进而为日后更加合理、规范地使用普通话提供一定的理论指导。

第一节 山西晋语区的双言现象

一 双言格局已经形成

在对山西晋语区各县市居民的语言使用情况进行调查后，我们发现绝

---

① 陈章太：《略论我国新时期的语言变异》，《语言教学与研究》2002 第 6 期。

第二章 山西晋语区地方普通话的选用情况

大部分居民都会说本地方言和普通话。(具体情况见表2.1) 学者们将这种现象称为"双言现象"或"双语现象"。"双言现象(diglossia)"这一术语是美国社会语言学家弗格森首次提出的,他指出,双言现象是人们在不同情况下使用同一种语言的两种或两种以上变体的现象。国内的语言学家于上世纪80年代也开始关注双言现象。严学宭认为"双言现象是指同一语言有着两种或两种以上的变体。如汉族有许多人在跟家人或同一方言区的朋友交谈时,讲地方方言;而在跟操其他方言的人交谈时或在公众场合时,则讲普通话。这种广泛存在的讲方言又讲共同标准语的现象,叫做'双言现象'。"① 徐大明认为"在很多情况下,一个社会中使用两种语言变体,而且这两种变体往往是分别在不同的场合使用。这两种变体很可能是谱系上相关的两种语言,或者是一种语言的两种方言。在后一种情况下,往往其中一种是标准方言,另一种是地域方言。"② 游汝杰、邹嘉彦认为"双重语言现象也可以简称为双语现象,也包括'双重方言现象'。……在一个言语社区,在日常生活的不同场合,人们普遍使用两种或两种以上不同的语言口头表达或交流思想。……双重语言现象是就语言的使用能力而言的,即社会成员个人有能力运用两种或两种以上的语言或方言。"③

我们运用问卷调查法、访谈法等方法调查了山西晋语区人们双言的使用情况,调查的问题是:"您现在能用哪些话与人交谈?选项包括:本地话;普通话;两种话都可以。"关于这个问题,具体调查结果统计如下:

表2.1　　　　　　　山西晋语区各县市居民双言使用情况

	本地话	普通话	两种都可以
山西	1564	1119	8612
	13.8%	9.9%	76.2%

---

① 严学宭:《中国对比语言学浅说》,华中工学院出版社1985年版,第13页。
② 徐大明:《当代社会语言学》,中国社会科学出版社1997年版,第176页。
③ 游汝杰、邹嘉彦:《社会语言学教程》,复旦大学出版社2007年版,第55页。

续表

	本地话	普通话	两种都可以
北部	463	254	2506
	14.4%	7.9%	77.8%
西部	273	105	1234
	16.9%	6.5%	76.6%
中部	450	316	2150
	15.4%	10.8%	73.7%
东南部	378	444	2722
	10.7%	12.5%	76.8%

调查数据显示，从整个山西晋语区来看，能用两种话与人交谈的比例占76.2%，只能用本地话与人交谈的比例占13.8%，只能用普通话与人交谈的比例仅占9.9%。就各地区来说，中部、西部、北部、东南部能用两种话与人交谈的比例均在70%以上。从77个县市来看，既会说普通话也会说方言的人们所占比例均在60%以上，只会说方言或只会说普通话的人所占的比例都很低，可见，在山西晋语区已形成了双言格局。

二 "双言人"的分布情况

我们从性别、年龄、职业、受教育程度等几个方面考察了山西晋语区"双言人"的分布情况。

（一）"双言人"在性别中的分布情况

在山西晋语区，"双言人"在不同性别中的分布情况如下表2.2：

表2.2　　　　　"双言人"在不同性别中的分布

		男	女
山西	本地话	751	813
		16.06%	12.28%
	普通话	418	701
		8.94%	10.59%
	两种都可以	3508	5104
		75.01%	77.12%
		4677	6618

续表

		男	女
北部	本地话	227	236
		15.33%	13.55%
	普通话	114	140
		7.7%	8.04%
	两种都可以	1140	1366
		76.98%	78.42%
		1481	1742
西部	本地话	134	139
		18.48%	15.67%
	普通话	45	60
		6.21%	6.76%
	两种都可以	546	688
		75.31%	77.56%
		725	887
中部	本地话	212	238
		18.34%	13.52%
	普通话	118	198
		10.21%	11.25%
	两种都可以	826	1324
		71.45%	75.23%
		1156	1760
东南部	本地话	178	200
		13.54%	8.97%
	普通话	141	303
		10.72%	13.59%
	两种都可以	996	1726
		75.74%	77.43%
		1315	2229

从表2.2统计的数据看，不论男女，都是选择"两种话都可以"的比

例最高,而且,在山西晋语区各地区能够说双言的人在不同性别中所占的比例都不差上下,可见,"双言人"在不同性别中的分布比较均衡。

(二)"双言人"在年龄中的分布情况

我们将年龄分为"12岁以下、12—18岁、19—30岁、31—45岁、46—60岁、60岁以上"六个段,考察了"双言人"在不同年龄段中的分布情况。详见下表2.3。

表2.3　　　　"双言人"在不同年龄段中的分布

		12岁以下	12—18	19—30	31—45	46—60	60以上
山西	本地话	14	62	195	329	603	361
		3.7%	3.8%	4.6%	12.7%	32.1%	63.4%
	普通话	111	210	399	202	171	26
		29.5%	13%	9.4%	7.8%	9.1%	4.6%
	两种都可以	251	1346	3672	2055	1106	182
		66.8%	83.2%	86.1%	79.5%	58.8%	32%
北部	本地话	5	26	55	96	171	110
		6.6%	4.7%	4.5%	13.1%	37.7%	63.2%
	普通话	19	81	80	31	34	9
		25%	14.6%	6.5%	4.2%	7.5%	5.2%
	两种都可以	52	448	1097	606	248	55
		68.4%	80.7%	89%	82.7%	54.7%	31.6%
西部	本地话	3	15	21	40	121	73
		5.2%	5.7%	3.7%	16.7%	32.1%	67%
	普通话	12	26	35	8	22	2
		20.7%	9.9%	6.2%	3.3%	5.8%	1.8%
	两种都可以	43	222	510	191	234	34
		74.1%	84.4%	90.1%	79.9%	62.1%	31.2%
中部	本地话	1	7	68	113	171	90
		1.4%	2%	6.1%	15.1%	34.3%	65.7%
	普通话	13	38	141	54	60	10
		18.3%	10.8%	12.7%	7.2%	12%	7.3%
	两种都可以	57	306	900	583	267	37
		80.3%	87.2%	81.2%	77.7%	53.6%	27%

续表

		12岁以下	12—18	19—30	31—45	46—60	60以上
东南部	本地话	5	14	51	80	140	88
		2.9%	3.1%	3.8%	9.3%	25.4%	59.1%
	普通话	67	65	143	109	55	5
		39.2%	14.5%	10.5%	12.6%	10%	3.4%
	两种都可以	99	370	1165	675	357	56
		57.9%	82.4%	85.7%	78.1%	64.7%	37.6%

从上表2.3数据可以看出，只会说本地话者以60岁以上的人所占比例最高，各地均达到60%以上，只会说普通话的人以18岁以下尤其是12岁以下的人群为主，所占比例多在10%以上，既会说普通话也会说方言的"双言人"多以年龄在12—45岁之间的人群为主，与12岁以下和46岁以上人群相比，其所占比例相对较高，多在80%左右，由此可见，从年龄上看，"双言人"的分布格局呈现"中间圆、两头尖"的枣核型。"枣核"的一头是12岁以下的儿童，另一头是46岁以上的中老年，中间则是12—45岁的人。我们认为造成"中间圆、两头尖"的原因如下：12岁以下的儿童从小尤其在小学阶段能够接受到较好的普通话教育，虽然使用普通话的能力提升了，但使用本地话的能力却有所减弱，他们的双言能力并不是很强，在今后的语言教育中，要加大培养他们保护本地方言的意识，树立多言分用的理念，让本地方言能够传承下去。而对于46岁以上的人，也就是上世纪70年代出生的人，他们在学校接受基础教育时，他们的老师大多没经过系统的普通话教育，很多学校的老师尤其是县、乡一级学校的老师仍用方言来讲课，因此，这些人不管在家还是在学校基本都是说本地话，后来，随着普通话推广力度的加大，他们开始逐步使用普通话，但其使用能力有限，在日常生活中还是更习惯选择使用方言，因此，尽管他们也具备双言能力，但其双言能力并不是很强。

（三）"双言人"在不同职业中的分布情况

我们将职业分为教师、公务员、企事业单位人员、商业服务人员、个

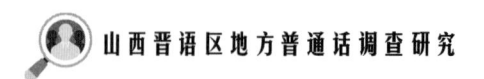

体户、农民、学生、无业人员以及其他共九种，考察了"双言人"在不同职业中的分布情况。详见下表2.4。

表2.4 "双言人"在不同职业中的分布

		教师	公务员	企事业单位人员	商业服务人员	个体户	农民	学生	无业人员	其他
山西	本地话	54 5.4%	37 8.6%	159 10.5%	35 9.1%	227 19.3%	733 53%	143 3.2%	58 32.4%	118 16.3%
	普通话	120 12%	41 9.6%	151 10%	30 7.8%	59 5%	51 3.7%	583 12.9%	13 7.3%	71 9.8%
	两种都可以	823 82.5%	350 81.8%	1203 79.5%	319 83.1%	893 75.7%	600 43.4%	3779 83.9%	108 60.3%	537 74%
北部	本地话	15 6%	9 6.7%	37 8%	7 6.1%	67 19.9%	205 59.9%	60 4.4%	21 38.9%	42 23.5%
	普通话	17 6.8%	15 11.2%	35 7.6%	3 2.6%	13 3.9%	9 2.6%	148 10.9%	0 0%	14 7.8%
	两种都可以	218 87.2%	110 82.1%	389 84.4%	105 91.3%	256 76.2%	128 37.4%	1144 84.6%	33 61.1%	123 68.7%
西部	本地话	11 11.6%	6 10%	23 13%	7 11.1%	41 22.3%	140 49.6%	18 2.8%	8 34.8%	19 25.3%
	普通话	4 4.2%	5 8.3%	11 6.2%	6 9.5%	5 2.7%	10 3.5%	56 8.6%	0 0%	8 10.7%
	两种都可以	80 84.2%	49 81.7%	143 80.8%	50 79.4%	138 75%	132 46.8%	579 88.7%	15 65.2%	48 64%
中部	本地话	14 5.1%	11 9.8%	43 10.8%	6 6%	74 20.2%	216 59%	32 3.2%	20 37%	34 14%
	普通话	38 13.8%	10 8.9%	50 12.5%	9 9%	24 6.6%	14 3.8%	138 13.8%	8 14.8%	25 10.3%
	两种都可以	223 81.1%	91 81.3%	306 76.7%	85 85%	268 73.2%	136 37.2%	831 83%	26 48.1%	184 75.7%

第二章 山西晋语区地方普通话的选用情况

续表

		教师	公务员	企事业单位人员	商业服务人员	个体户	农民	学生	无业人员	其他
东南部	本地话	14	11	56	15	45	172	33	9	23
		3.7%	9%	11.8%	14.2%	15.4%	43.7%	2.2%	18.8%	10%
	普通话	61	11	55	12	17	18	241	5	24
		16.2%	9%	11.6%	11.3%	5.8%	4.6%	16.1%	10.4%	10.5%
	两种都可以	302	100	365	79	231	204	1225	34	182
		80.1%	82%	76.7%	74.5%	78.8%	51.8%	81.7%	70.8%	79.5%

从上表数据可以看出，在各种职业中，只会说普通话和只会说方言的人们所占的比例都较低。其中，在只会讲本地话的人中，只有农民这一职业所占的比例较高，各地多在50%左右，其他职业的比例都很低。在只会讲普通话的人中，学生、教师所占的比例相对较高，各地多在10%左右，其他职业的比例都不高。与之不同的是，既会说方言也会说普通话的"双言人"在除农民之外的其他职业中所占的比例均较高，尤其是学生、教师、公务员、商业服务人员等职业。

（四）"双言人"在不同受教育程度中的分布情况

我们将受教育程度分为没上过学、小学、初中、高中、大专、本科及以上六种情况，考察了"双言人"在不同受教育程度中的分布情况。详见下表2.5。

表2.5   "双言人"在不同受教育程度中的分布

		没上过学	小学	初中	高中	大专	本科及以上
山西	本地话	219	432	486	206	98	123
		74.7%	36.6%	21.7%	10.1%	6.3%	3.1%
	普通话	13	147	166	175	144	474
		4.4%	12.4%	7.4%	8.6%	9.3%	11.8%
	两种都可以	61	602	1583	1651	1310	3405
		20.8%	51%	70.8%	81.3%	84.4%	85.1%

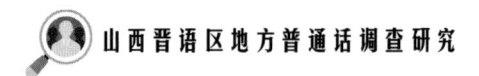

		没上过学	小学	初中	高中	大专	本科及以上
北部	本地话	69	137	142	45	29	41
		71.9%	40.3%	20.4%	8.2%	6.1%	3.9%
	普通话	5	33	67	37	33	79
		5.2%	9.7%	9.6%	6.7%	6.9%	7.5%
	两种都可以	22	170	488	470	417	939
		22.9%	50%	70%	85.1%	87.1%	88.7%
西部	本地话	52	77	86	34	11	13
		78.8%	36.8%	22.9%	10.9%	5.7%	2.9%
	普通话	2	15	19	27	17	25
		3%	7.2%	5.1%	8.7%	8.8%	5.5%
	两种都可以	12	117	271	251	166	417
		18.2%	56%	72.1%	80.4%	85.6%	91.6%
中部	本地话	54	118	149	71	23	35
		79.4%	45.2%	24.8%	12.5%	5.5%	3.5%
	普通话	5	23	38	52	49	149
		7.4%	8.8%	6.3%	9.2%	11.6%	14.9%
	两种都可以	9	120	413	445	350	813
		13.2%	46%	68.8%	78.3%	82.9%	81.5%
东南部	本地话	44	100	109	56	35	34
		69.8%	27%	19.4%	9.3%	7.7%	2.3%
	普通话	1	76	42	59	45	221
		1.6%	20.5%	7.5%	9.8%	9.8%	14.8%
	两种都可以	18	195	411	485	377	1236
		28.6%	52.6%	73.1%	80.8%	82.5%	82.9%

从上表2.5数据可以看出，只会讲本地话的多是受教育程度较低的人，包括没上过学的和小学文化程度的，其中没上过学的人比例最大，各地均高达70%左右，只会说普通话的主要集中在小学和本科及以上人群，既会说方言又会说普通话的双言人所占的比例随着受教育程度的提高而增大。也就是说，从受教育程度上看，"双言人"的分布与受教育程度成正比，

只会说本地话的分布与受教育程度成反比。

第二节 山西晋语区双言的选用

既然在山西绝大多数县市已形成了"双言"格局，那么，人们在日常生活中必然会根据一定的条件选择使用普通话或方言进行交际。正如徐大明先生所说："在双语社会中，人们总是根据一定的条件使用某一种语言。这种选择并不是杂乱无章、无规律可循的。"[1] 美国语言学家费西曼用语域理论解释了这种选择。"所谓'语域'或'语言使用域'（domain of use）是指一系列共同的行为规则（包括语言规则）制约的一组组典型的社会情景。这是一些活动范围（领域），在这个范围内人们必定选用某一种语言、方言或语体。"[2] 可以说，山西晋语区正处于一个健康的"双言"状态，本地方言和普通话分别有各自的使用场合，"长期保持并存共用的稳定和谐关系，在社会交际活动中功能互补，分别发挥各自的优势和不可替代的作用，相辅相成，并行不悖，共同担负现代社会的交际职能，具有积极的意义。"[3]

根据山西晋语区人们语言社会生活的现实情况，我们对各县市人们在不同场合的语言使用情况进行了调查。下文进行具体分析讨论。

一 调查材料

"语言选用情况"的调查，主要考察被调查者在日常生活中的各种场合对普通话和方言的选择情况。调查问卷中与本项目相关的问题如下：

1. 您会在什么场合使用普通话/方言？

【多选题】选项包括：家里；学校；社交场所；网上聊天；打电话时；

---

[1] 徐大明：《当代社会语言学》，中国社会科学出版社1997年版，第173页。
[2] 徐大明：《当代社会语言学》，中国社会科学出版社1997年版，第173页。
[3] 徐世璇：《语言接触性衰变的阶段性和质变标志》，《语言接触与语言比较》，学林出版社2007年版，第16页。

对外地朋友常使用；对本地朋友常使用；对陌生人常使用；在工作单位对同事或在学校对老师同学；在说到专有名词（如：人名、地名、书名、商标名称等）常使用；其他场合；基本不使用。

2. 在当地，您会在什么社交场所使用普通话/方言交流？

【多选题】选项包括：商场超市购物时；医院看病时；文化场所参观时；金融场所办事时；休闲场所休闲时；乘坐公共交通工具时；饭店吃饭时；菜市场买菜时；其他场合；基本不使用。

3. 您在家时会与（　　）用普通话/方言交流？

【多选题】选项包括：常对父母等长辈使用；常对丈夫或妻子使用；常对孩子孙子等晚辈使用；常对兄弟姐妹等同辈使用；跟邻居/本地朋友常使用；跟邻居/外地朋友常使用；基本不使用。

4. 在工作单位或在学校时，在（　　）使用普通话/方言交流？

【多选题】选项包括：谈工作时常使用；在工作单位聊天时常使用；上课发言时；下课与同学聊天时；下课与老师对话时；其他情况；基本不使用（说明原因：A 方言不好听；B 同学或同事不使用方言，交流不方便；C 学校或单位强制规定；D 其他）

二　调查数据统计分析

（一）在不同场合使用本地方言和普通话的情况

1. 各地人们在不同场合使用本地方言和普通话的分布情况

如前所述，山西晋语区人们的语言生活已形成了"双言"格局，人们在不同的场合选用不同的语言。在语言使用上有层级之别，"普通话成了'高变体'，有明确的规范，是通过教育学会的，使用的场合也比较正式。一般人们在家里说自己本地话，即'低变体'。"[①] 两种语言分别有自己主要的使用场合。根据表 2.6 的统计数据，不论是从山西的整体来看还是从

---

① 徐大明：《当代社会语言学》，中国社会科学出版社 1997 年版，第 173 页。

北部、西部、中部、东南部四个地区来看，人们在语言使用上都存在一个普遍特点：人们在家里使用方言的比例较高，在学校、社交场所、网上聊天等场合则使用普通话的比例较高。在其他场合，二者使用的比例相差不大。这也说明，普通话和方言在使用场合上虽有一定的分工，但其分别也并不是十分明确，使用场合的界限也不是十分严格。正如徐大明先生所说："普通话和地方话的对比远远没有典型双言制的两个变体那样泾渭分明。"① 人们不再一味地使用方言或一味地使用普通话，而是根据使用场合、自己的交际需要来选择到底是说普通话还是讲方言。

表2.6　　各地人们在不同场合使用本地方言和普通话的分布情况

		家里	学校	社交场所	网上聊天	打电话	对外地朋友	对本地朋友	对陌生人	在工作单位	专有名词	其他场合	基本不用
山西	普通话	2050	5866	6269	5286	4238	7312	1829	5061	4840	3714	599	131
		21.1%	60.3%	64.4%	54.3%	43.6%	75.1%	18.8%	52%	49.7%	38.2%	6.2%	1.3%
	方言	9104	1966	3475	2653	3997	1233	7324	971	1053	877	584	123
		89.5%	19.3%	34.1%	26.1%	39.3%	12.1%	72%	9.5%	10.3%	8.6%	5.7%	1.3%
北部	普通话	505	1611	1738	1455	1147	2150	426	1442	1377	1006	159	47
		18.3%	58.4%	63%	52.7%	41.6%	77.9%	15.4%	52.2%	49.9%	36.4%	5.8%	1.7%
	方言	2708	606	1080	951	1319	327	2263	307	315	238	195	19
		91.2%	20.4%	36.4%	32%	44.4%	11%	76.2%	10.3%	10.6%	8%	6.6%	0.6%
西部	普通话	228	737	768	717	508	982	219	579	536	466	89	20
		17%	55%	57.4%	53.5%	37.9%	73.3%	16.4%	43.2%	40%	34.8%	6.6%	1.5%
	方言	1345	288	533	392	597	193	1022	151	150	132	120	8
		89.3%	19.1%	35.4%	26%	39.6%	12.8%	67.8%	10%	10%	8.8%	8%	0.5%
中部	普通话	623	1419	1620	1394	1099	1839	521	1287	1177	968	146	23
		25.3%	57.5%	65.7%	56.5%	44.6%	74.6%	21.1%	52.2%	47.7%	39.3%	5.9%	0.9%
	方言	2301	489	948	672	980	374	1802	252	275	264	158	42
		88.5%	18.8%	36.5%	25.8%	37.7%	14.4%	69.3%	9.7%	10.6%	10.2%	6.1%	1.6%

---

① 徐大明：《社会语言学研究》，上海人民出版社2007年版，第224页。

续表

		家里	学校	社交场所	网上聊天	打电话	对外地朋友	对本地朋友	对陌生人	在工作单位	专有名词	其他场合	基本不用
东南部	普通话	694	2099	2143	1720	1484	2341	663	1753	1750	1274	205	41
		21.9%	66.3%	67.7%	54.3%	46.9%	73.9%	20.9%	55.4%	55.3%	40.2%	6.5%	1.3%
	方言	2750	583	914	638	1101	339	2273	261	313	243	111	64
		88.7%	18.8%	29.5%	20.6%	35.5%	10.9%	72.2%	8.4%	10.1%	7.8%	3.6%	2.1%

从上表我们可以看出，各地人们在家使用方言的比例非常高，这与2000年的调查结果一致①。同时，使用哪种语言还与人们的家庭语言环境有着密切的关系。为此，我们做了一个调查，调查问题是"您的家庭语言环境是什么？"，调查结果见表2.7。从调查数据可以看出，在山西晋语区，绝大多数家庭的语言交流都以方言为主，占比在80%左右。

表2.7　　　　　　　各地人们的家庭语言环境情况

	以普通话为主	以方言为主
山西	902	3604
	20%	80%
北部	262	1090
	19.4%	80.6%
西部	115	538
	17.6%	82.4%
中部	235	767
	23.5%	76.5%
东南部	290	1209
	19.3%	80.7%

2. 影响人们在不同场合进行语言选用的因素

双言人在不同场合选用方言还是选用普通话会受到哪些因素的影响

---

① 据《中国语言文字使用情况调查资料》，2000年山西省在家最常说普通话的比例为13.19%，汉语方言的比例为88.88%，很显然，在家使用方言的比例很高。

呢？下文中我们主要从交际双方的性别、职业、年龄、受教育程度等方面进行考察，讨论影响人们在不同场合进行语言选用的因素。

（1）不同性别对语言选用的影响

通过调查我们发现，山西各地的男性和女性在不同场合使用本地方言的比例差别不大。（见表2.6.1）在家里、对本地朋友不论男女使用方言的比例都较高，而在学校、对外地朋友或说到专有名词等时，不论男女使用方言的比例都较低。同时，不论男性还是女性，在不同场合使用普通话的比例也差别不大。（见表2.6.2）在学校、社交场所、工作单位、网上聊天、对外地朋友、说到专有名词等时不论男女使用普通话的比例都较高，而在家里、对本地朋友则不论男女使用普通话的比例都较低。由此可见，性别在双言选用上具有一定的一致性，也就是说，性别并不是决定人们在不同场合选择普通话或方言的影响因素。

表2.6.1　　不同性别人群在不同场合使用本地方言的情况

		家里	学校	社交场所	网上聊天	打电话	对外地朋友	对本地朋友	对陌生人	在工作单位	说专有名词时	其他场合	基本不用
山西	男	3864	898	1631	1300	1830	562	3122	462	472	374	276	46
		90.7%	21.1%	38.3%	30.5%	43%	13.2%	73.3%	10.8%	11.1%	8.8%	6.5%	1.1%
	女	5240	1068	1844	1353	2167	671	4202	509	581	503	308	87
		88.6%	18%	31.2%	22.9%	36.6%	11.3%	71%	8.6%	9.8%	8.5%	5.2%	1.5%
北部	男	1269	295	532	484	638	155	1054	150	153	116	101	4
		92.8%	21.6%	38.9%	35.4%	46.7%	11.3%	77.1%	11%	11.2%	8.5%	7.4%	0.3%
	女	1439	311	548	467	681	172	1209	157	162	122	94	15
		89.8%	19.4%	34.2%	29.2%	42.5%	10.7%	75.5%	9.8%	10.1%	7.6%	5.9%	0.9%
西部	男	606	150	256	190	271	88	467	71	62	56	51	5
		89.1%	22.1%	37.6%	27.9%	39.9%	12.9%	68.7%	10.4%	9.1%	8.2%	7.5%	0.7%
	女	739	138	277	202	326	105	555	80	88	76	69	3
		89.4%	16.7%	33.5%	24.4%	39.4%	12.7%	67.1%	9.7%	10.6%	9.2%	8.3%	0.4%
中部	男	928	211	430	304	443	173	727	118	127	106	79	19
		89.4%	20.3%	41.4%	29.3%	42.7%	16.7%	70%	11.4%	12.2%	10.2%	7.6%	1.8%
	女	1373	278	518	368	537	201	1075	134	148	158	79	23
		87.9%	17.8%	33.2%	23.6%	34.4%	12.9%	68.8%	8.6%	9.5%	10.1%	5.1%	1.5%

续表

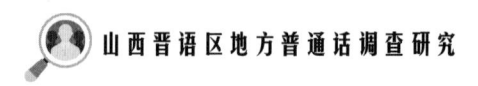

		家里	学校	社交场所	网上聊天	打电话	对外地朋友	对本地朋友	对陌生人	在工作单位	说专有名词时	其他场合	基本不用
东南部	男	1061	242	413	322	478	146	874	123	130	96	45	18
		90.4%	20.6%	35.2%	27.4%	40.7%	12.4%	74.4%	10.5%	11.1%	8.2%	3.8%	1.5%
	女	1689	341	501	316	623	193	1363	138	183	147	66	46
		87.7%	17.7%	26%	16.4%	32.3%	10%	70.8%	7.2%	9.5%	7.6%	3.4%	2.4%

表2.6.2　　不同性别人群在不同场合使用普通话的情况

		家里	学校	社交场所	网上聊天	打电话时	对外地朋友	对本地朋友	对陌生人	在工作单位	说专有名词时	其他场合	基本不用
山西	男	781	2125	2471	2092	1676	2945	668	1988	1827	1411	245	48
		19.9%	54.1%	62.9%	53.3%	42.7%	75%	17%	50.6%	46.5%	35.9%	6.2%	1.2%
	女	1269	3741	3798	3194	2562	4367	1161	3073	3013	2303	354	83
		21.9%	64.4%	65.4%	55%	44.1%	75.2%	20%	52.9%	51.9%	39.7%	6.1%	1.4%
北部	男	234	688	777	642	510	970	176	625	615	425	80	17
		18.7%	54.9%	62%	51.2%	40.7%	77.4%	14%	49.8%	49%	33.9%	6.4%	1.4%
	女	271	923	961	813	637	1180	250	817	762	581	79	30
		18%	61.3%	63.8%	54%	42.3%	78.4%	16.6%	54.2%	50.6%	38.6%	5.2%	2%
西部	男	89	284	337	311	222	436	95	249	223	203	49	10
		15.1%	48.1%	57%	52.6%	37.6%	73.8%	16.1%	42.1%	37.7%	34.3%	8.3%	1.7%
	女	139	453	431	406	286	546	124	330	313	263	40	10
		18.6%	60.6%	57.6%	54.3%	38.2%	73%	16.6%	44.1%	41.8%	35.2%	5.3%	1.3%
中部	男	230	485	615	517	426	701	197	481	415	340	58	8
		24.4%	51.4%	65.1%	54.8%	45.1%	74.3%	20.9%	51%	44%	36%	6.1%	0.8%
	女	393	934	1005	877	673	1138	324	806	762	628	88	15
		25.8%	61.4%	66%	57.6%	44.2%	74.8%	21.3%	53%	50.1%	41.3%	5.8%	1%
东南部	男	228	668	742	622	518	838	200	633	574	443	58	13
		20.1%	58.8%	65.3%	54.7%	45.6%	73.7%	17.6%	55.7%	50.5%	39%	5.1%	1.1%
	女	466	1431	1401	1098	966	1503	463	1120	1176	831	147	28
		23%	70.5%	69%	54.1%	47.6%	74.1%	22.8%	55.2%	58%	41%	7.2%	1.4%

(2) 不同年龄对语言选用的影响

从在不同场合选择使用方言的年龄来看，不论什么年龄段，人们在家里、对本地朋友等场合语言选择具有一致性，即选择使用方言的比例都很高，在这些场合中，年龄似乎对语言的选用影响不大。但在社交场所、网上聊天、打电话、外地朋友、说专有名词等场合语言选择则不尽一致，不同年龄段的人选用方言的比例差异较大，即年龄对是否在某一场合选用方言具有一定的作用。比如，在社交场所，45岁以下年龄段的人们在该场合选用方言的比例多在30%左右，而46岁以上的人们在该场合选用方言的比例则都在50%以上。

从在不同场合选择使用普通话的年龄来看，不论什么年龄段，人们对外地朋友时语言选择具有较强的一致性，即选择使用普通话的比例都较高，但在家里、学校、网上聊天等其他场合人们是否选择普通话的比例则高低不一。可见，年龄对人们在某一场合是否选择普通话具有一定的影响。比如，在家里，12岁以下的儿童选择说普通话的比例最高，多在40%左右，而12岁以上的尤其是60岁以上的老人选择说普通话的比例则较低，比如西部地区60岁老人在家选择说普通话的比例仅有8.3%。

综上所述，从对不同年龄段的人们在不同场合选用方言还是普通话的调查数据（见表2.6.3和2.6.4）可以看出，年龄对语言的选用在多数场合都有一定的影响，而且在学校、社交场所、网上聊天等场合，语言的选用与年龄的关系更为明显，即年龄越大，选用方言的比例越高，选用普通话的比例越低，反之，年龄越小，选用普通话比例越高，选用方言的比例越低。

表2.6.3　　　　不同年龄人群在不同场合使用方言的情况

		家里	学校	社交场所	网上聊天	打电话时	对外地朋友	对本地朋友	对陌生人	在工作单位	说专有名词时	其他场合	基本不用
山西	12岁以下	221	78	76	59	82	21	172	22	34	19	16	7
		83.4%	29.4%	28.7%	22.3%	30.9%	7.9%	64.9%	8.3%	12.8%	7.2%	6%	2.6%
	12—18	1248	419	426	337	421	114	992	67	107	69	77	19
		88.6%	29.8%	30.3%	23.9%	29.9%	8.1%	70.5%	4.8%	7.6%	4.9%	5.5%	1.3%

续表

		家里	学校	社交场所	网上聊天	打电话时	对外地朋友	对本地朋友	对陌生人	在工作单位	说专有名词时	其他场合	基本不用
山西	19—30	3456	660	944	852	1249	311	2859	239	312	292	186	52
		89.4%	17.1%	24.4%	22%	32.3%	8%	73.9%	6.2%	8.1%	7.6%	4.8%	1.3%
	31—45	2110	358	807	629	974	271	1691	189	231	166	139	34
		88.5%	15%	33.9%	26.4%	40.9%	11.4%	70.9%	7.9%	9.7%	7%	5.8%	1.4%
	46—60	1559	327	900	589	935	350	1209	287	266	222	109	17
		91.2%	19.1%	52.7%	34.5%	54.7%	20.5%	70.7%	16.8%	15.6%	13%	6.4%	1%
	60以上	510	124	322	187	336	166	401	167	103	109	57	4
		93.9%	22.8%	59.3%	34.4%	61.9%	30.6%	73.8%	30.8%	19%	20.1%	10.5%	0.7%
北部	12岁以下	47	17	25	18	22	5	41	5	6	5	4	0
		82.5%	29.8%	43.9%	31.6%	38.6%	8.8%	71.9%	8.8%	10.5%	8.8%	7%	0%
	12—18	437	167	169	128	151	22	363	18	37	17	20	3
		92.2%	35.2%	35.7%	27%	31.9%	4.6%	76.6%	3.8%	7.8%	3.6%	4.2%	0.6%
	19—30	1058	212	306	348	448	87	902	83	95	86	67	5
		91.8%	18.4%	26.6%	30.2%	38.9%	7.6%	78.3%	7.2%	8.2%	7.5%	5.8%	0.4%
	31—45	632	109	256	247	357	81	530	62	80	50	46	5
		90%	15.5%	36.5%	35.2%	50.9%	11.5%	75.5%	8.8%	11.4%	7.1%	6.6%	0.7%
	46—60	381	70	220	157	242	85	307	85	73	53	37	4
		90.9%	16.7%	52.5%	37.5%	57.8%	20.3%	73.3%	20.3%	17.4%	12.6%	8.8%	1%
	60以上	153	31	104	53	99	47	120	54	24	27	21	2
		92.7%	18.8%	63%	32.1%	60%	28.5%	72.7%	32.7%	14.5%	16.4%	12.7%	1.2%
西部	12岁以下	44	8	13	10	12	7	23	5	6	4	5	0
		95.7%	17.4%	28.3%	21.7%	26.1%	15.2%	50%	10.9%	13%	8.7%	10.9%	0%
	12—18	199	63	74	69	72	24	144	9	19	12	23	0
		84%	26.6%	31.2%	29.1%	30.4%	10.1%	60.8%	3.8%	8%	5.1%	9.7%	0%
	19—30	468	98	148	117	167	40	380	38	59	45	40	3
		88.1%	18.5%	27.9%	22%	31.5%	7.5%	71.6%	7.2%	11.1%	8.5%	7.5%	0.6%
	31—45	201	40	74	68	91	44	151	33	21	18	17	3
		87%	17.3%	32%	29.4%	39.4%	19%	65.4%	14.3%	9.1%	7.8%	7.4%	1.3%
	46—60	330	65	165	99	193	57	247	40	32	37	24	2
		93%	18.3%	46.5%	27.9%	54.4%	16.1%	69.6%	11.3%	9%	10.4%	6.8%	0.6%
	60以上	103	14	59	29	62	21	77	26	13	16	11	0
		96.3%	13.1%	55.1%	27.1%	57.9%	19.6%	72%	24.3%	12.1%	15%	10.3%	0%

续表

		家里	学校	社交场所	网上聊天	打电话时	对外地朋友	对本地朋友	对陌生人	在工作单位	说专有名词时	其他场合	基本不用
中部	12岁以下	41 70.7%	15 25.9%	14 24.1%	13 22.4%	19 32.8%	4 6.9%	41 70.7%	5 8.6%	7 12.1%	7 12.1%	5 8.6%	5 8.6%
	12—18	274 87.5%	69 22%	90 28.8%	81 25.9%	100 31.9%	36 11.5%	211 67.4%	15 4.8%	20 6.4%	23 7.3%	25 8%	8 2.6%
	19—30	854 88.2%	151 15.6%	250 25.8%	189 19.5%	292 30.2%	96 9.9%	695 71.8%	49 5.1%	66 6.8%	75 7.7%	43 4.4%	16 1.7%
	31—45	628 90.2%	113 16.2%	261 37.5%	156 22.4%	254 36.5%	62 8.9%	485 69.7%	43 6.2%	63 9.1%	44 6.3%	39 5.6%	4 0.6%
	46—60	385 87.9%	95 21.7%	251 57.3%	167 38.1%	233 53.2%	117 26.7%	277 63.2%	86 19.6%	80 18.3%	75 17.1%	31 7.1%	9 2.1%
	60以上	119 93.7%	46 36.2%	82 64.6%	66 52%	82 64.6%	59 46.5%	93 73.2%	54 42.5%	39 30.7%	40 31.5%	15 11.8%	0 0%
东南部	12岁以下	89 85.6%	38 36.5%	24 23.1%	18 17.3%	29 27.9%	5 4.8%	67 64.4%	7 6.7%	15 14.4%	3 2.9%	2 1.9%	2 1.9%
	12—18	338 88%	120 31.3%	93 24.2%	59 15.4%	98 25.5%	32 8.3%	274 71.4%	25 6.5%	31 8.1%	17 4.4%	9 2.3%	8 2.1%
	19—30	1076 88.5%	199 16.4%	240 19.7%	198 16.3%	342 28.1%	88 7.2%	882 72.5%	69 5.7%	92 7.6%	86 7.1%	36 3%	28 2.3%
	31—45	649 86%	96 12.7%	216 28.6%	158 20.9%	272 36%	84 11.1%	525 69.5%	51 6.8%	67 8.9%	54 7.2%	37 4.9%	22 2.9%
	46—60	463 93.2%	97 19.5%	264 53.1%	166 33.4%	267 53.7%	91 18.3%	378 76.1%	76 15.3%	81 16.3%	57 11.5%	17 3.4%	2 0.4%
	60以上	135 93.8%	33 22.9%	77 53.5%	39 27.1%	93 64.6%	39 27.1%	111 77.1%	33 22.9%	27 18.8%	26 18.1%	10 6.9%	2 1.4%

表2.6.4　不同年龄人群在不同场合使用普通话的情况

		家里	学校	社交场所	网上聊天	打电话时	对外地朋友	对本地朋友	对陌生人	在工作单位	说专有名词时	其他场合	基本不用
山西	12岁以下	150 41.4%	296 81.8%	207 57.2%	175 48.3%	166 45.9%	240 66.3%	109 30.1%	156 43.1%	186 51.4%	145 40.1%	26 7.2%	2 0.6%
	12—18	409 26.3%	1222 78.5%	952 61.2%	930 59.8%	731 47%	1167 75%	319 20.5%	751 48.3%	738 47.4%	683 43.9%	69 4.4%	10 0.6%

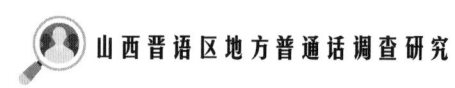

续表

		家里	学校	社交场所	网上聊天	打电话时	对外地朋友	对本地朋友	对陌生人	在工作单位	说专有名词时	其他场合	基本不用
山西	19—30	764	2867	2818	2388	1903	3140	796	2245	2338	1686	237	22
		18.8%	70.4%	69.2%	58.7%	46.7%	77.1%	19.6%	55.1%	57.4%	41.4%	5.8%	0.5%
	31—45	455	984	1525	1151	937	1716	352	1204	1079	789	164	40
		20.2%	43.6%	67.6%	51%	41.5%	76%	15.6%	53.3%	47.8%	35%	7.3%	1.8%
	46—60	233	419	658	563	426	926	208	622	435	349	83	40
		18.2%	32.8%	51.5%	44.1%	33.4%	72.5%	16.3%	48.7%	34.1%	27.3%	6.5%	3.1%
	60以上	39	78	109	79	75	123	45	83	64	62	20	17
		18.8%	37.5%	52.4%	38%	36.1%	59.1%	21.6%	39.9%	30.8%	29.8%	9.6%	8.2%
北部	12岁以下	30	58	42	39	37	53	20	34	41	25	6	0
		42.3%	81.7%	59.2%	54.9%	52.1%	74.6%	28.2%	47.9%	57.7%	35.2%	8.5%	0%
	12—18	132	428	298	297	233	418	95	254	265	230	17	5
		25%	80.9%	56.3%	56.1%	44%	79%	18%	48%	50.1%	43.5%	3.2%	0.9%
	19—30	184	765	797	663	543	968	195	679	686	462	71	9
		15.6%	65%	67.7%	56.3%	46.1%	82.2%	16.6%	57.7%	58.3%	39.3%	6%	0.8%
	31—45	103	237	424	304	224	478	68	336	287	198	36	19
		16.2%	37.2%	66.6%	47.7%	35.2%	75%	10.7%	52.7%	45.1%	31.1%	5.7%	3%
	46—60	39	97	144	132	90	200	36	117	82	72	24	7
		13.8%	34.4%	51.1%	46.8%	31.9%	70.9%	12.8%	41.5%	29.1%	25.5%	8.5%	2.5%
	60以上	17	26	33	20	20	33	12	22	16	19	5	7
		26.6%	40.6%	51.6%	31.3%	31.3%	51.6%	18.8%	34.4%	25%	29.7%	7.8%	10.9%
西部	12岁以下	16	48	29	31	22	34	14	20	21	25	3	0
		29.1%	87.3%	52.7%	56.4%	40%	61.8%	25.5%	36.4%	38.2%	45.5%	5.5%	0%
	12—18	46	174	135	145	117	176	46	90	96	99	15	0
		18.5%	70.2%	54.4%	58.5%	47.2%	71%	18.5%	36.3%	38.7%	39.9%	6%	0%
	19—30	87	372	354	317	232	400	94	230	271	231	35	2
		16%	68.3%	65%	58.2%	42.6%	73.4%	17.2%	42.2%	49.7%	42.4%	6.4%	0.4%
	31—45	38	72	115	100	69	160	27	96	63	49	18	3
		19.1%	36.2%	57.8%	50.3%	34.7%	80.4%	13.6%	48.2%	31.7%	24.6%	9%	1.5%

续表

		家里	学校	社交场所	网上聊天	打电话时	对外地朋友	对本地朋友	对陌生人	在工作单位	说专有名词时	其他场合	基本不用
西部	46—60	38	63	123	112	57	191	30	130	80	58	16	9
		14.8%	24.6%	48%	43.8%	22.3%	74.6%	11.7%	50.8%	31.3%	22.7%	6.3%	3.5%
	60以上	3	8	12	12	11	21	8	13	5	4	2	6
		8.3%	22.2%	33.3%	33.3%	30.6%	58.3%	22.2%	36.1%	13.9%	11.1%	5.6%	16.7%
中部	12岁以下	30	54	41	38	28	50	18	30	35	32	3	1
		42.9%	77.1%	58.6%	54.3%	40%	71.4%	25.7%	42.9%	50%	45.7%	4.3%	1.4%
	12—18	116	257	220	204	152	239	74	173	146	158	18	3
		33.7%	74.7%	64%	59.3%	44.2%	69.5%	21.5%	50.3%	42.4%	45.9%	5.2%	0.9%
	19—30	259	716	723	630	498	780	240	582	564	419	68	3
		24.9%	68.8%	69.5%	60.5%	47.8%	74.9%	23.1%	55.9%	54.2%	40.2%	6.5%	0.3%
	31—45	119	261	423	337	256	498	88	323	290	230	33	7
		18.7%	41%	66.4%	52.9%	40.2%	78.2%	13.8%	50.7%	45.5%	36.1%	5.2%	1.1%
	46—60	91	114	186	164	147	244	88	158	122	112	17	8
		27.8%	34.9%	56.9%	50.2%	45%	74.6%	26.9%	48.3%	37.3%	34.3%	5.2%	2.4%
	60以上	8	17	27	21	18	28	13	21	20	17	7	1
		17%	36.2%	57.4%	44.7%	38.3%	59.6%	27.7%	44.7%	42.6%	36.2%	14.9%	2.1%
东南部	12岁以下	74	136	95	67	79	103	57	72	89	63	14	1
		44.6%	81.9%	57.2%	40.4%	47.6%	62%	34.3%	43.4%	53.6%	38%	8.4%	0.6%
	12—18	115	363	299	284	229	334	104	234	231	196	19	2
		26.4%	83.4%	68.7%	65.3%	52.6%	76.8%	23.9%	53.8%	53.1%	45.1%	4.4%	0.5%
	19—30	234	1014	944	778	630	992	267	754	817	574	63	8
		17.9%	77.5%	72.2%	59.5%	48.2%	75.8%	20.4%	57.6%	62.5%	43.9%	4.8%	0.6%
	31—45	195	414	563	410	388	580	169	449	439	312	77	11
		24.9%	52.8%	71.8%	52.3%	49.5%	74%	21.6%	57.3%	56%	39.8%	9.8%	1.4%
	46—60	65	145	205	155	132	291	54	217	151	107	26	16
		15.8%	35.2%	49.8%	37.6%	32%	70.6%	13.1%	52.7%	36.7%	26%	6.3%	3.9%
	60以上	11	27	37	26	26	41	12	27	23	22	6	3
		18%	44.3%	60.7%	42.6%	42.6%	67.2%	19.7%	44.3%	37.7%	36.1%	9.8%	4.9%

(3) 不同职业对语言选用的影响

调查数据显示（见表2.6.5和2.6.6），从职业在不同场合对人们双言选择的影响来看，不论什么职业，人们在家里、对本地朋友时选择使用方言的比例都很高，选择普通话的比例都较低。其中，尤其是在家里这一场合，各地区人们使用方言的比例都在90%左右，但在学校、社交场所、网上聊天、打电话、对外地朋友、对陌生人等场合人们的双言选用则因不同的职业而差别较大。比如在社交场所，从山西晋语区整体上看，学生在这一场合选择使用方言的比例相对较低，占24.7%，而农民选择使用方言的比例则相对较高，占54.4%。再比如，在对陌生人说话时，商业、服务人员在这一场合选择使用普通话的比例相对较高，占62.8%，而农民选择使用普通话的比例则相对较低，占39%。由此可见，在绝大多数场合，人们选择普通话还是方言进行交际在一定程度上受到其职业的影响。

表2.6.5　　　不同职业人群在不同场合使用方言的情况

		家里	学校	社交场所	网上聊天	打电话时	对外地朋友	对本地朋友	对陌生人	在工作单位	说专有名词	其他场合	基本不用
山西	教师	780 88.9%	152 17.3%	250 28.5%	223 25.4%	344 39.2%	99 11.3%	617 70.4%	62 7.1%	91 10.4%	60 6.8%	45 5.1%	23 2.6%
	公务员	345 89.1%	65 16.8%	133 34.4%	106 27.4%	162 41.9%	47 12.1%	259 66.9%	29 7.5%	49 12.7%	38 9.8%	29 7.5%	5 1.3%
	企事业单位人员	1201 88.2%	210 15.4%	442 32.5%	378 27.8%	578 42.4%	145 10.6%	982 72.1%	102 7.5%	169 12.4%	91 6.7%	61 4.5%	24 1.8%
	商业、服务人员	322 91.0%	52 14.7%	131 37%	110 31.1%	158 44.6%	47 13.3%	272 76.8%	44 12.4%	46 13%	43 12.1%	26 7.3%	1 0.3%
	个体户	1018 90.9%	183 16.3%	496 44.3%	347 31%	520 46.4%	132 11.8%	836 74.6%	114 10.2%	118 10.5%	103 9.2%	66 5.9%	10 0.9%
	农民	1241 93.1%	271 20.3%	725 54.4%	424 31.8%	744 55.8%	330 24.8%	951 71.3%	307 23%	194 14.6%	196 14.7%	95 7.1%	3 0.2%
	学生	3476 88.6%	896 22.8%	968 24.7%	845 21.5%	1154 29.4%	303 7.7%	2840 72.4%	207 5.3%	290 7.4%	267 6.8%	199 5.1%	57 1.5%
	无业人员	147 88.6%	22 13.3%	63 38%	46 27.7%	74 44.6%	35 21.1%	113 68.1%	37 22.3%	19 11.4%	23 13.9%	18 10.8%	2 1.2%
	其他	574 87.6%	115 17.6%	267 40.8%	174 26.6%	263 40.2%	95 14.5%	454 69.3%	69 10.5%	77 11.8%	56 8.5%	45 6.9%	8 1.2%

续表

		家里	学校	社交场所	网上聊天	打电话时	对外地朋友	对本地朋友	对陌生人	在工作单位	说专有名词	其他场合	基本不用
北部	教师	214 91.8%	39 16.7%	65 27.9%	101 43.3%	126 54.1%	27 11.6%	184 79%	21 9%	26 11.2%	17 7.3%	18 7.7%	1 0.4%
	公务员	110 92.4%	12 10.1%	37 31.1%	40 33.6%	51 42.9%	9 7.6%	88 73.9%	10 8.4%	14 11.8%	14 11.8%	9 7.6%	0 0%
	企事业单位人员	392 92%	50 11.7%	122 28.6%	161 37.8%	214 50.2%	42 9.9%	345 81%	33 7.7%	53 12.4%	29 6.8%	19 4.5%	4 0.9%
	商业、服务人员	102 91.1%	20 17.9%	47 42%	42 37.5%	61 54.5%	13 11.6%	87 77.7%	19 17%	19 17%	18 16.1%	18 16.1%	0 0%
	个体户	291 90.1%	55 17%	144 44.6%	110 34.1%	157 48.6%	41 12.7%	241 74.6%	40 12.4%	38 11.8%	31 9.6%	21 6.5%	7 2.2%
	农民	310 93.1%	67 20.1%	182 54.7%	114 34.2%	191 57.4%	83 24.9%	232 69.7%	83 24.9%	45 13.5%	41 12.3%	25 7.5%	1 0.3%
	学生	1098 91.2%	324 26.9%	366 30.4%	308 25.6%	399 33.1%	64 5.3%	930 77.2%	61 5.1%	79 6.6%	61 5.1%	54 4.5%	6 0.5%
	无业人员	48 88.9%	8 14.8%	31 57.4%	21 38.9%	32 59.3%	13 24.1%	37 68.5%	17 31.5%	8 14.8%	10 18.5%	13 24.1%	0 0%
	其他	143 86.7%	31 18.8%	86 52.1%	54 32.7%	88 53.3%	35 21.2%	119 72.1%	23 13.9%	33 20%	17 10.3%	18 10.9%	0 0%
西部	教师	77 84.6%	22 24.2%	24 26.4%	21 23.1%	33 36.3%	8 8.8%	63 69.2%	11 12.1%	10 11%	7 7.7%	4 4.4%	2 2.2%
	公务员	49 89.1%	13 23.6%	18 32.7%	15 27.3%	31 56.4%	11 20%	39 70.9%	5 9.1%	7 12.7%	6 10.9%	7 12.7%	2 3.6%
	企事业单位人员	144 86.7%	37 22.3%	69 41.6%	50 30.1%	82 49.4%	24 14.5%	109 65.7%	18 10.8%	23 13.9%	9 5.4%	6 3.6%	2 1.2%
	商业、服务人员	54 94.7%	5 8.8%	23 40.4%	16 28.1%	25 43.9%	11 19.3%	38 66.7%	11 19.3%	9 15.8%	8 14%	2 3.5%	0 0%
	个体户	161 89.9%	32 17.9%	66 36.9%	47 26.3%	77 43%	20 11.2%	124 69.3%	13 7.3%	14 7.8%	13 7.3%	8 4.5%	0 0%

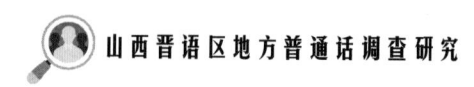

续表

		家里	学校	社交场所	网上聊天	打电话时	对外地朋友	对本地朋友	对陌生人	在工作单位	说专有名词	其他场合	基本不用
西部	农民	258	39	129	68	134	51	186	45	18	30	26	0
		94.9%	14.3%	47.4%	25%	49.3%	18.8%	68.4%	16.5%	6.6%	11%	9.6%	0%
	学生	524	126	167	153	182	54	400	30	56	50	63	1
		87.8%	21.1%	28%	25.6%	30.5%	9%	67%	5%	9.4%	8.4%	10.6%	0.2%
	无业人员	19	4	6	8	8	8	16	6	4	3	3	0
		82.6%	17.4%	26.1%	34.8%	34.8%	34.8%	69.6%	26.1%	17.4%	13%	13%	0%
	其他	59	10	31	14	25	6	47	12	9	6	1	1
		88.1%	14.9%	46.3%	20.9%	37.3%	9%	70.1%	17.9%	13.4%	9%	1.5%	1.5%
中部	教师	215	46	71	53	78	32	159	13	22	12	10	6
		90.7%	19.4%	30%	22.4%	32.9%	13.5%	67.1%	5.5%	9.3%	5.1%	4.2%	2.5%
	公务员	84	18	39	23	35	13	52	7	15	9	7	3
		82.4%	17.6%	38.2%	22.5%	34.3%	12.7%	51%	6.9%	14.7%	8.8%	6.9%	2.9%
	企事业单位人员	301	56	129	91	124	47	239	24	38	31	25	6
		86.2%	16%	37%	26.1%	35.5%	13.5%	68.5%	6.9%	10.9%	8.9%	7.2%	1.7%
	商业、服务人员	81	17	34	31	42	12	72	10	11	10	2	0
		89.0%	18.7%	37.4%	34.1%	46.2%	13.2%	79.1%	11%	12.1%	11%	2.2%	0%
	个体户	310	55	163	93	143	30	251	31	36	36	26	1
		90.6%	16.1%	47.7%	27.2%	41.8%	8.8%	73.4%	9.1%	10.5%	10.5%	7.6%	0.3%
	农民	325	88	215	122	204	116	239	97	71	67	22	1
		92.3%	25%	61.1%	34.7%	58%	33%	67.9%	27.6%	20.2%	19%	6.3%	0.3%
	学生	744	169	206	196	260	89	607	43	62	77	49	20
		86.2%	19.6%	23.9%	22.7%	30.1%	10.3%	70.3%	5%	7.2%	8.9%	5.7%	2.3%
	无业人员	44	5	18	13	20	10	32	9	6	7	1	1
		95.7%	10.9%	39.1%	28.3%	43.5%	21.7%	69.6%	19.6%	13%	15.2%	2.2%	2.2%
	其他	197	35	73	50	74	25	151	18	14	15	16	4
		90.4%	16.1%	33.5%	22.9%	33.9%	11.5%	69.3%	8.3%	6.4%	6.9%	7.3%	1.8%

续表

		家里	学校	社交场所	网上聊天	打电话时	对外地朋友	对本地朋友	对陌生人	在工作单位	说专有名词	其他场合	基本不用
东南部	教师	274	45	90	48	107	32	211	17	33	24	13	14
		86.7%	14.2%	28.5%	15.2%	33.9%	10.1%	66.8%	5.4%	10.4%	7.6%	4.1%	4.4%
	公务员	102	22	39	28	45	14	80	7	13	9	6	0
		91.9%	19.8%	35.1%	25.2%	40.5%	12.6%	72.1%	6.3%	11.7%	8.1%	5.4%	0%
	企事业单位人员	364	67	122	76	158	32	289	27	55	22	11	12
		86.5%	15.9%	29%	18.1%	37.5%	7.6%	68.6%	6.4%	13.1%	5.2%	2.6%	2.9%
	商业、服务人员	85	10	27	21	30	11	75	4	7	7	4	1
		90.4%	10.6%	28.7%	22.3%	31.9%	11.7%	79.8%	4.3%	7.4%	7.4%	4.3%	1.1%
	个体户	256	41	123	97	143	41	220	30	30	23	11	2
		92.8%	14.9%	44.6%	35.1%	51.8%	14.9%	79.7%	10.9%	10.9%	8.3%	4%	0.7%
	农民	348	77	199	120	215	80	294	82	60	58	22	1
		92.6%	20.5%	52.9%	31.9%	57.2%	21.3%	78.2%	21.8%	16%	15.4%	5.9%	0.3%
	学生	1110	277	229	188	313	96	903	73	93	79	33	30
		88.2%	22%	18.2%	14.9%	24.9%	7.6%	71.8%	5.8%	7.4%	6.3%	2.6%	2.4%
	无业人员	36	5	8	4	14	4	28	5	1	3	1	1
		83.7%	11.6%	18.6%	9.3%	32.6%	9.3%	65.1%	11.6%	2.3%	7%	2.3%	2.3%
	其他	175	39	77	56	76	29	137	16	21	18	10	3
		85.4%	19%	37.6%	27.3%	37.1%	14.1%	66.8%	7.8%	10.2%	8.8%	4.9%	1.5%

表2.6.6　　不同职业人群在不同场合使用普通话的情况

		家里	学校	社交场所	网上聊天	打电话时	对外地朋友	对本地朋友	对陌生人	在工作单位	说专有名词	其他场合	基本不用
山西	教师	232	742	654	514	447	721	192	543	592	441	71	3
		24.6%	78.7%	69.4%	54.5%	47.4%	76.5%	20.4%	57.6%	62.8%	46.8%	7.5%	0.3%
	公务员	83	161	267	235	182	304	74	208	212	165	39	0
		21.2%	41.2%	68.3%	60.1%	46.5%	77.7%	18.9%	53.2%	54.2%	42.2%	10%	0%
	企事业单位人员	280	498	950	694	547	1030	234	710	701	459	98	15
		20.7%	36.8%	70.2%	51.3%	40.4%	76.1%	17.3%	52.4%	51.8%	33.9%	7.2%	1.1%

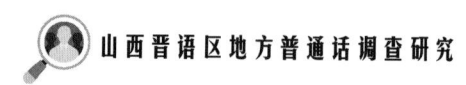

续表

		家里	学校	社交场所	网上聊天	打电话时	对外地朋友	对本地朋友	对陌生人	在工作单位	说专有名词	其他场合	基本不用
山西	商业、服务人员	52	115	232	181	147	285	50	219	181	112	24	3
		14.9%	33%	66.5%	51.9%	42.1%	81.7%	14.3%	62.8%	51.9%	32.1%	6.9%	0.9%
	个体户	129	291	540	456	333	713	131	442	292	246	48	19
		13.6%	30.6%	56.7%	47.9%	35%	74.9%	13.8%	46.4%	30.7%	25.8%	5%	2%
	农民	94	170	278	209	162	425	61	254	121	127	34	53
		14.4%	26.1%	42.7%	32.1%	24.9%	65.3%	9.4%	39%	18.6%	19.5%	5.2%	8.1%
	学生	1031	3617	2903	2624	2110	3316	946	2313	2440	1941	221	23
		23.6%	82.9%	66.6%	60.2%	48.4%	76%	21.7%	53%	55.9%	44.5%	5.1%	0.5%
	无业人员	19	51	66	55	44	86	19	66	46	36	12	8
		15.7%	42.1%	54.5%	45.5%	36.4%	71.1%	15.7%	54.5%	38%	29.8%	9.9%	6.6%
	其他	130	221	379	318	266	432	122	306	255	187	52	7
		21.4%	36.3%	62.3%	52.3%	43.8%	71.1%	20.1%	50.3%	41.9%	30.8%	8.6%	1.2%
北部	教师	32	198	167	115	86	196	30	146	152	121	12	1
		13.6%	84.3%	71.1%	48.9%	36.6%	83.4%	12.8%	62.1%	64.7%	51.5%	5.1%	0.4%
	公务员	24	47	87	70	60	96	20	69	70	48	16	0
		19.2%	37.6%	69.6%	56%	48%	76.8%	16%	55.2%	56%	38.4%	12.8%	0%
	企事业单位人员	60	117	319	190	140	339	43	236	219	130	24	5
		14.2%	27.6%	75.2%	44.8%	33%	80%	10.1%	55.7%	51.7%	30.7%	5.7%	1.2%
	商业、服务人员	14	28	72	63	47	88	10	56	51	32	7	2
		13%	25.9%	66.7%	58.3%	43.5%	81.5%	9.3%	51.9%	47.2%	29.6%	6.5%	1.9%
	个体户	36	73	143	124	98	190	38	121	81	60	16	12
		13.4%	27.1%	53.2%	46.1%	36.4%	70.6%	14.1%	45%	30.1%	22.3%	5.9%	4.5%
	农民	25	33	53	39	38	85	16	41	26	34	8	12
		18.2%	24.1%	38.7%	28.5%	27.7%	62%	11.7%	29.9%	19%	24.8%	5.8%	8.8%
	学生	283	1060	808	771	612	1043	239	689	725	539	55	10
		21.9%	82%	62.5%	59.7%	47.4%	80.7%	18.5%	53.3%	56.1%	41.7%	4.3%	0.8%
	无业人员	3	10	12	12	9	23	3	18	9	10	4	2
		9.1%	30.3%	36.4%	36.4%	27.3%	69.7%	9.1%	54.5%	27.3%	30.3%	12.1%	6.1%
	其他	28	45	77	71	57	90	27	66	44	32	17	3
		20.4%	32.8%	56.2%	51.8%	41.6%	65.7%	19.7%	48.2%	32.1%	23.4%	12.4%	2.2%

续表

		家里	学校	社交场所	网上聊天	打电话时	对外地朋友	对本地朋友	对陌生人	在工作单位	说专有名词	其他场合	基本不用
西部	教师	16 19%	65 77.4%	53 63.1%	48 57.1%	35 41.7%	58 69%	13 15.5%	29 34.5%	40 47.6%	32 38.1%	5 6%	0 0%
	公务员	12 22.2%	21 38.9%	31 57.4%	33 61.1%	21 38.9%	42 77.8%	12 22.2%	27 50%	27 50%	23 42.6%	7 13%	0 0%
	企事业单位人员	32 20.8%	51 33.1%	96 62.3%	81 52.6%	58 37.7%	112 72.7%	25 16.2%	71 46.1%	67 43.5%	48 31.2%	12 7.8%	3 1.9%
	商业、服务人员	12 21.4%	17 30.4%	36 64.3%	34 60.7%	20 35.7%	45 80.4%	8 14.3%	34 60.7%	24 42.9%	20 35.7%	3 5.4%	0 0%
	个体户	11 7.7%	37 25.9%	79 55.2%	66 46.2%	40 28%	114 79.7%	13 9.1%	68 47.6%	30 21%	30 21%	9 6.3%	1 0.7%
	农民	15 10.6%	29 20.4%	53 37.3%	47 33.1%	27 19%	99 69.7%	17 12%	61 43%	15 10.6%	11 7.7%	8 5.6%	13 9.2%
	学生	121 19.1%	496 78.1%	381 60%	375 59.1%	286 45%	459 72.3%	122 19.2%	257 40.5%	310 48.8%	287 45.2%	40 6.3%	1 0.2%
	无业人员	1 6.7%	1 6.7%	7 46.7%	5 33.3%	1 6.7%	11 73.3%	0 0%	4 26.7%	2 13.3%	2 13.3%	2 13.3%	2 13.3%
	其他	8 14.3%	20 35.7%	32 57.1%	28 50%	20 35.7%	42 75%	9 16.1%	28 50%	21 37.5%	13 23.2%	3 5.4%	0 0%
中部	教师	76 29.1%	197 75.5%	180 69%	150 57.5%	127 48.7%	193 73.9%	58 22.2%	133 51%	147 56.3%	114 43.7%	11 4.2%	1 0.4%
	公务员	26 25.7%	45 44.6%	69 68.3%	63 62.4%	50 49.5%	78 77.2%	22 21.8%	50 49.5%	52 51.5%	46 45.5%	9 8.9%	0 0%
	企事业单位人员	100 28.1%	137 38.5%	242 68%	195 54.8%	164 46.1%	277 77.8%	80 22.5%	186 52.2%	188 52.8%	132 37.1%	29 8.1%	3 0.8%
	商业、服务人员	13 13.8%	30 31.9%	68 72.3%	45 47.9%	45 47.9%	79 84%	14 14.9%	64 68.1%	51 54.3%	29 30.9%	6 6.4%	1 1.1%
	个体户	45 15.4%	88 30.1%	173 59.2%	156 53.4%	105 36%	227 77.7%	46 15.8%	132 45.2%	95 32.5%	84 28.8%	12 4.1%	1 0.3%

续表

		家里	学校	社交场所	网上聊天	打电话时	对外地朋友	对本地朋友	对陌生人	在工作单位	说专有名词	其他场合	基本不用
中路	农民	20	39	71	56	43	94	12	56	27	30	6	9
		13.3%	26%	47.3%	37.3%	28.7%	62.7%	8%	37.3%	18%	20%	4%	6%
	学生	293	796	663	593	459	718	239	545	508	451	56	3
		30.2%	82.1%	68.4%	61.2%	47.4%	74.1%	24.7%	56.2%	52.4%	46.5%	5.8%	0.3%
	无业人员	7	18	20	19	12	24	10	19	14	11	4	2
		20.6%	52.9%	58.8%	55.9%	35.3%	70.6%	29.4%	55.9%	41.2%	32.4%	11.8%	5.9%
	其他	43	69	134	117	94	149	40	102	95	71	13	3
		20.6%	33%	64.1%	56%	45%	71.3%	19.1%	48.8%	45.5%	34%	6.2%	1.4%
东南部	教师	108	282	254	201	199	274	91	235	253	174	43	1
		29.8%	77.7%	70%	55.4%	54.8%	75.5%	25.1%	64.7%	69.7%	47.9%	11.8%	0.3%
	公务员	21	48	80	69	51	88	20	62	63	48	7	0
		18.9%	43.2%	72.1%	62.2%	45.9%	79.3%	18%	55.9%	56.8%	43.2%	6.3%	0%
	企事业单位人员	88	193	293	228	185	302	86	217	227	149	33	4
		21%	46%	69.8%	54.3%	44%	71.9%	20.5%	51.7%	54%	35.5%	7.9%	1%
	商业、服务人员	13	40	56	39	35	73	18	65	55	31	8	0
		14.3%	44%	61.5%	42.9%	38.5%	80.2%	19.8%	71.4%	60.4%	34.1%	8.8%	0%
	个体户	37	93	145	110	90	182	34	121	86	72	11	5
		14.9%	37.5%	58.5%	44.4%	36.3%	73.4%	13.7%	48.8%	34.7%	29%	4.4%	2%
	农民	34	69	101	67	54	147	16	96	53	52	12	19
		15.3%	31.1%	45.5%	30.2%	24.3%	66.2%	7.2%	43.2%	23.9%	23.4%	5.4%	8.6%
	学生	334	1265	1051	885	753	1096	346	822	897	664	70	9
		22.8%	86.3%	71.7%	60.4%	51.4%	74.8%	23.6%	56.1%	61.2%	45.3%	4.8%	0.6%
	无业人员	8	22	27	19	22	28	6	25	21	13	2	2
		20.5%	56.4%	69.2%	48.7%	56.4%	71.8%	15.4%	64.1%	53.8%	33.3%	5.1%	5.1%
	其他	51	87	136	102	95	151	46	110	95	71	19	1
		24.8%	42.2%	66%	49.5%	46.1%	73.3%	22.3%	53.4%	46.1%	34.5%	9.2%	0.5%

（4）不同受教育程度对语言使用的影响

调查数据显示（表2.6.7和表2.6.8），不论受教育程度如何，人们在家里、对本地朋友选择使用方言的比例都较高，尤其在家里选择使用方言的比例达到90%左右。而在学校、社交场所、网上聊天、打电话、对外地朋友、对陌生人、在工作单位等场合人们选择普通话还是选择方言则因不同的受教育程度而有所不同。在这些场合，人们选择方言的比例随着受教育程度的提高而减少，人们选择普通话的比例则随着受教育程度的提高而提高。比如，在社交场所，从选择使用方言的占比来看，由高到低依次是没上过学的、小学、初中、高中、大专、本科及以上，其中，没上过学的占比为58.6%，本科及以上占比为21%，相差37.6%。如果从选择使用普通话的占比来看，由高到低依次是本科及以上、大专、高中、初中、小学、没上过学的，其中，本科及以上占比为73.3%，没上过学的占35.1%，相差38.2%。由此可见，在多数场合，受教育程度是影响双言选用的一个很重要的因素。

表2.6.7　　不同受教育程度人群在不同场合使用方言的情况

		家里	学校	社交场所	网上聊天	打电话时	对外地朋友	对本地朋友	对陌生人	在工作单位	说专有名词	其他场合	基本不用
山西	没上过学	247	0	164	102	168	102	196	113	64	67	33	1
		88.2%	0%	58.6%	36.4%	60%	36.4%	70%	40.4%	22.9%	23.9%	11.8%	0.4%
	小学	930	244	530	314	513	207	703	184	148	134	80	8
		89.9%	23.6%	51.3%	30.4%	49.6%	20%	68%	17.8%	14.3%	13%	7.7%	0.8%
	初中	1853	480	911	623	912	297	1466	233	236	164	115	21
		89.6%	23.2%	44%	30.1%	44.1%	14.4%	70.9%	11.3%	11.4%	7.9%	5.6%	1%
	高中	1671	453	670	466	712	205	1306	161	175	138	108	19
		90%	24.4%	36.1%	25.1%	38.3%	11%	70.3%	8.7%	9.4%	7.4%	5.8%	1%
	大专	1263	235	460	440	601	144	1042	102	127	93	77	13
		89.7%	16.7%	32.7%	31.3%	42.7%	10.2%	74%	7.2%	9%	6.6%	5.5%	0.9%
	本科及以上	3140	486	740	708	1091	278	2611	178	303	281	171	71
		89%	13.8%	21%	20.1%	30.9%	7.9%	74%	5%	8.6%	8%	4.8%	2%

续表

		家里	学校	社交场所	网上聊天	打电话时	对外地朋友	对本地朋友	对陌生人	在工作单位	说专有名词	其他场合	基本不用
北部	没上过学	80 87.9%	0 0%	58 63.7%	42 46.2%	56 61.5%	32 35.2%	68 74.7%	40 44%	26 28.6%	23 25.3%	16 17.6%	0 0%
	小学	275 89.6%	77 25.1%	176 57.3%	106 34.5%	169 55%	59 19.2%	199 64.8%	53 17.3%	36 11.7%	29 9.4%	25 8.1%	1 0.3%
	初中	569 90.3%	170 27%	267 42.4%	195 31%	273 43.3%	70 11.1%	461 73.2%	67 10.6%	75 11.9%	38 6%	35 5.6%	6 1%
	高中	476 92.4%	130 25.2%	201 39%	151 29.3%	218 42.3%	57 11.1%	388 75.3%	50 9.7%	53 10.3%	39 7.6%	32 6.2%	3 0.6%
	大专	409 91.7%	71 15.9%	146 32.7%	177 39.7%	234 52.5%	41 9.2%	357 80%	32 7.2%	34 7.6%	32 7.2%	28 6.3%	3 0.7%
	本科及以上	899 91.7%	138 14.1%	232 23.7%	280 28.6%	369 37.7%	68 6.9%	790 80.6%	65 6.6%	91 9.3%	77 7.9%	59 6%	6 0.6%
西部	没上过学	55 85.9%	0 0%	28 43.8%	12 18.8%	30 46.9%	18 28.1%	44 68.8%	21 32.8%	6 9.4%	9 14.1%	5 7.8%	0 0%
	小学	179 92.3%	34 17.5%	88 45.4%	44 22.7%	78 40.2%	35 18%	122 62.9%	28 14.4%	18 9.3%	21 10.8%	22 11.3%	0 0%
	初中	308 86.3%	82 23%	139 38.9%	102 28.6%	144 40.3%	47 13.2%	223 62.5%	33 9.2%	32 9%	28 7.8%	16 4.5%	1 0.3%
	高中	259 90.9%	64 22.5%	107 37.5%	82 28.8%	116 40.7%	39 13.7%	185 64.9%	25 8.8%	31 10.9%	23 8.1%	28 9.8%	1 0.4%
	大专	156 88.1%	37 20.9%	69 39%	60 33.9%	84 47.5%	20 11.3%	127 71.8%	20 11.3%	22 12.4%	14 7.9%	9 5.1%	1 0.6%
	本科及以上	388 90.2%	63 14.7%	102 23.7%	92 21.4%	145 33.7%	34 7.9%	321 74.7%	24 5.6%	41 9.5%	37 8.6%	40 9.3%	5 1.2%
中部	没上过学	59 93.7%	0 0%	44 69.8%	30 47.6%	44 69.8%	30 47.6%	43 68.3%	29 46%	22 34.9%	22 34.9%	8 12.7%	0 0%
	小学	209 87.8%	60 25.2%	133 55.9%	80 33.6%	126 52.9%	61 25.6%	165 69.3%	55 23.1%	42 17.6%	49 20.6%	21 8.8%	5 2.1%

续表

		家里	学校	社交场所	网上聊天	打电话时	对外地朋友	对本地朋友	对陌生人	在工作单位	说专有名词	其他场合	基本不用
中部	初中	501	116	270	177	251	106	385	73	71	56	42	5
		89.1%	20.6%	48%	31.5%	44.7%	18.9%	68.5%	13%	12.6%	10%	7.5%	0.9%
	高中	456	110	179	121	181	57	344	41	39	39	30	9
		88.4%	21.3%	34.7%	23.4%	35.1%	11%	66.7%	7.9%	7.6%	7.6%	5.8%	1.7%
	大专	332	53	124	92	134	41	269	21	34	27	24	3
		89%	14.2%	33.2%	24.7%	35.9%	11%	72.1%	5.6%	9.1%	7.2%	6.4%	0.8%
	本科及以上	744	126	198	172	244	79	596	33	67	71	33	20
		87.7%	14.9%	23.3%	20.3%	28.8%	9.3%	70.3%	3.9%	7.9%	8.4%	3.9%	2.4%
东南部	没上过学	53	0	34	18	38	22	41	23	10	13	4	1
		85.5%	0%	54.8%	29%	61.3%	35.5%	66.1%	37.1%	16.1%	21%	6.5%	1.6%
	小学	267	73	133	84	140	52	217	48	52	35	12	2
		90.5%	24.7%	45.1%	28.5%	47.5%	17.6%	73.6%	16.3%	17.6%	11.9%	4.1%	0.7%
	初中	475	112	235	149	244	74	397	60	58	42	22	9
		91.3%	21.5%	45.2%	28.7%	46.9%	14.2%	76.3%	11.5%	11.2%	8.1%	4.2%	1.7%
	高中	480	149	183	112	197	52	389	45	52	37	18	6
		88.7%	27.5%	33.8%	20.7%	36.4%	9.6%	71.9%	8.3%	9.6%	6.8%	3.3%	1.1%
	大专	366	74	121	111	149	42	289	29	37	20	16	6
		88.8%	18%	29.4%	26.9%	36.2%	10.2%	70.1%	7%	9%	4.9%	3.9%	1.5%
	本科及以上	1109	159	208	164	333	97	904	56	104	96	39	40
		87.3%	12.5%	16.4%	12.9%	26.2%	7.6%	71.2%	4.4%	8.2%	7.6%	3.1%	3.1%

表2.6.8 不同受教育程度人群在不同场合使用普通话的情况

		家里	学校	社交场所	网上聊天	打电话时	对外地朋友	对本地朋友	对陌生人	在工作单位	说专有名词	其他场合	基本不用
山西	没上过学	14	0	26	28	18	40	12	23	12	17	6	9
		18.9%	0%	35.1%	37.8%	24.3%	54.1%	16.2%	31.1%	16.2%	23%	8.1%	12.2%
	小学	223	408	398	321	283	488	169	305	276	239	52	19
		29.8%	54.5%	53.1%	42.9%	37.8%	65.2%	22.6%	40.7%	36.8%	31.9%	6.9%	2.5%

续表

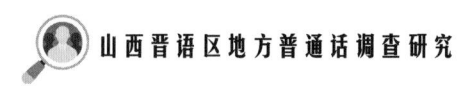

		家里	学校	社交场所	网上聊天	打电话时	对外地朋友	对本地朋友	对陌生人	在工作单位	说专有名词	其他场合	基本不用
山西	初中	315	816	932	847	618	1255	241	757	591	500	74	54
		18%	46.7%	53.3%	48.4%	35.3%	71.8%	13.8%	43.3%	33.8%	28.6%	4.2%	3.1%
	高中	365	1003	1077	950	728	1359	294	879	764	647	96	25
		20%	54.9%	59%	52%	39.9%	74.4%	16.1%	48.1%	41.8%	35.4%	5.3%	1.4%
	大专	237	732	993	789	631	1154	244	797	755	542	100	12
		16.3%	50.3%	68.3%	54.3%	43.4%	79.4%	16.8%	54.8%	51.9%	37.3%	6.9%	0.8%
	本科及以上	896	2883	2843	2351	1960	3016	869	2300	2442	1769	271	12
		23.1%	74.3%	73.3%	60.6%	50.5%	77.8%	22.4%	59.3%	63%	45.6%	7%	0.3%
北部	没上过学	8	0	13	13	10	16	5	11	6	7	4	3
		29.6%	0%	48.1%	48.1%	37%	59.3%	18.5%	40.7%	22.2%	25.9%	14.8%	11.1%
	小学	58	103	103	76	79	132	45	77	70	55	12	7
		28.6%	50.7%	50.7%	37.4%	38.9%	65%	22.2%	37.9%	34.5%	27.1%	5.9%	3.4%
	初中	113	310	289	278	203	406	86	235	216	187	29	16
		20.4%	55.9%	52.1%	50.1%	36.6%	73.2%	15.5%	42.3%	38.9%	33.7%	5.2%	2.9%
	高中	84	298	276	276	199	387	67	246	215	178	23	13
		16.6%	58.8%	54.4%	54.4%	39.3%	76.3%	13.2%	48.5%	42.4%	35.1%	4.5%	2.6%
	大专	50	197	328	238	183	376	51	246	247	156	27	5
		11.1%	43.8%	72.9%	52.9%	40.7%	83.6%	11.3%	54.7%	54.9%	34.7%	6%	1.1%
	本科及以上	192	692	729	574	473	833	172	627	623	423	64	3
		18.9%	68%	71.6%	56.4%	46.5%	81.8%	16.9%	61.6%	61.2%	41.6%	6.3%	0.3%
西部	没上过学	1	0	2	6	2	6	2	3	1	1	2	2
		7.1%	0%	14.3%	42.9%	14.3%	42.9%	14.3%	21.4%	7.1%	7.1%	14.3%	14.3%
	小学	27	67	67	71	39	85	24	47	38	40	10	2
		20.5%	50.8%	50.8%	53.8%	29.5%	64.4%	18.2%	35.6%	28.8%	30.3%	7.6%	1.5%
	初中	39	107	140	126	90	206	35	117	65	59	12	9
		13.4%	36.9%	48.3%	43.4%	31%	71%	12.1%	40.3%	22.4%	20.3%	4.1%	3.1%
	高中	52	147	155	152	112	208	45	117	93	87	14	4
		18.7%	52.9%	55.8%	54.7%	40.3%	74.8%	16.2%	42.1%	33.5%	31.3%	5%	1.4%

续表

		家里	学校	社交场所	网上聊天	打电话时	对外地朋友	对本地朋友	对陌生人	在工作单位	说专有名词	其他场合	基本不用
西部	大专	36	95	115	99	74	142	35	92	87	66	18	1
		19.7%	51.9%	62.8%	54.1%	40.4%	77.6%	19.1%	50.3%	47.5%	36.1%	9.8%	0.5%
	本科及以上	73	317	289	263	191	335	78	203	252	213	33	2
		16.5%	71.7%	65.4%	59.5%	43.2%	75.8%	17.6%	45.9%	57%	48.2%	7.5%	0.5%
中部	没上过学	3	0	4	4	3	7	1	3	2	2	0	1
		21.4%	0%	28.6%	28.6%	21.4%	50%	7.1%	21.4%	14.3%	14.3%	0%	7.1%
	小学	48	72	78	66	52	95	29	59	49	53	5	3
		33.6%	50.3%	54.5%	46.2%	36.4%	66.4%	20.3%	41.3%	34.3%	37.1%	3.5%	2.1%
	初中	86	181	252	234	169	332	72	205	156	144	19	11
		19.1%	40.1%	55.9%	51.9%	37.5%	73.6%	16%	45.5%	34.6%	31.9%	4.2%	2.4%
	高中	124	261	313	251	204	356	80	232	191	184	32	3
		24.9%	52.5%	63%	50.5%	41%	71.6%	16.1%	46.7%	38.4%	37%	6.4%	0.6%
	大专	75	206	266	228	176	315	84	220	194	149	25	3
		18.8%	51.6%	66.7%	57.1%	44.1%	78.9%	21.1%	55.1%	48.6%	37.3%	6.3%	0.8%
	本科及以上	287	694	707	611	495	734	255	568	585	436	65	2
		29.8%	72.1%	73.5%	63.5%	51.5%	76.3%	26.5%	59%	60.8%	45.3%	6.8%	0.2%
东南部	没上过学	2	0	7	5	3	11	4	6	3	7	0	3
		10.5%	0%	36.8%	26.3%	15.8%	57.9%	21.1%	31.6%	15.8%	36.8%	0%	15.8%
	小学	90	166	150	108	113	176	71	122	119	91	25	7
		33.2%	61.3%	55.4%	39.9%	41.7%	64.9%	26.2%	45%	43.9%	33.6%	9.2%	2.6%
	初中	77	218	251	209	156	311	48	200	154	110	14	18
		17%	48.1%	55.4%	46.1%	34.4%	68.7%	10.6%	44.2%	34%	24.3%	3.1%	4%
	高中	105	297	333	271	213	408	102	284	265	198	27	5
		19.3%	54.6%	61.2%	49.8%	39.2%	75%	18.8%	52.2%	48.7%	36.4%	5%	0.9%
	大专	76	234	284	224	198	321	74	239	227	171	30	3
		18%	55.5%	67.3%	53.1%	46.9%	76.1%	17.5%	56.6%	53.8%	40.5%	7.1%	0.7%
	本科及以上	344	1180	1118	903	801	1114	364	902	982	697	109	5
		23.6%	81%	76.7%	62%	55%	76.5%	25%	61.9%	67.4%	47.8%	7.5%	0.3%

这里值得一提的是,据《中国语言文字使用情况调查资料》,2000年时中国语言文字使用情况调查小组对山西人在家说普通话和方言的情况进行了相关的调查。虽然其调查结果是针对整个山西的,而我们调查的仅是山西晋语区,而且两次调查在年龄、受教育程度、职业的调查范围上也不尽一致,但从整体的趋势上看二者还是具有一定的可比性的。鉴于此,我们将2018年和2000年在家说普通话在性别、年龄、受教育程度、职业的占比情况进行了比较,具体情况见下表:

表2.8　　　　　　　人们在家说普通话的性别分布　　　　　　　　（%）

时间\性别	男	女
2000	7.97	8.21
2018	19.9	21.9

表2.9　　　　　　　人们在家说普通话的年龄分布　　　　　　　　（%）

时间\年龄	—	—	15—29岁	30—44岁	45—59岁	60—69岁
2000	—	—	15.79	14	8.72	10.06
时间\年龄	12岁以下	12—18岁	19—30岁	30—45岁	46—60岁	60岁以上
2018	41.4	26.3	18.8	20.2	18.2	18.8

表2.10　　　　　　在家说普通话的受教育程度分布（%）

时间\受教育程度	没上过学的	扫盲班	小学	初中	高中	大专及以上	—
2000	1.47	1.81	3	8.86	23.37	42.38	—
时间\受教育程度	没上过学的	—	小学	初中	高中	大专	本科及以上
2018	18.9	—	29.8	18	20	16.3	23.1

表2.11　　　　　　人们在家说普通话的职业分布　　　　　　（%）

受教育程度＼时间	教师	教师以外的专业技术人员	公务员	党群组织负责人	企事业单位负责人	办事人员	农林牧渔水利业生产人员	商业服务业人员	生产运输设备操作人员及有关人员	不在业人员	学生			
2000	31.28	35.41	35.52	19.25	31.06	32.73	1.55	20.52	22.28	12.48	24.22	—	—	—
受教育程度＼时间	教师	—	公务员	—	企事业单位负责人	—	—	商业服务业人员	—	无业人员	学生	个体户	农民	其他
2018	24.6	—	21.2	—	20.7	—	—	14.9	—	15.7	23.6	13.6	14.4	21.4

与2000年相比，时隔近二十年，从性别上看，男性和女性在家说普通话的比例都有明显的上升，上升幅度差不多，即男性上升了11.93%，女性上升了13.69%。从年龄上看，各年龄段人群在家说普通话的比例都有所上升，其中，60岁以上人群上升了8.74%。从受教育程度上看，不同受教育程度的比例都有上升，其中，受教育程度较低的人群，在家说普通话的比例上升的幅度相对较大。从职业上看，多数人群在家说普通话的比例有一定的下降。但从总体情况来看，人们在家说普通话的比例呈上升态势，这说明近二十年的推普工作还是有一定的成效的。

通过上述分析，我们总结出如下结论：

首先，人们在不同场合的双言选用与性别的关系不大。人们在学校、社交场所、网上聊天、打电话、对外地朋友、对陌生人等场合选择普通话还是选择方言与年龄、职业、受教育程度等因素有一定的关系，双言选用会因这些因素的不同而有所不同。就年龄而言，年龄越大，选择使用普通话的比例越低，反之，则选择使用普通话的比例越高。就受教育程度而言，受教育程度越高，选择使用普通话的比例越高，反之，则选择使用普通话的比例越低。

其次，从横向上来看，不管是从山西整体来看还是分别从北部、西部、中部、东南部四个地区来看，不论人们的年龄、性别、职业、受教育程度如何，人们"在家""对本地朋友"这两个场合在语言选择上表现出很强的一致性，选择方言的比例都非常高，这与以方言为主的家庭语言环境有密切关系。同时，这说明在这两个场合中，语言的选择不受外界因素的影响，可以说这两个场合是方言的主阵地。

最后，从纵向上来看，虽然目前仅有2000年时所调查的山西省人们在家说普通话的数据，但通过2000年和2018年该项相关数据的比较，我们也可以看出大体的一个变化趋势：在"在家以说方言为主"的大背景下，时隔近二十年，人们在家说普通话的比例有了一定的提高，这说明近二十年来推广普通话的工作取得了一定的成效。

（二）在不同社交场所使用本地方言和普通话的情况

1. 各地人们在不同社交场所使用本地方言和普通话的分布情况

调查数据（见表2.12）显示，就山西晋语区的整体情况而言，人们在社交场所只选择方言或只选择普通话的比例都很低，在商场超市购物时、休闲场所休闲娱乐时，人们的双言选择比例趋于平衡，即选择使用普通话和使用方言的比例相差不大。正如徐大明先生所说："普通话和地方话的对比远远没有典型双言制的两个变体那样泾渭分明。"[①] 在医院看病时、文化场所参观时、金融场所办事时、饭店吃饭时、菜市场买菜时等场所人们的双言选择具有较明显的倾向性。其中，人们在医院看病时、文化场所参观时、金融场所办事时选择使用普通话的比例较高，在乘坐公共交通工具时、饭店吃饭时、菜市场买菜时选择使用方言的比例较高。

就北部、西部、东南部、中部四个地区而言，在各社交场所双言选用的比例也不尽一致。在四个地区，双言选用倾向性比较一致的集中在医院看病时、文化场所参观时、金融场所办事时、饭店吃饭时、菜市场买菜时、其他场合等，其中在医院看病时、文化场所参观时、金融场所办事时选择使用普通话的比例较高，在饭店吃饭时、菜市场买菜时以及其他场合，人们则选择使用方言的比例较高，双言选用表现不太一致的主要集中在商场超市购物时、休闲场所休闲时、乘坐公共交通工具时等，具体来说：在商场超市购物时、乘坐公共交通工具时，在北部、中部、西部地区

---

① 徐大明：《社会语言学研究》，上海人民出版社2007年版，第224页。

第二章 山西晋语区地方普通话的选用情况

人们选择使用方言的比例更高一些,而在东南部地区人们选择使用普通话的比例则较高。在休闲场所休闲时,在北部、西部地区人们选择使用方言的比例较高,而在中部、东南部地区人们则选择使用普通话的比例较高。

综上,在山西晋语区,人们会根据不同的社交场所进行双言选择。大体来看,在交际对象素质较高的社交场所,人们一般选择使用普通话的比例较高,在对交际对象素质没有太高要求的社交场所,人们选择使用方言的比例较高。

表2.12　　各地人们在不同社交场所使用本地方言和普通话的情况

		商场超市购物时	医院看病时	文化场所参观时	金融场所办事时	休闲场所休闲时	乘坐公共交通工具时	饭店吃饭时	菜市场买菜时	其他场合	基本不用
山西	方言	5390	3560	2401	1904	4370	4831	6069	6067	923	780
		53%	35%	23.6%	18.7%	42.9%	47.5%	59.6%	59.6%	9.1%	7.7%
	普通话	4948	6021	6936	5989	4458	3907	2945	2031	601	459
		50.8%	61.9%	71.3%	61.5%	45.8%	40.2%	30.3%	20.9%	6.2%	4.7%
北部	方言	1613	1065	721	615	1349	1567	1967	1879	270	130
		54.3%	35.9%	24.3%	20.7%	45.4%	52.8%	66.3%	63.3%	9.1%	4.4%
	普通话	1240	1587	1948	1600	1158	907	693	411	126	175
		44.9%	57.5%	70.6%	58%	42%	32.9%	25.1%	14.9%	4.6%	6.3%
西部	方言	888	658	394	301	661	783	908	870	188	53
		58.9%	43.7%	26.1%	20%	43.9%	52%	60.3%	57.7%	12.5%	3.5%
	普通话	579	723	906	793	524	456	318	214	102	67
		43.2%	54%	67.7%	59.2%	39.1%	34.1%	23.7%	16%	7.6%	5%
中部	方言	1372	909	661	511	1098	1219	1520	1553	217	208
		52.8%	35%	25.4%	19.7%	42.2%	46.9%	58.5%	59.7%	8.3%	8%
	普通话	1341	1564	1777	1579	1239	1012	753	549	148	97
		54.4%	63.4%	72.1%	64%	50.2%	41%	30.5%	22.3%	6%	3.9%
东南部	方言	1517	928	625	477	1262	1262	1674	1765	248	389
		48.9%	29.9%	20.2%	15.4%	40.7%	40.7%	54%	56.9%	8%	12.5%
	普通话	1788	2147	2305	2017	1537	1532	1181	857	225	120
		56.5%	67.8%	72.8%	63.7%	48.5%	48.4%	37.3%	27.1%	7.1%	3.8%

2. 影响人们在不同社交场所进行语言选用的因素

通过调查，我们发现，双言人在不同社交场所会因其性别、年龄、职业、受教育程度的不同而在双言选用上表现出不同的选择。

（1）不同性别在不同社交场所双言选用的情况

调查数据（见表2.12.1和表2.12.2）显示，在山西晋语区，在不同的社交场所，男性和女性在某一社交场所选用方言或选用普通话的占比相差不大，这说明性别对人们双言选用的影响并不是太大。总体来看，男性在社交场所选择方言的比例比女性高一些，女性在社交场所选择普通话的比例比男性稍高。

表2.12.1　不同性别人群在不同社交场所选用方言的分布情况

		商场超市购物时	医院看病时	文化场所参观时	金融场所办事时	休闲场所休闲时	乘坐公共交通工具时	饭店吃饭时	菜市场买菜时	其他场合	基本不用
山西	男	2410	1611	1076	889	1896	2119	2721	2563	398	235
		56.6%	37.8%	25.3%	20.9%	44.5%	49.8%	63.9%	60.2%	9.3%	5.5%
	女	1015	2474	2712	3348	3504	525	545			
		50.4%	32.9%	22.4%	17.2%	41.8%	45.8%	56.6%	59.2%	8.9%	9.2%
北部	男	766	515	351	308	624	724	946	870	135	45
		56%	37.7%	25.7%	22.5%	45.6%	53%	69.2%	63.6%	9.9%	3.3%
	女	847	550	370	307	725	843	1021	1009	135	85
		52.9%	34.3%	23.1%	19.2%	45.3%	52.6%	63.7%	63%	8.4%	5.3%
西部	男	415	297	189	138	290	343	409	384	86	19
		61%	43.7%	27.8%	20.3%	42.6%	50.4%	60.1%	56.5%	12.6%	2.8%
	女	473	361	205	163	371	440	499	486	102	34
		57.2%	43.7%	24.8%	19.7%	44.9%	53.2%	60.3%	58.7%	12.3%	4.1%
中部	男	580	396	265	222	458	499	625	617	97	71
		55.9%	38.2%	25.5%	21.4%	44.1%	48.1%	60.2%	59.4%	9.3%	6.8%
	女	792	513	396	289	640	720	895	936	120	137
		50.7%	32.8%	25.4%	18.5%	41%	46.1%	57.3%	59.9%	7.7%	8.8%

第二章　山西晋语区地方普通话的选用情况

续表

		商场超市购物时	医院看病时	文化场所参观时	金融场所办事时	休闲场所休闲时	乘坐公共交通工具时	饭店吃饭时	菜市场买菜时	其他场合	基本不用
东南部	男	649	403	271	221	524	553	741	692	80	100
		55.3%	34.3%	23.1%	18.8%	44.6%	47.1%	63.1%	58.9%	6.8%	8.5%
	女	868	525	354	256	738	709	933	1073	168	289
		45.1%	27.3%	18.4%	13.3%	38.3%	36.8%	48.4%	55.7%	8.7%	15%

表 2.12.2　不同性别人群在不同社交场所选用普通话的分布情况

		商场超市购物时	医院看病时	文化场所参观时	金融场所办事时	休闲场所休闲时	乘坐公共交通工具时	饭店吃饭时	菜市场买菜时	其他场合	基本不用
山西	男	1867	2351	2769	2442	1744	1442	1052	709	204	172
		47.6%	59.9%	70.5%	62.2%	44.4%	36.7%	26.8%	18.1%	5.2%	4.4%
	女	3081	3670	4167	3547	2714	2465	1893	1322	397	287
		53.1%	63.2%	71.8%	61.1%	46.8%	42.5%	32.6%	22.8%	6.8%	4.9%
北部	男	543	710	872	733	519	396	289	161	45	79
		43.3%	56.6%	69.5%	58.5%	41.4%	31.6%	23%	12.8%	3.6%	6.3%
	女	697	877	1076	867	639	511	404	250	81	96
		46.3%	58.2%	71.4%	57.6%	42.4%	33.9%	26.8%	16.6%	5.4%	6.4%
西部	男	249	324	402	368	237	196	145	90	41	18
		42.1%	54.8%	68%	62.3%	40.1%	33.2%	24.5%	15.2%	6.9%	3%
	女	330	399	504	425	287	260	173	124	61	49
		44.1%	53.3%	67.4%	56.8%	38.4%	34.8%	23.1%	16.6%	8.2%	6.6%
中部	男	496	591	681	623	471	380	266	203	53	32
		52.5%	62.6%	72.1%	66%	49.9%	40.3%	28.2%	21.5%	5.6%	3.4%
	女	845	973	1096	956	768	632	487	346	95	65
		55.5%	63.9%	72%	62.8%	50.5%	41.5%	32%	22.7%	6.2%	4.3%
东南部	男	579	726	814	718	517	470	352	255	65	43
		50.9%	63.9%	71.6%	63.1%	45.5%	41.3%	31%	22.4%	5.7%	3.8%
	女	1209	1421	1491	1299	1020	1062	829	602	160	77
		59.6%	70%	73.5%	64%	50.3%	52.3%	40.9%	29.7%	7.9%	3.8%

（2）不同年龄在不同社交场所双言选用的分布情况

调查数据（表2.12.3和表2.12.4）显示，从山西晋语区的整体情况来看，在不同社交场合，年龄在一定程度上对人们双言选用产生了一定的影响。具体如下：

在商场超市购物、饭店吃饭、菜市场买菜时，不管哪个年龄段，人们选择方言的比例比选择使用普通话的比例都要高，其中，46岁以上的人们选择使用方言的比例相对更高。

在休闲场所休闲时，30岁以下的人们选择使用普通话的比例比选择使用方言的比例要高，31—45岁的人们选择使用普通话还是选择使用方言的比例差不多，46岁以上的人们选择使用方言的比例比选择使用普通话的比例要高。

在文化场所参观、在金融场所办事时，不管哪个年龄段，人们选择普通话的比例都比选择方言的比例要高，其中，46岁以下选择普通话的比例相对更高。

在医院看病时，60岁以下的人们选择普通话的比例要高于选择方言的比例，60岁以上的人们选择使用方言的比例则比选择使用普通话的比例要相对高一些。

在乘坐公共交通工具时，30岁以下的人们选择使用普通话的比例与选择使用方言的比例差不多，30岁以上尤其是46岁以上的人们选择使用方言的比例则比选择使用普通话的比例明显要高。

由此可见，年龄是制约双言选用的一个重要因素。在绝大多数社交场所，46岁以上的人们选择使用方言的比例相对较高，其中，60岁以上人们选择使用方言的比例最高。

第二章 山西晋语区地方普通话的选用情况

表2.12.3 不同年龄人群在不同社交场所选用方言的分布情况

		商场超市购物时	医院看病时	文化场所参观时	金融场所办事时	休闲场所休闲时	乘坐公共交通工具时	饭店吃饭时	菜市场买菜时	其他场合	基本不用
山西	12岁以下	131 49.4%	76 28.7%	58 21.9%	39 14.7%	101 38.1%	126 47.5%	146 55.1%	101 38.1%	28 10.6%	16 6%
	12—18	767 54.5%	404 28.7%	289 20.5%	224 15.9%	554 39.3%	672 47.7%	863 61.3%	700 49.7%	112 8%	64 4.5%
	19—30	1842 47.6%	1147 29.7%	832 21.5%	650 16.8%	1567 40.5%	1624 42%	2162 55.9%	2183 56.5%	360 9.3%	443 11.5%
	31—45	1237 51.9%	775 32.5%	510 21.4%	402 16.9%	1041 43.7%	1138 47.7%	1404 58.9%	1530 64.2%	232 9.7%	184 7.7%
	46—60	1046 61.2%	805 47.1%	501 29.3%	407 23.8%	814 47.6%	915 53.5%	1120 65.5%	1172 68.6%	131 7.7%	59 3.5%
	60以上	367 67.6%	353 65%	211 38.9%	182 33.5%	293 54%	356 65.6%	374 68.9%	381 70.2%	60 11%	14 2.6%
北部	12岁以下	26 45.6%	18 31.6%	15 26.3%	10 17.5%	20 35.1%	34 59.6%	35 61.4%	22 38.6%	5 8.8%	3 5.3%
	12—18	268 56.5%	126 26.6%	81 17.1%	70 14.8%	161 34%	251 53%	345 72.8%	262 55.3%	34 7.2%	13 2.7%
	19—30	601 52.2%	354 30.7%	277 24%	234 20.3%	526 45.7%	565 49%	741 64.3%	712 61.8%	91 7.9%	82 7.1%
	31—45	362 51.6%	251 35.8%	163 23.2%	143 20.4%	347 49.4%	377 53.7%	462 65.8%	488 69.5%	62 8.8%	26 3.7%
	46—60	238 56.8%	199 47.5%	122 29.1%	104 24.8%	206 49.2%	225 53.7%	271 64.7%	281 67.1%	52 12.4%	6 1.4%
	60以上	118 71.5%	117 70.9%	63 38.2%	54 32.7%	89 53.9%	115 69.7%	113 68.5%	114 69.1%	26 15.8%	0 0%
西部	12岁以下	22 47.8%	11 23.9%	5 10.9%	4 8.7%	16 34.8%	16 34.8%	25 54.3%	18 39.1%	6 13%	1 2.2%
	12—18	119 50.2%	88 37.1%	65 27.4%	46 19.4%	94 39.7%	99 41.8%	126 53.2%	106 44.7%	30 12.7%	1 0.4%
	19—30	287 54%	215 40.5%	128 24.1%	105 19.8%	223 42%	253 47.6%	299 56.3%	285 53.7%	74 13.9%	37 7%

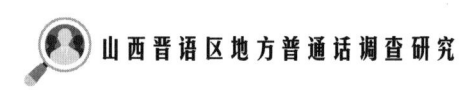

续表

		商场超市购物时	医院看病时	文化场所参观时	金融场所办事时	休闲场所休闲时	乘坐公共交通工具时	饭店吃饭时	菜市场买菜时	其他场合	基本不用
西部	31—45	145 62.8%	95 41.1%	67 29%	48 20.8%	120 51.9%	141 61%	141 61%	131 56.7%	30 13%	9 3.9%
	46—60	237 66.8%	173 48.7%	86 24.2%	64 18%	153 43.1%	201 56.6%	247 69.6%	257 72.4%	38 10.7%	4 1.1%
	60以上	78 72.9%	76 71%	43 40.2%	34 31.8%	55 51.4%	73 68.2%	70 65.4%	73 68.2%	10 9.3%	1 0.9%
中部	12岁以下	29 50%	19 32.8%	20 34.5%	10 17.2%	22 37.9%	27 46.6%	35 60.3%	25 43.1%	8 13.8%	4 6.9%
	12—18	161 51.4%	86 27.5%	75 24%	64 20.4%	131 41.9%	155 49.5%	175 55.9%	169 54%	28 8.9%	15 4.8%
	19—30	440 45.5%	266 27.5%	211 21.8%	157 16.2%	378 39%	378 39%	539 55.7%	538 55.6%	86 8.9%	125 12.9%
	31—45	376 54%	226 32.5%	130 18.7%	97 13.9%	287 41.2%	337 48.4%	417 59.9%	453 65.1%	58 8.3%	34 4.9%
	46—60	277 63.2%	226 51.6%	165 37.7%	128 29.2%	205 46.8%	238 54.3%	265 60.5%	280 63.9%	27 6.2%	23 5.3%
	60以上	89 70.1%	86 67.7%	60 47.2%	55 43.3%	75 59.1%	84 66.1%	89 70.1%	88 69.3%	10 7.9%	7 5.5%
东南部	12岁以下	54 51.9%	28 26.9%	18 17.3%	15 14.4%	43 41.3%	49 47.1%	51 49%	36 34.6%	9 8.7%	8 7.7%
	12—18	219 57%	104 27.1%	68 17.7%	44 11.5%	168 43.8%	167 43.5%	217 56.5%	163 42.4%	20 5.2%	35 9.1%
	19—30	514 42.3%	312 25.7%	216 17.8%	154 12.7%	440 36.2%	428 35.2%	583 47.9%	648 53.3%	109 9%	199 16.4%
	31—45	354 46.9%	203 26.9%	150 19.9%	114 15.1%	287 38%	283 37.5%	384 50.9%	458 60.7%	82 10.9%	115 15.2%
	46—60	294 59.2%	207 41.6%	128 25.8%	111 22.3%	250 50.3%	251 50.5%	337 67.8%	354 71.2%	14 2.8%	26 5.2%
	60以上	82 56.9%	74 51.4%	45 31.3%	39 27.1%	74 51.4%	84 58.3%	102 70.8%	106 73.6%	14 9.7%	6 4.2%

表 2.12.4　　　不同年龄人群在不同社交场所选用普通话的分布情况

		商场超市购物时	医院看病时	文化场所参观时	金融场所办事时	休闲场所休闲时	乘坐公共交通工具时	饭店吃饭时	菜市场买菜时	其他场合	基本不用
山西	12岁以下	186	205	251	124	181	176	136	74	35	8
		51.4%	56.6%	69.3%	34.3%	50%	48.6%	37.6%	20.4%	9.7%	2.2%
	12—18	724	930	1152	760	818	655	469	295	85	30
		46.5%	59.8%	74%	48.8%	52.6%	42.1%	30.1%	19%	5.5%	1.9%
	19—30	2189	2572	2890	2524	1928	1730	1365	944	259	256
		53.8%	63.2%	71%	62%	47.4%	42.5%	33.5%	23.2%	6.4%	6.3%
	31—45	1161	1481	1678	1631	990	853	639	467	138	76
		51.4%	65.6%	74.3%	72.3%	43.9%	37.8%	28.3%	20.7%	6.1%	3.4%
	46—60	579	716	834	818	469	415	283	207	72	70
		45.3%	56.1%	65.3%	64.1%	36.7%	32.5%	22.2%	16.2%	5.6%	5.5%
	60以上	109	117	131	132	72	78	53	44	12	19
		52.4%	56.3%	63%	63.5%	34.6%	37.5%	25.5%	21.2%	5.8%	9.1%
北部	12岁以下	32	30	45	12	37	27	25	10	6	4
		45.1%	42.3%	63.4%	16.9%	52.1%	38%	35.2%	14.1%	8.5%	5.6%
	12—18	207	285	393	206	278	198	150	75	19	13
		39.1%	53.9%	74.3%	38.9%	52.6%	37.4%	28.4%	14.2%	3.6%	2.5%
	19—30	562	703	824	708	506	414	319	208	70	91
		47.7%	59.7%	70%	60.2%	43%	35.2%	27.1%	17.7%	5.9%	7.7%
	31—45	297	389	474	452	229	174	133	77	20	32
		46.6%	61.1%	74.4%	71%	35.9%	27.3%	20.9%	12.1%	3.1%	5%
	46—60	111	145	178	187	85	71	49	28	11	24
		39.4%	51.4%	63.1%	66.3%	30.1%	25.2%	17.4%	9.9%	3.9%	8.5%
	60以上	31	35	34	35	23	23	17	13	0	11
		48.4%	54.7%	53.1%	54.7%	35.9%	35.9%	26.6%	20.3%	0%	17.2%
西部	12岁以下	25	29	39	23	27	22	15	8	5	0
		45.5%	52.7%	70.9%	41.8%	49.1%	40%	27.3%	14.5%	9.1%	0%
	12—18	111	130	174	149	114	96	60	32	19	3
		44.8%	52.4%	70.2%	60.1%	46%	38.7%	24.2%	12.9%	7.7%	1.2%
	19—30	237	295	348	317	222	197	142	90	49	46
		43.5%	54.1%	63.9%	58.2%	40.7%	36.1%	26.1%	16.5%	9%	8.4%

续表

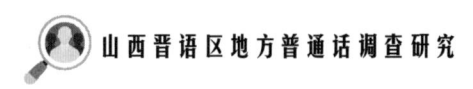

		商场超市购物时	医院看病时	文化场所参观时	金融场所办事时	休闲场所休闲时	乘坐公共交通工具时	饭店吃饭时	菜市场买菜时	其他场合	基本不用
西部	31—45	85	113	142	119	58	55	43	39	12	8
		42.7%	56.8%	71.4%	59.8%	29.1%	27.6%	21.6%	19.6%	6%	4%
	46—60	106	137	181	164	93	75	49	39	15	7
		41.4%	53.5%	70.7%	64.1%	36.3%	29.3%	19.1%	15.2%	5.9%	2.7%
	60以上	15	19	22	21	10	11	9	6	2	3
		41.7%	52.8%	61.1%	58.3%	27.8%	30.6%	25%	16.7%	5.6%	8.3%
中部	12岁以下	33	44	56	29	38	33	21	17	5	2
		47.1%	62.9%	80%	41.4%	54.3%	47.1%	30%	24.3%	7.1%	2.9%
	12—18	191	215	258	179	202	135	91	70	26	4
		55.5%	62.5%	75%	52%	58.7%	39.2%	26.5%	20.3%	7.6%	1.2%
	19—30	617	677	764	681	542	468	367	254	64	50
		59.3%	65%	73.4%	65.4%	52.1%	45%	35.3%	24.4%	6.1%	4.8%
	31—45	316	416	474	472	300	232	163	116	32	13
		49.6%	65.3%	74.4%	74.1%	47.1%	36.4%	25.6%	18.2%	5%	2%
	46—60	155	188	192	187	137	121	96	76	16	24
		47.4%	57.5%	58.7%	57.2%	41.9%	37%	29.4%	23.2%	4.9%	7.3%
	60以上	29	24	33	31	20	23	15	16	5	4
		61.7%	51.1%	70.2%	66%	42.6%	48.9%	31.9%	34%	10.6%	8.5%
东南部	12岁以下	96	102	111	60	79	94	75	39	19	2
		57.8%	61.4%	66.9%	36.1%	47.6%	56.6%	45.2%	23.5%	11.4%	1.2%
	12—18	215	300	327	226	224	226	168	118	21	10
		49.4%	69%	75.2%	52%	51.5%	52%	38.6%	27.1%	4.8%	2.3%
	19—30	773	897	954	818	658	651	537	392	76	69
		59.1%	68.6%	72.9%	62.5%	50.3%	49.8%	41.1%	30%	5.8%	5.3%
	31—45	463	563	588	588	403	392	300	235	74	23
		59.1%	71.8%	75%	75%	51.4%	50%	38.3%	30%	9.4%	2.9%
	46—60	207	246	283	280	154	148	89	64	30	15
		50.2%	59.7%	68.7%	68%	37.4%	35.9%	21.6%	15.5%	7.3%	3.6%
	60以上	34	39	42	45	19	21	12	9	5	1
		55.7%	63.9%	68.9%	73.8%	31.1%	34.4%	19.7%	14.8%	8.2%	1.6%

(3) 不同职业在不同社交场所双言选用的分布情况

调查数据（表2.12.5和表2.12.6）显示，从山西晋语区的整体情况来看，教师、公务员、企事业单位人员、学生和商业、服务人员在社交场所选择使用普通话的比例相对较高，农民、个体户、无业人员等职业人群在社交场所选择使用方言的比例则相对较高。具体情况如下：

在商场超市购物时，教师、公务员、企事业单位人员、学生和商业、服务人员选择使用普通话的比例比选择使用方言的比例都高，个体户、农民、无业人员选择使用方言的比例比选择使用普通话的比例明显要高。

在医院看病、文化场所参观、金融场所办事时，不管哪个职业，人们选择使用普通话的比例比选择使用方言的比例都要高。比如，农民在这些场所选择使用普通话的比例最低也可达到50.5%。

在休闲场所休闲时，教师、公务员、学生选择使用普通话的比例相对较高，企事业单位人员、商业、服务人员选择使用普通话的比例和选择使用方言的比例差不多，个体户、农民、无业人员选择使用方言的比例相对较高。

在乘坐公共交通工具时、饭店吃饭时、菜市场买菜时，不管哪个职业，人们选择使用方言的比例都比选择使用普通话的比例要高。比如教师在这些场所选择使用方言的比例最高达到61.7%。

由此可见，在较高层次的社交场所，如在医院看病、文化场所参观、金融场所办事时，在不同职业中，选择使用普通话进行交际的人更多一些。而在对普通话明显没有太高要求的较低层次的社交场所，如在乘坐公共交通工具、饭店吃饭、菜市场买菜时等，在不同职业中，选择使用方言进行交际的人更多一些。可见，职业对人们在这些社交场所的双言选择影响不大。在商场超市购物、休闲场所休闲时的社交场所，职业对人们的双言选用有一定的影响作用，即：个体户、农民、无业人员则更多地选择使用方言进行交际，而教师、学生、公务员等职业则更多地选择使用普通话进行交际。

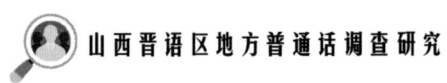

表2.12.5　　不同职业人群在不同社交场所选用方言的分布情况

区域	职业	商场超市购物时	医院看病时	文化场所参观时	金融场所办事时	休闲场所休闲时	乘坐公共交通工具时	饭店吃饭时	菜市场买菜时	其他场合	基本不用
山西	教师	411	258	179	140	360	378	472	541	71	122
		46.9%	29.4%	20.4%	16%	41%	43.1%	53.8%	61.7%	8.1%	13.9%
	公务员	192	135	98	84	171	184	230	232	43	31
		49.6%	34.9%	25.3%	21.7%	44.2%	47.5%	59.4%	59.9%	11.1%	8%
	企事业单位人员	697	438	302	255	620	643	850	915	112	89
		51.2%	32.2%	22.2%	18.7%	45.5%	47.2%	62.4%	67.2%	8.2%	6.5%
	商业、服务人员	183	126	89	85	160	180	219	218	33	34
		51.7%	35.6%	25.1%	24%	45.2%	50.8%	61.9%	61.6%	9.3%	9.6%
	个体户	674	415	260	207	490	571	765	760	70	21
		60.2%	37.1%	23.3%	18.5%	43.8%	51%	68.3%	67.9%	6.3%	1.9%
	农民	862	728	416	324	665	789	878	909	119	15
		64.7%	54.6%	31.2%	24.3%	49.9%	59.2%	65.9%	68.2%	8.9%	1.1%
	学生	1907	1137	843	628	1542	1705	2187	1991	363	394
		48.6%	29%	21.5%	16%	39.3%	43.5%	55.8%	50.8%	9.3%	10%
	无业人员	100	76	60	52	87	84	95	105	29	15
		60.2%	45.8%	36.1%	31.3%	52.4%	50.6%	57.2%	63.3%	17.5%	9%
	其他	364	247	154	129	275	297	373	396	83	59
		55.6%	37.7%	23.5%	19.7%	42%	45.3%	56.9%	60.5%	12.7%	9%
北部	教师	111	76	46	42	120	132	158	173	17	14
		47.6%	32.6%	19.7%	18%	51.5%	56.7%	67.8%	74.2%	7.3%	6%
	公务员	60	41	37	31	62	61	76	79	15	5
		50.4%	34.5%	31.1%	26.1%	52.1%	51.3%	63.9%	66.4%	12.6%	4.2%
	企事业单位人员	215	128	83	71	231	242	303	318	33	8
		50.5%	30%	19.5%	16.7%	54.2%	56.8%	71.1%	74.6%	7.7%	1.9%
	商业、服务人员	71	48	40	42	61	65	79	76	15	6
		63.4%	42.9%	35.7%	37.5%	54.5%	58%	70.5%	67.9%	13.4%	5.4%
	个体户	187	125	89	71	157	172	225	219	25	6
		57.9%	38.7%	27.6%	22%	48.6%	53.3%	69.7%	67.8%	7.7%	1.9%

续表

		商场超市购物时	医院看病时	文化场所参观时	金融场所办事时	休闲场所休闲时	乘坐公共交通工具时	饭店吃饭时	菜市场买菜时	其他场合	基本不用
北部	农民	198	196	108	88	160	184	203	211	40	4
		59.5%	58.9%	32.4%	26.4%	48%	55.3%	61%	63.4%	12%	1.2%
	学生	631	345	249	204	447	595	790	659	89	77
		52.4%	28.7%	20.7%	16.9%	37.1%	49.4%	65.6%	54.7%	7.4%	6.4%
	无业人员	37	36	24	23	35	37	38	40	16	1
		68.5%	66.7%	44.4%	42.6%	64.8%	68.5%	70.4%	74.1%	29.6%	1.9%
	其他	103	70	45	43	76	79	95	104	20	9
		62.4%	42.4%	27.3%	26.1%	46.1%	47.9%	57.6%	63%	12.1%	5.5%
西部	教师	47	35	25	20	39	40	46	45	9	10
		51.6%	38.5%	27.5%	22%	42.9%	44%	50.5%	49.5%	9.9%	11%
	公务员	33	20	17	12	27	33	36	29	13	4
		60%	36.4%	30.9%	21.8%	49.1%	60%	65.5%	52.7%	23.6%	7.3%
	企事业单位人员	106	70	53	43	83	89	108	106	19	7
		63.9%	42.2%	31.9%	25.9%	50%	53.6%	65.1%	63.9%	11.4%	4.2%
	商业、服务人员	34	23	20	18	24	35	27	29	5	4
		59.6%	40.4%	35.1%	31.6%	42.1%	61.4%	47.4%	50.9%	8.8%	7%
	个体户	122	72	37	23	66	105	122	121	13	1
		68.2%	40.2%	20.7%	12.8%	36.9%	58.7%	68.2%	67.6%	7.3%	0.6%
	农民	186	169	65	53	131	172	184	185	27	1
		68.4%	62.1%	23.9%	19.5%	48.2%	63.2%	67.6%	68%	9.9%	0.4%
	学生	298	229	153	109	248	260	324	299	86	23
		49.9%	38.4%	25.6%	18.3%	41.5%	43.6%	54.3%	50.1%	14.4%	3.9%
	无业人员	17	11	12	10	13	10	16	16	6	1
		73.9%	47.8%	52.2%	43.5%	56.5%	43.5%	69.6%	69.6%	26.1%	4.3%
	其他	45	29	12	13	30	39	45	40	10	2
		67.2%	43.3%	17.9%	19.4%	44.8%	58.2%	67.2%	59.7%	14.9%	3%

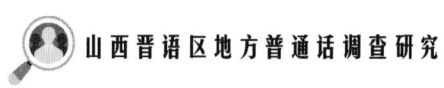

续表

		商场超市购物时	医院看病时	文化场所参观时	金融场所办事时	休闲场所休闲时	乘坐公共交通工具时	饭店吃饭时	菜市场买菜时	其他场合	基本不用
中部	教师	116	72	54	41	89	91	126	136	19	35
		48.9%	30.4%	22.8%	17.3%	37.6%	38.4%	53.2%	57.4%	8%	14.8%
	公务员	42	34	22	24	37	37	54	54	6	10
		41.2%	33.3%	21.6%	23.5%	36.3%	36.3%	52.9%	52.9%	5.9%	9.8%
	企事业单位人员	160	111	77	65	142	152	206	222	30	20
		45.8%	31.8%	22.1%	18.6%	40.7%	43.6%	59%	63.6%	8.6%	5.7%
	商业、服务人员	42	31	16	16	39	45	58	57	4	11
		46.2%	34.1%	17.6%	17.6%	42.9%	49.5%	63.7%	62.6%	4.4%	12.1%
	个体户	210	128	70	53	143	168	227	223	18	3
		61.4%	37.4%	20.5%	15.5%	41.8%	49.1%	66.4%	65.2%	5.3%	0.9%
	农民	250	183	125	97	179	221	229	241	26	4
		71.0%	52%	35.5%	27.6%	50.9%	62.8%	65.1%	68.5%	7.4%	1.1%
	学生	410	260	222	164	366	393	481	468	86	96
		47.5%	30.1%	25.7%	19%	42.4%	45.5%	55.7%	54.2%	10%	11.1%
	无业人员	30	18	17	12	22	24	25	28	4	5
		65.2%	39.1%	37%	26.1%	47.8%	52.2%	54.3%	60.9%	8.7%	10.9%
	其他	112	72	58	39	81	88	114	124	24	24
		51.4%	33%	26.6%	17.9%	37.2%	40.4%	52.3%	56.9%	11%	11%
东南部	教师	137	75	54	37	112	115	142	187	26	63
		43.4%	23.7%	17.1%	11.7%	35.4%	36.4%	44.9%	59.2%	8.2%	19.9%
	公务员	57	40	22	17	45	53	64	70	9	12
		51.4%	36%	19.8%	15.3%	40.5%	47.7%	57.7%	63.1%	8.1%	10.8%
	企事业单位人员	216	129	89	76	164	160	233	269	30	54
		51.3%	30.6%	21.1%	18.1%	39%	38%	55.3%	63.9%	7.1%	12.8%
	商业、服务人员	36	24	13	9	36	35	55	56	9	13
		38.3%	25.5%	13.8%	9.6%	38.3%	37.2%	58.5%	59.6%	9.6%	13.8%
	个体户	155	90	64	60	124	126	191	197	14	11
		56.2%	32.6%	23.2%	21.7%	44.9%	45.7%	69.2%	71.4%	5.1%	4%

续表

		商场超市购物时	医院看病时	文化场所参观时	金融场所办事时	休闲场所休闲时	乘坐公共交通工具时	饭店吃饭时	菜市场买菜时	其他场合	基本不用
东南部	农民	228	180	118	86	195	212	262	272	26	6
		60.6%	47.9%	31.4%	22.9%	51.9%	56.4%	69.7%	72.3%	6.9%	1.6%
	学生	568	303	219	151	481	457	592	565	102	198
		45.2%	24.1%	17.4%	12%	38.2%	36.3%	47.1%	44.9%	8.1%	15.7%
	无业人员	16	11	7	7	17	13	16	21	3	8
		37.2%	25.6%	16.3%	16.3%	39.5%	30.2%	37.2%	48.8%	7%	18.6%
	其他	104	76	39	34	88	91	119	128	29	24
		50.7%	37.1%	19%	16.6%	42.9%	44.4%	58%	62.4%	14.1%	11.7%

表2.12.6　不同职业人群在不同社交场所选用普通话的分布情况

		商场超市购物时	医院看病时	文化场所参观时	金融场所办事时	休闲场所休闲时	乘坐公共交通工具时	饭店吃饭时	菜市场买菜时	其他场合	基本不用
山西	教师	571	668	736	689	485	419	334	255	73	44
		60.6%	70.8%	78%	73.1%	51.4%	44.4%	35.4%	27%	7.7%	4.7%
	公务员	206	252	305	284	196	152	106	83	21	16
		52.7%	64.5%	78%	72.6%	50.1%	38.9%	27.1%	21.2%	5.4%	4.1%
	企事业单位人员	731	867	1024	1031	556	496	358	247	81	44
		54%	64%	75.6%	76.1%	41.1%	36.6%	26.4%	18.2%	6%	3.2%
	商业、服务人员	189	230	259	256	163	135	108	82	25	18
		54.2%	65.9%	74.2%	73.4%	46.7%	38.7%	30.9%	23.5%	7.2%	5.2%
	个体户	390	542	638	671	357	255	164	106	41	24
		41%	56.9%	67%	70.5%	37.5%	26.8%	17.2%	11.1%	4.3%	2.5%
	农民	243	343	372	329	166	181	106	71	28	43
		37.3%	52.7%	57.1%	50.5%	25.5%	27.8%	16.3%	10.9%	4.3%	6.6%
	学生	2258	2695	3137	2281	2237	1983	1544	1022	268	211
		51.8%	61.8%	71.9%	52.3%	51.3%	45.5%	35.4%	23.4%	6.1%	4.8%
	无业人员	53	68	55	55	41	50	41	26	12	21
		43.8%	56.2%	45.5%	45.5%	33.9%	41.3%	33.9%	21.5%	9.9%	17.4%
	其他	307	356	410	393	257	236	184	139	52	38
		50.5%	58.6%	67.4%	64.6%	42.3%	38.8%	30.3%	22.9%	8.6%	6.3%

续表

区域	职业	商场超市购物时	医院看病时	文化场所参观时	金融场所办事时	休闲场所休闲时	乘坐公共交通工具时	饭店吃饭时	菜市场买菜时	其他场合	基本不用
北部	教师	122	162	186	182	96	76	57	36	11	15
		51.9%	68.9%	79.1%	77.4%	40.9%	32.3%	24.3%	15.3%	4.7%	6.4%
	公务员	59	76	95	85	53	40	31	23	6	10
		47.2%	60.8%	76%	68%	42.4%	32%	24.8%	18.4%	4.8%	8%
	企事业单位人员	212	271	326	332	134	103	72	42	19	18
		50%	63.9%	76.9%	78.3%	31.6%	24.3%	17%	9.9%	4.5%	4.2%
	商业、服务人员	44	48	69	69	37	29	26	16	10	12
		40.7%	44.4%	63.9%	63.9%	34.3%	26.9%	24.1%	14.8%	9.3%	11.1%
	个体户	109	159	182	191	90	67	47	26	4	10
		40.5%	59.1%	67.7%	71%	33.5%	24.9%	17.5%	9.7%	1.5%	3.7%
	农民	57	75	78	62	36	40	21	14	4	15
		41.6%	54.7%	56.9%	45.3%	26.3%	29.2%	15.3%	10.2%	2.9%	10.9%
	学生	567	712	917	582	650	494	394	220	60	70
		43.9%	55.1%	71%	45%	50.3%	38.2%	30.5%	17%	4.6%	5.4%
	无业人员	6	9	7	12	5	8	5	2	6	12
		18.2%	27.3%	21.2%	36.4%	15.2%	24.2%	15.2%	6.1%	18.2%	36.4%
	其他	64	75	88	85	57	50	40	32	6	13
		46.7%	54.7%	64.2%	62%	41.6%	36.5%	29.2%	23.4%	4.4%	9.5%
西部	教师	42	53	58	53	36	31	21	18	3	6
		50%	63.1%	69%	63.1%	42.9%	36.9%	25%	21.4%	3.6%	7.1%
	公务员	26	29	43	37	22	18	13	12	5	1
		48.1%	53.7%	79.6%	68.5%	40.7%	33.3%	24.1%	22.2%	9.3%	1.9%
	企事业单位人员	79	93	118	115	51	50	40	33	14	5
		51.3%	60.4%	76.6%	74.7%	33.1%	32.5%	26%	21.4%	9.1%	3.2%
	商业、服务人员	24	33	41	31	31	22	20	16	5	3
		42.9%	58.9%	73.2%	55.4%	55.4%	39.3%	35.7%	28.6%	8.9%	5.4%
	个体户	54	73	93	98	41	33	13	9	6	3
		37.8%	51%	65%	68.5%	28.7%	23.1%	9.1%	6.3%	4.2%	2.1%

续表

		商场超市购物时	医院看病时	文化场所参观时	金融场所办事时	休闲场所休闲时	乘坐公共交通工具时	饭店吃饭时	菜市场买菜时	其他场合	基本不用
西部	农民	35 24.6%	65 45.8%	79 55.6%	62 43.7%	29 20.4%	33 23.2%	28 19.7%	17 12%	11 7.7%	11 7.7%
	学生	290 45.7%	339 53.4%	428 67.4%	354 55.7%	288 45.4%	249 39.2%	166 26.1%	97 15.3%	49 7.7%	34 5.4%
	无业人员	6 40%	9 60%	7 46.7%	5 33.3%	4 26.7%	2 13.3%	4 26.7%	2 13.3%	1 6.7%	2 13.3%
	其他	23 41.1%	29 51.8%	39 69.6%	38 67.9%	22 39.3%	18 32.1%	13 23.2%	10 17.9%	8 14.3%	2 3.6%
中部	教师	166 63.6%	185 70.9%	197 75.5%	175 67%	148 56.7%	116 44.4%	94 36%	71 27.2%	16 6.1%	10 3.8%
	公务员	53 52.5%	63 62.4%	80 79.2%	72 71.3%	64 63.4%	49 48.5%	28 27.7%	20 19.8%	4 4%	2 2%
	企事业单位人员	200 56.2%	222 62.4%	269 75.6%	274 77%	177 49.7%	149 41.9%	102 28.7%	70 19.7%	22 6.2%	10 2.8%
	商业、服务人员	60 63.8%	71 75.5%	80 85.1%	76 80.9%	54 57.4%	40 42.6%	36 38.3%	26 27.7%	4 4.3%	2 2.1%
	个体户	108 37%	163 55.8%	182 62.3%	196 67.1%	114 39%	69 23.6%	54 18.5%	33 11.3%	15 5.1%	9 3.1%
	农民	58 38.7%	82 54.7%	83 55.3%	84 56%	39 26%	48 32%	30 20%	24 16%	5 3.3%	8 5.3%
	学生	570 58.8%	635 65.5%	728 75.1%	547 56.4%	548 56.6%	447 46.1%	342<>35.3%	252 26%	67 6.9%	41 4.2%
	无业人员	15 44.1%	21 61.8%	17 50%	17 50%	13 38.2%	17 50%	10 29.4%	9 26.5%	2 5.9%	4 11.8%
	其他	111 53.1%	122 58.4%	141 67.5%	138 66%	82 39.2%	77 36.8%	57 27.3%	44 21.1%	13 6.2%	11 5.3%

续表

		商场超市购物时	医院看病时	文化场所参观时	金融场所办事时	休闲场所休闲时	乘坐公共交通工具时	饭店吃饭时	菜市场买菜时	其他场合	基本不用
中南部	教师	241 66.4%	268 73.8%	295 81.3%	279 76.9%	205 56.5%	196 54%	162 44.6%	130 35.8%	43 11.8%	13 3.6%
	公务员	68 61.3%	84 75.7%	87 78.4%	90 81.1%	57 51.4%	45 40.5%	34 30.6%	28 25.2%	6 5.4%	3 2.7%
	企事业单位人员	240 57.1%	281 66.9%	311 74%	310 73.8%	194 46.2%	194 46.2%	144 34.3%	102 24.3%	26 6.2%	11 2.6%
	商业、服务人员	61 67%	78 85.7%	69 75.8%	80 87.9%	41 45.1%	44 48.4%	26 28.6%	24 26.4%	6 6.6%	1 1.1%
	个体户	119 48%	147 59.3%	181 73%	186 75%	112 45.2%	86 34.7%	50 20.2%	38 15.3%	16 6.5%	2 0.8%
	农民	93 41.9%	121 54.5%	132 59.5%	121 54.5%	62 27.9%	60 27%	27 12.2%	16 7.2%	8 3.6%	9 4.1%
	学生	831 56.7%	1009 68.8%	1064 72.6%	798 54.4%	751 51.2%	793 54.1%	642 43.8%	453 30.9%	92 6.3%	66 4.5%
	无业人员	26 66.7%	29 74.4%	24 61.5%	21 53.8%	19 48.7%	23 59%	22 56.4%	13 33.3%	3 7.7%	3 7.7%
	其他	109 52.9%	130 63.1%	142 68.9%	132 64.1%	96 46.6%	91 44.2%	74 35.8%	53 25.7%	25 12.1%	12 5.8%

（4）不同受教育程度在不同社交场所双言选用的分布情况

调查数据（表 2.12.7 和表 2.12.8）显示，从整体上来看，大专以上学历的人群，与其他受教育程度人群相比，在不同社交场所使用普通话的比例都较高，没上过学的人群，与其他受教育程度人群相比，在不同社交场所使用方言的比例都较高。从不同学历人群在某一社交场所双言选择的情况来看，具体如下：

在饭店吃饭、菜市场买菜等社交场所，不管受教育程度如何，人们选择使用方言的比例比选择使用普通话的比例都高。即使是本科以上学历的

第二章 山西晋语区地方普通话的选用情况

人群，在这些场所选择使用方言的比例最低也有 52.3%，而选择使用普通话的比例最高也就 38.3%，相差 14%。

在商场超市购物时、乘坐公共交通工具时，大专学历以下选择使用方言的比例要高于选择使用普通话的比例，大专学历以上人群选择使用普通话的比例明显高于选择使用方言的比例。

在文化场所参观、金融场所办事等社交场所，没上过学的人群选择使用普通话和选择使用方言的比例相差不大，其余选择使用普通话的比例比选择使用方言的比例都要高。即使是小学文化程度的人，在这些场所选择使用普通话的比例最低也有 45.5%，而选择使用方言的比例最高也就 29.9%。

在医院看病、休闲场所休闲时，没上过学的人选择使用方言的比例更大一些，小学文化程度的人选择使用方言和选择使用普通话的比例差不多，初中以上文化程度在医院看病时选择使用普通话的比例要高，在休闲场所不管受教育程度如何，人们选择使用普通话和选择使用方言的比例差不多。

综上，在文化场所参观、金融场所办事等较高层次的社交场所，受教育程度越高，选择使用普通话的比例就越高，在饭店吃饭、菜市场买菜等较低层次的社交场所，不同的受教育程度对普通话的选用影响不大，更多的人们会不自然地选用方言进行交际。

表 2.12.7 不同受教育程度人群在不同社交场所选用方言的分布情况

		商场超市购物时	医院看病时	文化场所参观时	金融场所办事时	休闲场所休闲时	乘坐公共交通工具时	饭店吃饭时	菜市场买菜时	其他场合	基本不用
山西	没上过学	204	198	143	114	143	177	179	180	34	2
		72.9%	70.7%	51.1%	40.7%	51.1%	63.2%	63.9%	64.3%	12.1%	0.7%
	小学	627	507	309	236	479	573	649	605	93	25
		60.6%	49%	29.9%	22.8%	46.3%	55.4%	62.8%	58.5%	9%	2.4%
	初中	1217	788	495	382	942	1085	1357	1293	157	52
		58.8%	38.1%	23.9%	18.5%	45.5%	52.4%	65.6%	62.5%	7.6%	2.5%

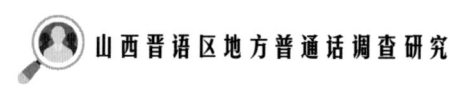

续表

		商场超市购物时	医院看病时	文化场所参观时	金融场所办事时	休闲场所休闲时	乘坐公共交通工具时	饭店吃饭时	菜市场买菜时	其他场合	基本不用
山西	高中	1069	618	444	337	790	896	1162	1110	161	68
		57.6%	33.3%	23.9%	18.1%	42.5%	48.2%	62.6%	59.8%	8.7%	3.7%
	大专	679	429	280	238	623	709	877	890	118	99
		48.2%	30.5%	19.9%	16.9%	44.2%	50.4%	62.3%	63.2%	8.4%	7%
	本科及以上	1594	1020	730	597	1393	1391	1845	1989	360	534
		45.2%	28.9%	20.7%	16.9%	39.5%	39.4%	52.3%	56.4%	10.2%	15.1%
北部	没上过学	64	68	45	36	50	63	57	61	19	0
		70.3%	74.7%	49.5%	39.6%	54.9%	69.2%	62.6%	67%	20.9%	0%
	小学	163	148	95	80	143	168	182	171	29	7
		53.1%	48.2%	30.9%	26.1%	46.6%	54.7%	59.3%	55.7%	9.4%	2.3%
	初中	377	240	149	121	259	337	436	384	61	12
		59.8%	38.1%	23.7%	19.2%	41.1%	53.5%	69.2%	61%	9.7%	1.9%
	高中	306	172	118	101	228	264	362	320	44	9
		59.4%	33.4%	22.9%	19.6%	44.3%	51.3%	70.3%	62.1%	8.5%	1.7%
	大专	209	135	86	79	231	263	322	318	39	15
		46.9%	30.3%	19.3%	17.7%	51.8%	59%	72.2%	71.3%	8.7%	3.4%
	本科及以上	494	302	228	198	438	472	608	625	78	87
		50.4%	30.8%	23.3%	20.2%	44.7%	48.2%	62%	63.8%	8%	8.9%
西部	没上过学	47	50	30	27	31	41	39	36	7	0
		73.4%	78.1%	46.9%	42.2%	48.4%	64.1%	60.9%	56.3%	10.9%	0%
	小学	124	111	48	31	76	104	117	112	15	2
		63.9%	57.2%	24.7%	16%	39.2%	53.6%	60.3%	57.7%	7.7%	1%
	初中	210	153	83	61	155	194	228	224	29	1
		58.8%	42.9%	23.2%	17.1%	43.4%	54.3%	63.9%	62.7%	8.1%	0.3%
	高中	182	120	79	60	120	147	182	157	40	4
		63.9%	42.1%	27.7%	21.1%	42.1%	51.6%	63.9%	55.1%	14%	1.4%
	大专	87	52	42	33	73	93	98	91	23	11
		49.2%	29.4%	23.7%	18.6%	41.2%	52.5%	55.4%	51.4%	13%	6.2%
	本科及以上	238	172	112	89	206	204	244	250	74	35
		55.3%	40%	26%	20.7%	47.9%	47.4%	56.7%	58.1%	17.2%	8.1%

续表

		商场超市购物时	医院看病时	文化场所参观时	金融场所办事时	休闲场所休闲时	乘坐公共交通工具时	饭店吃饭时	菜市场买菜时	其他场合	基本不用
中部	没上过学	51	44	38	29	32	41	45	44	5	1
		81%	69.8%	60.3%	46%	50.8%	65.1%	71.4%	69.8%	7.9%	1.6%
	小学	166	121	85	60	121	135	155	152	23	7
		69.7%	50.8%	35.7%	25.2%	50.8%	56.7%	65.1%	63.9%	9.7%	2.9%
	初中	328	210	137	112	262	299	361	351	36	16
		58.4%	37.4%	24.4%	19.9%	46.6%	53.2%	64.2%	62.5%	6.4%	2.8%
	高中	302	164	143	85	209	257	304	318	42	15
		58.5%	31.8%	27.7%	16.5%	40.5%	49.8%	58.9%	61.6%	8.1%	2.9%
	大专	175	122	79	64	159	179	217	230	27	25
		46.9%	32.7%	21.2%	17.2%	42.6%	48%	58.2%	61.7%	7.2%	6.7%
	本科及以上	350	248	179	161	315	308	438	458	84	144
		41.3%	29.2%	21.1%	19%	37.1%	36.3%	51.7%	54%	9.9%	17%
东南部	没上过学	42	36	30	22	30	32	38	39	3	1
		67.7%	58.1%	48.4%	35.5%	48.4%	51.6%	61.3%	62.9%	4.8%	1.6%
	小学	174	127	81	65	139	166	195	170	26	9
		59%	43.1%	27.5%	22%	47.1%	56.3%	66.1%	57.6%	8.8%	3.1%
	初中	302	185	126	88	266	255	332	334	31	23
		58.1%	35.6%	24.2%	16.9%	51.2%	49%	63.8%	64.2%	6%	4.4%
	高中	279	162	104	91	233	228	314	315	35	40
		51.6%	29.9%	19.2%	16.8%	43.1%	42.1%	58%	58.2%	6.5%	7.4%
	大专	208	120	73	62	160	174	240	251	29	48
		50.5%	29.1%	17.7%	15%	38.8%	42.2%	58.3%	60.9%	7%	11.7%
	本科及以上	512	298	211	149	434	407	555	656	124	268
		40.3%	23.5%	16.6%	11.7%	34.2%	32%	43.7%	51.7%	9.8%	21.1%

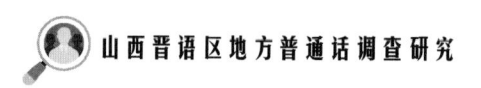

表2.12.8　不同受教育程度人群在不同社交场所选用普通话的分布情况

		商场超市购物时	医院看病时	文化场所参观时	金融场所办事时	休闲场所休闲时	乘坐公共交通工具时	饭店吃饭时	菜市场买菜时	其他场合	基本不用
山西	没上过学	27	30	38	31	18	20	16	9	4	8
		36.5%	40.5%	51.4%	41.9%	24.3%	27%	21.6%	12.2%	5.4%	10.8%
	小学	334	397	489	341	304	284	209	120	47	33
		44.6%	53%	65.3%	45.5%	40.6%	37.9%	27.9%	16%	6.3%	4.4%
	初中	756	991	1152	925	655	581	366	235	85	59
		43.2%	56.7%	65.9%	52.9%	37.4%	33.2%	20.9%	13.4%	4.9%	3.4%
	高中	842	1095	1321	1117	831	679	470	301	87	53
		46.1%	60%	72.3%	61.2%	45.5%	37.2%	25.7%	16.5%	4.8%	2.9%
	大专	763	944	1099	1014	668	545	399	275	103	49
		52.5%	64.9%	75.6%	69.7%	45.9%	37.5%	27.4%	18.9%	7.1%	3.4%
	本科及以上	2226	2564	2837	2561	1982	1798	1485	1091	275	257
		57.4%	66.1%	73.1%	66%	51.1%	46.4%	38.3%	28.1%	7.1%	6.6%
北部	没上过学	9	13	17	10	10	8	4	1	1	3
		33.3%	48.1%	63%	37%	37%	29.6%	14.8%	3.7%	3.7%	11.1%
	小学	91	93	126	80	84	66	58	28	7	15
		44.8%	45.8%	62.1%	39.4%	41.4%	32.5%	28.6%	13.8%	3.4%	7.4%
	初中	216	284	365	251	218	190	130	67	30	25
		38.9%	51.2%	65.8%	45.2%	39.3%	34.2%	23.4%	12.1%	5.4%	4.5%
	高中	186	288	377	291	214	152	114	64	10	24
		36.7%	56.8%	74.4%	57.4%	42.2%	30%	22.5%	12.6%	2%	4.7%
	大专	226	294	345	321	171	124	88	52	25	17
		50.2%	65.3%	76.7%	71.3%	38%	27.6%	19.6%	11.6%	5.6%	3.8%
	本科及以上	512	615	718	647	461	367	299	199	53	91
		50.3%	60.4%	70.5%	63.6%	45.3%	36.1%	29.4%	19.5%	5.2%	8.9%
西部	没上过学	4	5	7	8	2	4	4	3	2	1
		28.6%	35.7%	50%	57.1%	14.3%	28.6%	28.6%	21.4%	14.3%	7.1%
	小学	46	63	86	69	50	41	32	18	11	3
		34.8%	47.7%	65.2%	52.3%	37.9%	31.1%	24.2%	13.6%	8.3%	2.3%
	初中	115	148	188	160	96	79	54	31	15	9
		39.7%	51%	64.8%	55.2%	33.1%	27.2%	18.6%	10.7%	5.2%	3.1%

续表

		商场超市购物时	医院看病时	文化场所参观时	金融场所办事时	休闲场所休闲时	乘坐公共交通工具时	饭店吃饭时	菜市场买菜时	其他场合	基本不用
西部	高中	125 45%	154 55.4%	192 69.1%	169 60.8%	109 39.2%	105 37.8%	62 22.3%	44 15.8%	21 7.6%	7 2.5%
西部	大专	87 47.5%	107 58.5%	137 74.9%	117 63.9%	79 43.2%	61 33.3%	54 29.5%	33 18%	17 9.3%	3 1.6%
西部	本科及以上	202 45.7%	246 55.7%	296 67%	270 61.1%	188 42.5%	166 37.6%	112 25.3%	85 19.2%	36 8.1%	44 10%
中部	没上过学	6 42.9%	4 28.6%	4 28.6%	4 28.6%	3 21.4%	3 21.4%	4 28.6%	1 7.1%	1 7.1%	3 21.4%
中部	小学	63 44.1%	80 55.9%	103 72%	73 51%	60 42%	56 39.2%	36 25.2%	29 20.3%	10 7%	5 3.5%
中部	初中	213 47.2%	272 60.3%	302 67%	259 57.4%	176 39%	146 32.4%	93 20.6%	76 16.9%	17 3.8%	11 2.4%
中部	高中	258 51.9%	309 62.2%	356 71.6%	297 59.8%	252 50.7%	185 37.2%	120 24.1%	84 16.9%	31 6.2%	11 2.2%
中部	大专	210 52.6%	244 61.2%	293 73.4%	281 70.4%	202 50.6%	156 39.1%	115 28.8%	81 20.3%	25 6.3%	19 4.8%
中部	本科及以上	591 61.4%	655 68.1%	719 74.7%	665 69.1%	546 56.8%	466 48.4%	385 40%	278 28.9%	64 6.7%	48 5%
中南部	没上过学	8 42.1%	8 42.1%	10 52.6%	9 47.4%	3 15.8%	5 26.3%	4 21.1%	4 21.1%	0 0%	1 5.3%
中南部	小学	134 49.4%	161 59.4%	174 64.2%	119 43.9%	110 40.6%	121 44.4%	83 30.6%	45 16.6%	19 7%	10 3.7%
中南部	初中	212 46.8%	287 63.4%	297 65.6%	255 56.3%	165 36.4%	166 36.6%	89 19.6%	61 13.5%	23 5.1%	14 3.1%
中南部	高中	273 50.2%	344 63.2%	396 72.8%	360 66.2%	256 47.1%	237 43.6%	174 32%	109 20%	25 4.6%	11 2%
中南部	大专	240 56.9%	299 70.9%	324 76.8%	295 69.9%	216 51.2%	204 48.3%	142 33.6%	109 25.8%	36 8.5%	10 2.4%
中南部	本科及以上	921 63.2%	1048 71.9%	1104 75.8%	979 67.2%	787 54%	799 54.8%	689 47.3%	529 36.3%	122 8.4%	74 5.1%

(三) 人们在家针对不同对象使用本地方言和普通话的情况

1. 各地人们在家针对不同对象使用本地方言和普通话的分布情况

调查数据（见表2.13）显示，就山西晋语区的整体情况而言，人们在家里对任何人都基本不使用普通话或基本不使用方言的情况很少，尤其是基本不使用方言的比例仅有1.6%。在家时人们会针对不同的交际对象来选择方言和普通话，具体如下：

对父母等长辈、对丈夫或妻子、对兄弟姐妹等同辈、对本地朋友，人们在家选择使用方言的比例明显高于选择使用普通话的比例，这种情况在各地区也是如此。对外地朋友，人们在家选择使用普通话的比例明显高于选择使用方言的比例，这种情况在各地区也是如此。对孩子、孙子等晚辈在家选择使用普通话的比例和选择使用方言的比例差不多，但就各地区而言有所差别：在北部和西部，人们选择使用方言的比例要高于选择使用普通话的比例，在中部和东南部，人们选择使用普通话的比例要高于选择使用方言的比例。

表2.13 各地人们在家针对不同对象使用本地方言和普通话的分布情况

		常对父母等长辈使用	常对丈夫或妻子使用	常对孩子、孙子等晚辈使用	常对兄弟姐妹等同辈使用	跟本地朋友常使用	跟外地朋友常使用	基本不用
山西	普通话	1898	1383	3041	2726	1886	6750	875
		19.5%	14.2%	31.3%	28%	19.4%	69.4%	9%
	方言	9122	4492	3459	7085	7527	1107	160
		89.6%	44.1%	34%	69.6%	74%	10.9%	1.6%
北部	普通话	465	293	713	667	402	2016	207
		16.8%	10.6%	25.8%	24.2%	14.6%	73%	7.5%
	方言	2702	1314	1022	2156	2257	288	16
		91%	44.3%	34.4%	72.6%	76%	9.7%	0.5%
西部	普通话	255	133	332	359	249	925	136
		19%	9.9%	24.8%	26.8%	18.6%	69.1%	10.2%
	方言	1342	727	584	1093	1117	198	12
		89.1%	48.2%	38.8%	72.5%	74.1%	13.1%	0.8%

续表

		常对父母等长辈使用	常对丈夫或妻子使用	常对孩子、孙子等晚辈使用	常对兄弟姐妹等同辈使用	跟本地朋友常使用	跟外地朋友常使用	基本不用
中部	普通话	552	437	890	811	524	1646	197
		22.4%	17.7%	36.1%	32.9%	21.2%	66.7%	8%
	方言	2311	1215	914	1742	1870	300	46
		88.9%	46.7%	35.2%	67%	71.9%	11.5%	1.8%
东南部	普通话	626	520	1106	889	711	2163	335
		19.8%	16.4%	34.9%	28.1%	22.5%	68.3%	10.6%
	方言	2767	1236	939	2094	2283	321	86
		89.3%	39.9%	30.3%	67.5%	73.6%	10.4%	2.8%

2. 影响人们在家针对不同交际对象进行语言选用的因素

通过调查，我们发现，人们在家选择使用方言的比例虽然比选择使用普通话的比例要高，但其因年龄、受教育程度的不同在不同人群中的选择也不同，而职业、性别对人们双言选择的影响不大。

（1）不同年龄人们在家针对不同交际对象进行语言选用的情况

调查数据显示（见表2.13.1和2.13.2），不同年龄的人们在家对不同的交际对象选择使用普通话的比例差别不大，而且多数情况下选择使用普通话的比例都很低，但不同年龄的人们在家对不同的交际对象选择使用方言的比例则呈现出一定的差异。具体来说：不同年龄段的人们在家对父母等长辈、对兄弟姐妹等同辈、对本地朋友选择使用方言的比例差不多，差别主要体现在对丈夫或妻子、对孩子、孙子等晚辈上。从山西晋语区整体调查数据来看，就对丈夫或妻子而言，19—30岁的人们选择使用方言的比例为24.3%，31—45岁的人们选择使用方言的比例为67.3%，46—60岁的人们选择使用方言的比例为81.5%，60岁以上人们使用方言的比例为87.8%。就对孩子、孙子等晚辈而言，19—30岁的人们选择使用方言的比例为18.4%，31—45岁的人们选择使用方言的比例为45.3%，46—60岁的人们选择使用方言的比例为66.6%，60岁以上的人们使用方言的比例为84%，可见，就这两类交际对象而言，人们选择使用方言的比例随着年龄的增加而不断提高。

2.13.1　不同年龄人群在家针对不同交际对象选择使用方言的情况

		常对父母等长辈使用	常对丈夫或妻子使用	常对孩子孙子等晚辈使用	常对兄弟姐妹等同辈使用	跟本地朋友常使用	跟外地朋友常使用	基本不用
山西	12 岁以下	224 84.5%	0 0%	0 0%	163 61.5%	186 70.2%	25 9.4%	13 4.9%
	12—18	1265 89.8%	0 0%	0 0%	977 69.4%	1091 77.5%	112 8%	21 1.5%
	19—30	3570 92.3%	939 24.3%	712 18.4%	2682 69.4%	2902 75%	303 7.8%	74 1.9%
	31—45	2169 91%	1605 67.3%	1080 45.3%	1542 64.7%	1667 69.9%	219 9.2%	33 1.4%
	46—60	1491 87.2%	1392 81.5%	1139 66.6%	1286 75.2%	1259 73.7%	279 16.3%	13 0.8%
	60 以上	403 74.2%	477 87.8%	456 84%	435 80.1%	422 77.7%	169 31.1%	6 1.1%
北部	12 岁以下	51 89.5%	0 0%	0 0%	34 59.6%	40 70.2%	3 5.3%	0 0%
	12—18	444 93.7%	0 0%	0 0%	333 70.3%	381 80.4%	20 4.2%	3 0.6%
	19—30	1090 94.6%	289 25.1%	228 19.8%	866 75.2%	910 79%	80 6.9%	9 0.8%
	31—45	650 92.6%	515 73.4%	368 52.4%	500 71.2%	505 71.9%	66 9.4%	2 0.3%
	46—60	358 85.4%	345 82.3%	275 65.6%	296 70.6%	291 69.5%	60 14.3%	1 0.2%
	60 以上	109 66.1%	153 92.7%	140 84.8%	127 77%	130 78.8%	59 35.8%	1 0.6%
西部	12 岁以下	483 91%	130 24.5%	103 19.4%	370 69.7%	418 78.7%	52 9.8%	5 0.9%
	12—18	40 87%	0 0%	0 0%	33 71.7%	27 58.7%	3 6.5%	2 4.3%
	19—30	202 85.2%	0 0%	0 0%	154 65%	171 72.2%	24 10.1%	2 0.8%

续表

		常对父母等长辈使用	常对丈夫或妻子使用	常对孩子、孙子等晚辈使用	常对兄弟姐妹等同辈使用	跟本地朋友常使用	跟外地朋友常使用	基本不用
西部	31—45	205	170	117	162	148	37	3
		88.7%	73.6%	50.6%	70.1%	64.1%	16%	1.3%
	46—60	326	307	248	286	265	56	0
		91.8%	86.5%	69.9%	80.6%	74.6%	15.8%	0%
	60以上	86	96	93	88	88	26	0
		80.4%	89.7%	86.9%	82.2%	82.2%	24.3%	0%
中部	12岁以下	44	0	0	31	44	8	4
		75.9%	0%	0%	53.4%	75.9%	13.8%	6.9%
	12—18	275	0	0	212	237	30	6
		87.9%	0%	0%	67.7%	75.7%	9.6%	1.9%
	19—30	887	273	198	647	690	80	21
		91.6%	28.2%	20.5%	66.8%	71.3%	8.3%	2.2%
	31—45	638	475	294	438	495	55	3
		91.7%	68.2%	42.2%	62.9%	71.1%	7.9%	0.4%
	46—60	372	344	292	314	314	84	9
		84.9%	78.5%	66.7%	71.7%	71.7%	19.2%	2.1%
	60以上	95	106	108	100	90	43	3
		74.8%	83.5%	85%	78.7%	70.9%	33.9%	2.4%
中南部	12岁以下	89	0	0	65	75	11	7
		85.6%	0%	0%	62.5%	72.1%	10.6%	6.7%
	12—18	344	0	0	278	302	38	10
		89.6%	0%	0%	72.4%	78.6%	9.9%	2.6%
	19—30	1110	247	183	799	884	91	39
		91.3%	20.3%	15%	65.7%	72.7%	7.5%	3.2%
	31—45	676	445	301	442	519	61	25
		89.5%	58.9%	39.9%	58.5%	68.7%	8.1%	3.3%
	46—60	435	396	324	390	389	79	3
		87.5%	79.7%	65.2%	78.5%	78.3%	15.9%	0.6%
	60以上	113	122	115	120	114	41	2
		78.5%	84.7%	79.9%	83.3%	79.2%	28.5%	1.4%

2.13.2　不同年龄人群在家针对不同交际对象选择使用普通话的情况

		常对父母等长辈使用	常对丈夫或妻子使用	常对孩子、孙子等晚辈使用	常对兄弟姐妹等同辈使用	跟本地朋友常使用	跟外地朋友常使用	基本不用
山西	12 岁以下	172 47.5%	0 0%	0 0%	175 48.3%	132 36.5%	239 66%	19 5.2%
	12—18	455 29.2%	0 0%	0 0%	670 43.1%	404 26%	1205 77.4%	91 5.8%
	19—30	767 18.8%	485 11.9%	891 21.9%	1146 28.2%	758 18.6%	2756 67.7%	496 12.2%
	31—45	272 12.1%	554 24.5%	1273 56.4%	485 21.5%	359 15.9%	1594 70.6%	136 6%
	46—60	197 15.4%	245 19.2%	679 53.2%	214 16.8%	196 15.3%	830 65%	109 8.5%
	60 以上	35 16.8%	44 21.2%	109 52.4%	36 17.3%	37 17.8%	126 60.6%	24 11.5%
北部	12 岁以下	39 54.9%	0 0%	0 0%	40 56.3%	27 38%	53 74.6%	3 4.2%
	12—18	140 26.5%	0 0%	0 0%	200 37.8%	97 18.3%	423 80%	25 4.7%
	19—30	182 15.5%	103 8.8%	201 17.1%	281 23.9%	168 14.3%	865 73.5%	107 9.1%
	31—45	62 9.7%	124 19.5%	326 51.2%	108 17%	74 11.6%	450 70.6%	43 6.8%
	46—60	29 10.3%	40 14.2%	146 51.8%	30 10.6%	25 8.9%	187 66.3%	20 7.1%
	60 以上	13 20.3%	14 21.9%	31 48.4%	8 12.5%	11 17.2%	38 59.4%	9 14.1%
西部	12 岁以下	16 29.1%	0 0%	0 0%	26 47.3%	15 27.3%	39 70.9%	7 12.7%
	12—18	63 25.4%	0 0%	0 0%	102 41.1%	64 25.8%	198 79.8%	12 4.8%
	19—30	109 20%	42 7.7%	96 17.6%	141 25.9%	96 17.6%	368 67.5%	67 12.3%

续表

		常对父母等长辈使用	常对丈夫或妻子使用	常对孩子、孙子等晚辈使用	常对兄弟姐妹等同辈使用	跟本地朋友常使用	跟外地朋友常使用	基本不用
西部	31—45	23	33	101	43	30	144	8
		11.6%	16.6%	50.8%	21.6%	15.1%	72.4%	4%
	46—60	37	43	104	40	36	157	35
		14.5%	16.8%	40.6%	15.6%	14.1%	61.3%	13.7%
	60以上	7	6	14	7	8	19	7
		19.4%	16.7%	38.9%	19.4%	22.2%	52.8%	19.4%
中部	12岁以下	34	0	0	33	21	43	2
		48.6%	0%	0%	47.1%	30%	61.4%	2.9%
	12—18	121	0	0	185	99	249	16
		35.2%	0%	0%	53.8%	28.8%	72.4%	4.7%
	19—30	236	175	290	353	239	679	107
		22.7%	16.8%	27.9%	33.9%	23%	65.2%	10.3%
	31—45	72	148	365	147	79	450	43
		11.3%	23.2%	57.3%	23.1%	12.4%	70.6%	6.8%
	46—60	78	88	184	83	76	198	24
		23.9%	26.9%	56.3%	25.4%	23.2%	60.6%	7.3%
	60以上	11	13	24	10	10	27	5
		23.4%	27.7%	51.1%	21.3%	21.3%	57.4%	10.6%
东南部	12岁以下	83	0	0	76	69	104	7
		50%	0%	0%	45.8%	41.6%	62.7%	4.2%
	12—18	131	0	0	183	144	335	38
		30.1%	0%	0%	42.1%	33.1%	77%	8.7%
	19—30	240	165	304	371	255	844	215
		18.30%	12.6%	23.2%	28.4%	19.5%	64.5%	16.4%
	31—45	115	249	481	187	176	550	42
		14.7%	31.8%	61.4%	23.9%	22.4%	70.2%	5.4%
	46—60	53	74	245	61	59	288	30
		12.9%	18%	59.5%	14.8%	14.3%	69.9%	7.3%
	60以上	4	11	40	11	8	42	3
		6.6%	18%	65.6%	18%	13.1%	68.9%	4.9%

2. 不同受教育程度在家针对不同交际对象进行语言选用的情况

调查数据显示（表2.13.3和2.13.4），从整体上看，不同受教育程度的人群在家针对不同交际对象选择使用普通话的比例都差不多，而选择使用方言的比例则多寡不尽一致。不管受教育程度如何，人们对父母等长辈、对兄弟姐妹等同辈、跟本地朋友在家选择使用方言的比例都较高，其中最低的比例也达到了67.2%。总体上看，人们对丈夫或妻子等同辈、对孩子、孙子等晚辈选择使用方言的比例与受教育程度呈反比关系，即受教育程度越低，选择使用方言的比例越高，受教育程度越高，选择使用方言的比例越低。具体如下：没上过学的人选择使用方言的比例最高，本科及以上的人选择使用方言的比例最低，小学、初中、高中文化程度的人选择使用方言的比例则随着文化程度的提高而减少。对外地朋友，受教育程度越高，人们在家选择使用方言的比例则越低，没有上过学的人选择使用方言的比例最高，为36.4%，本科及以上使用方言的比例最低，为8.3%。

2.13.3　不同受教育程度人群在家针对不同交际对象选择使用方言的情况

		常对父母等长辈使用	常对丈夫或妻子使用	常对孩子、孙子等晚辈使用	常对兄弟姐妹等同辈使用	跟本地朋友常使用	跟外地朋友常使用	基本不用
山西	没上过学	205 73.2%	217 77.5%	214 76.4%	207 73.9%	209 74.6%	102 36.4%	5 1.8%
	小学	887 85.8%	629 60.8%	548 53%	732 70.8%	715 69.1%	169 16.3%	13 1.3%
	初中	1846 89.2%	1112 53.7%	852 41.2%	1473 71.2%	1576 76.2%	239 11.6%	16 0.8%
	高中	1648 88.7%	800 43.1%	571 30.7%	1290 69.5%	1381 74.4%	183 9.9%	23 1.2%
	大专	1292 91.8%	745 52.9%	526 37.4%	1012 71.9%	1062 75.4%	120 8.5%	19 1.3%
	本科及以上	3244 92%	989 28%	748 21.2%	2371 67.2%	2584 73.2%	294 8.3%	84 2.4%

续表

		常对父母等长辈使用	常对丈夫或妻子使用	常对孩子、孙子等晚辈使用	常对兄弟姐妹等同辈使用	跟本地朋友常使用	跟外地朋友常使用	基本不用
北部	没上过学	58	76	71	70	70	39	2
		63.7%	83.5%	78%	76.9%	76.9%	42.9%	2.2%
	小学	259	202	178	202	193	46	0
		84.4%	65.8%	58%	65.8%	62.9%	15%	0%
	初中	576	273	192	435	469	56	3
		91.4%	43.3%	30.5%	69%	74.4%	8.9%	0.5%
	高中	458	199	141	370	392	51	3
		88.9%	38.6%	27.4%	71.8%	76.1%	9.9%	0.6%
	大专	422	244	182	357	355	25	2
		94.6%	54.7%	40.8%	80%	79.6%	5.6%	0.4%
	本科及以上	929	320	258	722	778	71	6
		94.8%	32.7%	26.3%	73.7%	79.4%	7.2%	0.6%
西部	没上过学	51	45	51	45	47	17	1
		79.7%	70.3%	79.7%	70.3%	73.4%	26.6%	1.6%
	小学	171	127	106	142	122	27	2
		88.1%	65.5%	54.6%	73.2%	62.9%	13.9%	1%
	初中	310	214	165	264	261	46	2
		86.8%	59.9%	46.2%	73.9%	73.1%	12.9%	0.6%
	高中	255	130	98	201	211	35	1
		89.5%	45.6%	34.4%	70.5%	74%	12.3%	0.4%
	大专	159	88	66	126	133	26	1
		89.8%	49.7%	37.3%	71.2%	75.1%	14.7%	0.6%
	本科及以上	396	123	98	315	343	47	5
		92.1%	28.6%	22.8%	73.3%	79.8%	10.9%	1.2%
中部	没上过学	50	51	49	46	45	24	1
		79.4%	81%	77.8%	73%	71.4%	38.1%	1.6%
	小学	203	144	128	166	175	47	5
		85.3%	60.5%	53.8%	69.7%	73.5%	19.7%	2.1%
	初中	492	326	249	399	424	71	6
		87.5%	58%	44.3%	71%	75.4%	12.6%	1.1%

续表

		常对父母等长辈使用	常对丈夫或妻子使用	常对孩子、孙子等晚辈使用	常对兄弟姐妹等同辈使用	跟本地朋友常使用	跟外地朋友常使用	基本不用
中部	高中	456 88.4%	223 43.2%	156 30.2%	351 68%	371 71.9%	43 8.3%	6 1.2%
	大专	335 89.8%	208 55.8%	133 35.7%	257 68.9%	278 74.5%	34 9.1%	5 1.3%
	本科及以上	775 91.4%	263 31%	199 23.5%	523 61.7%	577 68%	81 9.6%	23 2.7%
东南部	没上过学	46 74.2%	45 72.6%	43 69.4%	46 74.2%	47 75.8%	22 35.5%	1 1.6%
	小学	254 86.1%	156 52.9%	136 46.1%	222 75.3%	225 76.3%	49 16.6%	6 2%
	初中	468 90%	299 57.5%	246 47.3%	375 72.1%	422 81.2%	66 12.7%	5 1%
	高中	479 88.5%	248 45.8%	176 32.5%	368 68%	407 75.2%	54 10%	13 2.4%
	大专	376 91.3%	205 49.8%	145 35.2%	272 66%	296 71.8%	35 8.5%	11 2.7%
	本科及以上	1144 90.1%	283 22.3%	193 15.2%	811 63.9%	886 69.8%	95 7.5%	50 3.9%

2.13.4 不同受教育程度人群在家针对不同交际对象选择使用普通话的情况

		常对父母等长辈使用	常对丈夫或妻子使用	常对孩子、孙子等晚辈使用	常对兄弟姐妹等同辈使用	跟本地朋友常使用	跟外地朋友常使用	基本不用
山西	没上过学	21 28.4%	22 29.7%	29 39.2%	8 10.8%	16 21.6%	26 35.1%	11 14.9%
	小学	239 31.9%	86 11.5%	195 26%	249 33.2%	178 23.8%	496 66.2%	54 7.2%
	初中	309 17.7%	148 8.5%	532 30.4%	438 25%	264 15.1%	1240 70.9%	142 8.1%
	高中	352 19.3%	199 10.9%	481 26.3%	580 31.8%	335 18.3%	1320 72.3%	116 6.4%

续表

		常对父母等长辈使用	常对丈夫或妻子使用	常对孩子、孙子等晚辈使用	常对兄弟姐妹等同辈使用	跟本地朋友常使用	跟外地朋友常使用	基本不用
山西	大专	199	257	587	334	238	1079	100
		13.7%	17.7%	40.4%	23%	16.4%	74.2%	6.9%
	本科及以上	778	671	1217	1117	855	2589	452
		20.1%	17.3%	31.4%	28.8%	22%	66.7%	11.7%
北部	没上过学	8	8	9	4	5	11	5
		29.6%	29.6%	33.3%	14.8%	18.5%	40.7%	18.5%
	小学	63	31	60	62	41	136	16
		31%	15.3%	29.6%	30.5%	20.2%	67%	7.9%
	初中	114	34	118	147	84	396	45
		20.5%	6.1%	21.3%	26.5%	15.1%	71.4%	8.1%
	高中	76	39	102	147	60	387	30
		15%	7.7%	20.1%	29%	11.8%	76.3%	5.9%
	大专	33	43	134	72	53	360	24
		7.3%	9.6%	29.8%	16%	11.8%	80%	5.3%
	本科及以上	171	138	290	235	159	726	87
		16.8%	13.6%	28.5%	23.1%	15.6%	71.3%	8.5%
西部	没上过学	3	4	6	2	6	6	3
		21.4%	28.6%	42.9%	14.3%	42.9%	42.9%	21.4%
	小学	29	12	40	40	24	89	13
		22%	9.1%	30.3%	30.3%	18.2%	67.4%	9.8%
	初中	48	28	80	69	47	199	25
		16.6%	9.7%	27.6%	23.8%	16.2%	68.6%	8.6%
	高中	58	27	48	92	59	204	20
		20.9%	9.7%	17.3%	33.1%	21.2%	73.4%	7.2%
	大专	40	31	65	44	40	132	11
		21.9%	16.9%	35.5%	24%	21.9%	72.1%	6%
	本科及以上	77	31	93	112	73	295	64
		17.4%	7%	21%	25.3%	16.5%	66.7%	14.5%

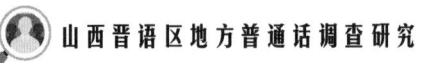

续表

		常对父母等长辈使用	常对丈夫或妻子使用	常对孩子、孙子等晚辈使用	常对兄弟姐妹等同辈使用	跟本地朋友常使用	跟外地朋友常使用	基本不用
中部	没上过学	4 28.6%	2 14.3%	4 28.6%	2 14.3%	1 7.1%	2 14.3%	3 21.4%
	小学	50 35%	21 14.7%	46 32.2%	48 33.6%	30 21%	89 62.2%	8 5.6%
	初中	72 16%	48 10.6%	171 37.9%	113 25.1%	69 15.3%	321 71.2%	32 7.1%
	高中	121 24.3%	68 13.7%	152 30.6%	194 39%	100 20.1%	328 66%	25 5%
	大专	66 16.5%	86 21.6%	172 43.1%	115 28.8%	70 17.5%	286 71.7%	28 7%
	本科及以上	239 24.8%	212 22%	345 35.9%	339 35.2%	254 26.4%	620 64.4%	101 10.5%
东南部	没上过学	6 31.6%	8 42.1%	10 52.6%	0 0%	4 21.1%	7 36.8%	0 0%
	小学	97 35.8%	22 8.1%	49 18.1%	99 36.5%	83 30.6%	182 67.2%	17 6.3%
	初中	75 16.6%	38 8.4%	163 36%	109 24.1%	64 14.1%	324 71.5%	40 8.8%
	高中	97 17.8%	65 11.9%	179 32.9%	147 27%	116 21.3%	401 73.7%	41 7.5%
	大专	60 14.2%	97 23%	216 51.2%	103 24.4%	75 17.8%	301 71.3%	37 8.8%
	本科及以上	291 20%	290 19.9%	489 33.6%	431 29.6%	369 25.3%	948 65.1%	200 13.7%

（四）在工作单位或学校使用本地方言和普通话的情况

根据调查数据（表2.14），对于非学生而言，人们在单位谈工作时选择使用普通话的比例要高于选择使用方言，在工作单位聊天时选择使用方言的比例则要高于选择使用普通话。对于学生而言，人们在上课发言时、下课与老师对话时选择使用普通话的比例要高于选择使用方言，下课与同学聊天时选择使用方言和选择使用普通话的比例差不多。可见，人们在单位谈工作时或在上课发言时等较为正式的场合常常多选用普通话，而在聊天等非正式场合则多选用方言。

表2.14　人们在工作单位或学校使用本地方言和普通话的分布情况

		谈工作时	在工作单位聊天时	上课发言时	下课与同学聊天时	下课与老师对话时	其他情况	基本不用
山西	普通话	4795	2884	4566	2891	3524	1069	238
		49.28%	29.64%	46.92%	29.71%	36.21%	10.99%	2.45%
	本地话	2113	4274	661	2786	1136	1756	1447
		20.76%	42%	6.5%	27.38%	11.16%	17.26%	14.22%
北部	普通话	1261	636	1277	670	947	275	67
		45.69%	23.04%	46.27%	24.28%	34.31%	9.96%	2.43%
	本地话	619	1300	153	909	354	443	337
		20.85%	43.79%	5.15%	30.62%	11.92%	14.92%	11.35%
西部	普通话	571	392	600	369	435	175	29
		42.64%	29.28%	44.81%	27.56%	32.49%	13.07%	2.17%
	本地话	301	621	142	420	179	314	148
		19.97%	41.21%	9.42%	27.87%	11.88%	20.84%	9.82%
中部	普通话	1370	819	1013	641	784	283	51
		55.56%	33.21%	41.08%	25.99%	31.79%	11.48%	2.07%
	本地话	580	1178	145	650	282	420	383
		22.31%	45.31%	5.58%	25%	10.85%	16.15%	14.73%
东南部	普通话	1593	1037	1676	1211	1358	336	91
		50.32%	32.75%	52.94%	38.25%	42.89%	10.61%	2.87%
	本地话	613	1175	221	807	321	579	579
		19.77%	37.9%	7.13%	26.03%	10.35%	18.68%	18.68%

小　结

调查结果显示，山西晋语区同时会说方言和普通话的人已经达到了70%以上，与二十年以前相比，各地人们使用普通话的占比也大大增加，双言格局已经形成。在面对不同的社交场所、说话场合、说话对象时，人们可以自如地转换语码，选择说话人认为合适的语言进行交际。一般而言，人们在外面对外地朋友、网上聊天、学校、社交场所、金融场所等正式场合或公共场合时使用普通话的比例较高，而在家里尤其是在家晚辈对长辈或在外面对本地朋友时使用方言的比例较高。俞玮奇指出："通常认为，家庭场域是一种语言或方言最牢固也是最传统的使用场所，对于保存和使用母语来说，具有根本的指标意义。"[①] 可以说，"场合"和"对象"是人们在本地话和普通话之间进行语码转换的重要因素。同时，影响人们语言选用的主要因素还有受教育程度、性别、年龄、职业等，其中"受教育程度"与人们的语言使用呈正相关关系，即受教育程度越高，普通话的使用频率越高，而"年龄"则与人们的语言使用呈负相关关系，即年龄越大，普通话的使用频率越低。

---

① 俞玮奇：《普通话的推广与苏州方言的保持：苏州市中小学生语言生活状况调查》，《语言文字应用》2010年第3期。

第三章　从语言能力看山西晋语区地方普通话的使用情况

如前文所述，山西晋语区的人们大多是持本地话和普通话的双言者。本地话是当地人的母方言，人们虽然从小就开始接触并学习母方言，但由于受到普通话的强势影响，人们尤其是中青年使用本地话的能力会或多或少地受到一定的影响；同时，在推广普通话的大环境下，人们后天通过各种渠道学习普通话，但由于受到本地话的干扰，人们使用普通话的能力差异也较大。

下文中，我们将根据相关问卷调查所得的数据，分析讨论到底是哪些因素影响和制约着人们的语言能力，为进一步更加合理地规范普通话使用提供一定的理论指导。

"语言能力"的调查，主要指考察被调查者在日常生活中对方言和普通话的使用能力，尤其是普通话的使用能力。调查问卷中与本项目相关的问题如下：

1. 您的本地话使用水平怎么样？选项包括：完全能听懂，可以熟练交谈；基本能听懂，基本能交谈；基本能听懂，但不会说；完全听不懂，完全不会说。

2. 您的普通话使用水平怎么样？选项包括：能较流利准确地使用；能较熟练使用但有些音不准；能熟练使用但方言口音较重；基本能交谈但不太熟练；能听懂但不太会说；能听懂一些但不会说；听不懂也不会说。

3. 您个人认为您的本地话属于下面哪一类？选项包括：正宗本地话；

受普通话影响的本地话；受其他方言影响的地方话；无法回答。

4. 您个人认为您的普通话属于下面哪一类？选项包括：标准普通话；带地方口音的普通话；地方口音很重的普通话；带有其他口音的普通话。

第一节　山西晋语区地方普通话和方言的使用水平调查

一　方言的使用水平

问卷中"您的本地话水平怎么样？"一题的统计数据（见表3.1）反映了被试者本地话使用水平的基本情况。

（一）数据统计

调查数据显示（表3.1），在山西晋语区，绝大多数人们使用本地话的水平可以达到"完全能听懂，可以熟练交谈"，水平达到"基本能听懂，基本能交谈"这一水平的比例在20%左右，"基本能听懂，但不会说"和"完全听不懂，完全不会说"所占的比例都很低。可见，山西晋语区仍是一个人们能够熟练使用方言的语言社区。

表3.1　　山西晋语区人们本地话使用水平统计　　（单位：人）

	完全能听懂，可以熟练交谈	基本能听懂，基本能交谈	基本能听懂，但不会说	完全听不懂，完全不会说
山西	7613	2153	339	71
	74.8%	21.2%	3.3%	0.7%
北部	2276	604	70	19
	76.7%	20.3%	2.4%	0.6%
西部	336	35	13	
	74.5%	22.3%	2.3%	0.9%
中部	1896	605	85	14
	72.9%	23.3%	3.3%	0.5%
东南部	2318	608	149	25
	74.8%	19.6%	4.8%	0.8%

(二) 不同本地话水平在不同年龄人群中的分布情况

通过考察不同本地话水平在不同性别、受教育程度、职业、年龄人群中的分布情况，我们发现不同性别、受教育程度、职业人群的本地话水平差别不大，而不同年龄人群的本地话水平呈现出一定的差别。

调查数据显示（表3.2），在每个年龄段，人们的方言水平达到"完全能听懂，可以熟练交谈"的比例都是相对最高的。比如，12岁以下人群达到这一水平的占比最高，达49.7%。而且，通过表3.2，我们可以发现，在"完全能听懂，可以熟练交谈"这一各年龄段占比都较高的水平中，随着年龄的增长，其所占比例也不断增大，即年龄越大，其所占比例越大，这也就意味着年龄越大，人们的方言水平越高，这与年龄较大的人群受普通话的影响不大有关。

表3.2　　　　不同本地话水平在不同年龄人群中的分布情况　　　　（单位：人）

		完全能听懂，可以熟练交谈	基本能听懂，基本能交谈	基本能听懂，但不会说	完全听不懂，完全不会说
山西	12岁以下	153	103	9	43
		49.7%	33.4%	2.9%	14%
	12—18岁	898	465	45	28
		62.6%	32.4%	3.1%	2%
	19—30岁	2834	826	207	0
		73.3%	21.4%	5.4%	0%
	31—45岁	1883	423	78	0
		79%	17.7%	3.3%	0%
	46—60岁	1372	285	52	0
		80.3%	16.7%	3%	0%
	60岁以上	473	51	19	0
		87.1%	9.4%	3.5%	0%
北部	12岁以下	35	19	3	12
		50.7%	27.5%	4.3%	17.4%
	12—18岁	312	150	12	4
		65.3%	31.4%	2.5%	0.8%

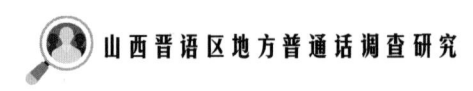

续表

		完全能听懂，可以熟练交谈	基本能听懂，基本能交谈	基本能听懂，但不会说	完全听不懂，完全不会说
北部	19—30 岁	892 77.4%	218 18.9%	42 3.7%	0 0%
	31—45 岁	558 79.5%	129 18.4%	15 2.1%	0 0%
	46—60 岁	335 80%	69 16.5%	15 3.5%	0 0%
	60 岁以上	144 87.3%	16 9.7%	5 3%	0 0%
西部	12 岁以下	23 41.1%	20 35.7%	3 5.4%	10 17.9%
	12—18 岁	145 60.4%	83 34.6%	9 3.8%	3 1.2%
	19—30 岁	394 74.2%	119 22.4%	18 3.4%	0 0%
	31—45 岁	180 77.9%	44 19%	7 3%	0 0%
	46—60 岁	284 80%	62 17.5%	9 2.6%	0 0%
	60 岁以上	97 90.7%	8 7.5%	2 1.8%	0 0%
中部	12 岁以下	32 47.8%	24 35.8%	2 3%	9 13.4%
	12—18 岁	176 55.3%	125 39.3%	12 3.8%	5 1.6%
	19—30 岁	694 71.7%	227 23.5%	47 4.8%	0 0%
	31—45 岁	561 80.6%	114 16.4%	21 3%	0 0%

续表

		完全能听懂，可以熟练交谈	基本能听懂，基本能交谈	基本能听懂，但不会说	完全听不懂，完全不会说
中部	46—60岁	330	95	13	0
		75.3%	21.7%	3%	0%
	60岁以上	103	20	4	0
		81.1%	15.7%	3.2%	0
东南部	12岁以下	63	37	4	15
		52.9%	31.1%	3.4%	12.6%
	12—18岁	265	107	12	10
		67.3%	27.2%	3%	2.5%
	19—30岁	854	262	100	0
		70.2%	21.5%	8.3%	0%
	31—45岁	584	136	35	0
		77.4%	18%	4.7%	0%
	46—60岁	423	59	15	0
		85.1%	11.9%	3%	0%
	60岁以上	129	7	8	0
		89.6%	4.9%	5.6%	0%

二 普通话的使用水平

问卷中"您的普通话水平怎么样？"一题的统计数据（见表3.3）反映了被试者普通话使用水平的基本情况。

（一）数据统计

调查数据显示（表3.3），在山西晋语区，各地区人们选择"能较熟练使用但有些音不准"这一水平的比例都是最高的，选择"能较流利准确地使用"的比例位居其次。而选择"能听懂但不太会说""能听懂一些但不会说""听不懂也不会说"的比例都非常低。

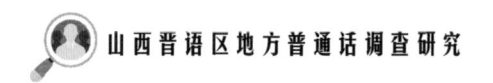

表3.3　　　　　　　山西晋语区人们普通话使用水平统计

	能较流利准确地使用	能较熟练使用但有些音不准	能熟练使用但方言口音较重	基本能交谈但不太熟练	能听懂但不太会说	能听懂一些但不会说	听不懂也不会说
山西	3629	4240	1181	496	134	36	15
	37.3%	43.6%	12.1%	5.1%	1.4%	0.4%	0.2%
北部	888	1333	358	133	36	10	2
	32.2%	48.3%	13%	4.8%	1.3%	0.4%	0.1%
西部	473	550	189	94	20	9	4
	35.3%	41.1%	14.1%	7%	1.5%	0.7%	0.3%
中部	1002	1064	247	121	22	7	3
	40.6%	43.1%	10%	4.9%	0.9%	0.3%	0.1%
东南部	1266	1293	387	148	56	10	6
	40%	40.8%	12.2%	4.7%	1.8%	0.3%	0.2%

（二）不同普通话水平在不同人群中的分布情况

1. 不同普通话水平在不同年龄人群中的分布情况

调查数据显示（表3.3.1），在山西晋语区，人们的普通话水平主要集中在"能较流利准确地使用""能较熟练使用但有些音不准"上，选择其他水平的人群占比都较低。具体如下：

"能较流利准确地使用"普通话的人群主要集中在30岁以下，30岁以上人群能够达到这一水平的占比不高，并且年龄越大，这一水平的占比相对越小，其中60岁以上人群达到这一水平的占比最少，为16.83%。而且，各地区的情况都大体如此。其中，西部地区60岁以上人群"能较流利准确地使用"普通话的占比在各地区中是最低的，仅为5.56%，北部地区60岁以上人群"能较流利准确地使用"普通话的占比在各地区中最高，为21.88%。

从选择"能较熟练使用但有些音不准"这一水平的比例来看，45岁以下各年龄段人群的占比差别不大，都在45%左右，46岁以上各年龄段人群占比均在35%左右，可见，使用普通话时，达到"能较熟练使用但有些音不准"的水平的人群以45岁以下为多。各地区的情况大体也都是如此。

第三章 从语言能力看山西晋语区地方普通话的使用情况

从选择"能熟练使用但方言口音较重"这一水平的比例来看，46岁以上各年龄段人群所占比例相对较大，均在22%左右，其次是31—45岁的人群，占比为15.2%，30岁以下各年龄段人群的占比相对较小，均不到10%。可见，这一水平主要集中在46岁以上的人群。从各地区来看，山西北部、东南部的情况与此类似，但山西西部、中部的情况则与之不尽一致。在山西西部，12岁以下的人群达到该普通话水平的占比为18.18%，远远高于山西同年龄段的平均比例，可见，西部地区少年儿童的普通话学习受方言的影响较大，口音较重。在山西中部，46岁以上各年龄段人群达到该普通话水平的占比平均为14%，低于山西同年龄段的平均比例，可见，与其他地区相比，中部地区中老年人的普通话中方言的成分相对少一些，普通话水平相对要好一些。

从选择"基本能交谈但不太熟练、能听懂但不太会说、能听懂一些但不会说"这三个水平的比例来看，其占比都不高，其中，30岁以下人群所占比都很低，60岁以上人群占比在同一水平中相对最高。

综上，在山西晋语区，普通话水平达到"能较流利准确地使用普通话"的人群以30岁以下为主，普通话水平达到"能较熟练使用但有些音不准"的人群以45岁以下为主，普通话水平为"能熟练使用但方言口音较重"的人群以46岁以上为主，普通话说得不太熟练或不会说普通话的人数都较少。总而言之，山西晋语区绝大多数人们都会说普通话，即具有了说普通话的能力，虽然可能不是很熟练，或是带有口音，但这样的普通话水平已经基本达到可以无障碍地与外来人员进行交流的程度。从调查数据还可以看出，在一定程度上，普通话水平的高低与年龄存在反比关系，年龄越小，其普通话水平相对越高，年龄越大，其普通话水平相对越低。

表3.3.1　　　　不同普通话水平在不同年龄人群中的分布情况

		12岁以下	12—18	19—30	31—45	46—60	60以上
山西	能较流利准确地使用	155	656	1763	739	281	35
		42.82%	42.16%	43.31%	32.74%	22%	16.83%
	能较熟练使用但有些音不准	156	742	1806	976	488	72
		43.09%	47.69%	44.36%	43.24%	38.21%	34.62%

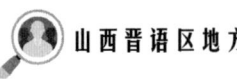

续表

		12 岁以下	12—18	19—30	31—45	46—60	60 以上
山西	能熟练使用但方言口音较重	32 8.84%	117 7.52%	346 8.5%	343 15.2%	296 23.18%	47 22.6%
	基本能交谈但不太熟练	15 4.14%	29 1.86%	100 2.46%	166 7.35%	150 11.75%	36 17.31%
	能听懂但不太会说	3 0.83%	7 0.45%	35 0.86%	27 1.2%	49 3.84%	13 6.25%
	能听懂一些但不会说	1 0.28%	5 0.32%	21 0.52%	6 0.27%	13 1.02%	5 2.4%
北部	能较流利准确地使用	32 45.07%	203 38.37%	389 33.05%	189 29.67%	61 21.63%	14 21.88%
	能较熟练使用但有些音不准	32 45.07%	267 50.47%	624 53.02%	293 46%	100 35.46%	17 26.56%
	能熟练使用但方言口音较重	4 5.63%	44 8.32%	114 9.69%	93 14.6%	86 30.5%	17 26.56%
	基本能交谈但不太熟练	2 2.82%	10 1.89%	32 2.72%	55 8.63%	23 8.16%	11 17.19%
	能听懂但不太会说	1 1.41%	4 0.76%	12 1.02%	6 0.94%	10 3.55%	3 4.69%
	能听懂一些但不会说	0 0%	1 0.19%	6 0.51%	1 0.16%	2 0.71%	2 3.13%
西部	能较流利准确地使用	17 30.91%	92 37.1%	254 46.61%	57 28.64%	51 19.92%	2 5.56%
	能较熟练使用但有些音不准	25 45.45%	121 48.79%	222 40.73%	81 40.7%	88 34.38%	13 36.11%
	能熟练使用但方言口音较重	10 18.18%	23 9.27%	50 9.17%	42 21.11%	56 21.88%	8 22.22%
	基本能交谈但不太熟练	2 3.64%	9 3.63%	14 2.57%	16 8.04%	45 17.58%	8 22.22%
	能听懂但不太会说	0 0%	1 0.4%	3 0.55%	2 1.01%	11 4.3%	3 8.33%
	能听懂一些但不会说	1 1.82%	2 0.81%	2 0.37%	1 0.5%	5 1.95%	2 5.56%

续表

		12岁以下	12—18	19—30	31—45	46—60	60以上
中部	能较流利准确地使用	37	139	513	219	85	9
		52.86%	40.41%	49.28%	34.38%	25.99%	19.15%
	能较熟练使用但有些音不准	24	183	426	266	142	23
		34.29%	53.2%	40.92%	41.76%	43.43%	48.94%
	能熟练使用但方言口音较重	4	14	77	96	49	7
		5.71%	4.07%	7.4%	15.07%	14.98%	14.89%
	基本能交谈但不太熟练	4	7	13	50	41	6
		5.71%	2.03%	1.25%	7.85%	12.54%	12.77%
	能听懂但不太会说	1	1	6	6	7	1
		1.43%	0.29%	0.58%	0.94%	2.14%	2.13%
	能听懂一些但不会说	0	0	6	0	3	1
		0%	0%	0.58%	0%	0.92%	2.13%
东南部	能较流利准确地使用	69	222	607	274	84	10
		41.57%	51.03%	46.41%	34.95%	20.39%	16.39%
	能较熟练使用但有些音不准	75	171	534	336	158	19
		45.18%	39.31%	40.83%	42.86%	38.35%	31.15%
	能熟练使用但方言口音较重	14	36	105	112	105	15
		8.43%	8.28%	8.03%	14.29%	25.49%	24.59%
	基本能交谈但不太熟练	7	3	41	45	41	11
		4.22%	0.69%	3.13%	5.74%	9.95%	18.03%
	能听懂但不太会说	1	1	14	13	21	6
		0.6%	0.23%	1.07%	1.66%	5.1%	9.84%
	能听懂一些但不会说	0	2	7	4	3	0
		0%	0.46%	0.54%	0.51%	0.73%	0%

2. 不同普通话水平在不同职业人群中的分布情况

调查数据显示（表3.3.2），在山西晋语区，不同职业人群的普通话水平表现不尽一致，具体如下：

在普通话水平能达到"能较流利准确地使用"的人群中，教师、学生、公务员占比较大，均在40%以上，个体户、农民的占比较低，均在15%左右。

在普通话水平能达到"能较熟练使用但有些音不准"的人群中,农民的占比最低,占28.3%,其余职业人群的占比都差不多,均在40%—50%左右。

在普通话水平为"能熟练使用但方言口音较重"的人群中,个体户、农民的占比相对较高,均在25%左右,教师、学生的占比相对较低,不到10%。

在普通话水平为"基本能交谈但不太熟练""能听懂但不太会说""能听懂一些但不会说"的人群中,农民、无业人员的占比相对较高,其余职业人群的占比相对都很低,甚至不到1%。

由此可见,在山西晋语区,大多数职业的人群普通话水平为"能较熟练使用但有些音不准",普通话水平能达到"能较流利准确地使用"的人群以教师、学生、公务员为主,普通话水平为"能熟练使用但方言口音较重"的人群以个体户、农民为主。

表3.3.2　　不同普通话水平在不同职业人群中的分布情况

		教师	公务员	企事业单位人员	商业、服务人员	个体户	农民	学生	无业人员	其他
山西	能较流利准确地使用	473	168	467	89	177	96	1920	34	205
		50.2%	43%	34.5%	25.5%	18.6%	14.7%	44%	28.1%	33.7%
	能较熟练使用但有些音不准	396	170	608	180	441	184	1972	45	244
		42%	43.5%	44.9%	51.6%	46.3%	28.3%	45.2%	37.2%	40.1%
	能熟练使用但方言口音较重	52	40	179	62	227	174	326	21	100
		5.5%	10.2%	13.2%	17.8%	23.8%	26.7%	7.5%	17.4%	16.4%
	基本能交谈但不太熟练	16	12	71	14	81	151	95	15	41
		1.7%	3.1%	5.2%	4%	8.5%	23.2%	2.2%	12.4%	6.7%
	能听懂但不太会说	3	1	22	2	20	36	32	4	14
		0.3%	0.3%	1.6%	0.6%	2.1%	5.5%	0.7%	3.3%	2.3%
	能听懂一些但不会说	3	0	7	2	6	10	17	2	4
		0.3%	0%	0.5%	0.6%	0.6%	1.5%	0.4%	1.7%	0.7%
	总计	943	391	1354	349	952	651	4362	121	608

第三章 从语言能力看山西晋语区地方普通话的使用情况

续表

		教师	公务员	企事业单位人员	商业、服务人员	个体户	农民	学生	无业人员	其他
北部	能较流利准确地使用	108	45	111	22	49	21	483	8	41
		46%	36%	26.2%	20.4%	18.2%	15.3%	37.4%	24.2%	29.9%
	能较熟练使用但有些音不准	106	61	233	51	116	40	660	11	55
		45.1%	48.8%	55%	47.2%	43.1%	29.2%	51.1%	33.3%	40.1%
	能熟练使用但方言口音较重	17	13	50	24	70	44	109	6	25
		7.2%	10.4%	11.8%	22.2%	26%	32.1%	8.4%	18.2%	18.2%
	基本能交谈但不太熟练	3	5	20	8	25	28	24	8	12
		1.3%	4%	4.7%	7.4%	9.3%	20.4%	1.9%	24.2%	8.8%
	能听懂但不太会说	0	1	8	2	6	4	12	0	3
		0%	0.8%	1.9%	1.9%	2.2%	2.9%	0.9%	0%	2.2%
	能听懂一些但不会说	1	0	2	1	3	0	4	0	1
		0.4%	0%	0.5%	0.9%	1.1%	0%	0.3%	0%	0.7%
	总计	235	125	424	108	269	137	1292	33	137
西部	能较流利准确地使用	49	23	52	21	24	14	268	2	20
		58.3%	42.6%	33.8%	37.5%	16.8%	9.9%	42.2%	13.3%	35.7%
	能较熟练使用但有些音不准	28	23	57	25	66	36	292	4	19
		33.3%	42.6%	37%	44.6%	46.2%	25.4%	46%	26.7%	33.9%
	能熟练使用但方言口音较重	4	5	32	8	36	36	53	5	10
		4.8%	9.3%	20.8%	14.3%	25.2%	25.4%	8.3%	33.3%	17.9%
	基本能交谈但不太熟练	1	3	8	1	14	45	17	3	2
		1.2%	5.6%	5.2%	1.8%	9.8%	31.7%	2.7%	20%	3.6%
	能听懂但不太会说	1	0	3	0	2	6	3	0	5
		1.2%	0%	1.9%	0%	1.4%	4.2%	0.5%	0%	8.9%
	能听懂一些但不会说	1	0	2	1	1	5	2	1	0
		1.2%	0%	1.3%	1.8%	0.7%	3.5%	0.3%	6.7%	0%
	总计	84	54	154	56	143	142	635	15	56

续表

		教师	公务员	企事业单位人员	商业、服务人员	个体户	农民	学生	无业人员	其他
中部	能较流利准确地使用	150	50	136	16	61	31	472	13	73
		57.5%	49.5%	38.2%	17%	20.9%	20.7%	48.7%	38.2%	34.9%
	能较熟练使用但有些音不准	89	38	148	64	143	53	427	16	86
		34.1%	37.6%	41.6%	68.1%	49%	35.3%	44.1%	47.1%	41.1%
	能熟练使用但方言口音较重	15	12	44	13	58	23	45	3	34
		5.7%	11.9%	12.4%	13.8%	19.9%	15.3%	4.6%	8.8%	16.3%
	基本能交谈但不太熟练	5	1	21	1	26	37	18	0	12
		1.9%	1%	5.9%	1.1%	8.9%	24.7%	1.9%	0%	5.7%
	能听懂但不太会说	1	0	6	0	3	3	5	1	3
		0.4%	0%	1.7%	0%	1%	2%	0.5%	2.9%	1.4%
	能听懂一些但不会说	1	0	1	0	1	3	2	1	1
		0.4%	0%	0.3%	0%	0.3%	2%	0.2%	2.9%	0.5%
	总计	261	101	356	94	292	150	969	34	209
东南部	能较流利准确地使用	166	50	168	30	43	30	697	11	71
		45.7%	45%	40%	33%	17.3%	13.5%	47.5%	28.2%	34.5%
	能较熟练使用但有些音不准	173	48	170	40	116	55	593	14	84
		47.7%	43.2%	40.5%	44%	46.8%	24.8%	40.5%	35.9%	40.8%
	能熟练使用但方言口音较重	16	10	53	17	63	71	119	7	31
		4.4%	9%	12.6%	18.7%	25.4%	32%	8.1%	17.9%	15%
	基本能交谈但不太熟练	7	3	22	4	16	41	36	4	15
		1.9%	2.7%	5.2%	4.4%	6.5%	18.5%	2.5%	10.3%	7.3%
	能听懂但不太会说	1	0	5	0	9	23	12	3	3
		0.3%	0%	1.2%	0%	3.6%	10.4%	0.8%	7.7%	1.5%
	能听懂一些但不会说	0	0	2	0	1	2	9	0	2
		0%	0%	0.5%	0%	0.4%	0.9%	0.6%	0%	1%
	总计	363	111	420	91	248	222	1466	39	206

3. 不同普通话水平在不同受教育程度人群中的分布情况

调查数据显示（表3.3.3），在山西晋语区，不同受教育程度人群的普

第三章 从语言能力看山西晋语区地方普通话的使用情况

通话水平表现不尽一致,具体如下:

在普通话水平能达到"能较流利准确地使用"的人群中,本科及以上的人群占比相对最高,在50%左右,没上过学的人群占比相对较低,在15%左右,其余文化程度的人群占比差不多,在30%左右。

在普通话水平能达到"能较熟练使用但有些音不准"的人群中,不同受教育程度的人群占比都不低,至少在30%左右,如没上过学的人群占比最低,为31.1%。

在普通话水平为"能熟练使用但方言口音较重"的人群中,没上过学的人群占比相对最高,在30%左右,本科及以上的人群占比相对最低,不到10%,其余文化程度的人群占比差不多,均在15%左右。

在普通话水平为"基本能交谈但不太熟练""能听懂但不太会说""能听懂一些但不会说"的人群中,没上过学的人群占比相对最高,其余文化程度人群随着受教育程度的提高,其占比逐渐减少,其中,本科及以上人群占比最低。

山西各地的情况与上述山西晋语区的整体情况大体一致。总体上看,在不同受教育程度的人群中,大多数的普通话水平都以"能较熟练使用但有些音不准"为主,普通话水平能达到"能较流利准确地使用"的人群以本科及以上为多,普通话水平为"能熟练使用但方言口音较重""基本能交谈但不太熟练""能听懂但不太会说""能听懂一些但不会说"的人群都以没上过学的为多。

表 3.3.3　　不同普通话水平在不同受教育程度人群中的分布情况

		没上过学	小学	初中	高中	大专	本科及以上
山西	能较流利准确地使用	11	247	398	624	460	1889
		14.9%	33%	22.8%	34.2%	31.6%	48.7%
	能较熟练使用但有些音不准	23	252	776	823	764	1602
		31.1%	33.6%	44.4%	45.1%	52.5%	41.3%
	能熟练使用但方言口音较重	21	132	344	257	167	260
		28.4%	17.6%	19.7%	14.1%	11.5%	6.7%

续表

		没上过学	小学	初中	高中	大专	本科及以上
山西	基本能交谈但不太熟练	10	88	167	98	49	84
		13.5%	11.7%	9.5%	5.4%	3.4%	2.2%
	能听懂但不太会说	4	23	54	14	11	28
		5.4%	3.1%	3.1%	0.8%	0.8%	0.7%
	能听懂一些但不会说	5	7	10	10	3	16
		6.8%	0.9%	0.6%	0.5%	0.2%	0.4%
北部	能较流利准确地使用	3	67	149	162	117	390
		11.1%	33%	26.8%	32%	26%	38.3%
	能较熟练使用但有些音不准	9	66	258	229	260	511
		33.3%	32.5%	46.5%	45.2%	57.8%	50.2%
	能熟练使用但方言口音较重	9	38	95	80	54	82
		33.3%	18.7%	17.1%	15.8%	12%	8.1%
	基本能交谈但不太熟练	5	25	34	31	14	24
		18.5%	12.3%	6.1%	6.1%	3.1%	2.4%
	能听懂但不太会说	0	4	17	4	3	8
		0%	2%	3.1%	0.8%	0.7%	0.8%
	能听懂一些但不会说	1	3	2	1	2	3
		3.7%	1.5%	0.4%	0.2%	0.4%	0.3%
西部	能较流利准确地使用	0	34	52	94	61	232
		0%	25.8%	17.9%	33.8%	33.3%	52.5%
	能较熟练使用但有些音不准	3	43	121	131	85	167
		21.4%	32.6%	41.7%	47.1%	46.4%	37.8%
	能熟练使用但方言口音较重	6	32	61	32	27	31
		42.9%	24.2%	21%	11.5%	14.8%	7%
	基本能交谈但不太熟练	1	18	45	16	7	7
		7.1%	13.6%	15.5%	5.8%	3.8%	1.6%
	能听懂但不太会说	1	3	7	3	3	3
		7.1%	2.3%	2.4%	1.1%	1.6%	0.7%
	能听懂一些但不会说	3	2	4	2	0	2
		21.4%	1.5%	1.4%	0.7%	0%	0.5%

第三章　从语言能力看山西晋语区地方普通话的使用情况

续表

		没上过学	小学	初中	高中	大专	本科及以上
中部	能较流利准确地使用	5	57	91	171	146	532
		35.7%	39.9%	20.2%	34.4%	36.6%	55.3%
	能较熟练使用但有些音不准	5	45	223	240	199	352
		35.7%	31.5%	49.4%	48.3%	49.9%	36.6%
	能熟练使用但方言口音较重	0	17	78	57	37	58
		0%	11.9%	17.3%	11.5%	9.3%	6%
	基本能交谈但不太熟练	2	19	48	27	14	11
		14.3%	13.3%	10.6%	5.4%	3.5%	1.1%
	能听懂但不太会说	1	3	9	2	2	5
		7.1%	2.1%	2%	0.4%	0.5%	0.5%
	能听懂一些但不会说	1	2	2	0	1	4
		7.1%	1.4%	0.4%	0%	0.3%	0.4%
东南部	能较流利准确地使用	3	89	106	197	136	735
		15.8%	32.8%	23.4%	36.2%	32.2%	50.4%
	能较熟练使用但有些音不准	6	98	174	223	220	572
		31.6%	36.2%	38.4%	41%	52.1%	39.3%
	能熟练使用但方言口音较重	6	45	110	88	49	89
		31.6%	16.6%	24.3%	16.2%	11.6%	6.1%
	基本能交谈但不太熟练	2	26	40	24	14	42
		10.5%	9.6%	8.8%	4.4%	3.3%	2.9%
	能听懂但不太会说	2	13	21	5	3	12
		10.5%	4.8%	4.6%	0.9%	0.7%	0.8%
	能听懂一些但不会说	0	0	2	7	0	7
		0%	0%	0.4%	1.3%	0%	0.5%

综上，我们可以看出，在山西晋语区，人们的普通话水平主要集中在"能较流利准确地使用""能较熟练使用但有些音不准"，人们因年龄、职业、受教育程度的不同，其普通话水平的高低也不相同。

第二节 山西晋语区地方普通话和方言的使用类型的调查

一 方言的类型

问卷中"您个人认为您的本地话属于下面哪一类?"一题的统计数据(见表3.4)反映了被试者本地话的类型。

(一) 数据统计

调查数据显示(表3.4),在山西晋语区,各地区人们认为自己所说的方言属于"受普通话影响的本地话"的占比最高,多在55%左右,北部地区该项占比达到61.8%,其次是选择"正宗本地话"的占比均在30%左右。可见,在山西晋语区各地,多数人认为自己所说的本地话已不是正宗的本地话,而是受到普通话影响的本地话。

表3.4　　　　　　　山西晋语区人们所说的方言类型

	正宗本地话	受普通话影响的本地话	受其他方言影响的本地话	无法回答
山西	3380	5824	534	438
	33.2%	57.2%	5.2%	4.3%
北部	896	1836	133	104
	30.2%	61.8%	4.5%	3.5%
西部	528	841	82	56
	35%	55.8%	5.4%	3.7%
中部	912	1445	133	110
	35.1%	55.6%	5.1%	4.2%
东南部	1044	1702	186	168
	33.7%	54.9%	6%	5.4%

(二) 不同方言类型在不同人群中的分布情况

1. 不同方言类型在不同年龄人群中的分布情况

在山西晋语区,人们说的本地话主要有"正宗的本地话"和"受普通话影响的本地话"两种，调查数据显示（表3.4.1），这两种话在各年龄段人群中的分布情况不尽一致，具体如下：

各地人们认为自己所说的是"正宗本地话"的占比最大的是60岁以上人群，各地占比均在80%左右，其次是46—60岁人群，各地占比均在50%左右，再次是31—45岁人群，各地占比多在30%左右，再次是19—30岁人群，各地占比多在25%左右，再次是18岁以下人群，各地占比多在15%左右。

在山西晋语区，总体上看，说"正宗本地话"的人群占比随着年龄的增大而增大，年龄越大，说的本地话越正宗。

从各地人们认为自己所说的是"受普通话影响的本地话"的人群占比数据来看，60岁以上人群占比最低，各地多在15%左右，其次是46—60岁人群的占比，各地多在35%左右，45岁以下人群的占比相对较高，其中，18岁以下人群占比达到70%左右。可见，年龄越小，受普通话的影响越大，说的本地话越不正宗。

年龄是影响人们说"正宗本地话"还是说"受普通话影响的本地话"的一个重要因素。

表3.4.1　不同方言类型在不同年龄人群中的分布情况

		12岁以下	12—18	19—30	31—45	46—60	60以上
山西	正宗本地话	44	244	946	791	920	435
		16.6%	17.33%	24.46%	33.18%	53.83%	80.11%
	受普通话影响的本地话	201	1010	2510	1383	638	82
		75.85%	71.73%	64.91%	58.01%	37.33%	15.1%
	受其他方言影响的本地话	7	82	226	122	82	15
		2.64%	5.82%	5.84%	5.12%	4.8%	2.76%
	无法回答	13	72	185	88	69	11
		4.91%	5.11%	4.78%	3.69%	4.04%	2.03%

续表

		12岁以下	12—18	19—30	31—45	46—60	60以上
北部	正宗本地话	16 28.07%	94 19.83%	238 20.66%	198 28.21%	224 53.46%	126 76.36%
	受普通话影响的本地话	39 68.42%	337 71.1%	818 71.01%	450 64.1%	160 38.19%	32 19.39%
	受其他方言影响的本地话	1 1.75%	23 4.85%	55 4.77%	32 4.56%	19 4.53%	3 1.82%
	无法回答	1 1.75%	20 4.22%	41 3.56%	22 3.13%	16 3.82%	4 2.42%
西部	正宗本地话	3 6.52%	33 13.92%	137 25.8%	79 34.2%	184 51.83%	92 85.98%
	受普通话影响的本地话	41 89.13%	172 72.57%	335 63.09%	138 59.74%	144 40.56%	11 10.28%
	受其他方言影响的本地话	0 0%	20 8.44%	35 6.59%	10 4.33%	13 3.66%	4 3.74%
	无法回答	2 4.35%	12 5.06%	24 4.52%	4 1.73%	14 3.94%	0 0%
中部	正宗本地话	10 17.24%	52 16.61%	255 26.34%	259 37.21%	235 53.65%	101 79.53%
	受普通话影响的本地话	45 77.59%	236 75.4%	615 63.53%	373 53.59%	158 36.07%	18 14.17%
	受其他方言影响的本地话	1 1.72%	14 4.47%	52 5.37%	34 4.89%	29 6.62%	3 2.36%
	无法回答	2 3.45%	11 3.51%	46 4.75%	30 4.31%	16 3.65%	5 3.94%
东南部	正宗本地话	15 14.42%	65 16.93%	316 25.99%	255 33.77%	277 55.73%	116 80.56%
	受普通话影响的本地话	76 73.08%	265 69.01%	742 61.02%	422 55.89%	176 35.41%	21 14.58%
	受其他方言影响的本地话	5 4.81%	25 6.51%	84 6.91%	46 6.09%	21 4.23%	5 3.47%
	无法回答	8 7.69%	29 7.55%	74 6.09%	32 4.24%	23 4.63%	2 1.39%

第三章 从语言能力看山西晋语区地方普通话的使用情况

2. 不同方言类型在不同职业人群中的分布情况

调查数据显示（表3.4.2），在山西晋语区，不同方言类型在不同职业的人群中的分布情况不尽一致，具体如下：

在说"正宗本地话"的人群中，农民、无业人员的占比相对较高，其次是企事业单位人员、商业和服务人员、个体户，最后是教师、公务员和学生。

在说"受普通话影响的本地话"的人群中，农民、无业人员的占比相对较低，其中，农民的占比都不到30%，其余职业的人群占比都差不多。

表3.4.2　　　　不同方言类型在不同职业人群中的分布情况

		教师	公务员	企事业单位人员	商业、服务人员	个体户	农民	学生	无业人员	其他
山西	正宗本地话	239 27.25%	111 28.68%	418 30.69%	117 33.05%	425 37.95%	888 66.62%	859 21.9%	86 51.81%	237 36.18%
山西	受普通话影响的本地话	562 64.08%	245 63.31%	818 60.06%	210 59.32%	599 53.48%	357 26.78%	2626 66.96%	66 39.76%	341 52.06%
山西	受其他方言影响的本地话	32 3.65%	18 4.65%	77 5.65%	14 3.95%	59 5.27%	54 4.05%	234 5.97%	7 4.22%	39 5.95%
山西	无法回答	44 5.02%	13 3.36%	49 3.6%	13 3.67%	37 3.3%	34 2.55%	203 5.18%	7 4.22%	38 5.8%
北部	正宗本地话	36 15.45%	31 26.05%	107 25.12%	36 32.14%	102 31.58%	226 67.87%	260 21.59%	34 62.96%	64 38.79%
北部	受普通话影响的本地话	177 75.97%	83 69.75%	291 68.31%	70 62.5%	191 59.13%	91 27.33%	833 69.19%	17 31.48%	83 50.3%
北部	受其他方言影响的本地话	7 3%	4 3.36%	17 3.99%	3 2.68%	15 4.64%	12 3.6%	61 5.07%	1 1.85%	13 7.88%
北部	无法回答	13 5.58%	1 0.84%	11 2.58%	3 2.68%	15 4.64%	4 1.2%	50 4.15%	2 3.7%	5 3.03%
西部	正宗本地话	34 37.36%	18 32.73%	45 27.11%	15 26.32%	74 41.34%	187 68.75%	113 18.93%	15 65.22%	27 40.3%
西部	受普通话影响的本地话	51 56.04%	34 61.82%	102 61.45%	38 66.67%	96 53.63%	71 26.1%	412 69.01%	6 26.09%	31 46.27%

续表

		教师	公务员	企事业单位人员	商业、服务人员	个体户	农民	学生	无业人员	其他
西部	受其他方言影响的本地话	3	3	12	3	6	8	42	1	4
		3.3%	5.45%	7.23%	5.26%	3.35%	2.94%	7.04%	4.35%	5.97%
	无法回答	3	0	7	1	3	6	30	1	5
		3.3%	0%	4.22%	1.75%	1.68%	2.21%	5.03%	4.35%	7.46%
中部	正宗本地话	74	28	104	34	125	245	203	21	78
		31.22%	27.45%	29.8%	37.36%	36.55%	69.6%	23.52%	45.65%	35.78%
	受普通话影响的本地话	141	59	204	51	189	84	581	20	116
		59.49%	57.84%	58.45%	56.04%	55.26%	23.86%	67.32%	43.48%	53.21%
	受其他方言影响的本地话	7	7	22	3	21	15	47	1	10
		2.95%	6.86%	6.3%	3.3%	6.14%	4.26%	5.45%	2.17%	4.59%
	无法回答	15	8	19	3	7	8	32	4	14
		6.33%	7.84%	5.44%	3.3%	2.05%	2.27%	3.71%	8.7%	6.42%
东南部	正宗本地话	95	34	162	32	124	230	283	16	68
		30.06%	30.63%	38.48%	34.04%	44.93%	61.17%	22.5%	37.21%	33.17%
	受普通话影响的本地话	193	69	221	51	123	111	800	23	111
		61.08%	62.16%	52.49%	54.26%	44.57%	29.52%	63.59%	53.49%	54.15%
	受其他方言影响的本地话	15	4	26	5	17	19	84	4	12
		4.75%	3.6%	6.18%	5.32%	6.16%	5.05%	6.68%	9.3%	5.85%
	无法回答	13	4	12	6	12	16	91	0	14
		4.11%	3.6%	2.85%	6.38%	4.35%	4.26%	7.23%	0%	6.83%

3. 不同方言类型在不同受教育程度人群中的分布情况

调查数据显示（表3.4.3），在山西晋语区，不同方言类型在不同受教育程度的人群中的分布情况不尽一致，具体如下：

在说"正宗本地话"的人群中，从山西晋语区整体上看，不同受教育程度人群的占比由高到低依次是："没上过学的""小学的""初中的""高中的""大专的""本科及以上的"。而且，"没上过学的"在各地的占比均在70%以上。

在说"受普通话影响的本地话"的人群中，整体上看，不同受教育程度人群的占比由低到高依次是："没上过学的""小学的""初中的""高

第三章 从语言能力看山西晋语区地方普通话的使用情况

中的""大专的""本科及以上的"。而且,"没上过学的"在各地的占比均不到20%,"本科及以上的"在各地的占比均在60%以上。

由此可见,在山西晋语区,受教育程度越高,受普通话的影响越多,本地话说得越不正宗,受教育程度越低,受普通话的影响相对越小,本地话说得越正宗,在一定程度上可以说,受教育程度与是否能说正宗本地话成反比关系。

表3.4.3   不同方言类型在不同受教育程度人群中的分布情况

		没上过学	小学	初中	高中	大专	本科及以上
山西	正宗本地话	210	548	810	551	371	890
		75%	53%	39.15%	29.67%	26.35%	25.23%
	受普通话影响的本地话	50	410	1062	1131	926	2245
		17.86%	39.65%	51.33%	60.9%	65.77%	63.63%
	受其他方言影响的本地话	11	47	103	108	66	199
		3.93%	4.55%	4.98%	5.82%	4.69%	5.64%
	无法回答	9	29	94	67	45	194
		3.21%	2.8%	4.54%	3.61%	3.2%	5.5%
北部	正宗本地话	66	167	235	121	100	207
		72.53%	54.4%	37.3%	23.5%	22.42%	21.12%
	受普通话影响的本地话	17	117	345	347	317	693
		18.68%	38.11%	54.76%	67.38%	71.08%	70.71%
	受其他方言影响的本地话	3	13	26	33	15	43
		3.3%	4.23%	4.13%	6.41%	3.36%	4.39%
	无法回答	5	10	24	14	14	37
		5.49%	3.26%	3.81%	2.72%	3.14%	3.78%
西部	正宗本地话	48	100	135	82	42	121
		75%	51.55%	37.82%	28.77%	23.73%	28.14%
	受普通话影响的本地话	14	81	184	182	119	261
		21.88%	41.75%	51.54%	63.86%	67.23%	60.7%
	受其他方言影响的本地话	1	11	24	11	9	26
		1.56%	5.67%	6.72%	3.86%	5.08%	6.05%
	无法回答	1	2	14	10	7	22
		1.56%	1.03%	3.92%	3.51%	3.95%	5.12%

续表

		没上过学	小学	初中	高中	大专	本科及以上
中部	正宗本地话	46 73.02%	132 55.46%	229 40.75%	179 34.69%	105 28.15%	221 26.06%
	受普通话影响的本地话	12 19.05%	91 38.24%	282 50.18%	297 57.56%	238 63.81%	525 61.91%
	受其他方言影响的本地话	4 6.35%	11 4.62%	27 4.8%	19 3.68%	17 4.56%	55 6.49%
	无法回答	1 1.59%	4 1.68%	24 4.27%	21 4.07%	13 3.49%	47 5.54%
东南部	正宗本地话	50 80.65%	149 50.51%	211 40.58%	169 31.24%	124 30.1%	341 26.85%
	受普通话影响的本地话	7 11.29%	121 41.02%	251 48.27%	305 56.38%	252 61.17%	766 60.31%
	受其他方言影响的本地话	3 4.84%	12 4.07%	26 5%	45 8.32%	25 6.07%	75 5.91%
	无法回答	2 3.23%	13 4.41%	32 6.15%	22 4.07%	11 2.67%	88 6.93%

综上，我们可以看出，在山西晋语区，人们说的本地话主要集中在"正宗本地话"和"受普通话影响的本地话"两种类型上，而且，这两种类型的本地话受年龄、职业、受教育程度的不同而不同：年龄越小，说的本地话越不正宗；受教育程度越高，说的本地话越不正宗；职业对普通话的要求越高，说的本地话越不正宗。

二 普通话的类型

问卷中"您个人认为您的普通话属于下面哪一类？"一题的统计数据（见表3.5）反映了被试者普通话的类型。

（一）数据统计

调查数据显示（表3.5），在山西晋语区，各地区人们认为自己所说的普通话属于"带本地口音的普通话"的占比最高，各地多在50%左右，北部地区该项占比达到55.4%,其次是选择"较标准普通话"的人群占比均在30%左右,"本地口音很重的普通话""带其他口音的普通话"的人群占比都较低。可见,在各地,多数人所说的普通话并不是标准的普通话,而是受到本地话影响的普通话。

表3.5　　　　　　　　山西晋语区人们所说的普通话类型

	较标准普通话	带本地口音的普通话	本地口音很重的普通话	带其他口音的普通话
山西	3409	4980	1133	209
	35%	51.2%	11.6%	2.1%
北部	859	1529	324	48
	31.1%	55.4%	11.7%	1.7%
西部	431	689	194	25
	32.2%	51.5%	14.5%	1.9%
中部	948	1196	265	57
	38.4%	48.5%	10.7%	2.3%
东南部	1171	1566	350	79
	37%	49.5%	11.1%	2.5%

比较表3.4和3.5,我们可以看出,在山西晋语区,说"正宗本地话"和"较标准普通话"的人群占比都在30%左右,说"受普通话影响的本地话""带本地口音的普通话"的人群占比都在50%以上,可见,目前,在山西晋语区,普通话和本地话之间相互影响,形成了以"受普通话影响的本地话"和"受本地话影响的普通话"为主导地位的交际格局,人们会在不同的场合使用不同的交际工具。

(二) 不同普通话类型在不同人群中的分布情况

1. 不同普通话类型在不同年龄人群中的分布情况

调查数据显示(表3.5.1),在山西晋语区,人们说的普通话主要有"较标准的普通话""受本地话影响的普通话""本地口音很重的普通话"三种,这三种类型在不同年龄段人群中的分布情况不尽一致,具体情况如下:

各地人们说"较标准普通话"的人群主要集中在30岁以下,其中,

12岁以下人群的占比各地多在45%左右,31—45岁人群占比位居其次,占比多在30%左右,46岁以上人群占比最低,各地多不到20%。

各地人们说"带本地口音的普通话"的人群主要集中在60岁以下,其中以12—45岁人群为主,占比多在50%左右,与之相比,各地60岁以上人群该项占比略低,多在35%左右。

各地人们说"本地口音很重的普通话"的人群主要集中在46岁以上,占比在30%左右,45岁以下人群占比都较低,尤其是30岁以下人群占比不到10%。

综上,在山西晋语区,说"较标准普通话"的人群以12岁以下为主,说"带本地口音的普通话"以12—45岁人群为主,说"本地口音很重的普通话"以60岁以上人群为主。可见,年龄是影响人们说"标准普通话""带本地口音的普通话"还是说"本地口音很重的普通话"的一个重要因素:年龄越大,受本地话的影响越大,所说的普通话越不标准。

表3.5.1　　不同普通话类型在不同年龄人群中的分布情况

		12岁以下	12—18	19—30	31—45	46—60	60以上
山西	较标准普通话	163	621	1679	663	243	40
		45.03%	39.91%	41.24%	29.38%	19.03%	19.23%
	带本地口音的普通话	164	829	2107	1196	603	81
		45.3%	53.28%	51.76%	52.99%	47.22%	38.94%
	本地口音很重的普通话	30	82	209	343	390	79
		8.29%	5.27%	5.13%	15.2%	30.54%	37.98%
	带其他口音的普通话	5	24	76	55	41	8
		1.38%	1.54%	1.87%	2.44%	3.21%	3.85%
北部	较标准普通话	36	202	386	180	40	15
		50.7%	38.19%	32.8%	28.26%	14.18%	23.44%
	带本地口音的普通话	30	290	696	350	141	22
		42.25%	54.82%	59.13%	54.95%	50%	34.38%
	本地口音很重的普通话	4	33	75	95	92	25
		5.63%	6.24%	6.37%	14.91%	32.62%	39.06%
	带其他口音的普通话	1	4	20	12	9	2
		1.41%	0.76%	1.7%	1.88%	3.19%	3.13%

续表

		12岁以下	12—18	19—30	31—45	46—60	60以上
西部	较标准普通话	20 36.36%	74 29.84%	231 42.39%	52 26.13%	49 19.14%	5 13.89%
	带本地口音的普通话	27 49.09%	153 61.69%	272 49.91%	102 51.26%	121 47.27%	14 38.89%
	本地口音很重的普通话	7 12.73%	16 6.45%	35 6.42%	38 19.1%	81 31.64%	17 47.22%
	带其他口音的普通话	1 1.82%	5 2.02%	7 1.28%	7 3.52%	5 1.95%	0 0%
中部	较标准普通话	32 45.71%	136 39.53%	489 46.97%	196 30.77%	83 25.38%	12 25.53%
	带本地口音的普通话	33 47.14%	188 54.65%	495 47.55%	319 50.08%	142 43.43%	19 40.43%
	本地口音很重的普通话	4 5.71%	14 4.07%	44 4.23%	108 16.95%	83 25.38%	12 25.53%
	带其他口音的普通话	1 1.43%	6 1.74%	13 1.25%	14 2.2%	19 5.81%	4 8.51%
东南部	较标准普通话	75 45.18%	209 48.05%	573 43.81%	235 29.97%	71 17.23%	8 13.11%
	带本地口音的普通话	74 44.58%	198 45.52%	644 49.24%	425 54.21%	199 48.3%	26 42.62%
	本地口音很重的普通话	15 9.04%	19 4.37%	55 4.2%	102 13.01%	134 32.52%	25 40.98%
	带其他口音的普通话	2 1.2%	9 2.07%	36 2.75%	22 2.81%	8 1.94%	2 3.28%

2. 不同普通话类型在不同职业人群中的分布情况

调查数据显示（表3.5.2），在山西晋语区，不同类型普通话在不同职业人群中的分布情况如下：

从职业上看，各地人们说"较标准普通话"的人群主要为教师和学生，占比均在40%以上，其次是公务员、企事业单位人员，占比在30%左右，商业服务人员、无业人员和其他职业人群，占比在25%左右，农民和个体户占比较低，在15%左右。

各地人们说"略带本地口音的普通话"的人群在各职业中的占比都较高，均在40%以上，其中，公务员、企事业单位人员、商业服务人员、个体户的占比均在55%左右。

各地人们说"本地口音很重的普通话"的人群主要为农民，占比达40%左右，其次是个体户和无业人员，占比在20%左右，而学生、教师、公务员占比较低，不到10%。

表3.5.2　　　不同普通话类型在不同职业人群中的分布情况

		教师	公务员	企事业单位人员	商业、服务人员	个体户	农民	学生	无业人员	其他
山西	较标准普通话	461	146	413	94	147	81	1858	29	180
		48.89%	37.34%	30.5%	26.93%	15.44%	12.44%	42.6%	23.97%	29.61%
	略带本地口音的普通话	420	210	760	194	539	263	2211	60	323
		44.54%	53.71%	56.13%	55.59%	56.62%	40.4%	50.69%	49.59%	53.13%
	本地口音很重的普通话	50	28	146	54	244	286	213	27	85
		5.3%	7.16%	10.78%	15.47%	25.63%	43.93%	4.88%	22.31%	13.98%
	带其他口音的普通话	12	7	35	7	22	21	80	5	20
		1.27%	1.79%	2.58%	2.01%	2.31%	3.23%	1.83%	4.13%	3.29%
北部	较标准普通话	102	40	103	23	36	21	497	6	31
		43.4%	32%	24.29%	21.3%	13.38%	15.33%	38.47%	18.18%	22.63%
	略带本地口音的普通话	110	70	274	63	156	58	707	13	78
		46.81%	56%	64.62%	58.33%	57.99%	42.34%	54.72%	39.39%	56.93%
	本地口音很重的普通话	19	14	38	21	73	53	72	12	22
		8.09%	11.2%	8.96%	19.44%	27.14%	38.69%	5.57%	36.36%	16.06%
	带其他口音的普通话	4	1	9	1	4	5	16	2	6
		1.7%	0.8%	2.12%	0.93%	1.49%	3.65%	1.24%	6.06%	4.38%
西部	较标准普通话	45	16	48	21	25	15	234	2	25
		53.57%	29.63%	31.17%	37.5%	17.48%	10.56%	36.85%	13.33%	44.64%
	略带本地口音的普通话	34	34	73	28	78	58	348	9	27
		40.48%	62.96%	47.4%	50%	54.55%	40.85%	54.8%	60%	48.21%

续表

		教师	公务员	企事业单位人员	商业、服务人员	个体户	农民	学生	无业人员	其他
西部	本地口音很重的普通话	4	4	28	5	39	67	43	2	2
		4.76%	7.41%	18.18%	8.93%	27.27%	47.18%	6.77%	13.33%	3.57%
	带其他口音的普通话	1	0	5	2	1	2	10	2	2
		1.19%	0%	3.25%	3.57%	0.7%	1.41%	1.57%	13.33%	3.57%
中部	较标准普通话	143	44	128	20	55	22	454	15	67
		54.79%	43.56%	35.96%	21.28%	18.84%	14.67%	46.85%	44.12%	32.06%
	略带本地口音的普通话	101	49	177	58	163	66	464	13	105
		38.7%	48.51%	49.72%	61.7%	55.82%	44%	47.88%	38.24%	50.24%
	本地口音很重的普通话	14	5	40	15	63	54	37	5	32
		5.36%	4.95%	11.24%	15.96%	21.58%	36%	3.82%	14.71%	15.31%
	带其他口音的普通话	3	3	11	1	11	8	14	1	5
		1.15%	2.97%	3.09%	1.06%	3.77%	5.33%	1.44%	2.94%	2.39%
东南部	较标准普通话	171	46	134	30	31	23	673	6	57
		47.11%	41.44%	31.9%	32.97%	12.5%	10.36%	45.91%	15.38%	27.67%
	略带本地口音的普通话	175	57	236	45	142	81	692	25	113
		48.21%	51.35%	56.19%	49.45%	57.26%	36.49%	47.2%	64.1%	54.85%
	本地口音很重的普通话	13	5	40	13	69	112	61	8	29
		3.58%	4.5%	9.52%	14.29%	27.82%	50.45%	4.16%	20.51%	14.08%
	带其他口音的普通话	4	3	10	3	6	6	40	0	7
		1.1%	2.7%	2.38%	3.3%	2.42%	2.7%	2.73%	0%	3.4%

综上，在山西晋语区，不同职业人群都以说"略带本地口音的普通话"为主，说"较标准普通话"的人群以教师和学生为主，说"本地口音很重的普通话"以农民为主。可见，职业对普通话的要求越高，人们的普通话说得就越标准。

3. 不同普通话类型在不同受教育程度人群中的分布情况

调查数据显示（表3.5.3），在山西晋语区，不同类型普通话在不同受教育程度人群中的分布情况，具体如下：

各地人群中，说"较标准普通话"的人群以受教育程度为本科及以上的为主，占比在45%左右，其他受教育程度的人群占比都不太高，多在20%—30%之间。

说"略带本地口音的普通话"的人群各个受教育程度的占比都不低，其中"初中、高中、大专"人群占比在55%左右，其次是本科及以上人群，占比在45%左右，"小学"人群占比在40%左右，"没上过学的"人群占比在15%—40%之间。

说"本地口音很重的普通话"的人群以受教育程度为"没上过学的"为主，占比在35%左右，"小学、初中"占比在25%左右，"高中、大专、本科及以上"的占比相对较低，在10%左右，其中，本科及以上的人群占比不足5%。

表3.5.3 不同普通话类型在不同受教育程度人群中的分布情况

		没上过学	小学	初中	高中	大专	本科及以上
山西	较标准普通话	17	235	371	543	423	1820
		22.97%	31.38%	21.21%	29.74%	29.09%	46.92%
	略带本地口音的普通话	22	306	945	1009	865	1833
		29.73%	40.85%	54.03%	55.26%	59.49%	47.25%
	本地口音很重的普通话	27	195	393	237	130	151
		36.49%	26.03%	22.47%	12.98%	8.94%	3.89%
	带其他口音的普通话	8	13	40	37	36	75
		10.81%	1.74%	2.29%	2.03%	2.48%	1.93%
北部	较标准普通话	4	64	143	144	102	402
		14.81%	31.53%	25.77%	28.4%	22.67%	39.49%
	略带本地口音的普通话	11	87	298	280	290	563
		40.74%	42.86%	53.69%	55.23%	64.44%	55.3%
	本地口音很重的普通话	8	50	107	71	47	41
		29.63%	24.63%	19.28%	14%	10.44%	4.03%
	带其他口音的普通话	4	2	7	12	11	12
		14.81%	0.99%	1.26%	2.37%	2.44%	1.18%

续表

		没上过学	小学	初中	高中	大专	本科及以上
西部	较标准普通话	2	36	39	82	59	213
		14.29%	27.27%	13.45%	29.5%	32.24%	48.19%
	略带本地口音的普通话	5	53	169	164	102	196
		35.71%	40.15%	58.28%	58.99%	55.74%	44.34%
	本地口音很重的普通话	6	42	74	28	17	27
		42.86%	31.82%	25.52%	10.07%	9.29%	6.11%
	带其他口音的普通话	1	1	8	4	5	6
		7.14%	0.76%	2.76%	1.44%	2.73%	1.36%
中部	较标准普通话	4	42	91	147	143	521
		28.57%	29.37%	20.18%	29.58%	35.84%	54.16%
	略带本地口音的普通话	3	59	257	276	218	383
		21.43%	41.26%	56.98%	55.53%	54.64%	39.81%
	本地口音很重的普通话	4	38	88	65	29	41
		28.57%	26.57%	19.51%	13.08%	7.27%	4.26%
	带其他口音的普通话	3	4	15	9	9	17
		21.43%	2.8%	3.33%	1.81%	2.26%	1.77%
东南部	较标准普通话	7	93	98	170	119	684
		36.84%	34.32%	21.63%	31.25%	28.2%	46.95%
	略带本地口音的普通话	3	107	221	289	255	691
		15.79%	39.48%	48.79%	53.13%	60.43%	47.43%
	本地口音很重的普通话	9	65	124	73	37	42
		47.37%	23.99%	27.37%	13.42%	8.77%	2.88%
	带其他口音的普通话	0	6	10	12	11	40
		0%	2.21%	2.21%	2.21%	2.61%	2.75%

综上，是否说"较标准普通话"或"略带本地口音的普通话"与受教育程度高低的正关联度不大，尤其是在说"略带本地口音的普通话"的人群中，不同受教育程度的人此项占比都较高。而说"本地口音很重的普通话"的人群则与受教育程度成正比，即受教育程度越高，说"本地口音很重的普通话"的人群占比越低。换句话说，受教育程度越高，普通话不一

定就说得越标准，但受教育程度越低，受方言的影响会比较多，普通话说得一定不标准。

总而言之，在山西晋语区，不管年龄、职业和受教育程度如何，人们以说"略带本地口音的普通话"为主，而且从说"较标准普通话"和"本地口音很重的普通话"的人群而言，年龄、职业和受教育程度是影响人们说哪种普通话类型的一个很重要的因素，二者之间成正相关关系，具体来说：年龄越大，受教育程度越低、职业对普通话的要求越低，则说的普通话一定是本地口音很重的普通话，反之，年龄越小，受教育程度越高、职业对普通话的要求越高，则说的普通话越接近标准普通话。

小　　结

在山西晋语区，绝大多数人们都具有说"方言"和"普通话"的能力，但二者发展不均衡，人们说本地话的能力远远高于说普通话的能力，在推广普通话的大背景下，人们说本地话的能力并没有明显减弱。具体呈现如下特点：

第一，汉语方言对普通话的影响依然强劲。

本次调查数据显示，人们在回答"您的普通话类型？"这个问题时，只有35%的人选择了较标准普通话，更多人选择的是略带本地口音的普通话，以及本地口音很重的普通话，两者比例分别占51.2%和11.6%。各地区的数据也大致如此，略带本地口音的普通话占比最高，其次是较标准普通话，然后是本地口音很重的普通话。这些数据表明，尽管我们的普通话推广取得了很大的成就，但方言对普通话的影响依然强劲。

第二，普通话对方言的影响很大。

调查结果显示，人们在回答"您的本地话属于哪一类"时，选择正宗本地话的人占33.2%，选择受普通话影响的本地话的人占57.2%，达半数以上，选择"受其他方言影响的本地话"和"无法回答"这两个选项的人最少。这表明，随着普通话的进一步的推广和普及，普通话对方言也产生了较大的影响。

第三，能较流利准确地使用普通话的人还不够多。

如前文所述，山西晋语区能够使用普通话的人基本可达到85%以上，这是我国推广普通话所取得的重大成就，但值得注意的是，这其中，"能够较流利准确地使用普通话"的人占37.3%，普通话的水平还有待进一步的提高。

第四，普通话的使用能力在不同人群中呈现出不平衡性。

山西晋语区人们说普通话的能力受到年龄、受教育程度、职业等因素的影响，年龄越小、职业对普通话的要求越高、受教育程度越高，那么，普通话的水平相对越高。

第四章　从语言态度看山西晋语区地方普通话的使用情况

王远新认为:"在双语和多语(包括双方言和多方言)社会中,由于社会或民族认同、情感、目的和动机、行为倾向等因素的影响,人们会对一种语言或文字的社会价值形成一定的认识或作出一定的评价,这种认识和评价通常称为语言态度。"① 也就是说,语言态度是指"个人对某种语言或方言的价值评价和行为倾向"②。它"可以从不同的角度进行区分:首先可以分为感情方面的和理智方面的两类。感情方面的语言态度,指的是说话人或听话人在说到、听到某种语言时,在情绪、感情上的感受和反应,它常常是十分自然甚至是不自觉地、下意识地出现的。理智方面的语言态度,指的是说话人或听话人对特定语言的实用价值和社会地位的理性评价。这种态度表面上是主观的,但在实际上,不能不受社会舆论的影响。理智的语言态度,当然主要取决于特定语言在使用中的功能,以及它可能附加给说话人以什么样的社会地位"③。

劲松指出:"(语言态度)影响人们对语言的应用,包括语言的选择、教学、规范和发展等。"④ 语言态度"对于探讨标准语和方言并存的双语交际社团内部人们的语言态度如何制约人们对标准语的学习和使用,以及如

---

① 王远新:《中国民族语言学理论与实践》,民族出版社2002年版,第89页。
② 游汝杰、邹嘉彦:《社会语言学教程》,复旦大学出版社2004年版,第83页。
③ 陈松岑:《新加坡华人的语言态度及其对语言能力和语言使用的影响》,《语言教学与研究》1991年第1期。
④ 劲松:《语言态度与双语现象》,《双语教学与研究》1999年第2期。

第四章　从语言态度看山西晋语区地方普通话的使用情况

何制约方言的演变方向等问题至关重要"①。可见，在语言使用中，语言态度起着重要的作用。那么，在山西晋语区，人们对本地话和普通话的语言态度如何？影响和制约人们语言态度的因素有哪些呢？根据相关问卷调查的结果，我们对以上问题进行分析讨论，旨在为更合理更科学地推广普通话提供一定的理论指导。

调查问卷中与本项目相关的问题如下：

1. 您使用本地话的原因是什么？（可多选）选项包括：对方言有感情；不会说普通话；普通话不标准；好听；其他。

2. 您使用普通话的原因是什么？（可多选）选项包括：方便与人交流；方言不好听；其他。

3. 您认为在您的生活中是本地话重要还是普通话重要？（可多选）选项包括：本地话；普通话；都重要；都不重要。

4. 您个人更喜欢说哪种话？选项包括：本地话；普通话。

5. 您希望您的普通话达到什么程度？选项包括：和新闻联播主持人一样标准；能较流利准确地使用；能进行一般交际；没什么要求；无法回答。

6. 您对本地话今后的前途持什么态度？选项包括：乐观，使用范围和频率上升；悲观，使用范围和频率下降；期望，应该积极保护；绝望，会逐渐消亡；无所谓。

7. 您认为本地中小学最好用哪种话教学？选项包括：普通话；本地话；外语；无所谓；无法回答。

第一节　山西晋语区人们使用地方普通话和方言原因的调查

一　使用本地话的原因

问卷中"您使用本地话的原因是什么？"一题的统计数据（见表3.6）

---

① 刘虹：《语言态度对语言使用和语言变化的影响》，《语言文字应用》1993年第3期。

反映了被试者使用本地话的原因。

(一) 数据统计

调查数据显示（表4.1），在山西晋语区，大多数人们使用本地话的原因是"对方言有感情"。可见，多数人认为用本地话交流会很自然地产生一种亲切感和强烈的偏爱心理，多数人都有着浓浓的乡音情结。

表4.1　　　　　　　　山西晋语区人们使用本地话的原因

	对方言有感情	普通话不标准	好听	不会说普通话	其他
山西	7533	2453	2068	1348	2177
	74.%	24.1%	20.3%	13.2%	21.4%
北部	2259	676	724	415	542
	76.1%	22.8%	24.4%	14%	18.3%
西部	1081	391	292	254	298
	71.7%	25.9%	19.4%	16.9%	19.8%
中部	1962	643	493	342	559
	75.5%	24.7%	19%	13.2%	21.5%
东南部	2231	743	559	337	778
	72%	10.9%	24%	18%	25.1%

(二) 使用本地话的不同原因在不同人群中的分布情况

我们考察了不同性别、不同年龄、不同职业、不同受教育程度的人们使用本地话的原因，调查结果如表4.1.1—4.1.3。调查结果显示，不论年龄、职业、受教育程度如何，多数人使用本地话的原因都是"对方言有感情"。

表4.1.1　　使用本地话的不同原因在不同年龄人群中的分布情况

		对方言有感情	不会说普通话	普通话不标准	好听	其他
山西	12岁以下	188	25	80	43	60
		70.9%	9.4%	30.2%	16.2%	22.6%
	12—18	1071	104	283	321	338
		76.1%	7.4%	20.1%	22.8%	24%

第四章 从语言态度看山西晋语区地方普通话的使用情况

续表

		对方言有感情	不会说普通话	普通话不标准	好听	其他
山西	19—30	2930	227	607	842	942
		75.8%	5.9%	15.7%	21.8%	24.4%
	31—45	1754	312	649	480	490
		73.6%	13.1%	27.2%	20.1%	20.6%
	46—60	1189	424	635	290	276
		69.6%	24.8%	37.2%	17%	16.1%
	60以上	401	256	199	92	71
		73.8%	47.1%	36.6%	16.9%	13.1%
北部	12岁以下	51	4	13	18	5
		89.5%	7%	22.8%	31.6%	8.8%
	12—18	383	28	86	123	91
		80.8%	5.9%	18.1%	25.9%	19.2%
	19—30	906	84	177	315	239
		78.6%	7.3%	15.4%	27.3%	20.7%
	31—45	512	106	175	187	121
		72.9%	15.1%	24.9%	26.6%	17.2%
	46—60	278	119	177	62	65
		66.3%	28.4%	42.2%	14.8%	15.5%
	60以上	129	74	48	19	21
		78.2%	44.8%	29.1%	11.5%	12.7%
西部	12岁以下	26	9	18	5	11
		56.5%	19.6%	39.1%	10.9%	23.9%
	12—18	158	46	65	59	50
		66.7%	19.4%	27.4%	24.9%	21.1%
	19—30	384	36	86	117	142
		72.3%	6.8%	16.2%	22%	26.7%
	31—45	179	34	82	35	37
		77.5%	14.7%	35.5%	15.2%	16%
	46—60	252	79	105	57	49
		71%	22.3%	29.6%	16.1%	13.8%
	60以上	82	50	35	19	9
		76.6%	46.7%	32.7%	17.8%	8.4%

续表

		对方言有感情	不会说普通话	普通话不标准	好听	其他
中部	12 岁以下	46 79.3%	6 10.3%	17 29.3%	11 19%	13 22.4%
	12—18	257 82.1%	11 3.5%	68 21.7%	80 25.6%	76 24.3%
	19—30	750 77.5%	49 5.1%	159 16.4%	183 18.9%	228 23.6%
	31—45	531 76.3%	92 13.2%	193 27.7%	124 17.8%	134 19.3%
	46—60	294 67.1%	116 26.5%	152 34.7%	78 17.8%	86 19.6%
	60 以上	84 66.1%	68 53.5%	54 42.5%	17 13.4%	22 17.3%
东南部	12 岁以下	65 62.5%	6 5.8%	32 30.8%	9 8.7%	31 29.8%
	12—18	273 71.1%	19 4.9%	64 16.7%	59 15.4%	121 31.5%
	19—30	890 73.2%	58 4.8%	185 15.2%	227 18.7%	333 27.4%
	31—45	532 70.5%	80 10.6%	199 26.4%	134 17.7%	198 26.2%
	46—60	365 73.4%	110 22.1%	201 40.4%	93 18.7%	76 15.3%
	60 以上	106 73.6%	64 44.4%	62 43.1%	37 25.7%	19 13.2%

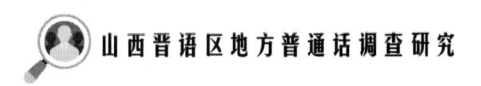

表4.1.2　使用本地话的不同原因在不同职业人群中的分布情况

		对方言有感情	不会说普通话	普通话不标准	好听	其他
山西	教师	671 76.5%	42 4.8%	121 13.8%	200 22.8%	247 28.2%
	公务员	302 78%	36 9.3%	78 20.2%	89 23%	83 21.4%

第四章 从语言态度看山西晋语区地方普通话的使用情况

续表

		对方言有感情	不会说普通话	普通话不标准	好听	其他
山西	企事业单位人员	1037 76.1%	143 10.5%	293 21.5%	306 22.5%	243 17.8%
	商业、服务人员	269 76%	38 10.7%	114 32.2%	114 32.2%	96 27.1%
	个体户	838 74.8%	193 17.2%	396 35.4%	197 17.6%	179 16%
	农民	909 68.2%	539 40.4%	564 42.3%	199 14.9%	147 11%
	学生	2956 75.4%	229 5.8%	659 16.8%	841 21.4%	993 25.3%
	无业人员	116 69.9%	33 19.9%	53 31.9%	23 13.9%	35 21.1%
	其他	435 66.4%	95 14.5%	175 26.7%	99 15.1%	154 23.5%
北部	教师	185 79.4%	18 7.7%	37 15.9%	79 33.9%	58 24.9%
	公务员	97 81.5%	10 8.4%	25 21%	26 21.8%	16 13.4%
	企事业单位人员	335 78.6%	38 8.9%	74 17.4%	150 35.2%	70 16.4%
	商业、服务人员	85 75.9%	15 13.4%	37 33%	38 33.9%	25 22.3%
	个体户	222 68.7%	79 24.5%	121 37.5%	53 16.4%	47 14.6%
	农民	221 66.4%	146 43.8%	126 37.8%	38 11.4%	42 12.6%
	学生	973 80.8%	61 5.1%	189 15.7%	301 25%	237 19.7%
	无业人员	39 72.2%	17 31.5%	20 37%	11 20.4%	11 20.4%
	其他	102 61.8%	31 18.8%	47 28.5%	28 17%	36 21.8%

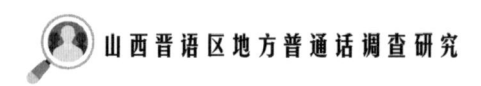

续表

		对方言有感情	不会说普通话	普通话不标准	好听	其他
西部	教师	73 80.2%	5 5.5%	8 8.8%	20 22%	22 24.2%
	公务员	46 83.6%	6 10.9%	9 16.4%	17 30.9%	8 14.5%
	企事业单位人员	119 71.7%	24 14.5%	41 24.7%	27 16.3%	20 12%
	商业、服务人员	47 82.5%	4 7%	18 31.6%	14 24.6%	10 17.5%
	个体户	139 77.7%	23 12.8%	61 34.1%	19 10.6%	24 13.4%
	农民	190 69.9%	99 36.4%	101 37.1%	37 13.6%	38 14%
	学生	405 67.8%	78 13.1%	129 21.6%	152 25.5%	161 27%
	无业人员	17 73.9%	5 21.7%	9 39.1%	3 13%	4 17.4%
	其他	45 67.2%	10 14.9%	15 22.4%	3 4.5%	11 16.4%
中部	教师	186 78.5%	8 3.4%	30 12.7%	45 19%	67 28.3%
	公务员	71 69.6%	12 11.8%	22 21.6%	24 23.5%	27 26.5%
	企事业单位人员	259 74.2%	40 11.5%	83 23.8%	58 16.6%	74 21.2%
	商业、服务人员	72 79.1%	6 6.6%	26 28.6%	37 40.7%	30 33%
	个体户	254 74.3%	52 15.2%	110 32.2%	58 17%	64 18.7%
	农民	240 68.2%	147 41.8%	153 43.5%	44 12.5%	30 8.5%
	学生	698 80.9%	38 4.4%	153 17.7%	191 22.1%	207 24%

第四章 从语言态度看山西晋语区地方普通话的使用情况

续表

		对方言有感情	不会说普通话	普通话不标准	好听	其他
中部	无业人员	33	7	12	5	9
		71.7%	15.2%	26.1%	10.9%	19.6%
	其他	149	32	54	31	51
		68.3%	14.7%	24.8%	14.2%	23.4%
东南部	教师	227	11	46	56	100
		71.8%	3.5%	14.6%	17.7%	31.6%
	公务员	88	8	22	22	32
		79.3%	7.2%	19.8%	19.8%	28.8%
	企事业单位人员	324	41	95	71	79
		77%	9.7%	22.6%	16.9%	18.8%
	商业、服务人员	65	13	33	25	31
		69.1%	13.8%	35.1%	26.6%	33%
	个体户	223	39	104	67	44
		80.8%	14.1%	37.7%	24.3%	15.9%
	农民	258	147	184	80	37
		68.6%	39.1%	48.9%	21.3%	9.8%
	学生	880	52	188	197	388
		70%	4.1%	14.9%	15.7%	30.8%
	无业人员	27	4	12	4	11
		62.8%	9.3%	27.9%	9.3%	25.6%
	其他	139	22	59	37	56
		67.8%	10.7%	28.8%	18%	27.3%

表4.1.3 使用本地话的不同原因在不同受教育程度人群中的分布情况

		对方言有感情	不会说普通话	普通话不标准	好听	其他
山西	没上过学	201	154	96	42	28
		71.8%	55%	34.3%	15%	10%
	小学	738	320	385	165	146
		71.4%	30.9%	37.2%	16%	14.1%
	初中	1422	431	713	404	385
		68.7%	20.8%	34.5%	19.5%	18.6%

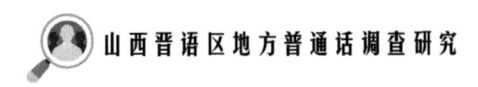

续表

			对方言有感情	不会说普通话	普通话不标准	好听	其他
山西		高中	1405	199	523	354	352
			75.7%	10.7%	28.2%	19.1%	19%
		大专	1098	100	298	364	311
			78%	7.1%	21.2%	25.9%	22.1%
		本科及以上	2669	144	438	739	955
			75.7%	4.1%	12.4%	20.9%	27.1%
北部		没上过学	66	45	25	12	11
			72.5%	49.5%	27.5%	13.2%	12.1%
		小学	219	95	103	50	32
			71.3%	30.9%	33.6%	16.3%	10.4%
		初中	426	148	215	133	116
			67.6%	23.5%	34.1%	21.1%	18.4%
		高中	403	54	123	113	86
			78.3%	10.5%	23.9%	21.9%	16.7%
		大专	376	30	77	150	77
			84.3%	6.7%	17.3%	33.6%	17.3%
		本科及以上	769	43	133	266	220
			78.5%	4.4%	13.6%	27.1%	22.4%
西部		没上过学	46	37	22	12	6
			71.9%	57.8%	34.4%	18.8%	9.4%
		小学	126	71	68	25	32
			64.9%	36.6%	35.1%	12.9%	16.5%
		初中	237	70	128	48	59
			66.4%	19.6%	35.9%	13.4%	16.5%
		高中	212	42	76	53	44
			74.4%	14.7%	26.7%	18.6%	15.4%
		大专	133	17	45	35	33
			75.1%	9.6%	25.4%	19.8%	18.6%
		本科及以上	327	17	52	119	124
			76%	4%	12.1%	27.7%	28.8%

第四章　从语言态度看山西晋语区地方普通话的使用情况

续表

		对方言有感情	不会说普通话	普通话不标准	好听	其他
中部	没上过学	44	40	32	10	2
		69.8%	63.5%	50.8%	15.9%	3.2%
	小学	181	80	98	36	31
		76.1%	33.6%	41.2%	15.1%	13%
	初中	388	103	177	115	110
		69%	18.3%	31.5%	20.5%	19.6%
	高中	398	57	150	87	100
		77.1%	11%	29.1%	16.9%	19.4%
	大专	294	24	83	90	85
		78.8%	6.4%	22.3%	24.1%	22.8%
	本科及以上	657	38	103	155	231
		77.5%	4.5%	12.1%	18.3%	27.2%
东南部	没上过学	45	32	17	8	9
		72.6%	51.6%	27.4%	12.9%	14.5%
	小学	212	74	116	54	51
		71.9%	25.1%	39.3%	18.3%	17.3%
	初中	371	110	193	108	100
		71.3%	21.2%	37.1%	20.8%	19.2%
	高中	392	46	174	101	122
		72.5%	8.5%	32.2%	18.7%	22.6%
	大专	295	29	93	89	116
		71.6%	7%	22.6%	21.6%	28.2%
	本科及以上	916	46	150	199	380
		72.1%	3.6%	11.8%	15.7%	29.9%

二　使用普通话的原因

问卷中"您使用普通话的原因是什么？"一题的统计数据（见表4.2）反映了被试者使用普通话的原因。

(一) 数据统计

调查数据显示（表4.2），在山西晋语区，人们使用普通话最主要的原因是"方便与人交流"，占比达85%左右，也就是说，多数人使用普通话的原因是出于实用。其次，人们使用普通话的原因是"有社会影响力"，占比为50%左右，人们选择"强制规定使用"这一原因的占比为20%左右，选择"方言不好听""其他原因"的占比则都较低。

表4.2　　　　　山西晋语区人们使用普通话的原因

	方便与人交流	有社会影响力	强制规定使用	方言不好听	其他
山西	8586	4854	1858	582	998
	88.2%	49.9%	19.1%	6%	10.3%
北部	2421	1383	550	144	263
	87.7%	50.1%	19.9%	5.2%	9.5%
西部	1138	611	256	81	148
	85%	45.6%	19.1%	6%	11.1%
中部	2180	1212	449	133	233
	88.4%	49.1%	18.2%	5.4%	9.4%
东南部	2847	1648	603	224	354
	89.9%	52.1%	19%	7.1%	11.2%

(二) 使用普通话的不同原因在不同人群中的分布情况

我们考察了不同性别、不同年龄、不同职业、不同受教育程度的人们使用本地话的原因，调查结果如表4.2.1—4.2.4。调查结果显示，不论性别、年龄、职业、受教育程度如何，多数人使用普通话的最主要原因都是"方便与人交流"。

表4.2.1　　　使用普通话的不同原因在不同性别人群中的分布

		方便与人交流	有社会影响力	强制规定使用	方言不好听	其他
山西	男	3413	1924	753	209	407
		86.9%	49%	19.2%	5.3%	10.4%
	女	5173	2930	1105	373	591
		89.1%	50.5%	19%	6.4%	10.2%

第四章 从语言态度看山西晋语区地方普通话的使用情况

续表

		方便与人交流	有社会影响力	强制规定使用	方言不好听	其他
北部	男	1110	612	258	55	114
		88.5%	48.8%	20.6%	4.4%	9.1%
	女	1311	771	292	89	149
		87.1%	51.2%	19.4%	5.9%	9.9%
西部	男	482	268	107	35	64
		81.6%	45.3%	18.1%	5.9%	10.8%
	女	656	343	149	46	84
		87.7%	45.9%	19.9%	6.1%	11.2%
中部	男	821	456	151	54	98
		87%	48.3%	16%	5.7%	10.4%
	女	1359	756	298	79	135
		89.3%	49.7%	19.6%	5.2%	8.9%
东南部	男	1000	588	237	65	131
		88%	51.7%	20.8%	5.7%	11.5%
	女	1847	1060	366	159	223
		91%	52.2%	18%	7.8%	11%

表4.2.2　　使用普通话的不同原因在不同年龄人群中的分布

		方便与人交流	有社会影响力	强制规定使用	方言不好听	其他
山西	12岁以下	299	172	75	27	52
		82.6%	47.5%	20.7%	7.5%	14.4%
	12—18	1324	806	353	104	191
		85.1%	51.8%	22.7%	6.7%	12.3%
	19—30	3655	2155	822	272	364
		89.8%	52.9%	20.2%	6.7%	8.9%
	31—45	2032	1102	380	107	206
		90%	48.8%	16.8%	4.7%	9.1%
	46—60	1112	529	202	59	148
		87.1%	41.4%	15.8%	4.6%	11.6%
	60以上	164	90	26	13	37
		78.8%	43.3%	12.5%	6.3%	17.8%

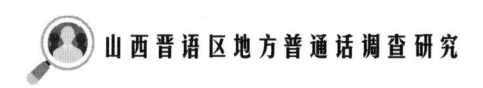

续表

		方便与人交流	有社会影响力	强制规定使用	方言不好听	其他
北部	12 岁以下	59 83.1%	33 46.5%	20 28.2%	5 7%	9 12.7%
	12—18	456 86.2%	257 48.6%	117 22.1%	37 7%	65 12.3%
	19—30	1065 90.5%	625 53.1%	237 20.1%	67 5.7%	106 9%
	31—45	564 88.5%	325 51%	125 19.6%	18 2.8%	47 7.4%
	46—60	227 80.5%	119 42.2%	47 16.7%	15 5.3%	25 8.9%
	60 以上	50 78.1%	24 37.5%	4 6.3%	2 3.1%	11 17.2%
西部	12 岁以下	41 74.5%	26 47.3%	12 21.8%	2 3.6%	8 14.5%
	12—18	202 81.5%	117 47.2%	52 21%	26 10.5%	35 14.1%
	19—30	483 88.6%	270 49.5%	108 19.8%	30 5.5%	56 10.3%
	31—45	163 81.9%	92 46.2%	43 21.6%	6 3%	15 7.5%
	46—60	222 86.7%	90 35.2%	35 13.7%	17 6.6%	26 10.2%
	60 以上	27 75.0%	16 44.4%	6 16.7%	0 0%	8 22.2%
中部	12 岁以下	56 80%	34 48.6%	15 21.4%	4 5.7%	9 12.9%
	12—18	305 88.7%	206 59.9%	72 20.9%	8 2.3%	33 9.6%
	19—30	930 89.3%	535 51.4%	217 20.8%	67 6.4%	81 7.8%

第四章 从语言态度看山西晋语区地方普通话的使用情况

续表

		方便与人交流	有社会影响力	强制规定使用	方言不好听	其他
中部	31—45	569	285	89	40	58
		89.3%	44.7%	14%	6.3%	9.1%
	46—60	285	132	52	11	43
		87.2%	40.4%	15.9%	3.4%	13.1%
	60以上	35	20	4	3	9
		74.5%	42.6%	8.5%	6.4%	19.1%
东南部	12岁以下	143	79	28	16	26
		86.1%	47.6%	16.9%	9.6%	15.7%
	12—18	361	226	112	33	58
		83%	52%	25.7%	7.6%	13.3%
	19—30	1177	725	260	108	121
		90%	55.4%	19.9%	8.3%	9.3%
	31—45	736	400	123	43	86
		93.9%	51%	15.7%	5.5%	11%
	46—60	378	188	68	16	54
		91.7%	45.6%	16.5%	3.9%	13.1%
	60以上	52	30	12	8	9
		85.2%	49.2%	19.7%	13.1%	14.8%

表4.2.3　使用普通话的不同原因在不同职业人群中的分布

		方便与人交流	有社会影响力	强制规定使用	方言不好听	其他
山西	教师	860	537	256	50	87
		91.2%	56.9%	27.1%	5.3%	9.2%
	公务员	348	203	96	33	28
		89%	51.9%	24.6%	8.4%	7.2%
	企事业单位人员	1228	622	187	60	107
		90.7%	45.9%	13.8%	4.4%	7.9%
	商业、服务人员	304	232	87	22	31
		87.1%	66.5%	24.9%	6.3%	8.9%

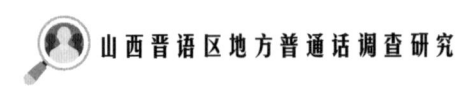

续表

		方便与人交流	有社会影响力	强制规定使用	方言不好听	其他
山西	个体户	833	402	118	43	103
		87.5%	42.2%	12.4%	4.5%	10.8%
	农民	549	229	67	34	82
		84.3%	35.2%	10.3%	5.2%	12.6%
	学生	3830	2330	951	300	476
		87.8%	53.4%	21.8%	6.9%	10.9%
	无业人员	107	66	14	10	10
		88.4%	54.5%	11.6%	8.3%	8.3%
	其他	527	233	82	30	74
		86.7%	38.3%	13.5%	4.9%	12.2%
北部	教师	206	147	73	8	24
		87.7%	62.6%	31.1%	3.4%	10.2%
	公务员	113	67	27	12	5
		90.4%	53.6%	21.6%	9.6%	4%
	企事业单位人员	387	204	58	7	31
		91.3%	48.1%	13.7%	1.7%	7.3%
	商业、服务人员	92	73	26	6	11
		85.2%	67.6%	24.1%	5.6%	10.2%
	个体户	228	111	45	10	22
		84.8%	41.3%	16.7%	3.7%	8.2%
	农民	110	55	18	8	10
		80.3%	40.1%	13.1%	5.8%	7.3%
	学生	1140	665	280	82	139
		88.2%	51.5%	21.7%	6.3%	10.8%
	无业人员	29	19	4	2	5
		87.9%	57.6%	12.1%	6.1%	15.2%
	其他	116	42	19	9	16
		84.7%	30.7%	13.9%	6.6%	11.7%

第四章　从语言态度看山西晋语区地方普通话的使用情况

续表

		方便与人交流	有社会影响力	强制规定使用	方言不好听	其他
西部	教师	74	46	29	3	4
		88.1%	54.8%	34.5%	3.6%	4.8%
	公务员	46	30	16	2	1
		85.2%	55.6%	29.6%	3.7%	1.9%
	企事业单位人员	132	69	26	8	8
		85.7%	44.8%	16.9%	5.2%	5.2%
	商业、服务人员	41	35	26	3	2
		73.2%	62.5%	46.4%	5.4%	3.6%
	个体户	120	51	14	7	15
		83.9%	35.7%	9.8%	4.9%	10.5%
	农民	120	32	10	8	23
		84.5%	22.5%	7%	5.6%	16.2%
	学生	541	320	131	49	88
		85.2%	50.4%	20.6%	7.7%	13.9%
	无业人员	11	11	1	1	2
		73.3%	73.3%	6.7%	6.7%	13.3%
	其他	53	17	3	0	5
		94.6%	30.4%	5.4%	0%	8.9%
中部	教师	236	136	60	9	26
		90.4%	52.1%	23%	3.4%	10%
	公务员	85	50	25	10	11
		84.2%	49.5%	24.8%	9.9%	10.9%
	企事业单位人员	314	144	47	20	37
		88.2%	40.4%	13.2%	5.6%	10.4%
	商业、服务人员	86	68	22	9	6
		91.5%	72.3%	23.4%	9.6%	6.4%
	个体户	253	113	30	18	32
		86.6%	38.7%	10.3%	6.2%	11%
	农民	129	46	16	6	15
		86%	30.7%	10.7%	4%	10%

续表

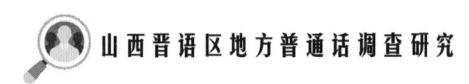

		方便与人交流	有社会影响力	强制规定使用	方言不好听	其他
中部	学生	862	559	222	48	82
		89%	57.7%	22.9%	5%	8.5%
	无业人员	31	18	3	5	3
		91.2%	52.9%	8.8%	14.7%	8.8%
	其他	184	78	24	8	21
		88%	37.3%	11.5%	3.8%	10%
东南部	教师	344	208	94	30	33
		94.8%	57.3%	25.9%	8.3%	9.1%
	公务员	104	56	28	9	11
		93.7%	50.5%	25.2%	8.1%	9.9%
	企事业单位人员	395	205	56	25	31
		94%	48.8%	13.3%	6%	7.4%
	商业、服务人员	85	56	13	4	12
		93.4%	61.5%	14.3%	4.4%	13.2%
	个体户	232	127	29	8	34
		93.5%	51.2%	11.7%	3.2%	13.7%
	农民	190	96	23	12	34
		85.6%	43.2%	10.4%	5.4%	15.3%
	学生	1287	786	318	121	167
		87.8%	53.6%	21.7%	8.3%	11.4%
	无业人员	36	18	6	2	0
		92.3%	46.2%	15.4%	5.1%	0%
	其他	174	96	36	13	32
		84.5%	46.6%	17.5%	6.3%	15.5%

表4.2.4 使用普通话的不同原因在不同受教育程度人群中的分布

		方便与人交流	有社会影响力	强制规定使用	方言不好听	其他
山西	没上过学	51	20	15	9	11
		68.9%	27%	20.3%	12.2%	14.9%
	小学	618	322	120	48	119
		82.5%	43%	16%	6.4%	15.9%

第四章 从语言态度看山西晋语区地方普通话的使用情况

续表

		方便与人交流	有社会影响力	强制规定使用	方言不好听	其他
山西	初中	1486	737	276	89	223
		85%	42.1%	15.8%	5.1%	12.8%
	高中	1578	859	333	98	175
		86.4%	47%	18.2%	5.4%	9.6%
	大专	1310	778	262	73	129
		90.1%	53.5%	18%	5%	8.9%
	本科及以上	3543	2138	852	265	341
		91.3%	55.1%	22%	6.8%	8.8%
北部	没上过学	20	8	5	3	3
		74.1%	29.6%	18.5%	11.1%	11.1%
	小学	167	86	39	10	27
		82.3%	42.4%	19.2%	4.9%	13.3%
	初中	463	240	100	37	76
		83.4%	43.2%	18%	6.7%	13.7%
	高中	428	233	91	18	44
		84.4%	46%	17.9%	3.6%	8.7%
	大专	403	259	84	22	32
		89.6%	57.6%	18.7%	4.9%	7.1%
	本科及以上	940	557	231	54	81
		92.3%	54.7%	22.7%	5.3%	8%
西部	没上过学	10	3	2	2	3
		71.4%	21.4%	14.3%	14.3%	21.4%
	小学	102	46	18	7	27
		77.3%	34.8%	13.6%	5.3%	20.5%
	初中	233	110	35	12	33
		80.3%	37.9%	12.1%	4.1%	11.4%
	高中	237	121	58	28	24
		85.3%	43.5%	20.9%	10.1%	8.6%
	大专	162	92	44	7	16
		88.5%	50.3%	24%	3.8%	8.7%
	本科及以上	394	239	99	25	45
		89.1%	54.1%	22.4%	5.7%	10.2%

续表

		方便与人交流	有社会影响力	强制规定使用	方言不好听	其他
中部	没上过学	10 71.4%	3 21.4%	5 35.7%	0 0%	1 7.1%
	小学	119 83.2%	59 41.3%	22 15.4%	10 7%	20 14%
	初中	397 88%	181 40.1%	66 14.6%	17 3.8%	51 11.3%
	高中	439 88.3%	231 46.5%	76 15.3%	19 3.8%	41 8.2%
	大专	358 89.7%	213 53.4%	64 16%	26 6.5%	30 7.5%
	本科及以上	857 89.1%	525 54.6%	216 22.5%	61 6.3%	90 9.4%
东南部	没上过学	11 57.9%	6 31.6%	3 15.8%	4 21.1%	4 21.1%
	小学	230 84.9%	131 48.3%	41 15.1%	21 7.7%	45 16.6%
	初中	393 86.8%	206 45.5%	75 16.6%	23 5.1%	63 13.9%
	高中	474 87.1%	274 50.4%	108 19.9%	33 6.1%	66 12.1%
	大专	387 91.7%	214 50.7%	70 16.6%	18 4.3%	51 12.1%
	本科及以上	1352 92.8%	817 56.1%	306 21%	125 8.6%	125 8.6%

第二节　山西晋语区人们对地方普通话和方言重要性的调查

问卷中"您认为在您的生活中是本地话重要还是普通话重要？"一题的统计数据（见表4.3）反映了被试者对本地话和普通话的重要性的评价。

第四章　从语言态度看山西晋语区地方普通话的使用情况

一　数据统计

调查数据显示（表4.3），在山西晋语区，大多数人们认为本地话和普通话都重要，各地区占比多在65%以上，各地人们认为"普通话更重要"的占比在20%左右，各地人们认为"本地话更重要"的占比相对较低，在10%左右。

表4.3　山西晋语区人们对本地话和普通话重要性的数据统计

	本地话	普通话	都重要	都不重要
山西	1370	2305	7508	112
	12.1%	20.4%	66.5%	1%
北部	396	555	2243	29
	12.3%	17.2%	69.6%	0.9%
西部	218	320	1055	19
	13.5%	19.9%	65.4%	1.2%
中部	357	595	1937	27
	12.2%	20.4%	66.4%	0.9%
东南部	399	835	2273	37
	11.3%	23.6%	64.1%	1%

二　认为普通话和本地话哪个更重要在不同人群中的分布情况

我们考察了不同年龄、不同职业、不同受教育程度的人们对于本地话和普通话哪个更重要的认识情况，调查结果如表4.3.1—4.3.3。调查结果显示，总体上看，不论年龄、职业、受教育程度如何，选择"本地话和普通话都重要"的占比均最高。与之相比，人们认为本地话重要或者普通话重要的占比都不太高，并且，其在一定程度上受到年龄、职业、受教育程度的影响，具体来说：

从年龄上看，认为"本地话重要"的占比随着年龄的增加而增大，即12岁以下的人群占比最低，各地在5%左右，60岁以上的占比最高，各地在35%左右，与之相反的是，认为"普通话重要"的占比则随着年龄的增加而降低，即 12 岁以下的占比最高，在 30% 左右，60 岁以上的占比最低，各地在 10% 左右。

从职业上看，认为"本地话重要"占比较高的职业主要集中在对使用普通话没有太多要求的职业上，如农民、无业人员等，而教师、学生的占比则相对低一些，不到 10%，而认为"普通话重要"占比较高的职业则集中在对使用普通话有要求的一些职业上，如教师、学生、公务员等，而农民、个体户等的占比则相对低一些。

从受教育程度上看，认为"本地话重要"的占比随着受教育程度的提高而减少，即"没上过学"的占比最高，高达 45% 左右，"本科及以上"的占比最低，在 7% 左右。认为"普通话重要"的占比随着受教育程度的提高而增大，即"没上过学"的占比最低，在 10% 左右，"本科及以上"的占比有所增大，在 22% 左右。

表 4.3.1　不同年龄段人群认为本地话和普通话哪个更重要的情况分布

		12 岁以下	12—18	19—30	31—45	46—60	60 以上
山西	本地话	20	106	339	333	374	198
		5.3%	6.6%	8%	12.9%	19.9%	34.8%
	普通话	125	389	847	555	330	59
		33.2%	24%	19.9%	21.5%	17.6%	10.4%
	都重要	223	1106	3031	1683	1159	306
		59.3%	68.4%	71.1%	65.1%	61.7%	53.8%
	都不重要	8	17	49	15	17	6
		2.1%	1.1%	1.2%	0.6%	0.9%	1.1%
北部	本地话	6	43	103	106	85	53
		7.9%	7.8%	8.4%	14.5%	18.8%	30.5%
	普通话	19	113	202	128	75	18
		25%	20.4%	16.4%	17.5%	16.6%	10.3%
	都重要	49	393	914	497	289	101
		64.5%	70.8%	74.2%	67.8%	63.8%	58.1%
	都不重要	2	6	13	2	4	2
		2.6%	1.1%	1.1%	0.3%	0.9%	1.2%

第四章 从语言态度看山西晋语区地方普通话的使用情况

续表

		12 岁以下	12—18	19—30	31—45	46—60	60 以上
西部	本地话	3	18	35	35	84	43
		5.2%	6.8%	6.2%	14.6%	22.3%	39.5%
	普通话	18	70	117	46	59	10
		31%	26.6%	20.7%	19.3%	15.7%	9.2%
	都重要	34	170	407	157	231	56
		58.6%	64.6%	71.9%	65.7%	61.3%	51.4%
	都不重要	3	5	7	1	3	0
		5.2%	1.9%	1.2%	0.4%	0.8%	0%
中部	本地话	5	23	99	82	97	51
		7%	6.6%	8.9%	10.9%	19.5%	37.2%
	普通话	18	84	248	141	91	13
		25.4%	23.9%	22.4%	18.8%	18.3%	9.5%
	都重要	47	242	749	525	304	70
		66.2%	69%	67.5%	70%	61%	51.1%
	都不重要	1	2	13	2	6	3
		1.4%	0.6%	1.2%	0.3%	1.2%	2.2%
东南部	本地话	6	22	102	110	108	51
		3.5%	4.9%	7.5%	12.7%	19.6%	34.2%
	普通话	70	122	280	240	105	18
		40.9%	27.2%	20.6%	27.8%	19%	12.1%
	都重要	93	301	961	504	335	79
		54.4%	67%	70.7%	58.3%	60.7%	53%
	都不重要	2	4	16	10	4	1
		1.2%	0.9%	1.2%	1.2%	0.7%	0.7%

表4.3.2　不同职业人群认为本地话和普通话哪个更重要的情况分布

		教师	公务员	企事业单位人员	商业、服务人员	个体户	农民	学生	无业人员	其他
山西	本地话	75	46	187	41	176	414	290	36	105
		7.5%	10.8%	12.4%	10.7%	14.9%	29.9%	6.4%	20.1%	14.5%
	普通话	251	108	323	73	184	170	1012	35	149
		25.2%	25.2%	21.4%	19%	15.6%	12.3%	22.5%	19.6%	20.5%
	都重要	661	271	990	265	807	791	3152	105	466
		66.3%	63.3%	65.4%	69%	68.5%	57.2%	70%	58.7%	64.2%
	都不重要	10	3	13	5	12	9	51	3	6
		1%	0.7%	0.9%	1.3%	1%	0.7%	1.1%	1.7%	0.8%
北部	本地话	18	9	49	19	57	99	104	12	29
		7.2%	6.7%	10.6%	16.5%	17%	29%	7.7%	22.2%	16.2%
	普通话	43	34	70	12	62	45	255	6	28
		17.2%	25.4%	15.2%	10.4%	18.5%	13.2%	18.9%	11.1%	15.6%
	都重要	185	90	338	83	214	197	981	35	120
		74%	67.2%	73.3%	72.2%	63.7%	57.6%	72.6%	64.8%	67%
	都不重要	4	1	4	1	3	1	12	1	2
		1.6%	0.8%	0.9%	0.9%	0.9%	0.3%	0.9%	1.9%	1.1%
西部	本地话	6	6	24	8	24	92	33	6	19
		6.3%	10%	13.6%	12.7%	13%	32.6%	5.1%	26.1%	25.3%
	普通话	18	13	44	12	26	27	159	3	18
		19%	21.7%	24.9%	19.1%	14.1%	9.6%	24.4%	13%	24%
	都重要	71	41	107	42	134	161	448	13	38
		74.7%	68.3%	60.5%	66.7%	72.8%	57.1%	68.6%	56.5%	50.7%
	都不重要	0	0	2	1	0	2	13	1	0
		0%	0%	1.1%	1.6%	0%	0.7%	2%	4.4%	0%
中部	本地话	28	9	49	7	52	91	79	10	32
		10.2%	8%	12.3%	7%	14.2%	24.9%	7.9%	18.5%	13.2%
	普通话	71	31	99	21	51	40	225	11	46
		25.8%	27.7%	24.8%	21%	13.9%	10.9%	22.5%	20.4%	18.9%

第四章　从语言态度看山西晋语区地方普通话的使用情况

续表

		教师	公务员	企事业单位人员	商业、服务人员	个体户	农民	学生	无业人员	其他
中部	都重要	175	71	249	69	258	233	687	32	163
		63.6%	63.4%	62.4%	69%	70.5%	63.7%	68.6%	59.3%	67.1%
	都不重要	1	1	2	3	5	2	10	1	2
		0.4%	0.9%	0.5%	3%	1.4%	0.6%	1%	1.9%	0.8%
东南部	本地话	23	22	65	7	43	132	74	8	25
		6.1%	18%	13.7%	6.6%	14.7%	33.5%	4.9%	16.7%	10.9%
	普通话	119	30	110	28	45	58	373	15	57
		31.6%	24.6%	23.1%	26.4%	15.4%	14.7%	24.9%	31.3%	24.9%
	都重要	230	69	296	71	201	200	1036	25	145
		61%	56.6%	62.2%	67%	68.6%	50.8%	69.1%	52.1%	63.3%
	都不重要	5	1	5	0	4	4	16	0	2
		1.3%	0.8%	1.1%	0%	1.4%	1%	1.1%	0%	0.9%

表4.3.3　不同受教育程度人群认为本地话和普通话哪个更重要的情况分布

		没上过学	小学	初中	高中	大专	本科及本科以上
山西	本地话	134	259	360	211	120	286
		45.7%	21.9%	16.1%	10.4%	7.7%	7.2%
	普通话	32	215	415	411	324	908
		10.9%	18.2%	18.6%	20.2%	20.9%	22.7%
	都重要	121	693	1443	1389	1096	2766
		41.3%	58.7%	64.6%	68.4%	70.6%	69.1%
	都不重要	6	14	17	21	12	42
		2.1%	1.2%	0.8%	1%	0.8%	1.1%
北部	本地话	38	77	108	61	34	78
		39.6%	22.7%	15.5%	11.1%	7.1%	7.4%
	普通话	12	54	131	97	75	186
		12.5%	15.9%	18.8%	17.6%	15.7%	17.6%

续表

		没上过学	小学	初中	高中	大专	本科及本科以上
北部	都重要	42	206	454	390	364	787
		43.8%	60.6%	65.1%	70.7%	76.0%	74.3%
	都不重要	4	3	4	4	6	8
		4.2%	0.9%	0.6%	0.7%	1.3%	0.8%
西部	本地话	30	46	70	29	14	29
		45.5%	22%	18.6%	9.3%	7.2%	6.4%
	普通话	8	34	66	75	46	91
		12.1%	16.3%	17.6%	24%	23.7%	20%
	都重要	27	125	236	203	133	331
		40.9%	59.8%	62.8%	65.1%	68.6%	72.8%
	都不重要	1	4	4	5	1	4
		1.5%	1.9%	1.1%	1.6%	0.5%	0.9%
中部	本地话	37	60	91	54	28	87
		54.4%	23%	15.2%	9.5%	6.6%	8.7%
	普通话	3	37	100	106	96	253
		4.4%	14.2%	16.7%	18.7%	22.8%	25.4%
	都重要	27	162	404	404	297	643
		39.7%	62.1%	67.3%	71.1%	70.4%	64.5%
	都不重要	1	2	5	4	1	14
		1.5%	0.8%	0.8%	0.7%	0.2%	1.4%
东南部	本地话	29	76	91	67	44	92
		46%	20.5%	16.2%	11.2%	9.6%	6.2%
	普通话	9	90	118	133	107	378
		14.3%	24.3%	21%	22.2%	23.4%	25.4%
	都重要	25	200	349	392	302	1005
		39.7%	53.9%	62.1%	65.3%	66.1%	67.4%
	都不重要	0	5	4	8	4	16
		0%	1.4%	0.7%	1.3%	0.9%	1.1%

第三节 山西晋语区人们对普通话和方言喜欢程度的调查

问卷中"您个人更喜欢说哪种话？选项包括：本地话；普通话"一题的统计数据（见表4.4）反映了被试者对本地话和普通话的喜爱倾向。

一 数据统计

调查数据显示（表4.4），在山西晋语区，总体上看，各地人们更喜欢说本地话的占比相对较高，其中，北部和西部地区人们更喜欢说本地话的占比达到了60%以上，而更喜欢说普通话的占比则稍低一些，北部和西部地区该项占比不到40%。

表4.4　山西晋语区人们更喜欢说本地话还是普通话的数据统计

	本地话	普通话
山西	6425	4870
	56.9%	43.1%
北部	1966	1257
	61%	39%
西部	1016	596
	63%	37%
中部	1628	1288
	55.8%	44.2%
东南部	1815	1729
	51.2%	48.8%

二 更喜欢说本地话还是普通话在不同人群中的分布情况

我们考察了不同年龄、不同职业、不同受教育程度的人们对于本地话和普通话的喜爱情况，调查结果如表4.4.1—4.4.3。

从年龄来看，总体上各地区"更喜欢说本地话"的占比随着年龄的增大而增大，而"更喜欢说普通话"的占比则随着年龄的增大而减少。如12

岁以下"更喜欢说本地话"的占比为34.3%,60岁以上"更喜欢说本地话"的占比高达84.7%;60岁以上"更喜欢说普通话"的占比仅为15.3%,12岁以上"更喜欢说本地话"的占比达65.7%。从各年龄段人们更喜欢哪种话的占比来看,12岁以下人们更喜欢普通话,12—30岁之间的人们对普通话和本地话的喜欢程度差别不大,30—45岁的人们喜欢本地话的占比稍高于喜欢普通话的占比,46岁以上尤其是60岁以上的人们更喜欢本地话。

"小孩在进入学校或幼儿园以后,他们大部分的时间都是在校园里度过。在学校里,大量的知识、信息以及对社会的认识都是以普通话为载体,再加上社会上广播、影视等传媒也主要是使用普通话,早期的普通话接触与教育一方面使他们具备了良好的普通话能力,另一方面也促使他们从小就形成了说普通话的习惯和对普通话的情感认同。在家里,家长在孩子小的时候也会迁就和适应孩子的语言选择,经常对孩子说普通话,更有不少家长在当前普通话普及的社会大趋势下,意识到普通话在当今社会的实用价值和重要性,更是主动对孩子说普通话,营造说普通话的家庭氛围,以培养孩子的普通话能力。"[①] 因此,年龄越小,人们越喜欢说普通话。

从职业来看,就各职业人们更喜欢哪种话的占比而言,更喜欢说普通话的人群主要集中在教师和学生上,该项占比最高为57.9%,而其他职业人群则普遍更喜欢说本地话,其中农民、个体户、无业人员所占比例更高,最高可达85.6%。

从受教育程度上看,就不同受教育程度人群而言,受教育程度越低,更喜欢说本地话的占比越高,反之,受教育程度越高,更喜欢说普通话的占比越高。如在"更喜欢说本地话"的人群中,没上过学的占比为87.4%,本科及以上的占比为42.6%。在"更喜欢说普通话"的人群中,没上过学的占比仅有12.6%,本科及以上的占比为57.5%。但就同一受教

---

① 俞玮奇:《城市青少年语言使用与语言认同的年龄变化》,《语言文字应用》2012年第3期。

第四章 从语言态度看山西晋语区地方普通话的使用情况

育程度的人群而言，从不同受教育程度人们更喜欢说普通话和更喜欢说本地话的占比来看，除了本科及以上人群选择"更喜欢说普通话"的占比高于"更喜欢说本地话"的占比外，其他不同受教育程度的人群选择"更喜欢说本地话"的占比都高于"更喜欢说普通话"的占比。总之，从不同受教育程度的人群来看，受教育程度与人们更喜欢说普通话成正比，但就同一受教育程度的群体而言，大多数人更喜欢说本地话。

综上，在山西晋语区，人们更喜欢说本地话还是普通话受年龄、职业、受教育程度等因素的影响而定。

表 4.4.1　不同年龄人群更喜欢说本地话还是普通话的情况分布

		12 岁以下	12—18	19—30	31—45	46—60	60 以上
山西	本地话	129	826	2106	1518	1364	482
		34.3%	51.1%	49.4%	58.7%	72.6%	84.7%
	普通话	247	792	2160	1068	516	87
		65.7%	49%	50.6%	41.3%	27.5%	15.3%
北部	本地话	29	301	673	465	349	149
		38.2%	54.2%	54.6%	63.4%	77%	85.6%
	普通话	47	254	559	268	104	25
		61.8%	45.8%	45.4%	36.6%	23%	14.4%
西部	本地话	20	156	294	160	290	96
		34.5%	59.3%	51.9%	67%	76.9%	88.1%
	普通话	38	107	272	79	87	13
		65.5%	40.7%	48.1%	33.1%	23.1%	11.9%
中部	本地话	31	172	532	467	318	108
		43.7%	49%	48%	62.3%	63.9%	78.8%
	普通话	40	179	577	283	180	29
		56.3%	51%	52%	37.7%	36.1%	21.2%
东南部	本地话	49	197	607	426	407	129
		28.7%	43.9%	44.7%	49.3%	73.7%	86.6%
	普通话	122	252	752	438	145	20
		71.4%	56.1%	55.3%	50.7%	26.3%	13.4%

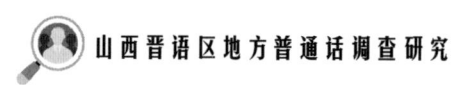

表4.4.2　　不同职业人群更喜欢说本地话还是普通话的情况分布

		教师	公务员	企事业单位人员	商业、服务人员	个体户	农民	学生	无业人员	其他
山西	本地话	420	222	883	218	831	1185	2110	122	434
		42.1%	51.9%	58.4%	56.8%	70.5%	85.6%	46.8%	68.2%	59.8%
	普通话	577	206	630	166	348	199	2395	57	292
		57.9%	48.1%	41.6%	43.2%	29.5%	14.4%	53.2%	31.8%	40.2%
北部	本地话	122	74	296	80	242	289	708	40	115
		48.8%	55.2%	64.2%	69.6%	72%	84.5%	52.4%	74.1%	64.3%
	普通话	128	60	165	35	94	53	644	14	64
		51.2%	44.8%	35.8%	30.4%	28.0%	15.5%	47.6%	25.9%	35.8%
西部	本地话	54	36	105	28	144	251	333	18	47
		56.8%	60%	59.3%	44.4%	78.3%	89%	51%	78.3%	62.7%
	普通话	41	24	72	35	40	31	320	5	28
		43.2%	40%	40.7%	55.6%	21.7%	11%	49%	21.7%	37.3%
中部	本地话	110	49	213	60	233	306	475	39	143
		40%	43.8%	53.4%	60%	63.7%	83.6%	47.5%	72.2%	58.9%
	普通话	165	63	186	40	133	60	526	15	100
		60%	56.3%	46.6%	40%	36.3%	16.4%	52.6%	27.8%	41.2%
东南部	本地话	134	63	269	50	212	339	594	25	129
		35.5%	51.6%	56.5%	47.2%	72.4%	86%	39.6%	52.1%	56.3%
	普通话	243	59	207	56	81	55	905	23	100
		64.5%	48.4%	43.5%	52.8%	27.7%	14%	60.4%	47.9%	43.7%

表4.4.3　　不同受教育程度人群更喜欢说本地话还是普通话的情况分布

		没上过学	小学	初中	高中	大专	本科及以上
山西	本地话	256	819	1567	1216	864	1703
		87.4%	69.4%	70.1%	59.8%	55.7%	42.6%
	普通话	37	362	668	816	688	2299
		12.6%	30.7%	29.9%	40.2%	44.3%	57.5%

续表

		没上过学	小学	初中	高中	大专	本科及以上
北部	本地话	80	249	468	321	320	528
		83.3%	73.2%	67.1%	58.2%	66.8%	49.9%
	普通话	16	91	229	231	159	531
		16.7%	26.8%	32.9%	41.9%	33.2%	50.1%
西部	本地话	57	150	295	194	102	218
		86.4%	71.8%	78.5%	62.2%	52.6%	47.9%
	普通话	9	59	81	118	92	237
		13.6%	28.2%	21.5%	37.8%	47.4%	52.1%
中部	本地话	63	193	409	343	204	416
		92.7%	74%	68.2%	60.4%	48.3%	41.7%
	普通话	5	68	191	225	218	581
		7.4%	26.1%	31.8%	39.6%	51.7%	58.3%
东南部	本地话	56	227	395	358	238	541
		88.9%	61.2%	70.3%	59.7%	52.1%	36.3%
	普通话	7	144	167	242	219	950
		11.1%	38.8%	29.7%	40.3%	47.9%	63.7%

第四节　山西晋语区人们对自身普通话水平预期和方言前途的调查

问卷中"您希望您的普通话达到什么程度？"一题的统计数据（见表4.5）反映了被试者对所说的普通话水平的期待。

一　数据统计

据《中国语言文字使用情况调查资料》调查结果显示，2000年时山西省人们希望自己普通话水平达到"能流利准确使用"的比例为22.31%，"能进行一般交际"的比例为32.86%，"没什么要求"的比例为28.41%，而我们在 2018 年的调查数据显示（表 4.5），在山西晋语区，15% 的人希望自己的普通话水平能够达到"和新闻联播主持一样标准"，超过 50% 的人希望自己的普通话水平能够达到"能较流利准确地使用"，20% 的人希望自己的普通话水平能够达到"能进行一般交际"，仅有 10% 左右的人对自己的普通话水平没有什么要求。与 2000 年的相关调查数据相比，我们可以看出，人们对自己普通话水平的要求有了很大的提高，大多数人对自己的普通话水平都有所期待。

表 4.5　　　　山西晋语区人们自身对普通话程度的期待

	和新闻联播主持一样标准	能较流利准确地使用	能进行一般交际	没什么要求	无法回答
山西	1825	6187	2333	792	158
	16.2%	54.8%	20.7%	7%	1.4%
北部	462	1816	706	199	40
	14.3%	56.3%	21.9%	6.2%	1.2%
西部	233	798	366	185	30
	14.5%	49.5%	22.7%	11.5%	1.9%
中部	491	1582	609	192	42
	16.8%	54.3%	20.9%	6.6%	1.4%
东南部	639	1991	652	216	46
	18%	56.2%	18.4%	6.1%	1.3%

二　自身对普通话程度的期待水平在不同人群中的分布情况

我们考察了不同年龄、不同职业、不同受教育程度的人们对自身普通话程度的期待水平，调查结果如表 4.5.1—表 4.5.3。

从年龄来看，希望自己的普通话达到"和新闻联播主持人一样标准"这一水平的人群，12 岁以下的占比相对最高，为 25% 左右，其次是 12—30 岁之间，占比为 20% 左右，再次为 31—45 岁之间，占比在 10% 左右，46 岁以上的占比不到 10%。可见，年龄越大，对自己普通话的高水平期待越低。希望自己的普通话达到"能较流利准确地使用"水平的人群，45 岁以下的占比都较高，在55%左右，46—60岁的人群占比为36.8%，60岁以上人群占比最少，为17.6%。希望自己的普通话达到"能进行一般交际"的人群中，30岁以下的人群占比在10%左右，31岁以上的人群占比在25%以上，其中，31—45岁以上的人群占比相对更高一些，达到38%左右。而对自己的普通话水平没什么要求的人群，45岁以下人群占比不到5%，46—60岁之间的人群占比为15%左右，60岁以上人群占比最高，达38%。由此可见，希望自己的普通话向更高水平提高的人群主要集中在45岁以下。

从职业上来看，除了农民，其他职业人群希望自己的普通话达到"能较流利准确地使用"这一水平的占比都较高，至少在44%以上，而农民选择这一项的占比仅有22%。希望自己的普通话能达到"和新闻联播主持人一样标准"水平的人群占比较高的主要集中在教师、学生、公务员上，占比在25%左右。希望自己的普通话水平达到"能进行一般交际"的占比较高的人群是农民、个体户，占比在40%左右，其次是商业服务人员、企事业单位人员，占比在25%左右，最后是教师、学生、公务员，占比在10%左右。可见，农民对提高自身普通话水平的期待度相对较低，教师、学生、公务员对提高自身普通话水平的期待度较高。这与职业对普通话的要求有密切的关系。

从受教育程度上看，受教育程度越高，人们对提高自身普通话水平的期待越高，反之，受教育程度越低，人们对提高自身普通话水平的期待越低甚至没有。具体来说：希望普通话水平达到"和新闻联播主持人一样标准"的占比最高的人群是本科及以上，占22.9%，占比最低的人群是没上过学的，仅有8.5%。希望普通话水平达到"能较流利准确地使用"的占比较高的集中在高中以上的人群，占比在60%左右，占比最低的是没上过学的，仅占14%，小学、初中文化程度的人该项占比在30%—45%之间。希望自身普通话的水平达到"能进行一般交际"占比较高的人群集中在文化程度为初中、小学的人群，其他文化程度人群占比都不高。对自身普通话没什么要求的人群占比最高的是没上过学的，占比高达42%，其次是小学文化程度的，占比为13.3%，其他文化程度的人群该项占比都很低，最高占比为10%，最低占比为1.7%。可见，从受教育程度上看，人们对提高自身普通话水平的期待程度与受教育程度有着密切的关系。希望普通话达到"和新闻联播主持人一样标准"的人群主要是本科及以上，希望普通话达到"能较流利准确地使用"的人群主要是高中以上人群，对自身普通话水平的要求仅是"能进行一般交际"的人群主要集中在小学、初中，对自身普通话没有什么要求的主要集中在没有上过学的。

表4.5.1　希望自己的普通话达到什么程度在不同年龄人群中的情况分布

		和新闻联播主持人一样标准	能较流利准确地使用	能进行一般交际	没什么要求	无法回答
山西	12岁以下	97	213	44	16	6
		25.8%	56.6%	11.7%	4.3%	1.6%
	12—18	355	1006	215	32	10
		21.9%	62.2%	13.3%	2%	0.6%
	19—30	847	2751	538	102	28
		19.9%	64.5%	12.6%	2.4%	0.7%
	31—45	339	1426	649	153	19
		13.1%	55.1%	25.1%	5.9%	0.7%
	46—60	149	691	720	272	48
		7.9%	36.8%	38.3%	14.5%	2.6%
	60以上	38	100	167	217	47
		6.7%	17.6%	29.3%	38.1%	8.3%
北部	12岁以下	22	41	8	4	1
		28.9%	53.9%	10.5%	5.3%	1.3%
	12—18	98	340	100	12	5
		17.7%	61.3%	18%	2.2%	0.9%
	19—30	219	814	164	27	8
		17.8%	66.1%	13.3%	2.2%	0.6%
	31—45	97	409	180	42	5
		13.2%	55.8%	24.6%	5.7%	0.7%

第四章 从语言态度看山西晋语区地方普通话的使用情况

续表

		和新闻联播主持人一样标准	能较流利准确地使用	能进行一般交际	没什么要求	无法回答
北部	46—60	17	174	199	53	10
		3.8%	38.4%	43.9%	11.7%	2.2%
	60以上	9	38	55	61	11
		5.2%	21.8%	31.6%	35.1%	6.3%
西部	12岁以下	13	31	9	5	0
		22.4%	53.4%	15.5%	8.6%	0%
	12—18	63	143	50	6	1
		24%	54.4%	19%	2.3%	0.4%
	19—30	101	368	73	21	3
		17.8%	65%	12.9%	3.7%	0.5%
	31—45	27	125	55	31	1
		11.3%	52.3%	23%	13%	0.4%
	46—60	27	118	143	75	14
		7.2%	31.3%	37.9%	19.9%	3.7%
	60以上	2	13	36	47	11
		1.8%	11.9%	33%	43.1%	10.1%
中部	12岁以下	17	38	11	3	2
		23.9%	53.5%	15.5%	4.2%	2.8%
	12—18	78	230	36	6	1
		22.2%	65.5%	10.3%	1.7%	0.3%
	19—30	243	679	153	26	8
		21.9%	61.2%	13.8%	2.3%	0.7%
	31—45	82	406	211	42	9
		10.9%	54.1%	28.1%	5.6%	1.2%
	46—60	56	203	172	57	10
		11.2%	40.8%	34.5%	11.4%	2%
	60以上	15	26	26	58	12
		10.9%	19%	19%	42.3%	8.8%

续表

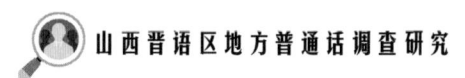

		和新闻联播主持人一样标准	能较流利准确地使用	能进行一般交际	没什么要求	无法回答
东南部	12岁以下	45	103	16	4	3
		26.3%	60.2%	9.4%	2.3%	1.8%
	12—18	116	293	29	8	3
		25.8%	65.3%	6.5%	1.8%	0.7%
	19—30	284	890	148	28	9
		20.9%	65.5%	10.9%	2.1%	0.7%
	31—45	133	486	203	38	4
		15.4%	56.3%	23.5%	4.4%	0.5%
	46—60	49	196	206	87	14
		8.9%	35.5%	37.3%	15.8%	2.5%
	60以上	12	23	50	51	13
		8.1%	15.4%	33.6%	34.2%	8.7%

表4.5.2　希望自己的普通话达到什么程度在不同职业人群中的分布情况

		和新闻联播主持人一样标准	能较流利准确地使用	能进行一般交际	没什么要求	无法回答
山西	教师	250	621	104	18	4
		25.1%	62.3%	10.4%	1.8%	0.4%
	公务员	95	251	69	9	4
		22.2%	58.6%	16.1%	2.1%	0.9%
	企事业单位人员	208	889	323	86	7
		13.7%	58.8%	21.3%	5.7%	0.5%
	商业、服务人员	37	227	91	23	6
		9.6%	59.1%	23.7%	6%	1.6%
	个体户	78	521	452	109	19
		6.6%	44.2%	38.3%	9.2%	1.6%
	农民	66	310	564	376	68
		4.8%	22.4%	40.8%	27.2%	4.9%

第四章 从语言态度看山西晋语区地方普通话的使用情况

续表

		和新闻联播主持人一样标准	能较流利准确地使用	能进行一般交际	没什么要求	无法回答
山西	学生	987	2913	491	84	30
		21.9%	64.7%	10.9%	1.9%	0.7%
	无业人员	19	77	52	24	7
		10.6%	43%	29.1%	13.4%	3.9%
	其他	85	378	187	63	13
		11.7%	52.1%	25.8%	8.7%	1.8%
北部	教师	80	140	26	3	1
		32%	56%	10.4%	1.2%	0.4%
	公务员	27	80	22	4	1
		20.1%	59.7%	16.4%	3%	0.7%
	企事业单位人员	43	304	92	22	0
		9.3%	65.9%	20%	4.8%	0%
	商业、服务人员	7	69	30	7	2
		6.1%	60%	26.1%	6.1%	1.7%
	个体户	21	166	116	30	3
		6.3%	49.4%	34.5%	8.9%	0.9%
	农民	15	87	145	83	12
		4.4%	25.4%	42.4%	24.3%	3.5%
	学生	255	854	202	27	14
		18.9%	63.2%	14.9%	2%	1%
	无业人员	3	17	23	8	3
		5.6%	31.5%	42.6%	14.8%	5.6%
	其他	11	99	50	15	4
		6.1%	55.3%	27.9%	8.4%	2.2%
西部	教师	24	54	10	6	1
		25.3%	56.8%	10.5%	6.3%	1.1%
	公务员	7	36	15	1	1
		11.7%	60%	25%	1.7%	1.7%
	企事业单位人员	24	96	37	20	0
		13.6%	54.2%	20.9%	11.3%	0%

续表

		和新闻联播主持人一样标准	能较流利准确地使用	能进行一般交际	没什么要求	无法回答
西部	商业、服务人员	11 17.5%	39 61.9%	8 12.7%	5 7.9%	0 0%
	个体户	8 4.3%	79 42.9%	67 36.4%	24 13%	6 3.3%
	农民	8 2.8%	50 17.7%	107 37.9%	102 36.2%	15 5.3%
	学生	139 21.3%	409 62.6%	89 13.6%	15 2.3%	1 0.2%
	无业人员	4 17.4%	6 26.1%	5 21.7%	5 21.7%	3 13%
	其他	8 10.7%	29 38.7%	28 37.3%	7 9.3%	3 4%
中部	教师	57 20.7%	178 64.7%	36 13.1%	3 1.1%	1 0.4%
	公务员	30 26.8%	62 55.4%	16 14.3%	2 1.8%	2 1.8%
	企事业单位人员	68 17%	211 52.9%	96 24.1%	20 5%	4 1%
	商业、服务人员	7 7%	62 62.0%	23 23%	6 6%	2 2%
	个体户	34 9.3%	157 42.9%	142 38.8%	27 7.4%	6 1.6%
	农民	21 5.7%	96 26.2%	142 38.8%	90 24.6%	17 4.6%
	学生	233 23.3%	654 65.3%	91 9.1%	16 1.6%	7 0.7%
	无业人员	7 13%	24 44.4%	17 31.5%	5 9.3%	1 1.9%
	其他	34 14%	138 56.8%	46 18.9%	23 9.5%	2 0.8%

第四章 从语言态度看山西晋语区地方普通话的使用情况

续表

		和新闻联播主持人一样标准	能较流利准确地使用	能进行一般交际	没什么要求	无法回答
东南部	教师	89	249	32	6	1
		23.6%	66%	8.5%	1.6%	0.3%
	公务员	31	73	16	2	0
		25.4%	59.8%	13.1%	1.6%	0%
	企事业单位人员	73	278	98	24	3
		15.3%	58.4%	20.6%	5%	0.6%
	商业、服务人员	12	57	30	5	2
		11.3%	53.8%	28.3%	4.7%	1.9%
	个体户	15	119	127	28	4
		5.1%	40.6%	43.3%	9.6%	1.4%
	农民	22	77	170	101	24
		5.6%	19.5%	43.1%	25.6%	6.1%
	学生	360	996	109	26	8
		24%	66.4%	7.3%	1.7%	0.5%
	无业人员	5	30	7	6	0
		10.4%	62.5%	14.6%	12.5%	0%
	其他	32	112	63	18	4
		14%	48.9%	27.5%	7.9%	1.7%

表4.5.3 希望自己的普通话达到什么程度在不同受教育程度人群的情况分布

		和新闻联播主持人一样标准	能较流利准确地使用	能进行一般交际	没什么要求	无法回答
山西	没上过学	25	41	71	123	33
		8.5%	14%	24.2%	42%	11.3%
	小学	150	404	361	222	44
		12.7%	34.2%	30.6%	18.8%	3.7%
	初中	215	995	761	227	37
		9.6%	44.5%	34%	10.2%	1.7%
	高中	288	1147	479	102	16
		14.2%	56.4%	23.6%	5%	0.8%

续表

		和新闻联播主持人一样标准	能较流利准确地使用	能进行一般交际	没什么要求	无法回答
山西	大专	231	965	299	49	8
		14.9%	62.2%	19.3%	3.2%	0.5%
	本科及以上	916	2635	362	69	20
		22.9%	65.8%	9%	1.7%	0.5%
北部	没上过学	6	19	18	43	10
		6.3%	19.8%	18.8%	44.8%	10.4%
	小学	34	112	127	53	14
		10%	32.9%	37.4%	15.6%	4.1%
	初中	64	359	215	54	5
		9.2%	51.5%	30.8%	7.7%	0.7%
	高中	60	327	140	23	2
		10.9%	59.2%	25.4%	4.2%	0.4%
	大专	64	309	90	13	3
		13.4%	64.5%	18.8%	2.7%	0.6%
	本科及以上	234	690	116	13	6
		22.1%	65.2%	11%	1.2%	0.6%
西部	没上过学	3	7	14	32	10
		4.5%	10.6%	21.2%	48.5%	15.2%
	小学	22	61	66	48	12
		10.5%	29.2%	31.6%	23%	5.7%
	初中	36	138	138	60	4
		9.6%	36.7%	36.7%	16%	1.1%
	高中	53	170	62	25	2
		17%	54.5%	19.9%	8%	0.6%
	大专	28	120	39	7	0
		14.4%	61.9%	20.1%	3.6%	0%
	本科及以上	91	302	47	13	2
		20%	66.4%	10.3%	2.9%	0.4%

第四章　从语言态度看山西晋语区地方普通话的使用情况

续表

		和新闻联播主持人一样标准	能较流利准确地使用	能进行一般交际	没什么要求	无法回答
中部	没上过学	6	12	15	27	8
		8.8%	17.6%	22.1%	39.7%	11.8%
	小学	34	79	87	53	8
		13%	30.3%	33.3%	20.3%	3.1%
	初中	48	273	210	57	12
		8%	45.5%	35%	9.5%	2%
	高中	91	314	133	26	4
		16%	55.3%	23.4%	4.6%	0.7%
	大专	64	267	76	12	3
		15.2%	63.3%	18%	2.8%	0.7%
	本科及以上	248	637	88	17	7
		24.9%	63.9%	8.8%	1.7%	0.7%
东南部	没上过学	10	3	24	21	5
		15.9%	4.8%	38.1%	33.3%	7.9%
	小学	60	152	81	68	10
		16.2%	41%	21.8%	18.3%	2.7%
	初中	67	225	198	56	16
		11.9%	40%	35.2%	10%	2.8%
	高中	84	336	144	28	8
		14%	56%	24%	4.7%	1.3%
	大专	75	269	94	17	2
		16.4%	58.9%	20.6%	3.7%	0.4%
	本科及以上	343	1006	111	26	5
		23%	67.5%	7.4%	1.7%	0.3%

三　对方言前途的调查

问卷中"您对本地话今后的前途持什么态度？选项包括：乐观，使用范围和频率上升；悲观，使用范围和频率下降；期望，应该积极保护；绝望,会逐渐消亡;无所谓"一题的统计数据(见表4.6)反映了被试者对本地话前途的态度。

调查数据显示(表4.6),在山西晋语区,50%左右的人对本地话今后的前途持期望并应该积极保护的态度,对方言持悲观态度的比例与持乐观态度的占比相差不大,都在20%左右。这说明在推普力度不断加强的同时,方言在不断地淡出人们的视线,但多数人仍希望在普及普通话的同时,也积极地保护方言,不要忽视方言对于保持文化多样性的重要性。

表4.6　　　人们对本地话今后的发展所持态度的数据统计

	乐观,使用范围和频率上升	悲观,使用范围和频率下降	期望,应该积极保护	绝望,应该会逐渐消亡	无所谓
山西	2777	1986	5288	257	987
	24.6%	17.6%	46.8%	2.3%	8.7%
北部	669	619	1615	61	259
	20.8%	19.2%	50.1%	1.9%	8%
西部	382	361	705	51	113
	23.7%	22.4%	43.7%	3.2%	7%
中部	743	445	1417	67	244
	25.5%	15.3%	48.6%	2.3%	8.4%
东南部	983	561	1551	78	371
	27.7%	15.8%	43.8%	2.2%	10.5%

小　　结

语言使用者的性别、年龄、职业以及受教育程度这些社会因素都会影响人们对语言的态度,而不同的语言态度又会影响着人们对于这种语言的学习和使用。但是为什么性别、年龄、职业以及受教育程度会对人们使用某种语言的态度产生影响呢?归其原因,还是人们的社会生活环境和经历在起作用。从上述分析我们就可以看出,山西晋语区内年龄在46岁以上尤其是60岁以上,职业是个体户或是农民,受教育程度是初中或者初中以下

第四章 从语言态度看山西晋语区地方普通话的使用情况

的人群，往往对方言有着很深的情感倾向，相比起普通话他们更喜欢说方言，而像公务员、教师、或是学生这类人群，我们可以明显地看出他们更倾向于使用普通话，这是因为在学校或是社会中，普通话较方言而言更为普及，更适用于较正式的场合，而且大多数人都能够听得懂，易于交际使用。

由此可知，对语言态度的考察，是预测一个地区普通话及其方言今后发展趋势的重要参数之一。

一方面，调查数据表明，虽然年龄在 45 岁以下、受教育程度较高、工作是教师这类职业的人们在生活中更倾向于使用普通话，但是不管在山西北部、西部、中部还是东南部，这类人群个人更喜欢说方言的所占比例并不在少数，他们普遍认为方言听起来好听、亲切。除此之外，尽管性别、年龄、职业、受教育程度不同，但人们对方言今后的态度大都持应该积极保护的态度。由此说明，从情感角度出发，人们对于自己的方言往往有着一种强烈的语言忠诚感，他们愿意使用方言与家人和朋友交谈，因为这样更容易拉近彼此之间的距离，更有亲近感，这是一种对方言的情感认同。我们都知道，语言是人类的文化遗产，值得我们珍惜和保留，但不可否认的事实是，一种语言能否有生命力，关键要看它是否能适应历史潮流和时代转变的需要。虽然如今推普力度的不断加强对方言造成了一定程度的影响，但我们可以看出，方言仍然是人们喜欢的交流方式之一，仍然具有很高的使用价值和很强的生命力，特别是在广大农村地区，对于农民来说，方言就是生活中的主要交际工具。方言有其自身的存在价值，它是社会文化的重要遗产和人们的精神纽带，世代相传并根深蒂固，在一定的社会领域中持续发挥着具有沟通效应的桥梁作用，从人们对方言今后的前途所持期望保护的态度中可知，方言是人们生活中必不可缺的一部分，它在一定时期和范围内将长期存在。

另一方面，从调查数据中可知，性别、年龄、职业以及受教育程度的不同并不影响人们对于普通话实用价值的认知。即便是年龄在 60 岁以上或是没有上过学的人群，也都希望本地中小学最好使用普通话教学，认为普通话方便与人交流并具有社会影响力。由此表明，随着社会的不断发展和推普工作的不断加强，人们的交流范围日益扩大，交流程度不断加深，大多数人已明显地认识到普通话在如今现实生活中的重要性，不管从事何种职业，也不管文化程度高低，他们都希望自己的后代可以学好普通话，普通话的使用已然成为人们语言生活中的一种必然趋势。因此，普通话作为国家共同语，它的官方地位不容动摇，而且随着国家的大力推行与人们在实际生活中的切实需要，其通用程度和普及程度也是其他任何一种方言所无法比拟的。

总而言之，从对山西晋语区人们普通话使用态度的调查数据我们可以得出：大多数人已普遍认识到普通话在如今社会中的重要性，其使用频率在今后会逐渐增加，但同时，对方言的情感认同会使人们继续保持对方言的使用，人们也并没有忽视方言对于保护文化多样性的重要性。因此，在今后的生活中，"双言"现象将会长期存在。我们要做的是在推广普通话的同时，积极保护方言，保护语言多样性，协调好普通话与方言之间的关系，使之并存并用，相互吸收，相互补充，从而逐步形成以普通话为主导的多元化语言交际局面。

第五章　从语言习得看山西晋语区地方普通话的使用情况

一个人母语的掌握一般是自然而然学会的，而第二语言的习得则需要专门接受训练。那么，山西晋语区的人们首先习得的是普通话还是本地话呢？如果首先习得的是母方言，那么，人们学习普通话原因、途径是什么呢？本部分将对这些问题展开讨论。

"语言习得"的调查，主要考察被调查者在日常生活中对普通话的学习。调查问卷中与本项目相关的问题如下：

1. 您小时候最先学会哪种语言？选项包括：本地话；普通话。

2. 您觉得日常生活中说本地话的人和说本地话的机会与以前相比有什么变化？选项包括：明显增多；略为增多；明显减少；略为减少；没有变化。

（如果您选择 A 或 B）您觉得本地话使用增多的原因是什么？选项包括：好听，大家爱说；亲切，有亲和力；有用，方便交流；流行，有社会影响；无法回答。

（如果您选择 C 或 D）您觉得本地话使用减少的原因是什么？选项包括：不好听，大家不愿说；外地人多，说的机会少；受普通话强势语言的影响；一些部门、场合强制规定不准使用；无法回答。

3. 学习普通话的途径？（可多选）选项包括：学校；家里人的影响；电视、网络；社会交往；培训机构。

4. 您为什么要学习普通话？（可多选）选项包括：工作需要；个人兴

趣；为了与更多的人交往；为了找到更好的工作。

第一节　山西晋语区人们习得地方普通话和方言先后的调查

问卷中"您小时候最先学会哪种语言？选项包括：本地话；普通话"一题的统计数据（见表5.1）反映了被试者语言习得的情况。

一　数据统计

调查数据显示（表5.1），山西晋语区，人们最先学会的语言是本地话的占比很高，达85%左右，而最先学会的语言是普通话的占比较低，在12%左右，其中，中部、东南部地区稍高一些，占比在15%左右，北部和西部地区稍低一些，占比不到10%。根据《中国语言文字使用情况调查资料》的调查结果，2000年山西省居民小时候最先会说普通话的比例乡镇为23.75%，乡村为2.26%，平均为13%，小时候最先学会方言的比例乡镇为80.31%，乡村为99.49%，平均为89.9%。我们将2018年调查的数据和2000年调查的数据进行比较，可以看到，时隔近二十年，普通话和本地话习得的先后情况大体上变化不大。

从语言习得的角度来看，这种情况说明在山西晋语区各地方言仍是各地人们的第一交际工具，而普通话则是作为另外一种交际工具专门学习掌握的。而"小时候最先会说普通话的情况，是普通话普及的一个十分重要的方面"[1]。从这个意义上看，山西晋语区的普通话普及情况并不乐观，同时也说明了在很长一段时期内，各地方言占有绝对优势，还有很强的生命力。

---

[1] 苏金智：《江苏省普通话普及情况调查分析》，《语言文字应用》2012年第1期。

第五章　从语言习得看山西晋语区地方普通话的使用情况

表5.1　　　　　　各地人们小时候最先学会的语言比例统计

	本地话	普通话	其他方言
山西	9539	1347	409
	84.5%	11.9%	3.6%
北部	2833	316	74
	87.9%	9.8%	2.3%
西部	1450	119	43
	90%	7.4%	2.7%
中部	2357	428	131
	80.8%	14.7%	4.5%
东南部	2899	484	161
	81.8%	13.7%	4.5%

二　人们小时候最先学会的语言在不同人群中的分布情况

（一）人们小时候最先学会的语言在不同年龄中的分布情况

调查数据显示（表5.1.1），在山西晋语区，从年龄上看，不管哪一个年龄段，人们最先学会本地话的占比都较高，其中，12岁以下人群占比相对最低，为62.5%，60岁以上人群占比最高，达93%。从人们最先学会普通话的占比来看，12岁以下人群占比最高，为35.9%，其次是12—18岁之间的人群，占比为20%，19—30岁之间的人群占比，为11.9%，31岁以上人群的占比都不到10%，其中，60岁以上人群占比最低，为4.7%。其他各地区的情况也是如此。根据2006年《中国语言文字使用情况调查资料》调查结果显示，2000年山西省小时候最先会说普通话的人群在不同年龄中的分布情况为：15—29岁占比为11.73%，30—44岁占比为7.56%，45—59岁占比为4.91%，60—69岁占比为4.05%，2000年山西省小时候最先会说方言的人群在不同年龄中的分布情况为：15—29岁占比为92.19%，30—44岁占比为94.49%，45—59岁占比为96.66%，60—69岁占比为96.56%。虽然我们在2018年进行的类似调查在年龄分布上与

2000年不尽一致，但年龄区分度相似，鉴于此，我们将2018年和2000年的该项调查进行了一个大致的比较，发现与2000年调查数据相比，人们最先学会方言的占比均有所下降，最少的也有3.56%的降幅，人们最先学会普通话的占比均有所上升，最少也有0.65%的升幅。而且，年龄越小，这种变化呈现得越明显。这说明年龄是影响是否最先学会普通话的一个较为重要的因素。

综上，从年龄上看，不管人们最先学会本地话还是最先学会普通话，年龄都与之有密切的关系，即：年龄越大，人们最先学会本地话的占比越高，年龄越小，人们最先学会普通话的占比相对越高。

表5.1.1　　人们最先学会的语言在不同年龄人群中的分布

		12岁以下	12—18	19—30	31—45	46—60	60以上
山西	本地话	235	1241	3574	2269	1691	529
		62.5%	76.7%	83.8%	87.7%	89.9%	93%
	普通话	135	324	507	220	134	27
		35.9%	20%	11.9%	8.5%	7.1%	4.7%
	其他方言	6	53	185	97	55	13
		1.6%	3.3%	4.3%	3.8%	2.9%	2.3%
北部	本地话	51	436	1101	673	412	160
		67.1%	78.6%	89.4%	91.8%	90.9%	92%
	普通话	23	109	100	42	34	8
		30.3%	19.6%	8.1%	5.7%	7.5%	4.6%
	其他方言	2	10	31	18	7	6
		2.6%	1.8%	2.5%	2.5%	1.5%	3.4%
西部	本地话	43	216	509	218	360	104
		74.1%	82.1%	90%	91.2%	95.5%	95.4%
	普通话	14	37	43	12	9	4
		24.1%	14.1%	7.6%	5%	2.4%	3.7%
	其他方言	1	10	14	9	8	1
		1.7%	3.8%	2.5%	3.8%	2.1%	0.9%

续表

		12岁以下	12—18	19—30	31—45	46—60	60以上
中部	本地话	45	248	870	657	415	122
		63.4%	70.7%	78.4%	87.6%	83.3%	89.1%
	普通话	25	90	185	60	57	11
		35.2%	25.6%	16.7%	8%	11.4%	8.1%
	其他方言	1	13	54	33	26	4
		1.4%	3.7%	4.9%	4.4%	5.2%	2.9%
东南部	本地话	96	341	1094	721	504	143
		56.1%	75.9%	80.5%	83.4%	91.3%	96%
	普通话	73	88	179	106	34	4
		42.7%	19.6%	13.2%	12.3%	6.2%	2.7%
	其他方言	2	20	86	37	14	2
		1.2%	4.5%	6.3%	4.3%	2.5%	1.3%

（二）人们小时候最先学会的语言在不同受教育程度中的分布情况

调查数据显示（5.1.2），从受教育程度上看，不管受教育程度如何，人们最先学会本地话的占比都相对较高，其中，"没上过学"的人群占比最高，平均达到93.2%。不管受教育程度如何，人们最先学会普通话的占比都相对低，最高也仅有14.3%。可见，不管人们日后的受教育程度如何，绝大多数人们小时候最先学会的话都是本地话。

表5.1.2　人们最先学会的语言在不同受教育程度人群中的分布

		没上过学	小学	初中	高中	大专	本科及以上
山西	本地话	273	991	1982	1740	1348	3205
		93.2%	83.9%	88.7%	85.6%	86.9%	80.1%
	普通话	9	173	209	238	146	572
		3.1%	14.6%	9.4%	11.7%	9.4%	14.3%
	其他方言	11	17	44	54	58	225
		3.8%	1.4%	2%	2.7%	3.7%	5.6%

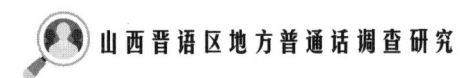

续表

		没上过学	小学	初中	高中	大专	本科及以上
北部	本地话	88	301	599	489	432	924
		91%	88.5%	85.9%	88.6%	90.2%	87.3%
	普通话	4	34	87	57	32	102
		4.2%	10%	12.5%	10.3%	6.7%	9.6%
	其他方言	4	5	11	6	15	33
		4.2%	1.5%	1.6%	1.1%	3.1%	3.1%
西部	本地话	63	184	349	273	176	405
		95.5%	88%	92.8%	87.5%	90.7%	89%
	普通话	1	23	19	29	11	36
		1.5%	11%	5.1%	9.3%	5.7%	7.9%
	其他方言	2	2	8	10	7	14
		3%	1%	2.1%	3.2%	3.6%	3.1%
中部	本地话	63	226	526	468	341	733
		92.6%	86.6%	87.7%	82.4%	80.8%	73.5%
	普通话	3	31	54	81	59	200
		4.4%	11.9%	9%	14.3%	14%	20%
	其他方言	2	4	20	19	22	64
		3%	1.5%	3.3%	3.3%	5.2%	6.4%
东南部	本地话	59	280	508	510	399	1143
		93.7%	75.5%	90.4%	85%	87.3%	76.7%
	普通话	1	85	49	71	44	234
		1.6%	22.9%	8.7%	11.8%	9.6%	15.7%
	其他方言	3	6	5	19	14	114
		4.7%	1.6%	0.9%	3.2%	3.1%	7.6%

（三）人们小时候最先学会的语言在不同职业中的分布情况

调查数据显示（5.1.3），从不同职业上看，不管职业如何，人们最先学会本地话的占比都相对较高，最高达到96.1%，最低为78.5%。可见，不管人们日后从事什么职业，绝大多数人们小时候最先学会的话是本地话。

第五章 从语言习得看山西晋语区地方普通话的使用情况

表5.1.3   人们最先学会的语言在不同职业人群中的分布

		教师	公务员	企事业单位人员	商业、服务人员	个体户	农民	学生	无业人员	其他
山西	本地话	835 83.8%	357 83.4%	1279 84.5%	340 88.5%	1086 92.1%	1330 96.1%	3536 78.5%	158 88.3%	618 85.1%
	普通话	117 11.7%	57 13.3%	179 11.8%	32 8.3%	65 5.5%	36 2.6%	778 17.3%	14 7.8%	69 9.5%
	其他方言	45 4.5%	14 3.3%	55 3.6%	12 3.1%	28 2.4%	18 1.3%	191 4.2%	7 4.4%	39 5.4%
北部	本地话	222 88.8%	118 88.1%	412 89.4%	105 91.3%	313 93.2%	332 97.1%	1124 83.1%	52 96.3%	155 86.6%
	普通话	20 8%	15 11.2%	42 9.1%	7 6.1%	18 5.4%	6 1.8%	195 14.4%	1 1.9%	12 6.7%
	其他方言	8 3.2%	1 0.7%	7 1.5%	3 2.6%	5 1.5%	4 1.2%	33 2.4%	1 1.9%	12 6.7%
西部	本地话	87 91.6%	50 83.3%	159 89.8%	55 87.3%	172 11.9%	278 98.6%	563 86.2%	22 95.7%	64 85.3%
	普通话	6 6.3%	7 11.7%	13 7.3%	5 7.9%	8 4.3%	3 1.1%	70 10.7%	0 0%	7 9.3%
	其他方言	2 2.1%	3 5%	5 2.8%	3 4.8%	4 2.2%	1 0.4%	20 3.1%	1 4.3%	4 5.3%
中部	本地话	219 79.6%	88 78.6%	307 76.9%	91 91%	325 88.8%	344 94%	733 73.2%	44 81.5%	206 84.8%
	普通话	43 15.6%	16 14.3%	64 16%	8 8%	28 7.7%	14 3.8%	224 22.4%	7 13%	24 9.9%
	其他方言	13 4.7%	8 7.1%	28 7%	1 1%	13 3.6%	8 2.2%	44 4.4%	3 5.6%	13 5.3%
东南部	本地话	307 81.4%	101 82.8%	401 84.2%	89 84%	276 94%	376 95.4%	1116 74.4%	40 83.3%	193 84.3%
	普通话	48 12.7%	19 15.6%	60 12.6%	12 11.3%	11 3.8%	13 3.3%	289 19.3%	6 12.5%	26 11.4%
	其他方言	22 5.8%	2 1.6%	15 3.2%	5 4.7%	6 2%	5 1.3%	94 6.3%	2 4.2%	10 4.4%

综上，从以上调查数据可以看出，山西晋语区，不管年龄、职业、受教育程度如何，绝大多数人们最先学会的是本地话。其中，与其他两个因素相比，年龄对人们最先学会本地话的占比有一定的影响，即：年龄越小，最先学会本地话的占比相对越低，反之，年龄越大，最先学会本地话的占比越高。这也说明目前，在普通话的强势影响下，年龄越小受普通话的影响相对越大。

第二节 山西晋语区人们习得地方普通话途径的调查

问卷中"学习普通话的途径？选项包括：学校；家里人的影响；电视、网络；社会交往；培训机构"一题的统计数据（见表5.3）反映了被试者学习普通话的途径。

一 数据统计

调查数据显示（表5.3），山西晋语区，各地人们学习普通话的主要途径集中在："电视网络、社会交往、学校"，而"家里人的影响、培训机构、其他途径"等占比都较低。可见，家庭语言环境对人们学习普通话的影响并不大，而传媒、社交、学校教育等社会语言环境对人们学习普通话的影响则较大。

据《中国语言文字使用情况调查数据》，2000年时，人们学习普通话的途径中"家里人影响""培训机构"的占比均在5%左右，"学校教育""看电视听广播"的占比均在75%左右，"社会交往"的占比为51.23%。与我们在2018年的调查数据相比，可以看出"传媒、社交、学校教育"等途径二十年来一直是人们学习普通话的主要途径。

表5.3　　　　　各地人们小时候学习普通话的途径统计

	学校教育	家里人影响	电视、网络	社会交往	培训机构	其他途径
山西	6747	2916	8104	7152	1838	345
	59.7%	25.8%	71.7%	63.3%	16.3%	3.1%

第五章　从语言习得看山西晋语区地方普通话的使用情况

续表

	学校教育	家里人影响	电视、网络	社会交往	培训机构	其他途径
北部	1927	808	2374	2059	465	92
	59.8%	25.1%	73.7%	63.9%	14.4%	2.9%
西部	865	412	1134	977	218	48
	53.7%	25.6%	70.3%	60.6%	13.5%	3%
中部	1550	817	2080	1864	483	78
	53.2%	28%	71.3%	63.9%	16.6%	2.7%
东南部	2405	879	2516	2252	672	127
	67.9%	24.8%	71%	63.5%	19%	3.6%

二　学习普通话的途径在不同人群中的分布情况

（一）人们学习普通话的途径在不同年龄中的分布情况

调查数据显示（表5.3.1），在山西晋语区，年龄在一定程度上影响着人们学习普通话的途径。在18岁以下人群中，绝大多数人们正在接受着小学、中学的学校教育，与社会接触的机会也不多，自然"学校教育"成为这个年龄段人群学习普通话的最主要的途径。在19岁以上人群，绝大多数人们开始走出校门，接触社会，再加之广播电视、网络传媒的普及、发达，人们每时每刻都在与网络接触，因此，在学习普通话的过程中，"电视、网络""社会交往"这些途径的占比逐渐增多。而通过"家里人影响""培训机构"等途径学习普通话的占比都很低。

表5.3.1　人们学习普通话的途径在不同年龄中的分布情况

		学校教育	家里人影响	电视、网络	社会交往	培训机构	其他途径
山西	12岁以下	309	167	261	172	67	15
		82.2%	44.4%	69.4%	45.7%	17.8%	4%
	12—18	1305	507	1177	955	248	26
		80.7%	31.3%	72.7%	59%	15.3%	1.6%
	19—30	3109	969	3081	2933	771	144
		72.9%	22.7%	72.2%	68.8%	18.1%	3.4%

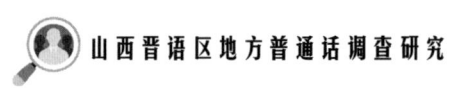

续表

		学校教育	家里人影响	电视、网络	社会交往	培训机构	其他途径
山西	31—45	1260	661	1857	1704	473	78
		48.7%	25.6%	71.8%	65.9%	18.3%	3%
	46—60	632	459	1316	1100	237	53
		33.6%	24.4%	70%	58.5%	12.6%	2.8%
	60岁以上	132	153	412	288	42	29
		23.2%	26.9%	72.4%	50.6%	7.4%	5.1%
北部	12岁以下	64	39	63	35	16	5
		84.2%	51.3%	82.9%	46.1%	21.1%	6.6%
	12—18	472	158	407	333	69	11
		85%	28.5%	73.3%	60%	12.4%	2%
	19—30	857	251	938	860	189	39
		69.6%	20.4%	76.1%	69.8%	15.3%	3.2%
	31—45	313	183	540	483	134	17
		42.7%	25%	73.7%	65.9%	18.3%	2.3%
	46—60	166	124	303	255	42	10
		36.6%	27.4%	66.9%	56.3%	9.3%	2.2%
	60岁以上	55	53	123	93	15	10
		31.6%	30.5%	70.7%	53.4%	8.6%	5.7%
西部	12岁以下	39	23	42	28	4	2
		67.2%	39.7%	72.4%	48.3%	6.9%	3.4%
	12—18	186	79	178	146	35	3
		70.7%	30%	67.7%	55.5%	13.3%	1.1%
	19—30	430	128	404	377	108	12
		76%	22.6%	71.4%	66.6%	19.1%	2.1%
	31—45	93	83	175	167	31	10
		38.9%	34.7%	73.2%	69.9%	13%	4.2%
	46—60	104	76	255	209	34	13
		27.6%	20.2%	67.6%	55.4%	9%	3.4%
	60岁以上	13	23	80	50	6	8
		11.9%	21.1%	73.4%	45.9%	5.5%	7.3%

续表

		学校教育	家里人影响	电视、网络	社会交往	培训机构	其他途径
中部	12岁以下	58 81.7%	33 46.5%	47 66.2%	32 45.1%	16 22.5%	2 2.8%
	12—18	255 72.6%	135 38.5%	273 77.8%	200 57%	62 17.7%	5 1.4%
	19—30	752 67.8%	295 26.6%	782 70.5%	764 68.9%	202 18.2%	33 3%
	31—45	328 43.7%	171 22.8%	527 70.3%	482 64.3%	120 16%	19 2.5%
	46—60	135 27.1%	148 29.7%	351 70.5%	316 63.5%	74 14.9%	13 2.6%
	60岁以上	22 16.1%	35 25.5%	100 73%	70 51.1%	9 6.6%	6 4.4%
东南部	12岁以下	148 86.5%	72 42.1%	109 63.7%	77 45%	31 18.1%	6 3.5%
	12—18	392 87.3%	135 30.1%	319 71%	276 61.5%	82 18.3%	7 1.6%
	19—30	1070 78.7%	295 21.7%	957 70.4%	932 68.6%	272 20%	60 4.4%
	31—45	526 60.9%	224 25.9%	615 71.2%	572 66.2%	188 21.8%	32 3.7%
	46—60	227 41.1%	111 20.1%	407 73.7%	320 58%	87 15.8%	17 3.1%
	60岁以上	42 28.2%	42 28.2%	109 73.2%	75 50.3%	12 8.1%	5 3.4%

（二）人们学习普通话的途径在不同职业中的分布情况

调查数据显示（表5.3.2），在山西晋语区，不同职业的人群学习普通话的途径主要集中在"电视网络、社会交往、学校教育"等，通过"家里人的影响、培训机构"学习普通话的占比都不高。但针对不同职业人群，学习普通话的途径占比高低也不尽一致。具体来说：教师、学生学习普通话的途径中，占比最高的是"学校教育"，其次是"电视网络、社会交往"，而其他职业人群学习普通话的途径中，占比最高的是"电视网络"，其次是"社会交往、学校教育"。

表5.3.2　人们学习普通话的途径在不同职业中的分布情况

		学校教育	家里人影响	电视、网络	社会交往	培训机构	其他途径
山西	教师	726	244	726	664	247	34
		72.8%	24.5%	72.8%	66.6%	24.8%	3.4%
	公务员	236	138	317	296	103	9
		55.1%	32.2%	74.1%	69.2%	24.1%	2.1%
	企事业单位人员	751	350	1084	994	261	35
		49.6%	23.1%	71.6%	65.7%	17.3%	2.3%
	商业、服务人员	174	117	288	285	69	19
		45.3%	30.5%	75.0%	74.2%	18.0%	4.9%
	个体户	407	277	870	756	118	22
		34.5%	23.5%	73.8%	64.1%	10.0%	1.9%
	农民	315	320	943	709	110	57
		22.8%	23.1%	68.1%	51.2%	7.9%	4.1%
	学生	3718	1244	3286	2871	788	127
		82.5%	27.6%	72.9%	63.7%	17.5%	2.8%
	无业人员	76	43	119	108	23	15
		42.5%	24%	66.5%	60.3%	12.8%	8.4%
	其他	344	183	471	469	119	27
		47.4%	25.2%	64.9%	64.6%	16.4%	3.7%
北部	教师	179	62	191	182	78	3
		71.6%	24.8%	76.4%	72.8%	31.2%	1.2%
	公务员	66	48	101	94	31	3
		49.3%	35.8%	75.4%	70.1%	23.1%	2.2%
	企事业单位人员	188	86	348	321	71	9
		40.8%	18.7%	75.5%	69.6%	15.4%	2%

第五章　从语言习得看山西晋语区地方普通话的使用情况

续表

		学校教育	家里人影响	电视、网络	社会交往	培训机构	其他途径
北部	商业、服务人员	64	31	88	77	17	9
		55.7%	27%	76.5%	67%	14.8%	7.8%
	个体户	122	74	246	197	22	6
		36.3%	22%	73.2%	58.6%	6.5%	1.8%
	农民	74	94	229	179	22	17
		21.6%	27.5%	67%	52.3%	6.4%	5%
	学生	1130	349	1010	873	189	35
		83.6%	25.8%	74.7%	64.6%	14%	2.6%
	无业人员	20	13	40	35	8	5
		37%	24.1%	74.1%	64.8%	14.8%	9.3%
	其他	84	51	121	101	27	5
		46.9%	28.5%	67.6%	56.4%	15.1%	2.8%
西部	教师	64	23	62	57	17	1
		67.4%	24.2%	65.3%	60%	17.9%	1.1%
	公务员	37	19	45	44	18	3
		61.7%	31.7%	75%	73.3%	30%	5%
	企事业单位人员	87	44	120	117	28	3
		49.2%	24.9%	67.8%	66.1%	15.8%	1.7%
	商业、服务人员	26	25	46	45	7	1
		41.3%	39.7%	73%	71.4%	11.1%	1.6%
	个体户	51	38	142	126	20	5
		27.7%	20.7%	77.2%	68.5%	10.9%	2.7%
	农民	47	69	182	127	14	19
		16.7%	24.5%	64.5%	45%	5%	6.7%
	学生	506	176	474	399	104	10
		77.5%	27%	72.6%	61.1%	15.9%	1.5%
	无业人员	5	5	14	13	1	4
		21.7%	21.7%	60.9%	56.5%	4.3%	17.4%
	其他	42	13	49	49	9	2
		56%	17.3%	65.3%	65.3%	12%	2.7%

续表

		学校教育	家里人影响	电视、网络	社会交往	培训机构	其他途径
中部	教师	191	66	204	174	58	13
		69.5%	24%	74.2%	63.3%	21.1%	4.7%
	公务员	55	38	83	75	27	0
		49.1%	33.9%	74.1%	67%	24.1%	0%
	企事业单位人员	182	103	260	249	69	10
		45.6%	25.8%	65.2%	62.4%	17.3%	2.5%
	商业、服务人员	38	31	74	81	18	2
		38%	31%	74%	81%	18%	2%
	个体户	114	91	262	241	46	6
		31.1%	24.9%	71.6%	65.8%	12.6%	1.6%
	农民	74	82	253	202	32	10
		20.2%	22.4%	69.1%	55.2%	8.7%	2.7%
	学生	781	331	754	644	194	27
		78%	33.1%	75.3%	64.3%	19.4%	2.7%
	无业人员	24	16	37	31	5	5
		44.4%	29.6%	68.5%	57.4%	9.3%	9.3%
	其他	91	59	153	167	34	5
		37.4%	24.3%	63%	68.7%	14%	2.1%
东南部	教师	292	93	269	251	94	17
		77.5%	24.7%	71.4%	66.6%	24.9%	4.5%
	公务员	78	33	88	83	27	3
		63.9%	27%	72.1%	68%	22.1%	2.5%
	企事业单位人员	294	117	356	307	93	13
		61.8%	24.6%	74.8%	64.5%	19.5%	2.7%
	商业、服务人员	46	30	80	82	27	7
		43.4%	28.3%	75.5%	77.4%	25.5%	6.6%
	个体户	120	74	220	192	30	5
		41%	25.3%	75.1%	65.5%	10.2%	1.7%
	农民	120	75	279	201	42	11
		30.5%	19%	70.8%	51%	10.7%	2.8%

续表

		学校教育	家里人影响	电视、网络	社会交往	培训机构	其他途径
东南部	学生	1301	388	1048	955	301	55
		86.8%	25.9%	69.9%	63.7%	20.1%	3.7%
	无业人员	27	9	28	29	9	1
		56.3%	18.8%	58.3%	60.4%	18.8%	2.1%
	其他	127	60	148	152	49	15
		55.5%	26.2%	64.6%	66.4%	21.4%	6.6%

(三) 人们学习普通话的途径在不同受教育程度中的分布情况

调查数据显示（表5.3.3），在山西晋语区，不管受教育程度如何，不同受教育程度的人群学习普通话的途径主要是"电视网络、社会交往"，"学校教育"这一学习途径，在不同受教育程度人群中的分布不同：高中以下人群通过"学校教育"这一途径学习普通话的占比在50%以下，高中以上人群通过"学校教育"这一途径学习普通话的占比在50%以上，其中，本科及以上人群选择该项的占比达78.2%，可见，人们接受学校教育的时间越长，学校教育越是学习普通话的主要途径。

表5.3.3 人们学习普通话的途径在不同受教育程度中的分布情况

		学校教育	家里人影响	电视、网络	社会交往	培训机构	其他途径
山西	没上过学	0	85	200	140	19	20
		0%	29%	77.8%	57.8%	6.5%	6.8%
	小学	516	366	835	574	128	40
		43.7%	31%	70.7%	48.6%	10.8%	3.4%
	初中	1038	582	1560	1295	312	50
		46.4%	26%	69.8%	57.9%	14%	2.2%
	高中	1152	568	1429	1267	283	42
		56.7%	28%	70.3%	62.4%	13.9%	2.1%
	大专	855	381	1146	1115	277	41
		55.1%	24.5%	73.8%	71.8%	17.8%	2.6%
	本科及以上	3129	934	2934	2761	819	152
		78.2%	23.3%	73.3%	69%	20.5%	3.8%

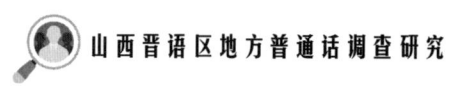

续表

		学校教育	家里人影响	电视、网络	社会交往	培训机构	其他途径
北部	没上过学	0 0%	30 31.3%	64 73.6%	52 69.2%	11 11.5%	7 7.3%
	小学	149 43.8%	114 33.5%	236 69.4%	163 47.9%	33 9.7%	13 3.8%
	初中	386 55.4%	195 28%	481 69%	395 56.7%	80 11.5%	17 2.4%
	高中	355 64.3%	138 25%	392 71%	328 59.4%	67 12.1%	9 1.6%
	大专	251 52.4%	98 20.5%	381 79.5%	355 74.1%	71 14.8%	13 2.7%
	本科及以上	765 72.2%	233 22%	820 77.4%	766 72.3%	203 19.2%	33 3.1%
西部	没上过学	0 0%	16 24.2%	43 70.4%	28 52.4%	2 3%	7 10.6%
	小学	70 33.5%	58 27.8%	147 70.3%	101 48.3%	14 6.7%	9 4.3%
	初中	135 35.9%	94 25%	254 67.6%	203 54%	47 12.5%	10 2.7%
	高中	173 55.4%	92 29.5%	223 71.5%	199 63.8%	38 12.2%	5 1.6%
	大专	112 57.7%	51 26.3%	140 72.2%	140 72.2%	34 17.5%	3 1.5%
	本科及以上	365 80.2%	101 22.2%	327 71.9%	306 67.3%	83 18.2%	14 3.1%
中部	没上过学	0 0%	22 32.4%	42 78%	35 61.5%	2 2.9%	3 4.4%
	小学	91 34.9%	80 30.7%	185 70.9%	130 49.8%	35 13.4%	9 3.4%
	初中	224 37.3%	155 25.8%	435 72.5%	371 61.8%	94 15.7%	11 1.8%

续表

		学校教育	家里人影响	电视、网络	社会交往	培训机构	其他途径
中部	高中	264	176	404	359	80	12
		46.5%	31%	71.1%	63.2%	14.1%	2.1%
	大专	223	111	294	295	81	10
		52.8%	26.3%	69.7%	69.9%	19.2%	2.4%
	本科及以上	737	273	720	674	191	33
		73.9%	27.4%	72.2%	67.6%	19.2%	3.3%
东南部	没上过学	0	17	51	25	4	3
		0%	27%	89.8%	54.7%	6.3%	4.8%
	小学	206	114	267	180	46	9
		55.5%	30.7%	72%	48.5%	12.4%	2.4%
	初中	293	138	390	326	91	12
		52.1%	24.6%	69.4%	58%	16.2%	2.1%
	高中	360	162	410	381	98	16
		60%	27%	68.3%	63.5%	16.3%	2.7%
	大专	269	121	331	325	91	15
		58.9%	26.5%	72.4%	71.1%	19.9%	3.3%
	本科及以上	1262	327	1067	1015	342	72
		84.6%	21.9%	71.6%	68.1%	22.9%	4.8%

综上，在山西晋语区，人们学习普通话的途径呈现多样化，主要集中在学校、电视和网络、社会交往上，并且，随着现代传媒的普及、不同地域人们社会交往的增多，电视、网络、广播、社会交往很自然地成为人们学习普通话主要途径，这些途径在普通话普及方面起到了很大的作用。

第三节　山西晋语区人们习得地方普通话原因的调查

问卷中"您为什么要学习普通话？（可多选）选项包括：工作或学习需要；个人兴趣；为了与更多的人交往；为了找到更好的工作；单位或学校的要求"一题的统计数据（见表5.4）反映了被试者学习普通话的原因。

一 数据统计

调查数据显示（表5.4），山西晋语区，人们学习普通话最主要的原因是"为了与更多的人交往"，其次是"工作或学习需要""个人兴趣""为了找到更好的工作""单位或学校的要求"等，其占比均在30%左右。可见，人们学习普通话主要出于实用的考虑。

表5.4　　　　　　　　人们学习普通话的原因

	工作或学习需要	个人兴趣	为了与更多的人交往	为了找到更好的工作	单位或学校的要求
山西	6523	3891	8381	3502	3100
	57.8%	34.4%	74.2%	31%	27.4%
北部	1812	1138	2275	931	931
	56.2%	35.3%	70.6%	28.9%	28.9%
西部	906	570	1133	469	347
	56.2%	35.4%	70.3%	29.1%	21.5%
中部	1616	1001	2236	875	696
	55.4%	34.3%	76.7%	30%	23.9%
东南部	2189	1182	2737	1227	1126
	61.8%	33.4%	77.2%	34.6%	31.8%

如果将我们的调查数据与《中国语言文字使用情况调查资料》所记录的"2000年时人们学习普通话的原因"的调查数据进行比较（见表5.5），我们可以很清楚地看到，二十年前，人们出于"为了找到更好的工作""个人兴趣"等原因学习普通话的比例不足5%，二十年后，"为了与更多的人交往""个人兴趣""为了找到更好的工作"的占比均增加了30%左右，上升幅度非常大。这说明讲普通话的社会环境正在形成并改善着。

表5.5　　　2000年和2018年人们学习普通话的原因比较　　　（%）

原因 时间	工作或学习需要	个人兴趣	为了与更多的人交往	为了找到更好的工作	单位或学校的要求
2000	41.71	3.31	35.15	2.20	17.63
2018	57.8	34.4	74.2	31.0	27.4

第五章　从语言习得看山西晋语区地方普通话的使用情况

二　不同人群学习普通话的原因分布情况

(一) 不同年龄人群学习普通话的原因分布情况

调查数据显示 (5.4.1)，山西晋语区，不管哪个年龄段的人群学习普通话的主要原因都是"为了与更多的人交往"，占比多在 70% 左右。而人们学习普通话的其他原因在不同年龄段中的占比则不尽一致：选择"工作或学习需要"的人群主要集中在 60 岁以下，占比均在 50% 以上，这与该年龄段处于学习或工作的阶段有关。选择"个人兴趣"的人群主要集中在 18 岁以下和 60 岁以上，选择"单位或学校的要求"的人群主要集中在 30 岁以下，选择"为了找到更好的工作"的人群主要集中在 19—30 岁，占比在 40% 左右，这与这一年龄段处于就业、创业、择业的特点有关。

表 5.4.1　　不同年龄人群学习普通话的原因分布情况

		工作或学习需要	个人兴趣	为了与更多的人交往	为了找到更好的工作	单位或学校的要求
山西	12 岁以下	175	157	241	74	113
		46.5%	41.8%	64.1%	19.7%	30.1%
	12—18	865	715	1177	406	463
		53.5%	44.2%	72.7%	25.1%	28.6%
	19—30	2708	1424	3335	1780	1737
		63.5%	33.4%	78.2%	41.7%	40.7%
	31—45	1641	820	1957	820	565
		63.5%	31.7%	75.7%	31.7%	21.8%
	46—60	957	562	1290	348	187
		50.9%	29.9%	68.6%	18.5%	9.9%
	60 岁以上	177	213	381	74	35
		31.1%	37.4%	67%	13%	6.2%
北部	12 岁以下	45	34	45	12	21
		59.2%	44.7%	59.2%	15.8%	27.6%
	12—18	262	227	391	108	174
		47.2%	40.9%	70.5%	19.5%	31.4%

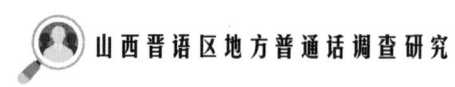

续表

		工作或学习需要	个人兴趣	为了与更多的人交往	为了找到更好的工作	单位或学校的要求
北部	19—30	732 59.4%	438 35.6%	918 74.5%	501 40.7%	521 42.3%
	31—45	471 64.3%	249 34%	515 70.3%	213 29.1%	173 23.6%
	46—60	227 50.1%	135 29.8%	293 64.7%	76 16.8%	31 6.8%
	60岁以上	75 43.1%	55 31.6%	113 64.9%	21 12.1%	11 6.3%
西部	12岁以下	30 51.7%	30 51.7%	29 50%	9 15.5%	21 36.2%
	12—18	138 52.5%	132 50.2%	179 68.1%	54 20.5%	68 25.9%
	19—30	396 70%	174 30.7%	441 77.9%	236 41.7%	204 36%
	31—45	133 55.6%	82 34.3%	175 73.2%	73 30.5%	26 10.9%
	46—60	186 49.3%	107 28.4%	240 63.7%	80 21.2%	24 6.4%
	60岁以上	23 21.1%	45 41.3%	69 63.3%	17 15.6%	4 3.7%
中部	12岁以下	34 47.9%	32 45.1%	50 70.4%	11 15.5%	18 25.4%
	12—18	192 54.7%	180 51.3%	280 79.8%	94 26.8%	75 21.4%
	19—30	688 62%	370 33.4%	890 80.3%	434 39.1%	411 37.1%
	31—45	442 58.9%	221 29.5%	569 75.9%	229 30.5%	128 17.1%

续表

		工作或学习需要	个人兴趣	为了与更多的人交往	为了找到更好的工作	单位或学校的要求
中部	46—60	230	151	347	95	59
		46.2%	30.3%	69.7%	19.1%	11.8%
	60岁以上	30	47	100	12	5
		21.9%	34.3%	73%	8.8%	3.6%
东南部	12岁以下	66	61	117	42	53
		38.6%	35.7%	68.4%	24.6%	31%
	12—18	273	176	327	150	146
		60.8%	39.2%	72.8%	33.4%	32.5%
	19—30	892	442	1086	609	601
		65.6%	32.5%	79.9%	44.8%	44.2%
	31—45	595	268	698	305	238
		68.9%	31%	80.8%	35.3%	27.5%
	46—60	314	169	410	97	73
		56.9%	30.6%	74.3%	17.6%	13.2%
	60岁以上	49	66	99	24	15
		32.9%	44.3%	66.4%	16.1%	10.1%

（二）不同职业人群学习普通话的原因分布情况

调查数据显示（表5.4.2），山西晋语区，不管职业如何，人们学习普通话的最主要原因都是"为了与更多的人交往"，占比多在70%以上，其次是"工作或学习的需要"，与其他原因相比，该原因的占比在同一职业人群中的占比相对较高，其中，教师、公务员、企事业单位人员、商业服务人员的该项占比均在70%以上，个体户、学生的该项占比在50%左右，农民的该项占比相对较低，在30%左右。

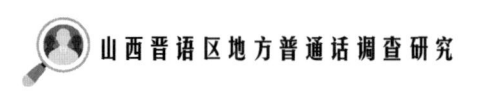

表5.4.2　　　　不同职业人群学习普通话的原因分布情况

		工作或学习需要	个人兴趣	为了与更多的人交往	为了找到更好的工作	单位或学校的要求
山西	教师	776 77.8%	350 35.1%	718 72%	296 29.7%	419 42%
	公务员	306 71.5%	174 40.7%	307 71.7%	151 35.3%	110 25.7%
	企事业单位人员	1031 68.1%	475 31.4%	1110 73.4%	488 32.3%	389 25.7%
	商业、服务人员	269 70.1%	155 40.4%	302 78.6%	153 39.8%	86 22.4%
	个体户	646 54.8%	330 28%	861 73%	304 25.8%	68 5.8%
	农民	412 29.8%	401 29%	1009 72.9%	247 17.8%	52 3.8%
	学生	2595 57.6%	1725 38.3%	3414 75.8%	1611 35.8%	1829 40.6%
	无业人员	76 42.5%	63 35.2%	120 67%	48 26.8%	37 20.7%
	其他	412 56.7%	218 30%	540 74.4%	204 28.1%	110 15.2%
北部	教师	202 80.8%	93 37.2%	179 71.6%	90 36%	103 41.2%
	公务员	96 71.6%	64 47.8%	90 67.2%	47 35.1%	40 29.9%
	企事业单位人员	335 72.7%	170 36.9%	317 68.8%	161 34.9%	162 35.1%
	商业、服务人员	83 72.2%	36 31.3%	82 71.3%	39 33.9%	20 17.4%
	个体户	180 53.6%	88 26.2%	233 69.3%	79 23.5%	20 6%

第五章 从语言习得看山西晋语区地方普通话的使用情况

续表

		工作或学习需要	个人兴趣	为了与更多的人交往	为了找到更好的工作	单位或学校的要求
北部	农民	104	94	244	43	9
		30.4%	27.5%	71.3%	12.6%	2.6%
	学生	688	521	972	415	549
		50.9%	38.5%	71.9%	30.7%	40.6%
	无业人员	21	20	35	9	8
		38.9%	37%	64.8%	16.7%	14.8%
	其他	103	52	123	48	20
		57.5%	29.1%	68.7%	26.8%	11.2%
西部	教师	65	31	61	28	35
		68.4%	32.6%	64.2%	29.5%	36.8%
	公务员	52	21	39	28	14
		86.7%	35%	65%	46.7%	23.3%
	企事业单位人员	114	56	125	60	32
		64.4%	31.6%	70.6%	33.9%	18.1%
	商业、服务人员	42	28	50	31	14
		66.7%	44.4%	79.4%	49.2%	22.2%
	个体户	114	44	123	43	9
		62%	23.9%	66.8%	23.4%	4.9%
	农民	67	88	196	46	5
		23.8%	31.2%	69.5%	16.3%	1.8%
	学生	401	273	477	203	228
		61.4%	41.8%	73%	31.1%	34.9%
	无业人员	9	12	10	8	2
		39.1%	52.2%	43.5%	34.8%	8.7%
	其他	42	17	52	22	8
		56%	22.7%	69.3%	29.3%	10.7%
中部	教师	201	102	204	74	105
		73.1%	37.1%	74.2%	26.9%	38.2%
	公务员	73	46	83	37	30
		65.2%	41.1%	74.1%	33%	26.8%

续表

		工作或学习需要	个人兴趣	为了与更多的人交往	为了找到更好的工作	单位或学校的要求
中部	企事业单位人员	249	120	289	110	80
		62.4%	30.1%	72.4%	27.6%	20.1%
	商业、服务人员	66	45	81	48	22
		66%	45%	81%	48%	22%
	个体户	187	96	270	106	17
		51.1%	26.2%	73.8%	29%	4.6%
	农民	101	88	282	65	18
		27.6%	24%	77%	17.8%	4.9%
	学生	598	407	816	363	383
		59.7%	40.7%	81.5%	36.3%	38.3%
	无业人员	22	19	38	14	10
		40.7%	35.2%	70.4%	25.9%	18.5%
	其他	119	78	173	58	31
		49%	32.1%	71.2%	23.9%	12.8%
东南部	教师	308	124	274	104	176
		81.7%	32.9%	72.7%	27.6%	46.7%
	公务员	85	43	95	39	26
		69.7%	35.2%	77.9%	32%	21.3%
	企事业单位人员	333	129	379	157	115
		70%	27.1%	79.6%	33%	24.2%
	商业、服务人员	78	46	89	35	30
		73.6%	43.4%	84%	33%	28.3%
	个体户	165	102	235	76	22
		56.3%	34.8%	80.2%	25.9%	7.5%
	农民	140	131	287	93	20
		35.5%	33.2%	72.8%	23.6%	5.1%
	学生	908	524	1149	630	669
		60.6%	35%	76.7%	42%	44.6%

续表

		工作或学习需要	个人兴趣	为了与更多的人交往	为了找到更好的工作	单位或学校的要求
东南部	无业人员	24	12	37	17	17
		50%	25%	77.1%	35.4%	35.4%
	其他	148	71	192	76	51
		64.6%	31%	83.8%	33.2%	22.3%

（三）不同受教育程度人群学习普通话的原因分布情况

调查数据显示（表5.4.3）不管受教育程度如何，人们学习普通话的主要原因都是"为了与更多的人交往"。而且，随着受教育程度的提高，因为"工作或学习的需要、为了找到更好的工作、单位或学校的要求"等原因学习普通话的人群占比不断提高。

表5.4.3　　不同受教育程度人群学习普通话的原因分布情况

		工作或学习需要	个人兴趣	为了与更多的人交往	为了找到更好的工作	单位或学校的要求
山西	没上过学	77	97	174	43	15
		26.3%	33.1%	59.4%	14.7%	5.1%
	小学	450	404	796	189	145
		38.1%	34.2%	67.4%	16%	12.3%
	初中	1034	737	1634	489	282
		46.3%	33%	73.1%	21.9%	12.6%
	高中	1133	716	1479	563	381
		55.8%	35.2%	72.8%	27.7%	18.8%
	大专	1031	543	1187	561	400
		66.4%	35%	76.5%	36.1%	25.8%
	本科及以上	2798	1394	3111	1657	1877
		69.9%	34.8%	77.7%	41.4%	46.9%
北部	没上过学	31	33	60	12	5
		32.3%	34.4%	62.5%	12.5%	5.2%
	小学	148	110	211	41	28
		43.5%	32.4%	62.1%	12.1%	8.2%

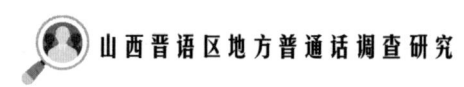

续表

		工作或学习需要	个人兴趣	为了与更多的人交往	为了找到更好的工作	单位或学校的要求
北部	初中	311	234	490	115	120
		44.6%	33.6%	70.3%	16.5%	17.2%
	高中	299	185	369	143	133
		54.2%	33.5%	66.8%	25.9%	24.1%
	大专	307	180	349	178	145
		64.1%	37.6%	72.9%	37.2%	30.3%
	本科及以上	716	396	796	442	500
		67.6%	37.4%	75.2%	41.7%	47.2%
西部	没上过学	11	27	38	13	2
		16.7%	40.9%	57.6%	19.7%	3%
	小学	80	73	137	38	25
		38.3%	34.9%	65.6%	18.2%	12%
	初中	162	124	247	67	40
		43.1%	33%	65.7%	17.8%	10.6%
	高中	190	130	216	80	48
		60.9%	41.7%	69.2%	25.6%	15.4%
	大专	126	73	146	74	50
		64.9%	37.6%	75.3%	38.1%	25.8%
	本科及以上	337	143	349	197	182
		74.1%	31.4%	76.7%	43.3%	40%
中部	没上过学	14	22	36	10	1
		20.6%	32.4%	52.9%	14.7%	1.5%
	小学	84	85	192	34	29
		32.2%	32.6%	73.6%	13%	11.1%
	初中	276	186	460	147	43
		46%	31%	76.7%	24.5%	7.2%
	高中	287	186	439	146	74
		50.5%	32.7%	77.3%	25.7%	13%

第五章 从语言习得看山西晋语区地方普通话的使用情况

续表

		工作或学习需要	个人兴趣	为了与更多的人交往	为了找到更好的工作	单位或学校的要求
中部	大专	266	138	335	158	103
		63%	32.7%	79.4%	37.4%	24.4%
	本科及以上	689	384	774	380	446
		69.1%	38.5%	77.6%	38.1%	44.7%
东南部	没上过学	21	15	40	8	7
		33.3%	23.8%	63.5%	12.7%	11.1%
	小学	138	136	256	76	63
		37.2%	36.7%	69%	20.5%	17%
	初中	285	193	437	160	79
		50.7%	34.3%	77.8%	28.5%	14.1%
	高中	357	215	455	194	126
		59.5%	35.8%	75.8%	32.3%	21%
	大专	332	152	357	151	102
		72.6%	33.3%	78.1%	33%	22.3%
	本科及以上	1056	471	1192	638	749
		70.8%	31.6%	79.9%	42.8%	50.2%

综上，山西晋语区，人们学习普通话的原因主要集中在为了与更多的人交往、工作或学习的需要上。这一调查结果，与不同地域人们之间的经济往来的加强、人口流动频率的增大有着密切的关系。这在一定程度上也反映出人们对普通话的认同感增强，为了社会交往、工作或学习的需要积极学习普通话，普通话已经成为人们尤其是不同地域人们之间交流的重要工具。

小　　结

第三章至第五章对山西晋语区普通话使用情况的调查结果基本反映了普通话在山西省晋语区各地的普及、使用情况。通过不同年龄、职业、受教育程度、地域等的分布调查，我们从语言能力、语言习得、语言态度三个方面了解了山西省晋语区普通话使用的基本状况，为山西省晋语区更好地推广普通话提供了客观的依据和参考。

一 最先会说的话仍以方言占主导

2000年的中国语言文字使用情况调查结果显示，全国最先会说普通话的占比为13.47%，最先会说方言的占比为84.23%。时隔近二十年，我们在2018年所调查的数据显示，山西晋语区最先会说普通话的占比为11.9%，最先会说方言的占比为84.5%。可见，与二十年前全国最先会说方言的占比相比，山西晋语区人们小时候最先会说方言的占比变化并不大，方言仍占绝对优势。除了外部原因外，这也与方言承载着当地的地域文化、联结着浓郁的乡情、象征着某地的群体身份等社会功能有着密切的关系。这在一定程度上也反映出在很长一段时期内，方言的生命力会依然很顽强。

二 方言与普通话相互影响，普通话水平有待提高

在双言格局中，山西晋语区的普通话和本地话之间相互影响，形成了以"受普通话影响的本地话"和"带本地口音的普通话"为主导地位的交际格局，人们会在不同的场合使用不同的交际工具。

调查结果显示，山西晋语区，人们选择"受普通话影响的本地话"的占比达到57.2%，达半数以上，而会说"正宗本地话"的人越来越少，从目前的调查数据来看，山西晋语区会说正宗本地话的人占比不到20%，而且，从语言态度上看，56.9%的人们更喜欢本地话，86.9%的人们认为普通话更重要，54.8%的人们希望自己的普通话水平达到"能较流利准确地使用"，可见，大多数人们从情感上认同本地话，从实用上则更认可普通话，对提高普通话水平的期待也较高，这也说明，随着普通话的进一步的推广和普及，普通话对方言产生了较大的影响。

人们选择"带本地口音的普通话"的占比达到51.2%，而且能较流利

准确地使用普通话的占比为37.3%，这说明人们在学习普通话的过程中，方言对普通话也有较强的影响。据调查，除了教师、播音员等对普通话要求较高的职业外，大多数人的普通话水平都不高。其中原因众多，最主要的原因是母方言的负迁移影响。调查数据显示，在山西晋语区，84.5%的人们小时候最先学会的话是本地话，语言习惯一旦形成，"虽然基本习惯有可能稍作改变，但童年过后就不易彻底更改，青春期后则基本上无法改变"[1]。之后，"如果试图改变自己的说话方式，就会使他及他的熟人感到别扭"[2]。尤其当母方言和标准普通话之间存在较大差异时，方言就会对普通话的学习产生更多的干扰，于是，在学习普通话的过程中形成了不标准的地方普通话。这一现状，告诉我们在当下普通话广泛普及的大背景下，山西晋语区人们普通话的水平还有待进一步提高。鉴于此，提高山西晋语区人们的普通话水平是日后推普的一个重点工作。

三 普通话使用比例大幅提高，但普通话在各地区的使用并不平衡

2000年中国语言文字使用情况调查结果显示，山西使用普通话的比例为41.81%。如前所述，目前，从总体上看，山西晋语区使用普通话的比例为86.1%。两者比较，可以看到山西晋语区普通话使用比例提高了45%左右，这显示了近二十年来推普工作的成效。但比较普通话在山西晋语区各地的使用情况，我们可以看到其使用并不平衡，整体上看，中部、东南部普通话使用的比例要稍高于北部、西部。

从语言态度上看，北部、西部更喜爱本地话的占比均达到60%以上，中部、东南部更喜爱本地话的比例在50%左右。与中部、东南部相比，北部、西部人们对本地话的喜爱占比更好一些，语言态度在一定程度上影响着语言使用，北部、西部人们对本地话的这一情感态度在一定程度上也会

---

[1] 李小金：《洛阳市普通话使用情况调查分析》，《语文建设》1992年第1期。
[2] 李小金：《洛阳市普通话使用情况调查分析》，《语文建设》1992年第1期。

影响人们在语言使用上更愿意使用本地话。

从语言习得上看,虽然总体上各地人们均以"最先会说本地话"为主,但就"最先会说普通话"的比例而言,北部、西部为9%左右,中部、东南部为13%左右,不难看出,中部、东南部在普通话的最先习得上较北部、西部稍高一些。

四 普通话学习途径多元化,学校仍是普通话学习的主阵地

调查数据现实,青少年通过学校教育来学习普通话的比例最高,可见,学校教育是普通话早期学习的主要途径。在之后的推普工作中,要做好宣传,不断加强各县市群众通过其他途径自觉主动学习普通话的意识和积极性,让更多的离开学校的成年人能够通过非学校教育的途径来学习普通话。

五 自觉学习普通话的动机并不强烈

调查数据显示,"工作的需要"和"方便与人交往"所占的比例相对较高,"个人兴趣"所占的比例并不高。学习和掌握语言是为了交际,而在更多的情况下,不标准的普通话足以达到顺利交际的需要,所以,很多人在学习普通话时只要满足工作的需要就行,而且认为说标准的普通话反而会让听话人感觉很别扭,因此,以只要听得懂为目的,对掌握标准普通话并没有强烈的学习需求和学习动机。

第六章 山西晋语区地方普通话的语音特征

如前文所述,在山西晋语区,绝大多数人们最先学会的话是本地方言,并在日常生活中长期使用,因此,在学习或使用普通话时,人们会不自然地受到方言的影响,带上明显的方言口音,我们将这种受到方言影响的普通话称为地方普通话。它是"普通话的低级形式"[1],是山西晋语区的人们在学习普通话的过程中必然会产生的一种语言现象。这种"地方普通话是普遍存在和广泛使用的,其特点是比较明显的,这是不可否认和不可忽视的事实"[2]。李如龙先生曾指出地方普通话有两个基本特征:一是兼容性,即"兼有普通话和方言两种成分。这两种成分的构成是因地而异,因人而异,并且处在不断变化之中的"[3];另一个是系统性,即"在一个方言区的一个时期里,多数人所说的过渡语[4]的两种成分构成又是具有大体一致的系统性的"[5],"在一定时期里,各种过渡语都可以截取出一个相对稳定的共时系统来"[6]。"有其不易改变的顽固性,这种顽固性大体是语音为甚,词汇次之,语法再次之。"[7] 地方普通话所具有的这些特点就为我们调

---

[1] 陈章太:《普通话与方言的几个问题》,《语文建设》1990年第4期。
[2] 陈章太:《普通话与方言的几个问题》,《语文建设》1990年第4期。
[3] 李如龙:《论方言和普通话之间的过渡语》,《福建师范大学学报》1998年第2期。
[4] 李如龙先生将地方普通话称为过渡语。
[5] 李如龙:《论方言和普通话之间的过渡语》,《福建师范大学学报》1998年第2期。
[6] 李如龙:《论方言和普通话之间的过渡语》,《福建师范大学学报》1998年第2期。
[7] 陈亚川:《"地方普通话"的性质特征及其他》,《世界汉语教学》1991年第1期。

查研究它所具有的语言特征提供了可能,并且,地方普通话的语音特征尤为明显。

"从理论上看,研究'地方普通话'应该是属于第二语言习得研究这个范畴的。"① 诸多学者将"地方普通话"看作是一种中介语,操地方普通话的人的母语是本地方言,目的语是普通话。

"中介语"这一概念是1972年由美国语言学家塞林格提出的,它主要是针对学习外语的人在学习过程中对于目的语的规律所作的不正确的归纳与推论而产生的一个语言系统。"这个语言系统在语音、词语、语法和文化等方面都有不同的表现,但它又不是固定不变的,而是随着学习者学习程度的加深、逐渐向目的语的正确形式方面靠拢。这个过程是一个渐进、演化、动态的过程,即学生在习得过程中会不断地调整自己的语言行为,使这种语言行为适合于目的语的表达习惯,由错误逐渐向正确方向转化。"②

目前,学界已有不少学者借鉴中介语理论来研究地方普通话。李宇明先生曾指出"如果把普通话称为目标语言(Lt)的话,人们学习普通话的过程,就是从零起点(L0,第一种情形)或以某种方言、某种语言为起点(L1,第二种情形)向目标语言不断进发的过程。这个过程中人们使用的语言称为'中介语'(interlanguage,记作Li)。理论上说,Li可以同Lt重合,但是在实际中任何人的普通话都是有缺陷的,即使是最优秀的语言学习者,他的Li也只能是无限地逼近Lt,而不能达到与Lt重合的程度"③。据此,山西晋语区的人们在学习和使用普通话的过程中,因受方言的影响而不同程度地保留本地方言的某些特征。这种普通话既不同于本地方言,也不同于标准普通话,是一种不规范地学习普通话的结果。

为了更准确、客观地找出山西晋语区地方普通话的语音特征,我们以

---

① 陈亚川:《"地方普通话"的性质特征及其他》,《世界汉语教学》1991年第1期。
② 高山:《"武汉普通话"语音考察》,硕士学位论文,华中师范大学,2004年,第7页。
③ 李宇明:《关于普通话水平测试的思考》,《普通话水平测试研究》,上海教育出版社2002年版,第3页。

第六章　山西晋语区地方普通话的语音特征

山西晋语区内地级市为调查点进行了大量的调查数据的采集，共选定9个调查点：太原、晋中、阳泉、吕梁、忻州、朔州、大同、长治和晋城。在调查中，我们一方面进行大量的隐蔽录音，获取自由语境下的语料，另一方面，还进行了面对面的访谈录音，获取了可控语境下的语料。在此基础上，结合山西晋语区的方言语音特征，运用"中介语"的相关理论，讨论地方普通话的语音特征，旨在揭示在语言接触过程中本地方言对普通话语音的影响。

第一节　山西晋语区地方普通话的语音特征

语音是地方普通话的典型特征。于根元先生认为："对中介状态的研究是建立在对两端状态的研究的基础之上的，而中介状态的研究又进一步强化了对两端状态的认识。"[①] 因此，在分析作为中介状态的"山西晋语区地方普通话"的语音特征之前，我们必须首先了解清楚其两端——"山西晋语区方言[②]和普通话"语音的基本特征。在此基础上，我们就可以根据二者语音系统的差异更好地认识人们在学习普通话过程中出现的偏误问题以及地方普通话在接近标准普通话的过程中所呈现出的中介特点。

根据《山西方言调查研究报告》中山西晋语区九个地级市方言的音系特征，在对各个方言与普通话进行比较的基础上，我们可以看到各方言具有如下一些主要特点：

与普通话相比，在声母方面主要体现在山西晋语区舌尖前音和舌尖后音的分合上。太原、晋中、长治、晋城方言的舌尖前音和舌尖后音全部不分，其中，太原、晋中、长治方言中只有舌尖前音，没有舌尖后音，而晋城方言则与之相反，只有舌尖后音，没有舌尖前音。阳泉、朔州、大同、

[①] 于根元：《应用语言学理论纲要》，华语教学出版社1999年版，第103页。
[②] 山西晋语区各地老派方言音系材料均来自侯精一、温端政《山西方言调查研究报告》，山西高校联合出版社1993年版。

忻州、吕梁方言可以部分区分舌尖前音和舌尖后音,多是舌尖后音混入舌尖前音。

与普通话相比,在韵母方面主要有三个特点:第一,在所有的方言中都不同程度地存在 [ən in un yn] 和 [əŋ iŋ uŋ yŋ] 韵母相混的现象:普通话中的 [ən in un yn] 韵母在太原、晋中、阳泉、大同、吕梁、忻州、长治方言中都混入 [əŋ iŋ uŋ yŋ] 韵母;普通话中的 [əŋ iŋ uŋ yŋ] 韵母在晋城、朔州方言中不同程度地混入 [ən in un yn];第二,普通话中的 [iɛn yan] 韵母在太原、晋中、大同、朔州、晋城方言中混入 [iɛ yɛ];第三,所有方言都至少有主要元音分别为高元音和低元音的两组入声韵。

与普通话相比,在声调方面主要有三个特点:第一,所有方言都有入声调。第二,各方言的调类分合不尽一致。在阳泉、大同、吕梁方言中舒声调的调类分合与普通话基本一致,但在太原、晋中、朔州、忻州、长治、晋城方言中舒声调的调类分合与普通话都不一致,其中,太原、晋中方言中平声不分阴阳,朔州、忻州方言中阴平和上声不分,晋城方言中阳平和上声不分,长治方言中阴去和阳去不分。第三,各方言的调值差别较大,比如,太原方言中上声调值是 53,与普通话上声调值 214 相差甚远。

如前文所述,山西晋语区的人们多是双言人,他们所讲的普通话都不同程度地带有一定的方言口音,即地方普通话。它具有如下特点[①]:

第一,模糊性和动态性。地方普通话"是一个从方言到普通话逐渐过渡的集合,各种不同程度的普通话都可能出现。另外,同一个说话人的语言也不是完全固定的,往往在读书面语时靠近普通话,说口语时靠近方言口语,注意时靠近普通话,不经意时靠近方言,心平气和时靠近普通话,气急败坏时靠近方言,在某些环境里对某些对象说话靠近普通话,在另外一些环境对另外一些对象又靠近方言"[②]。

---

① 关于地方普通话的特点引自江燕《南昌话和普通话接触研究》,博士学位论文,苏州大学,2008 年,第 99 页。

② 马美茹:《河北方言与普通话协调发展研究》,东北师范大学出版社 2018 年版,第 152 页。

第六章　山西晋语区地方普通话的语音特征

第二，系统性。"指操这种普通话的人依据自己方言系统的规则，用恰当的方式通过替换普通话标准语而形成一种特点的言语系统。这种替换或变化具有系统性，不是杂乱无章的；而且这些系统的变化又体现出惊人的群体性特征，绝非个体任意创造的。这是其最主要的特点。"①

第三，稳定性。"指这种普通话中介语一经形成，一般都具有相当的稳定性。对于操这种普通话的个人来说，如果25岁左右仍然不能有所突破，有可能一辈子就说这种面貌的普通话了。"②

正是地方普通话所具有的"系统性"和"稳定性"为我们研究地方普通话的群体特征提供了可能。

在调查过程中，为了获得更加真实的语料，我们在自由语境下进行了隐蔽录音。Ellis认为中介语应以随意的语体为基础，因为这类语体最稳定，在未做准备的情况下而进行的随意谈话可以很真实地反映第二语言发展的自然轨迹。Labov认为随便体的语言风格更能真实地反映说话人的语言能力。可见，在自然状态下，人们在使用普通话进行谈话聊天时，其注意力多集中在交际内容上，一般不会有意识地去掩盖自身的语言问题，其普通话的各种问题就会很真实地暴露出来，可以较为客观地反映说话者真实的普通话的水平和特点。

鉴于此，为了获得这种自然状态下的地方普通话的语料，我们进行了隐蔽录音，获取其自由谈话的录音材料，并在录音之后，询问被录音人的语言选用情况，然后对这些语料进行筛选，整理，最终我们对每个地级市都选出了30组最有效的地方普通话的录音材料③，结合前文所描述的山西晋语区各地方言音系、方言与普通话语音比较的情况，对其进行分析，进而分别总结出9个地级市地方普通话语音的群体特征。

---

① 江燕：《南昌话和普通话接触研究》，博士学位论文，苏州大学，2008年，第99页。
② 江燕：《南昌话和普通话接触研究》，博士学位论文，苏州大学，2008年，第99页。
③ 具体语料由于数据内容较多，这里不一一列出。在筛选这30组录音语料时，我们充分考虑到了年龄、受教育程度、职业、性别、普通话水平等因素。

一　太原地方普通话的语音特征

（一）太原地方普通话被调查人信息统计

我们所遴选出的30组最有效的太原地方普通话录音材料的被调查人具体信息如下表：

表6.1　　　　　　太原地方普通话被调查人信息统计

编号	姓名	性别	年龄	职业	受教育程度
1	郝建平	男	40	技术工人	大专
2	左红嵘	女	42	技术工人	中专
3	侯海萍	女	49	公司职员	高中
4	梁馨丹	女	21	大学生	本科
5	乔东莲	女	48	公司职员	中专
6	王雅欣	女	22	大学生	本科
7	张和平	女	39	工人	大专
8	王虎	男	37	自由职业	大专
9	王云青	女	49	工人	高中
10	蓝翔	男	49	公司经理	大专
11	张灵惠	女	39	药师	大专
12	王涛	男	46	自由职业	大专
13	李海霞	女	36	自由职业	大专
14	祈丽霞	女	21	学生	本科
15	李敬泽	男	49	工人	高中
16	王琳爱	女	42	教师	研究生
17	张改梅	女	49	会计	大专
18	支雪芬	女	35	教师	研究生
19	郝敏睿	女	21	学生	本科
20	王文君	女	45	银行工作人员	大专
21	张岚	女	41	酒店工作人员	大专
22	苏湘洁	女	19	学生	本科
23	汤华	男	45	工人	高中

第六章　山西晋语区地方普通话的语音特征

续表

编号	姓名	性别	年龄	职业	受教育程度
24	李梅	女	37	工人	初中
25	潘笑菲	女	20	学生	本科
26	王玉兰	女	49	自由职业	高中
27	储茜	女	21	学生	本科
28	储红艳	女	47	商场售货员	高中
29	张子恒	男	35	售楼员	大专
30	李江	女	20	导医	大专

（二）太原地方普通话语音的个体特征

在整理、分析 30 组太原地方普通话录音语料的基础上，参照标准普通话的特点，我们分别总结出 30 组太原地方普通话的个体特征。具体如下：

表 6.2　　　　　　　　太原地方普通话语音的个体特征

编号	个体特征
1	舌尖后音［tʂ］组发成舌尖前音［ts］组，如煮、熟、水、传、出、川等。"不"读成入声［pəʔ²］，如"不宜"。个别阳平字读成了平调，如"人、传、明、厨"等。声调调值普遍发不到位，如"秘、水"等
2	舌尖后音［tʂ］组发成舌尖前音［ts］组，如"煮、出、正、橙"等。"不"读成入声［pəʔ²］，如"不低"。合口呼零声母读［v］，如问。声调调值普遍发不到位，如"但、油、派"等
3	方音较重。后鼻音［ɑŋ］组发成前鼻音［an］组，如"当、常、方、想、网"等，后鼻音［əŋ］组发成前鼻音［ən］组，如"风、奉、情"等。部分平翘舌不分，表现在舌尖后音［tʂ］组发成舌尖前音［ts］组，如"水、上、束"等。部分阳平字读成了平调，如腾等。"不"读成入声［pəʔ²］，如"不同"。合口呼零声母读［v］，如往。声调调值普遍发不到位，如"打、抱、园、清、尽"等
4	语音面貌不错。"不"读成入声［pəʔ²］，如"顾不上"。部分字的声调调值发不到位，如"榜、礼、到"等
5	舌尖后音［tʂ］组发成舌尖前音［ts］组，如"吹、帅、谁"等。声调调值普遍发不到位，如"回、那、医"等
6	部分后鼻音［əŋ］组发成前鼻音［ən］组，如"整、英"等。合口呼零声母读［v］，如晚。"不"读成入声，如"不好"。部分字的声调调值发不到位，如"溃、愁"等

续表

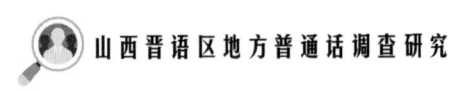

编号	个体特征
7	部分后鼻音［əŋ］组发成前鼻音［ən］组，如"成"；"不"读成入声［pəʔ²］，如"不一样"。部分字的声调调值发不到位，如"展、例、冠"等
8	舌尖后音［tʂ］组发成舌尖前音［ts］组，如"正、吃"等。"不"读成入声［pəʔ²］，如"不行"。部分字的声调调值发不到位，如"部、南"等
9	舌尖后音［tʂ］组发成舌尖前音［ts］组，如"注、中、诊、出"等，部分后鼻音［əŋ］组发成前鼻音［ən］组，如"证、能"等，不"读成入声［pəʔ²］，如"不能"。部分字的声调调值发不到位，如"情、诊、好"等
10	舌尖后音［tʂ］组发成舌尖前音［ts］组，如"查、诊、啥，不、山"等，"不"读成入声［pəʔ²］，如"不能"。部分字的声调调值发不到位，如"报、理、店、开"等
11	舌尖后音［tʂ］组发成舌尖前音［ts］组，如"啥、挣、沈、瘦、出"等。部分后鼻音［əŋ］组发成前鼻音［ən］组，如"腾、捧"等。"不"读成入声［pəʔ²］，如"不错"。部分字的声调调值发不到位，如"小、我、锻、看"等
12	部分后鼻音［əŋ］组发成前鼻音［ən］组，如"生"，不"读成入声［pəʔ²］，如"不能"。部分字的声调调值发不到位，如"时、等、待"等
13	部分后鼻音［əŋ］组发成前鼻音［ən］组，如"能、生、性、风"等。部分前鼻音［ən］组发成后鼻音［əŋ］组，如"人、认、分、们"等。舌尖后音［tʂ］组发成舌尖前音［ts］组，如"着、中、种、实、瞬"。个别阳平字读成平调，如"魂"，"不"读成入声［pəʔ²］，如"不老"。声调调值普遍发不到位，如"起、走、独、味、里"等
14	部分后鼻音［əŋ］组发成前鼻音［ən］组，如"生"等。部分字的声调调值发不到位，如"域、动"
15	部分前鼻音［ən］组发成后鼻音［əŋ］组，如"今、们、门、本"等。［ian］韵母主要元音发音口型较小，接近［iɛ］，如"间"等。舌尖后音［tʂ］组发成舌尖前音［ts］组，如"春、纸"等。部分阳平字读成平调，如"联"，去声字读成升调，如厌。声调调值普遍发不到位，如"甚、上、盛"
16	前鼻音［ən］组发成后鼻音［əŋ］组，如"们、分"。部分后鼻音［əŋ］组发成前鼻音［ən］组，如"丰、生、成、更、朋、程"等。舌尖后音［tʂ］组发成舌尖前音［ts］组，如"支、淳、着"等。部分字的声调调值发不到位，如"自、喜、大、荣"等
17	后鼻音［əŋ］组发成前鼻音［ən］组，如"更、声、能"等。舌尖后音［tʂ］组发成舌尖前音［ts］组，如"出、抓、注、指"等。"不"读成入声［pəʔ²］，如"不能"。部分字的声调调值发不到位，如"色、捕、老、健"

第六章 山西晋语区地方普通话的语音特征

续表

编号	个体特征
18	语音面貌不错。个别后鼻音［əŋ］组发成前鼻音［ən］组，如"能"
19	前鼻音［ən］组发成后鼻音［əŋ］组，如"们"，后鼻音［əŋ］组发成前鼻音［ən］组，如"行"。舌尖后音［tʂ］组发成舌尖前音［ts］组，如"展"。"不"读成入声［pəʔ²］，如"不佳"。部分字的声调调值发不到位，如"堂、夏、美"等
20	前鼻音［ən］组发成后鼻音［əŋ］组，如"称、本"等。部分字的声调调值发不到位，如"靠、品、权"
21	前鼻音［ən］组发成后鼻音［əŋ］组，如"笨"等。舌尖后音［tʂ］组发成舌尖前音［ts］组，如"主、这"。部分字的声调调值发不到位，如"头、片、委、会"等
22	后鼻音［əŋ］组发成前鼻音［ən］组，如"能、正"等。"不"读成入声［pəʔ²］，如"不是"。部分字的声调调值发不到位，如"满、像"等
23	后鼻音［əŋ］组发成前鼻音［ən］组，如"正"等。舌尖后音［tʂ］组发成舌尖前音［ts］组，如"春、中"等。部分阳平字读成平调，如"没"。声调调值普遍发不到位，如"展、学、快"等
24	舌尖后音［tʂ］组发成舌尖前音［ts］组，如"抓、张、谁"等
25	后鼻音［əŋ］组发成前鼻音［ən］组，如"生、成"等。声调调值普遍发不到位，如"没、想、菜、肉"等
26	后鼻音［əŋ］组发成前鼻音［ən］组，如"婚、们、真"等，前鼻音［ən］组发成后鼻音［əŋ］组，如"朋、生、正"等。舌尖后音［tʂ］组发成舌尖前音［ts］组，如"站、纯"等。"不"读成入声［pəʔ²］，如"不正常"。部分字的声调调值发不到位，如"是、人、面、好、愿"等
27	后鼻音［əŋ］组发成前鼻音［ən］组，如"成、挣、证、崩"等。舌尖后音［tʂ］组发成舌尖前音［ts］组，如"是、社、上、出"等。部分字的声调调值发不到位，如"证、文、素"等
28	舌尖后音［tʂ］组发成舌尖前音［ts］组，如"楚、时、慎"等。部分字的声调调值发不到位，如"就、维、九、七"等
29	后鼻音［əŋ］组发成前鼻音［ən］组，如"成、风、整、省"等
30	后鼻音［əŋ］组发成前鼻音［ən］组，如"形、精、生、风、政"等，前鼻音［ən］组发成后鼻音［əŋ］组，如"门、痕、很"等。舌尖后音［tʂ］组发成舌尖前音［ts］组，如"沉、众、治"等。合口呼零声母读［v］，如"问"。部分字声调调值发不到位，如"但、形、有、痕"等

(三) 太原地方普通话语音的群体特征

在整理、分析 30 组太原地方普通话个体特征的基础上，我们总结出太原地方普通话的群体特征。具体如下：

1. 声母特点

太原地方普通话在声母方面的主要特点体现在以下两个方面：

(1) 舌尖前音和舌尖后音时有相混，并发成了舌尖前音

如前文所述，太原方言中，舌尖后音和舌尖前音相混，都发成了舌尖前音，受方言的影响，人们在说普通话时，不同程度地存在舌尖前音和舌尖后音相混发成舌尖前音的情况。

普通话水平较高的人群，舌尖前音和舌尖后音能够分得清楚，而普通话水平中等及以下的人群，舌尖前音和舌尖后音部分分不清楚或者完全分不清楚，进而发成舌尖前音，如：

主力——阻力 一成——一层 诗人——私人

(2) 唇齿浊音和合口呼零声母时有相混，发成了唇齿浊音

在说普通话中的合口呼零声母字时，绝大多数太原人都读成了唇齿浊音 [v]，而不是零声母。如：文 [v] 学、青蛙 [v]。

2. 韵母特点

太原地方普通话在韵母方面的主要特点体现在以下六个方面：

(1) [ən]——[əŋ] 时有相混，发成 [ən] 韵母

普通话水平较高的人群，[ən]——[əŋ] 韵母能够分得清楚，而普通话水平中等及以下的人群，存在 [ən]——[əŋ] 韵母部分分不清楚或者完全分不清楚的情况，如：

振东——正东 呈现——沉陷 申明——声明

(2) [in]——[iŋ] 时有相混，发成 [in] 韵母

普通话水平较高的人群，[in]——[iŋ] 韵母能够分得清楚，而普通话水平中等及以下的人群，存在 [in]——[iŋ] 韵母部分分不清楚或者完全分不清楚的情况。如：

金星——精心 贫民——平民 亲信——轻信

(3) ［un］——［uŋ］时有相混，发成［un］韵母

普通话水平较高的人群，［un］——［uŋ］韵母能够分得清楚，而普通话水平中等及以下的人群，存在［un］——［uŋ］韵母部分分不清楚或者完全分不清楚的情况，如：

尊——宗　棍——共　存——从　吞——通

(4) ［yn］——［yŋ］时有相混，发成［yn］韵母

普通话水平较高的人群，［yn］——［yŋ］韵母能够分得清楚，而普通话水平中等及以下的人群，存在［yn］——［yŋ］韵母部分分不清楚或者完全分不清楚的情况，如：

群——穷　熏——兄　运——用

(5) 与标准普通话中的［an ian uan yan］韵母相比，主要元音发音时口型普遍较小，发音不到位，甚至［ian yan］与［ie ye］韵母时有相混。

普通话水平较高的人群，［an ian uan yan］韵母发音基本标准，而普通话水平中等及以下的人群，存在［an uan］韵母发音时口型较小、［ian yan］——［ie ye］韵母部分分不清楚的情况。关于这一点，我们还专门做了专项调查，调查了普通话水平中等及以下的人群共127人，其中，52%的人群发此类韵母时都存在发音口型较小的情况。

(6) 个别字仍读为入声韵

在说普通话时，绝大多数人口中已没有入声韵，只有在语流中个别字还常读为入声，如：——"你去吗？"——"我不去。"中的"不"，常读为［pəʔ²］。

关于这一点，我们还专门做了专项调查，调查了不同普通话水平的人群共146人，其中，81%的人群都不同程度地存在将"一""个""急""不"等古入声字在一定的语境下读得较短促的情况。

3. 声调特点

太原人在说普通话时，入声调基本消失，就多数人而言，长期受到方言的影响，阴平、阳平、上声、去声的调值发音并不到位。阴平的调值往

往达不到高平55，多为44或33，阳平的调值多为24，上声的调值多为21或212，往往听不到后面上升的音，去声的调值多为42或53，往往降不到1。

二 晋中地方普通话的语音特征

（一）晋中地方普通话被调查人信息统计

我们所遴选出的30组最有效的晋中地方普通话录音材料的被调查人具体信息如下表：

表6.3　　　晋中地方普通话被调查人信息统计

编号	姓名	性别	年龄	职业	受教育程度
1	刘强英	女	22	学生	本科
2	李金伟	男	43	教师	本科
3	李丽红	女	47	工人	高中
4	田晋蓉	女	22	幼师	大专
5	茹宏艺	女	21	学生	本科
6	冯红江	男	48	会计	中专
7	毛小荣	女	31	公司职员	大专
8	王锁芳	女	44	自由职业	初中
9	贾政	男	22	学生	本科
10	陈晓荣	女	22	学生	本科
11	段桂红	女	48	社区工作人员	高中
12	梁瑜芳	女	21	学生	本科
13	张鑫平	女	45	售货员	高中
14	段其飞	女	21	学生	本科
15	杜慧奇	女	45	教师	研究生
16	郭建国	男	49	工人	大专
17	权利强	男	49	教师	研究生
18	白连祥	男	45	工人	初中
19	宁丽英	女	44	工人	初中
20	刘研	女	32	工人	大专
21	王颖仪	女	28	导购	大专

续表

编号	姓名	性别	年龄	职业	受教育程度
22	侯四妮	女	40	无业	初中
23	茹艳平	女	49	无业	初中
24	李丽娥	女	41	无业	高中
25	侯荣荣	女	34	售票员	大专
26	崔超	女	39	教师	本科
27	冯艳超	女	27	秘书	大专
28	贾雅雅	女	31	个体户	大专
29	杨云慧	女	20	学生	本科
30	姚志宏	女	43	公务员	大专

（二）晋中地方普通话语音的个体特征

在整理、分析30组晋中地方普通话录音语料的基础上，并参照标准普通话的特点，我们分别总结出30组晋中地方普通话的个体特征。具体如下：

表6.4　　　　　　　　晋中地方普通话语音的个体特征

编号	个体特征
1	后鼻音［əŋ］组发成前鼻音［ən］组，如"整、城、丁、兵"等。舌尖后音［tʂ］组发成舌尖前音［ts］组，如"种"等。部分字声调调值发不到位，如"女、特、好"等
2	前鼻音［ən］组发成后鼻音［əŋ］组，如"本、人、很"等。部分字声调调值发不到位，如"人、芳、剧"等
3	后鼻音［əŋ］组发成前鼻音［ən］组，如"蒸、登、层、更"等。舌尖后音［tʂ］组发成舌尖前音［ts］组，如"吃、水、柿"等。"不"读成入声［pəʔ²］，如"不好"。个别阳平字发成平调，如"查、极"等。声调调值普遍发不到位，如"菜、黄、查、油"等
4	部分后鼻音［əŋ］组发成前鼻音［ən］组，如"冷、程、听、顶"等。"不"读成入声［pəʔ²］，如"不能"
5	部分后鼻音［əŋ］组发成前鼻音［ən］组，如"程、蒸、登"等。"不"读成入声［pəʔ²］，如"不好"

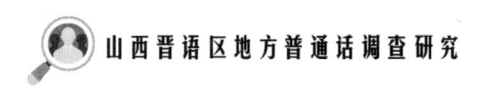

续表

编号	个体特征
6	部分后鼻音［əŋ］组发成前鼻音［ən］组，如"生、程、情"等，部分前鼻音［ən］组发成后鼻音［əŋ］组，如"本、们"等。舌尖后音［tʂ］组发成舌尖前音［ts］组，如"刷、时、长"等。［ian］韵母中主要元音的口型较小，如"点"。"不"读成入声［pəʔ²］，如"不给"。部分字声调调值发不到位，如"闻、饭"等
7	部分后鼻音［əŋ］组发成前鼻音［ən］组，如"更"，部分前鼻音［ən］组发成后鼻音［əŋ］组，如"根"。［ian］韵母中主要元音的口型较小，如"线"。"不"读成入声［pəʔ²］，如"不给"。部分字声调调值发不到位，如"闻、情、疫、网"等
8	部分后鼻音［əŋ］组发成前鼻音［ən］组，如"饼、成"等，部分前鼻音［ən］组发成后鼻音［əŋ］组，如"们"等。舌尖后音［tʂ］组发成舌尖前音［ts］组，如"竹、超、炸"等。［an］韵母中主要元音的口型较小，如"然、前"等。"不"读成入声［pəʔ²］，如"不行"。部分字声调调值发不到位，如"米、饭、饺"等
9	部分后鼻音［əŋ］组发成前鼻音［ən］组，如"成、生、能、整"。"不"读成入声［pəʔ²］，如"不能"。部分字声调调值发不到位，如"好、过、可"等。合口呼零声母读成［v］，如"问"
10	部分后鼻音［əŋ］组发成前鼻音［ən］组，如"政、正"。"不"读成入声［pəʔ²］，如"不是"。部分字声调调值发不到位，如"难、早、四、习、脉"等。合口呼零声母读成［v］，如"问"
11	部分后鼻音［əŋ］组发成前鼻音［ən］组，如"凤、登、等、情、睛、农"。部分前鼻音［ən］组发成后鼻音［əŋ］组，如"运"等。舌尖后音［tʂ］组发成舌尖前音［ts］组，如"查、住、上、手、商、知"等。部分字声调调值发不到位，如"扫、红、口"等。［an］韵母中主要元音的口型较小，如"面、天、眼、叶、肥"等。"不"读成入声［pəʔ²］，如"不能"。合口呼零声母读成［v］，如"温、外"
12	部分后鼻音［əŋ］组发成前鼻音［ən］组，如"等、能、成、生、正"等。部分字声调调值发不到位，如"话、躺、瞒、皮"等。［an］韵母中主要元音的口型较小，如"完、点"等。"不"读成入声［pəʔ²］，如"不一样"
13	部分后鼻音［əŋ］组发成前鼻音［əne］组，如"品、情、蒙、增、硬"等。舌尖后音［tʂ］组发成舌尖前音［ts］组，如"只、罩、商、专、收、杀、长"等。部分字声调调值发不到位，如"菜、帽、法"等。［an］韵母中主要元音的口型较小，如"单、店、半、面、惯"等。"不、一"读成入声［pəʔ²］，如"不错、一般"。合口呼零声母读成［v］，如"温、外"
14	部分后鼻音［əŋ］组发成前鼻音［ən］组，如"正、中、停、能"等。舌尖后音［tʂ］组发成舌尖前音［ts］组，如"车、转、手"等。部分字声调调值发不到位，如"学、右、多"等。［an］韵母中主要元音的口型较小，如"天、间、线、脸、考"等。"不"读成入声［pəʔ²］，如"不行"。合口呼零声母读成［v］，如"温"

第六章　山西晋语区地方普通话的语音特征

续表

编号	个体特征
15	部分后鼻音［əŋ］组发成前鼻音［ən］组，如"请、正、剩、总、成"等。舌尖后音［tʂ］组发成舌尖前音［ts］组，如"申、这"等。部分字声调调值发不到位，如"豆、菜、好、几、解、起"等。［an］韵母中主要元音的口型较小，如"但、点、涮"等。"不、一"读成入声［pəʔ²］，如"不难、一看"。合口呼零声母读成［v］，如"文"
16	部分后鼻音［əŋ］组发成前鼻音［ən］组，如"工、成、正、耿"等。部分舌尖后音［tʂ］组发成舌尖前音［ts］组，如"社、知"等。部分字声调调值发不到位，如"及、时、提、动、工、作"等。部分［an］韵母中主要元音的口型较小，如"胆、燕"等。合口呼零声母读成［v］，如"完"
17	部分后鼻音［əŋ］组发成前鼻音［ən］组，如"成、影、中"等。部分舌尖后音［tʂ］组发成舌尖前音［ts］组，如"这、出"等。部分字声调调值发不到位，如"表、惆、二"等。部分［an］韵母中主要元音的口型较小，如"段、旋"等。合口呼零声母读成［v］，如"完"
18	部分前鼻音［ən］组发成后鼻音［əŋ］组，如"人、们、本、存、份、很、准"等。后鼻音［əŋ］组发成前鼻音［ən］组，如"风、中、产、初、证、神、窗"等。舌尖后音［tʂ］组发成舌尖前音［ts］组，如"尘、之、至"等。部分字声调调值发不到位，如"学、旅、"等。［an］韵母中主要元音的口型较小，如"先、年、馆"等。合口呼零声母读成［v］，如"湾"
19	后鼻音［əŋ］组发成前鼻音［ən］组，如"成、朋、坑、性、升、蒸"等。舌尖后音［tʂ］组发成舌尖前音［ts］组，如"这、专、翅、吃"等。部分字声调调值发不到位，如"巧、花、喜"等。［an］韵母中主要元音的口型较小，如"先、蛋、简、点、欢"等。"不"读成入声［pəʔ²］，如"不要"。合口呼零声母读成［v］，如"屋"
20	后鼻音［əŋ］组发成前鼻音［ən］组，如"情、封、英、生、程"等。舌尖后音［tʂ］组发成舌尖前音［ts］组，如"社、杀"等。部分字声调调值发不到位，如"菌、备、酒"等。"不"读成入声［pəʔ²］，如"不管"。合口呼零声母读成［v］，如"外"
21	后鼻音［əŋ］组发成前鼻音［ən］组，如"停、能、正"等。"不"读成入声［pəʔ²］，如"不行"。合口呼零声母读成［v］，如"晚"
22	方音较重。后鼻音［əŋ］组发成前鼻音［ən］组，如"平、能、丰、朋"等。舌尖后音［tʂ］组发成舌尖前音［ts］组，如"士、说、诊"等。阳平字发成平调，如"能、拿、咱、其、余、拿、求"等。声调调值普遍发不到位，如"个、字、们、解"等。［an］韵母中主要元音的口型较小，如"板、院、边"等。"不"读成入声［pəʔ²］，如"不要"。合口呼零声母读成［v］，如"晚"

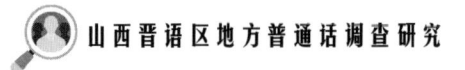

续表

编号	个体特征
23	方音较重。后鼻音［əŋ］组发成前鼻音［ən］组，如"耕、从、碰、铜"等。舌尖后音［tʂ］组发成舌尖前音［ts］组，如"愁、伤、竹、手"等。阳平字发成平调，如"人、田、明"等。声调调值普遍发不到位，如"午、饭、骗"等。［an］韵母中主要元音的口型较小，如"天、但、饭、罐、田、然"等。"不"读成入声［pəʔ²］，如"不认识"。合口呼零声母读成［v］，如"为"
24	方音较重。后鼻音［əŋ］组发成前鼻音［ən］组，如"病、疼、羚、用、证、情"等。舌尖后音［tʂ］组发成舌尖前音［ts］组，如"狮、阵、处、齿"等。阳平字发成平调，如"伶、明、仇、鼻"等。声调调值普遍发不到位，如"负、悯、死、伤、都、消、惊、讶"等。［an］韵母中主要元音的口型较小，如"天、炎"等。"不"读成入声［pəʔ²］，如"不了"。合口呼零声母读成［v］，如"问"
25	部分前鼻音［ən］组发成后鼻音［əŋ］组，如"分、轮、闷"等。后鼻音［əŋ］组发成前鼻音［ən］组，如"能、赢、定"等。舌尖后音［tʂ］组发成舌尖前音［ts］组，如"只、中、著、愁"等。部分字的声调调值发不到位，如"像、同、们、好、落"等。［an］韵母中主要元音的口型较小，如"点、线、占"等。"不"读成入声［pəʔ²］，如"不清"。合口呼零声母读成［v］，如"问"
26	部分前鼻音［ən］组发成后鼻音［əŋ］组，如"存、们、论"等。后鼻音［əŋ］组发成前鼻音［ən］组，如"丰、生、并、风、同"等。舌尖后音［tʂ］组发成舌尖前音［ts］组，如"着、说、出"等。部分字的声调调值发不到位，如"没、细、马"等。［an］韵母中主要元音的口型较小，如"件、三、面"等。"不"读成入声［pəʔ²］，如"不是"。合口呼零声母读成［v］，如"问"
27	后鼻音［əŋ］组发成前鼻音［ən］组，如"盟、绳、穷、请"等。舌尖前音［ts］组发成舌尖后音［tʂ］组，如"所、子、诉"等。舌尖后音［tʂ］组发成舌尖前音［ts］组，如"说、出、水、这、处"等。部分字的声调调值发不到位，如"没、细、马"等。［an］韵母中主要元音的口型较小，如"全、联、牛"等。"不"读成入声［pəʔ²］，如"不可"。合口呼零声母读成［v］，如"完"
28	后鼻音［əŋ］组发成前鼻音［ən］组，如"英、疼、痛、情、能、朋、种"等。平舌尖后音［tʂ］组发成舌尖前音［ts］组，如"窄、这"等。声调调值发不到位，如"错、幅、虫、方"等。［an］韵母中主要元音的口型较小，如"天、店、捡、远"等。"不"读成入声［pəʔ²］，如"不想"。合口呼零声母读成［v］，如"完"
29	后鼻音［əŋ］组发成前鼻音［ən］组，如"更、兵、封、正、翁"等。部分平舌尖后音［tʂ］组发成舌尖前音［ts］组，如"春、知、真、逐"等。声调调值发不到位，如"却、过、马"等。［an］韵母中主要元音的口型较小，如"担、翻"等。"不"读成入声［pəʔ²］，如"不想"
30	部分前鼻音［ən］组发成后鼻音［əŋ］组，如"们、门、允"等。后鼻音［əŋ］组发成前鼻音［ən］组，如"证、登、桶、工"等。部分平舌尖后音［tʂ］组发成舌尖前音［ts］组，如"水、是、出"等。部分字的声调调值发不到位，如"没、求、回"等。［an］韵母中主要元音的口型较小，如"按、电、天"等。"不、一"读成入声［pəʔ²］，如"不让、一个"。合口呼零声母读成［v］，如"温"

（三）晋中地方普通话语音的群体特征

1. 声母特点

晋中地方普通话在声母方面的主要特点体现在以下两个方面：

（1）舌尖前音和舌尖后音时有相混，并发成了舌尖前音

如前文所述，晋中方言中，舌尖后音和舌尖前音相混，都发成了舌尖前音，受方言的影响，人们在说普通话时，不同程度地存在舌尖前音和舌尖后音相混发成舌尖前音的情况。

普通话水平较高的人群，舌尖前音和舌尖后音能够分得清楚，而普通话水平中等及以下的人群，舌尖前音和舌尖后音部分分不清楚或者完全分不清楚，进而发成舌尖前音，如：

主力——阻力　一成——一层　诗人——私人

（2）唇齿浊音和合口呼零声母时有相混，发成了唇齿浊音

在说普通话中的合口呼零声母字时，绝大多数太原人都读成了唇齿浊音［v］，而不是零声母。如：文［v］学、青蛙［v］。

2. 韵母特点

晋中地方普通话在韵母方面的主要特点体现在以下六个方面：

（1）［ən］——［əŋ］时有相混，多数发成［ən］韵母，个别发成［əŋ］韵母

普通话水平较高的人群，［ən］——［əŋ］韵母能够分得清楚，而普通话水平中等及以下的人群，存在［ən］——［əŋ］韵母部分分不清楚或者完全分不清楚的情况，如：

振东——正东　呈现——沉陷　申明——声明

（2）［in］——［iŋ］时有相混，发成［in］韵母

普通话水平较高的人群，［in］——［iŋ］韵母能够分得清楚，而普通话水平中等及以下的人群，存在［in］——［iŋ］韵母部分分不清楚或者完全分不清楚的情况。如：

金星——精心　贫民——平民　亲信——轻信

（3）［un］——［uŋ］时有相混，发成［un］韵母

普通话水平较高的人群，[un]——[uŋ] 韵母能够分得清楚，而普通话水平中等及以下的人群，存在 [un]——[uŋ] 韵母部分分不清楚或者完全分不清楚的情况，如：

尊——宗　棍——共　存——从　吞——通

（4）[yn]——[yŋ] 时有相混，发成 [yn] 韵母

普通话水平较高的人群，[yn]——[yŋ] 韵母能够分得清楚，而普通话水平中等及以下的人群，存在 [yn]——[yŋ] 韵母部分分不清楚或者完全分不清楚的情况，如：

群——穷　熏——兄　运——用

（5）与标准普通话中的 [an ian uan yan] 韵母相比，主要元音发音时口型普遍较小，发音不到位。

普通话水平较高的人群，[an ian uan yan] 韵母发音基本标准，而普通话水平中等及以下的人群，存在 [an ian uan yan] 韵母发音时口型较小的情况。关于这一点，我们还专门做了专项调查，调查了不同普通话水平的人群共 112 人，其中，71.51% 人群发此类韵母时都存在发音口型较小的情况。

（6）个别字仍读为入声韵

在说普通话时，绝大多数人口中已没有入声韵，只有在语流中个别字还常读为入声，如：——"你去吗?"——"我不去。"中的"不"，常读为 [pəʔ²¹]。

关于这一点，我们还专门做了专项调查，调查了不同普通话水平的人群共 162 人，其中，73.8% 的人群都不同程度地存在将"一""个""急""不"等古入声字在一定的语境下读得较短促的情况。

3. 声调特点

晋中人在说普通话时所表现出来的声调特点与太原地方普通话相近，即：入声调基本消失，阴平的调值往往达不到高平 55，多为 44 或 33，阳平的调值多为 24，上声的调值多为 21 或 212，往往听不到后面上升的音，去声的调值多为 42 或 53，往往降不到 1。

第六章 山西晋语区地方普通话的语音特征

三 阳泉地方普通话的语音特征

（一）阳泉地方普通话被调查人信息统计

我们所遴选出的30组最有效的阳泉地方普通话录音材料的被调查人具体信息如下表：

表6.5　　　　　　　　阳泉地方普通话被调查人信息统计

编号	姓名	性别	年龄	职业	受教育程度
1	赵云	女	49	自由职业	初中
2	张宝平	男	49	工人	初中
3	张璇	女	22	学生	本科
4	张彪	男	23	学生	本科
5	李静	女	45	教师	中专
6	王自红	女	43	自由职业	初中
7	张建文	男	34	教师	本科
8	武慧琴	女	49	促销员	初中
9	荆建国	男	49	干部	大学
10	武慧敏	女	39	公司职员	大专
11	李玉	女	30	公司职员	中专
12	刘燕凤	女	32	公司职员	大专
13	史嘉乐	女	21	学生	本科
14	张海燕	女	47	工人	中专
15	李秀君	女	45	工人	高中
16	姚志红	女	37	会计	中专
17	王骄	女	27	瑜伽教练	大专
18	张颖琦	女	22	学生	本科
19	于蓝	男	43	司机	初中
20	贾瑄	女	21	学生	本科
21	高秀花	女	40	无业	初中
22	陈建生	男	49	工人	高中
23	刘香音	女	40	无业	初中

续表

编号	姓名	性别	年龄	职业	受教育程度
24	冯楚婷	女	20	学生	本科
25	姚智英	女	45	教师	本科
26	张瑞林	男	36	教师	本科
27	胡志华	女	47	教师	本科
28	梁瑞丽	女	36	医生	本科
29	张翠花	女	49	教师	本科
30	耿亚兰	女	20	学生	本科

（二）阳泉地方普通话语音的个体特征

在整理、分析30组阳泉地方普通话录音语料的基础上，并参照标准普通话的特点，我们分别总结出30组阳泉地方普通话的个体特征。具体如下：

表6.6　　　　　　　　阳泉地方普通话语音的个体特征

编号	个体特征
1	舌尖后音［tʂ］组发成舌尖前音［ts］组，如"作、组、出"等。部分后鼻音［ən］组发成前鼻音［əŋ］组，如"问、生、人、紧"等。"不"读成入声［pəʔ²］，如"不能"。部分阳平字读成平调，如"炎"。部分字的声调调值发不到位，如"力、低、匹、态、控"等。合口呼零声母读成［v］，如"问"
2	部分后鼻音［ən］组发成前鼻音［əŋ］组，如"运、魂、人、深、们、嫩"等。舌尖后音［tʂ］组发成舌尖前音［ts］组，如"早、残"等。声调调值普遍发不到位，如"旅、红、蓝、蔚"等
3	后鼻音［ən］组发成前鼻音［əŋ］组，如"分、人、问、很"等。部分字的声调调值发不到位，如"县、定"等。［an］组韵母中主要元音口型较小，如"县、泉"。合口呼零声母读成［v］，如"问、为"等。"不"读成入声［pəʔ²］，如"不属于"
4	后鼻音［ən］组发成前鼻音［əŋ］组，如"真、亲、民"等。［an］组韵母中主要元音口型较小，如"县、点、天、偏"。部分字的声调调值发不到位，如"天、雪、园"等
5	后鼻音［ən］组发成前鼻音［əŋ］组，如"们、问"等，部分后鼻音［əŋ］组发成前鼻音［ən］组，如"等、平、乘"等。舌尖后音［tʂ］组发成舌尖前音［ts］组，如"注"等。［an］组韵母中主要元音口型较小，如"三、半、面、典、关"等。合口呼零声母读成［v］，如"问"。部分字的声调调值发不到位，如"脱、大、圆、公"等

第六章　山西晋语区地方普通话的语音特征

续表

编号	个体特征
6	后鼻音［əŋ］组发成前鼻音［ən］组，如"问、们"等，部分后鼻音［əŋ］组发成前鼻音［ən］组，如"丰"等。部分舌尖后音［tʂ］组发成舌尖前音［ts］组，如"书、述、中"等。［an］组韵母中主要元音口型较小，如"前、边、念、先"等。部分字的声调调值发不到位，如"讲、国、程、少"等。"不"读成入声［pəʔ²］，如"不能"。合口呼零声母读成［v］，如"为、完"
7	后鼻音［əŋ］组发成前鼻音［əŋ］组，如"们、轮、陈"等，部分后鼻音［əŋ］组发成前鼻音［ən］组，如"成、整"等。舌尖后音［tʂ］组发成舌尖前音［ts］组，如"站、助、处、骤、出"等。［an］组韵母中主要元音口型较小，如"看、线、点、现"等。部分字的声调调值发不到位，如"图、片、谷、广"等。合口呼零声母读成［v］，如"完"
8	舌尖后音［tʂ］组发成舌尖前音［ts］组，如"冲、上、甚"等。［an］组韵母中主要元音口型较小，如"点、钱"等。部分字的声调调值发不到位，如"回、也、早、票"等。"不"读成入声［pəʔ²］，如"贵不?"
9	后鼻音［əŋ］组发成前鼻音［əŋ］组，如"本、人、们"等。舌尖后音［tʂ］组发成舌尖前音［ts］组，如"祝、纯、查、触"等。［an］组韵母中主要元音口型较小，如"甜、饭、关、钱"等。部分字的声调调值发不到位，如"奶、国、奖"等。"不"读成入声［pəʔ²］，如"不用"
10	舌尖后音［tʂ］组发成舌尖前音［ts］组，如"转、账、数、状、储"等。［an］组韵母中主要元音口型较小，如"签、现、调、华、行"等。部分字的声调调值发不到位，如"看、云、多、取"等。"不"读成入声［pəʔ²］，如"不对"
11	后鼻音［ən］组发成前鼻音［əŋ］组，如"很、人、分、们、诊、甚"等。部分后鼻音［əŋ］组发成前鼻音［ən］组，如"生、程、整、容、正"等。舌尖后音［tʂ］组发成舌尖前音［ts］组，如"出"等。［an］组韵母中主要元音口型较小，如"现、显、天"等。部分字的声调调值发不到位，如"随、意、网、花、贝"等。合口呼零声母读成［v］，如"微、闻"
12	后鼻音［ən］组发成前鼻音［əŋ］组，如"们、恩、认"等。舌尖后音［tʂ］组发成舌尖前音［ts］组，如"初、准"等。［an］组韵母中主要元音口型较小，如"单"等。部分字的声调调值发不到位，如"位、走、网"等。"不"读成入声［pəʔ²］，如"不让"
13	后鼻音［ən］组发成前鼻音［əŋ］组，如"们"等。部分后鼻音［əŋ］组发成前鼻音［ən］组，如"等、钉、星"等。舌尖后音［tʂ］组发成舌尖前音［ts］组，如"上、中"等。［an］组韵母中主要元音口型较小，如"面、前、全、脸、软"等。部分字的声调调值发不到位，如"答、学、习、课"等。"不"读成入声［pəʔ²］，如"不用"。合口呼零声母读成［v］，如"网"

续表

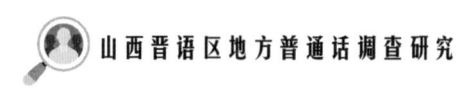

编号	个体特征
14	后鼻音［ən］组发成前鼻音［əŋ］组，如"根、本、神、们、真"等。舌尖后音［tʂ］组发成舌尖前音［ts］组，如"出、庄"等。［an］组韵母中主要元音口型较小，如"艳、看、线、懒"等。部分字的声调调值发不到位，如"阳、录、天、在、找"等。合口呼零声母读成［v］，如"玩"。"不"读成入声［pəʔ²］，如"不知道"
15	后鼻音［ən］组发成前鼻音［əŋ］组，如"们"等。部分后鼻音［əŋ］组发成前鼻音［ən］组，如"能"等。舌尖后音［tʂ］组发成舌尖前音［ts］组，如"穿、冲、睡、床"等。［an］组韵母中主要元音口型较小，如"半、员、坚、看、全、点、关"等。部分字的声调调值发不到位，如"受、法、直、草"等。"不"读成入声［pəʔ²］，如"不走"
16	后鼻音［ən］组发成前鼻音［əŋ］组，如"人、分、询"等。［an］组韵母中主要元音口型较小，如"前、钱、便"等。部分字的声调调值发不到位，如"发、大、级、老、男、拍、打"等。"不"读成入声［pəʔ²］，如"不是"。合口呼零声母读成［v］，如"问"
17	后鼻音［ən］组发成前鼻音［əŋ］组，如"针、训、们"等。部分后鼻音［əŋ］组发成前鼻音［ən］组，如"拯、成、能"等。［an］组韵母中主要元音口型较小，如"圈、店"等。部分字的声调调值发不到位，如"感、更、肌"等。"不"读成入声［pəʔ²］，如"不是"。合口呼零声母读成［v］，如"问"
18	后鼻音［ən］组发成前鼻音［əŋ］组，如"们、人"等。舌尖后音［tʂ］组发成舌尖前音［ts］组，如"占"等。［an］组韵母中主要元音口型较小，如"天、研、边"等。部分字的声调调值发不到位，如"实、育、学、校、友"等
19	后鼻音［ən］组发成前鼻音［əŋ］组，如"身、跟"等。部分后鼻音［əŋ］组发成前鼻音［ən］组，如"能"等。舌尖后音［tʂ］组发成舌尖前音［ts］组，如"中"等。［an］组韵母中主要元音口型较小，如"淡、选、显"等。部分字的声调调值发不到位，如"脉、惜、目"等
20	后鼻音［ən］组发成前鼻音［əŋ］组，如"神"等。［an］组韵母中主要元音口型较小，如"先、前、把、官"等。部分字的声调调值发不到位，如"考、献"等
21	方音较重。后鼻音［ən］组发成前鼻音［əŋ］组，如"很、婚、奋、人、们"等。部分后鼻音［əŋ］组发成前鼻音［ən］组，如"松、生、行、挣、扎、宗"等。舌尖后音［tʂ］组发成舌尖前音［ts］组，如"上、说、着"等。［an］组韵母中主要元音口型较小，如"难、天"等。声调调值普遍发不到位，如"孩、日、过、觉、爷，"等。"不"读成入声［pəʔ²］，如"不能"。合口呼零声母读成［v］，如"我"

第六章　山西晋语区地方普通话的语音特征

续表

编号	个体特征
22	方音较重。后鼻音 [ən] 组发成前鼻音 [əŋ] 组，如"孙、村、尊"等。部分后鼻音 [əŋ] 组发成前鼻音 [ən] 组，如"层、生、情、封、政"等。舌尖后音 [tʂ] 组发成舌尖前音 [ts] 组，如"氏、识、转、择、上、中、震、这"等。[ai] 组韵母中主要元音口型较小，如"代、态"。[ɑŋ] 组韵母发成 [an] 组，如"方、像"等。[an] 组韵母中主要元音口型较小，如"变、显"等。声调调值普遍发不到位，如"结、合、文、读、者、游、民"等。"不"读成入声 [pəʔ²]，如"不为"。合口呼零声母读成 [v]，如"文、忘"
23	方音较重。后鼻音 [ən] 组发成前鼻音 [əŋ] 组，如"森、人、尊、损、棍、们"等。部分后鼻音 [əŋ] 组发成前鼻音 [ən] 组，如"风、声、情、叮、盛、聪、咏"等。舌尖前音 [ts] 组发成舌尖后音 [tʂ] 组，如"资、子、撕"等。部分舌尖后音 [tʂ] 组发成舌尖前音 [ts] 组，如"鼠、只、晨、是"等。[an] 组韵母中主要元音口型较小，如"边、安、先、慢"等。声调调值普遍发不到位，如"打、霉、插、名、大、地"等。"不"读成入声 [pəʔ²]，如"不是"。合口呼零声母读成 [v]，如"纹"
24	后鼻音 [ən] 组发成前鼻音 [əŋ] 组，如"们、本、准、群"等。部分后鼻音 [əŋ] 组发成前鼻音 [ən] 组，如"行、停、生、登、平、正"等。[an] 组韵母中主要元音口型较小，如"前、签、面"等。部分字的声调调值发不到位，如"表、上、器、视"等。"不"读成入声 [pəʔ²]，如"不能"。合口呼零声母读成 [v]，如"问"
25	后鼻音 [ən] 组发成前鼻音 [əŋ] 组，如"军、森、林、身、镇"等。部分后鼻音 [əŋ] 组发成前鼻音 [ən] 组，如"城、景、鼎、胜、整、省"等。[ai] 组韵母中主要元音口型较小，如"太"。部分舌尖后音 [tʂ] 组发成舌尖前音 [ts] 组，如"址、事"等。[an] 组韵母中主要元音口型较小，如"南、现、关、园"等。部分字的声调调值发不到位，如"朝、古、渊、源"等。"不"读成入声 [pəʔ²]，如"不是"。合口呼零声母读成 [v]，如"位"
26	后鼻音 [ən] 组发成前鼻音 [əŋ] 组，如"们、跟"等。部分后鼻音 [əŋ] 组发成前鼻音 [ən] 组，如"庭、控"等。[ai] 组韵母中主要元音口型较小，如"才、白、排"。[an] 组韵母中主要元音口型较小，如"汉、钱、看、选"等。部分字的声调调值发不到位，如"皮、货"等。"不"读成入声 [pəʔ²]，如"不选"。合口呼零声母读成 [v]，如"万"
27	方音较重。后鼻音 [ən] 组发成前鼻音 [əŋ] 组，如"们、跟"等。部分后鼻音 [əŋ] 组发成前鼻音 [ən] 组，如"定、统、等、钉、封、情、工"等。[an] 组韵母中主要元音口型较小，如"天、全、店、然、县、段"等。部分舌尖后音 [tʂ] 组发成舌尖前音 [ts] 组，如"这、属、专、车、出、处"等。[ɑŋ] 组发成 [an] 组韵母，如"网、想"部分字的声调调值发不到位，如"酒、必"等。不"读成入声 [pəʔ²]，如"不能"。合口呼零声母读成 [v]，如"外"

续表

编号	个体特征
28	后鼻音［əŋ］组发成前鼻音［ən］组，如"焖、们"等。［ai］组韵母中主要元音口型较小，如"菜"。［an］组韵母中主要元音口型较小，如"饭、点、换、面"等。部分字的声调调值发不到位，如"红、条、米、好"等。不"读成入声［pəʔ²］，如"不够"
29	部分后鼻音［əŋ］组发成前鼻音［ən］组，如"中、种、生、饼、等"等。［an］组韵母中主要元音口型较小，如"饭、赞、关、天、片"等。部分舌尖后音［tʂ］组发成舌尖前音［ts］组，如"出、主"等。部分字的声调调值发不到位，如"铁、常、获"等。不"读成入声［pəʔ²］，如"不让"。合口呼零声母读成［v］，如"万、问"
30	部分字的后鼻音［ən］组发成前鼻音［əŋ］组，如"们"等。部分后鼻音［əŋ］组发成前鼻音［ən］组，如"生、程、成、定、东"等。［an］组韵母中主要元音口型较小，如"暗、班、怨、言"等。部分字的声调调值发不到位，如"晋、悔"等。不"读成入声［pəʔ²］，如"不断"。合口呼零声母读成［v］，如"外"

（三）阳泉地方普通话语音的群体特征

1. 声母特点

阳泉地方普通话在声母方面的主要特点体现在以下两个方面：

（1）韵母为合口呼时，舌尖前音和舌尖后音时有相混，都发成了舌尖前音

如前文所述，阳泉方言中，韵母为合口呼韵母时，舌尖后音都发成了舌尖前音，受方言的影响，阳泉人在说普通话时，不同程度地存在合口呼韵母前舌尖前音和舌尖后音相混都发成舌尖前音的情况。

普通话水平较高的人群，舌尖前音和舌尖后音能够分得清楚，而普通话水平中等及以下的人群，存在合口呼韵母前舌尖前音和舌尖后音部分分不清楚或者完全分不清楚的情况，如：

主——祖　处——醋　闩——酸

（2）唇齿浊音和合口呼零声母时有相混，发成了唇齿浊音

在说普通话中的合口呼零声母字时，绝大多数阳泉人都读成了唇齿浊音［v］。如：卫［v］生、完［v］全。

2. 韵母特点

阳泉地方普通话在韵母方面的主要特点体现在以下六个方面：

（1）[ən]——[əŋ] 时有相混，绝大多数发成 [əŋ] 韵母，有的发成 [ən] 韵母

普通话水平较高的人群，[ən]——[əŋ] 韵母能够分得清楚，而普通话水平中等及以下的人群，存在 [ən]——[əŋ] 韵母部分分不清楚或者完全分不清楚的情况，如：

振东——正东　呈现——沉陷　申明——声明

（2）[in]——[iŋ] 时有相混，发成 [iŋ] 韵母

普通话水平较高的人群，[in]——[iŋ] 韵母能够分得清楚，而普通话水平中等及以下的人群，存在 [in]——[iŋ] 韵母部分分不清楚或者完全分不清楚的情况。如：

金星——精心　贫民——平民　亲信——轻信

（3）[un]——[uŋ] 时有相混，发成 [uŋ] 韵母

普通话水平较高的人群，[un]——[uŋ] 韵母能够分得清楚，而普通话水平中等及以下的人群，存在 [un]——[uŋ] 韵母部分分不清楚或者完全分不清楚的情况，如：

尊——宗　棍——共　存——从　吞——通

（4）[yn]——[yŋ] 时有相混，发成 [yŋ] 韵母

普通话水平较高的人群，[yn]——[yŋ] 韵母能够分得清楚，而普通话水平中等及以下的人群，存在 [yn]——[yŋ] 韵母部分分不清楚或者完全分不清楚的情况，如：

群——穷　熏——兄　运——用

（5）与普通话相比，[an ian uan yan] 韵母发音时口型较小

阳泉人说普通话时，很多人都存在 [an ian uan yan] 韵母发音时口型较小的情况。关于这一点，我们还专门做了专项调查，调查了不同普通话水平的人群共 113 人，其中，72.4% 人群发此类韵母时都存在发音口型较小的情况。

（6）个别字仍读为入声韵

在说普通话时，绝大多数人口中已没有入声韵，只有在语流中个别字还常读为入声，如：——"你去吗?"——"我不去。"中的"不"，常读为[pə$\mathrm{ʔ}^4$]。

关于这一点，我们还专门做了专项调查，调查了不同普通话水平的人群共146人，其中，79.3%的人群都不同程度地存在将"可""个""急""不"等古入声字在一定的语境下读得较短促的情况。

3. 声调特点

阳泉人在说普通话时所表现出来的声调特点也与太原地方普通话相近，即入声调基本消失，阴平的调值往往达不到高平55，多为44或33，阳平的调值多为24，上声的调值多为21或212，往往听不到后面上升的音，去声的调值多为42或53，往往降不到1。

四 吕梁地方普通话的语音特征

（一）吕梁地方普通话被调查人信息统计

我们所遴选出的30组最有效的吕梁地方普通话录音材料的被调查人具体信息如下表：

表6.7　　　　　吕梁地方普通话被调查人信息统计

编号	姓名	性别	年龄	职业	受教育程度
1	段×	女	21	学生	本科
2	连×	女	21	学生	本科
3	李××	男	42	教师	本科
4	王×	男	32	自由职业	高中
5	刘×	女	19	学生	高中
6	张××	女	41	设计员	本科
7	崔××	女	38	自由职业	初中
8	陈×	女	36	教师	本科
9	吴××	男	22	学生	本科
10	李××	女	21	学生	本科

第六章 山西晋语区地方普通话的语音特征

续表

编号	姓名	性别	年龄	职业	受教育程度
11	任××	男	49	工人	高中
12	刘××	女	47	自由职业	初中
13	温×	男	36	公务员	大专
14	刘××	男	32	公务员	本科
15	冯××	男	23	学生	本科
16	艾××	男	23	学生	本科
17	李××	女	34	自由职业	初中
18	李×	女	30	教师	本科
19	薛××	男	28	程序员	大专
20	杜××	女	20	学生	本科
21	张××	男	43	保安	初中
22	白××	男	34	司机	中专
23	张××	女	33	护士	大专
24	刘××	男	26	待业	本科
25	张××	男	32	司机	初中
26	康×	女	44	售货员	高中
27	田××	男	48	大堂经理	中专
28	陈××	女	39	秘书	大专
29	任××	男	40	快递员	中专
30	李×	男	33	自由职业	本科

（二）吕梁地方普通话语音的个体特征

在整理、分析30组吕梁地方普通话录音语料的基础上，并参照标准普通话的特点，我们分别总结出30组吕梁地方普通话的个体特征。具体如下：

表6.8　　　　吕梁地方普通话语音的个体特征

编号	个体特征
1	后鼻音［əŋ］组发成前鼻音［ən］组，如"封、停、能、情、定"等。［an］组韵母中主要元音口型较小，如"看、严、间"等。部分字的声调调值发不到位，如"感、湖、课、跑"等。合口呼零声母读成［v］，如"闻"。不"读成入声［pəʔ²］，如"不能"

续表

编号	个体特征
2	后鼻音［əŋ］组发成前鼻音［ən］组，如"封、冷、政、朋、庭、剩、能"等。［an］组韵母中主要元音口型较小，如"员、年、现"等。部分字的声调调值发不到位，如"口、看、影、古、架"等。合口呼零声母读成［v］，如"温"。"不"读成入声［pə?²］，如"不是"
3	前鼻音［ən］组发成后鼻音［əŋ］组，如"身、亲、跟"等。［an］组韵母中主要元音口型较小，如"选、点、眼"等。部分字的声调调值发不到位，如"我、素、朝"等。"不"读成入声［pə?²］，如"不太好"
4	前鼻音［ən］组发成后鼻音［əŋ］组，如"群、遵、论"等。舌尖后音［tʂ］组发成舌尖前音［ts］组，如"正、出、种"等。［an］组韵母中主要元音口型较小，如"单、看、现"等。部分字的声调调值发不到位，如"理、白、要、灾"等。"不"读成入声［pə?²］，如"不知道"
5	前鼻音［ən］组发成后鼻音［əŋ］组，如"门、人、们"等。后鼻音［əŋ］组发成前鼻音［ən］组，如"动、灯、听"等。舌尖后音［tʂ］组发成舌尖前音［ts］组，如"春、生、成、手、说、住"等。［an］组韵母中主要元音口型较小，如"间、闲、坚"等。部分字的声调调值发不到位，如"然、戴、保、门"等。"不"读成入声［pə?²］，如"不行"
6	前鼻音［ən］组发成后鼻音［əŋ］组，如"门、人、们"等。后鼻音［əŋ］组发成前鼻音［ən］组，如"成、风、精、洪"等。舌尖后音［tʂ］组发成舌尖前音［ts］组，如"中、质、助、传"等。［an］组韵母中主要元音口型较小，如"喧、坚"等。部分字的声调调值发不到位，如"精、人、孩"等
7	前鼻音［ən］组发成后鼻音［əŋ］组，如"跟、文、顺、们、存、本、认"等。后鼻音［əŋ］组发成前鼻音［ən］组，如"整、城、性"等。舌尖后音［tʂ］组发成舌尖前音［ts］组，如"这、出、重、枢、中"等。［an］组韵母中主要元音口型较小，如"喧、坚、园"等。部分字的声调调值发不到位，如"散、能、存"等。"不"读成入声［pə?²］，如"不集中"
8	前鼻音［ən］组发成后鼻音［əŋ］组，如"根、本、门、人"等。后鼻音［əŋ］组发成前鼻音［ən］组，如"并、情、形、空、声、灯、正"等。［an］组韵母中主要元音口型较小，如"办、选、天、弯、惯、晚、点"等。部分字的声调调值发不到位，如"神、雨、外"等。"不"读成入声［pə?²］，如"不再"
9	前鼻音［ən］组发成后鼻音［əŋ］组，如"分、认、真、准"等。后鼻音［əŋ］组发成前鼻音［ən］组，如"横"等。［an］组韵母中主要元音口型较小，如"肩、但、远、看、线"等。部分字的声调调值发不到位，如"度、习、整"等。"不"读成入声［pə?²］，如"不错"
10	部分前鼻音［ən］组发成后鼻音［əŋ］组，如"们"等，后鼻音［əŋ］组发成前鼻音［ən］组，如"风、捧、整、灵、成、峰、腾"等。舌尖后音［tʂ］组发成舌尖前音［ts］组，如"春、闪"等。［an］组韵母中主要元音口型较小，如"先、原、恋"等。部分字的声调调值发不到位，如"把、宽、日"等

续表

编号	个体特征
11	部分前鼻音［ən］组发成后鼻音［əŋ］组，如"门、村、人"等，后鼻音［əŋ］组发成前鼻音［ən］组，如"清、雄、并"等。舌尖后音［tʂ］组发成舌尖前音［ts］组，如"上、盏、什、深、沙、着、手、书"等。［an］组韵母中主要元音口型较小，如"晚、暖、边、全"等。部分字的声调调值发不到位，如"人、怔、是、时、仅、小"等。不"读成入声［pəʔ²］，如"不然"
12	方音较重，前鼻音［ən］组发成后鼻音［əŋ］组，如"忍、人、们"等，后鼻音［əŋ］组发成前鼻音［ən］组，如"成、零、从、公、众"等。［aŋ］组韵母发成［an］韵母，如"放、忙、逛"。舌尖后音［tʂ］组发成舌尖前音［ts］组，如"春、种、竹、茶"等。［an］组韵母中主要元音口型较小，如"瓣、干、乱、天、甜、玩"等。阳平字读成平调，如"时、排、孩"等。声调调值普遍发不到位，如"豆、月、北"等。不"读成入声［pəʔ²］，如"不同"
13	后鼻音［əŋ］组发成前鼻音［ən］组，如"省、程、成、能、正、更"等。部分舌尖后音［tʂ］组发成舌尖前音［ts］组，如"出、楚"等。［an］组韵母中主要元音口型较小，如"看、乱、简"等。部分字的声调调值发不到位，如"度、教、题、时、把"等。不"读成入声［pəʔ²］，如"不行"
14	后鼻音［əŋ］组发成前鼻音［ən］组，如"竞、争、正、应、省"等。［an］组韵母中主要元音口型较小，如"员、年、研"等。部分字的声调调值发不到位，如"延、考、会"等。不"读成入声［pəʔ²］，如"不要"
15	后鼻音［əŋ］组发成前鼻音［ən］组，如"登、刑、能"等。部分舌尖后音［tʂ］组发成舌尖前音［ts］组，如"出"等。［an］组韵母中主要元音口型较小，如"前、管、延"等。部分字的声调调值发不到位，如"原、太、题"等。不"读成入声［pəʔ²］，如"不行"
16	后鼻音［əŋ］组发成前鼻音［ən］组，如"成、经、平、能"等。［an］组韵母中主要元音口型较小，如"半、研、难、便"等。部分字的声调调值发不到位，如"赌、九、续"等。不"读成入声［pəʔ²］，如"不想"
17	方音较重，部分前鼻音［ən］组发成后鼻音［əŋ］组，如"本、存、诊"等，鼻音［əŋ］组发成前鼻音［ən］组，如"证、症、政、性、曾、称"等。［an］组韵母中主要元音口型较小，如"但、年、免、环、简、冠"等。声调调值普遍发不到位，如"兽、感、五、万、宠"等
18	部分后鼻音［əŋ］组发成前鼻音［ən］组，如"正、政、胜"等。［an］组韵母中主要元音口型较小，如"然、严"等。部分字的声调调值发不到位，如"部、抓、保"等
19	部分前鼻音［ən］组发成后鼻音［əŋ］组，如"们、根"等，后鼻音［əŋ］组发成前鼻音［ən］组，如"更、病、成"等。部分舌尖后音［tʂ］组发成舌尖前音［ts］组，如"初、传、除、重"等。［an］组韵母中主要元音口型较小，如"面、团、检、患、源"等。部分字的声调调值发不到位，如"者、毒、慢、品、对"等

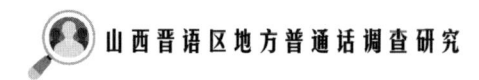

续表

编号	个体特征
20	后鼻音［əŋ］组发成前鼻音［ən］组，如"冷、等、能、正"等。［an］组韵母中主要元音口型较小，如"选、颜"等。部分字的声调调值发不到位，如"围、抱、狐、织"等
21	部分前鼻音［ən］组发成后鼻音［əŋ］组，如"根、门"等，后鼻音［əŋ］组发成前鼻音［ən］组，如"整、顶、凳、成、声、缝"等。［an］组韵母中主要元音口型较小，如"鲜、悬、远"等。部分字的声调调值发不到位，如"里、排、列、俄、鸽、美"等
22	部分前鼻音［ən］组发成后鼻音［əŋ］组，如"奋、们、身、春"等，后鼻音［əŋ］组发成前鼻音［ən］组，如"幸、生、更、成、病"等。舌尖后音［tʂ］组发成舌尖前音［ts］组，如"征、设、政、展"等。［an］组韵母中主要元音口型较小，如"担、班、全、言、研"等。部分字的声调调值发不到位，如"人、年、近、脚"等
23	后鼻音［əŋ］组发成前鼻音［ən］组，如"曾、功、总、正、能、声、用"等。［an］组韵母中主要元音口型较小，如"便、脸、险"等。部分字的声调调值发不到位，如"叫、来、雪、罕"等
24	部分前鼻音［ən］组发成后鼻音［əŋ］组，如"问、准、闷、很、们"等。［ai］组韵母中主要元音口型较小，如"快、孩、买"。［an］组韵母中主要元音口型较小，如"然、间、冠、电、点、研、全"等。部分字的声调调值发不到位，如"玩、去、喜、说、欢、影"等。"不"读成入声［pəʔ²］，如"不行"
25	部分前鼻音［ən］组发成后鼻音［əŋ］组，如"人、们"等，后鼻音［əŋ］组发成前鼻音［ən］组，如"正、猛、曾、生、幸、声、中"等。部分舌尖后音［tʂ］组发成舌尖前音［ts］组，如"捉"等。［an］组韵母中主要元音口型较小，如"烦、便、闲、天"等。部分字的声调调值发不到位，如"生、事、大、秋、有"等。"不"读成入声［pəʔ²］，如"不可"
26	后鼻音［əŋ］组发成前鼻音［ən］组，如"正、清、撑、生"等。［an］组韵母中主要元音口型较小，如"甘、泉、天"等。部分字的声调调值发不到位，如"满、辉、澜、桥、彩"等。"不"读成入声［pəʔ²］，如"不可"
27	方音较重，部分前鼻音［ən］组发成后鼻音［əŋ］组，如"人、们、问"等，后鼻音［əŋ］组发成前鼻音［ən］组，如"曾、永、更、同、迥"等。部分舌尖后音［tʂ］组发成舌尖前音［ts］组，如"上、说、孰、种、是、只、崭"等。［ɑŋ］组韵母发成［an］组韵母，如"当、光、想、让、阳"。［an］组韵母中主要元音口型较小，如"远、现"等。声调调值普遍发不到位，如"失、想、大、人、用"等。"不"读成入声［pəʔ²］，如"不可"
28	部分前鼻音［ən］组发成后鼻音［əŋ］组，如"问、分"等，后鼻音［əŋ］组发成前鼻音［ən］组，如"政、省、更"等。［an］组韵母中主要元音口型较小，如"卷、片、短、关"等。部分字的声调调值发不到位，如"四、上、然、分、友、为"等。"不"读成入声［pəʔ²］，如"不能"

续表

编号	个体特征
29	后鼻音［əŋ］组发成前鼻音［ən］组，如"能、影、曾、正、明、冷、痛、永"等。［an］组韵母中主要元音口型较小，如"瓣、旋"等。部分字的声调调值发不到位，如"才、转、绝、可、终、作"等。不"读成入声［pə^2］，如"不得"
30	后鼻音［əŋ］组发成前鼻音［ən］组，如"整、城、正、政"等。［an］组韵母中主要元音口型较小，如"残、现、添"等。部分字的声调调值发不到位，如"讲、善、品"等

（三）吕梁地方普通话语音的群体特征

1. 声母特点

吕梁地方普通话在声母方面的主要特点体现在：舌尖前音和舌尖后音时有相混，尤其是韵母为合口呼时，更容易发成舌尖前音。如前文所述，吕梁方言中，韵母为合口呼韵母时，舌尖后音都发成了舌尖前音，受方言的影响，吕梁人在说普通话时，不同程度地存在舌尖前音和舌尖后音相混都发成舌尖前音的情况。

普通话水平较高的人群，舌尖前音和舌尖后音能够分得清楚，而普通话水平中等及以下的人群，存在舌尖前音和舌尖后音部分分不清楚或者完全分不清楚的情况，如：

主——祖　处——醋　闩——酸　上——丧

2. 韵母特点

吕梁地方普通话在韵母方面的主要特点体现在以下七个方面：

（1）［ən］——［əŋ］时有相混，多数将［əŋ］韵母发成［ən］韵母，有的也会将［ən］韵母发成［əŋ］韵母

普通话水平较高的人群，［ən］——［əŋ］韵母能够分得清楚，而普通话水平中等及以下的人群，存在［ən］——［əŋ］韵母部分分不清楚或者完全分不清楚的情况，如：

振东——正东　呈现——沉陷　申明——声明

（2）［in］——［iŋ］时有相混，多数将［iŋ］韵母发成［in］韵母，有的也会将［in］韵母发成［iŋ］韵母

普通话水平较高的人群，[in]——[iŋ]韵母能够分得清楚，而普通话水平中等及以下的人群，存在[in]——[iŋ]韵母部分分不清楚或者完全分不清楚的情况。如：

金星——精心　贫民——平民　亲信——轻信

(3) [un]——[uŋ]时有相混，多数将[uŋ]韵母发成[un]韵母，有的也会将[un]韵母发成[uŋ]韵母

普通话水平较高的人群，[un]——[uŋ]韵母能够分得清楚，而普通话水平中等及以下的人群，存在[un]——[uŋ]韵母部分分不清楚或者完全分不清楚的情况，如：

尊——宗　棍——共　存——从　吞——通

(4) [yn]——[yŋ]时有相混，多数将[yŋ]韵母发成[yn]韵母，有的也会将[yn]韵母发成[yŋ]韵母

普通话水平较高的人群，[yn]——[yŋ]韵母能够分得清楚，而普通话水平中等及以下的人群，存在[yn]——[yŋ]韵母部分分不清楚或者完全分不清楚的情况，如：

群——穷　熏——兄　运——用

(5) 与普通话相比，[an ian uan yan]韵母发音时口型较小

吕梁人说普通话时，很多人都存在[an ian uan yan]韵母发音时口型较小的情况。关于这一点，我们还专门做了专项调查，调查了不同普通话水平的人群共119人，其中，72.4%人群发此类韵母时都存在发音口型较小的情况。

(6) 与普通话相比，[ai uai]韵母主要元音发音时舌位较高

吕梁人说普通话时，普通话水平较高的人[ai uai]韵母发音较准确，而普通话水平一般的人不同程度地都存在[ai uai]韵母主要元音发音时舌位较高，接近[ɛ]。如："倍数"中的"倍"的韵母主要元音较高。

(7) 个别字仍读为入声韵

在说普通话时，绝大多数人口中已没有入声韵，只有在语流中个别字还常读为入声，如：——"你去吗?"——"我不去。"中的"不"，常读

为［pə?⁴］。

关于这一点，我们还专门做了专项调查，调查了不同普通话水平的人群共123人，其中，72%的人群都不同程度地存在将"可""急""不"等古入声字在一定的语境下读得较短促的情况。

3. 声调特点

吕梁人在说普通话时所表现出来的声调特点是：入声调基本消失，阴平的调值往往达不到高平55，多为44或33，阳平的调值多为24，上声的调值比较接近标准普通话，去声的调值多为53，往往降不到1。

五　大同地方普通话的语音特征

（一）大同地方普通话被调查人信息统计

我们所遴选出的30组最有效的大同地方普通话录音材料的被调查人具体信息如下表：

表6.9　　　　　　　大同地方普通话被调查人信息统计

编号	姓名	性别	年龄	职业	受教育程度
1	齐××	男	47	公司职员	大专
2	刘××	女	48	教师	中专
3	刘××	女	40	教师	本科
4	方××	男	36	公司职员	本科
5	王×	女	43	教师	本科
6	郭××	男	24	自由职业	本科
7	孟×	女	47	教师	本科
8	贾×	男	49	司机	大专
9	陶××	女	48	工人	高中
10	王××	男	36	个体户	高中
11	辛××	女	47	公务员	本科
12	宋×	男	46	自由职业	初中
13	徐××	女	45	自由职业	初中

续表

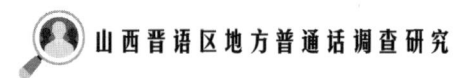

编号	姓名	性别	年龄	职业	受教育程度
14	姜××	女	31	个体户	大专
15	贾×	男	47	工人	高中
16	郭××	女	39	自由职业	高中
17	段×	男	43	工人	高中
18	杨×	女	26	自由职业	本科
19	郭××	男	21	学生	本科
20	郝××	女	32	自由职业	本科
21	王×	女	47	工人	高中
22	刘××	女	47	自由职业	高中
23	郭×	女	45	教师	本科
24	张××	女	40	服务员	中专
25	王××	女	36	科员	大专
26	姜××	男	49	工人	中专
27	靖××	男	49	工人	初中
28	杨××	男	46	工人	中专
29	高××	女	39	教师	本科
30	薛××	女	23	学生	本科

(二) 大同地方普通话语音的个体特征

在整理、分析30组大同地方普通话录音语料的基础上，并参照标准普通话的特点，我们分别总结出30组大同地方普通话的个体特征。具体如下：

表6.10　　　　大同地方普通话语音的个体特征

编号	个体特征
1	部分前鼻音 [ən] 组发成后鼻音 [əŋ] 组，如"跟"等，后鼻音 [əŋ] 组发成前鼻音 [ən] 组，如"成、封、正"等。部分舌尖后音 [tʂ] 组发成舌尖前音 [ts] 组，如"这、战、中"等，部分舌尖前音 [ts] 组发成舌尖后音 [tʂ] 组，如"三、所、赠、总、嗽、似"等。[an] 组韵母中主要元音口型较小，如"远、现、面、端、员"等。部分字的声调调值发不到位，如"来、目、镜、领、职、室"等。合口呼零声母读成 [v]，如"温"

第六章　山西晋语区地方普通话的语音特征

续表

编号	个体特征
2	部分前鼻音［ən］组发成后鼻音［əŋ］组，如"晨、准、运、锦、跟、人、温"等。部分舌尖后音［tʂ］组发成舌尖前音［ts］组，如"说、涮、这、战"等。［an］组韵母中主要元音口型较小，如"饭、看、天、炎、锻、减"等。部分字的声调调值发不到位，如"干、毒、吃、还、有、肥"等。合口呼零声母读成［v］，如"温、为"。"不"读成入声，如"不知道"
3	部分前鼻音［ən］组发成后鼻音［əŋ］组，如"准、分、深"等。［an］组韵母中主要元音口型较小，如"饭、拌、馒、选、点、先"等。部分字的声调调值发不到位，如"想、硬、现"等。"不"读成入声，如"不能"
4	前鼻音［ən］组发成后鼻音［əŋ］组，如"运、本、存、分"等，部分后鼻音［əŋ］组发成前鼻音［ən］组，如"能、升、成、生"等。部分舌尖后音［tʂ］组发成舌尖前音［ts］组，如"出、上、中、争、骤、者、础"等。［an］组韵母中主要元音口型较小，如"全、检、传、安"等。部分字的声调调值发不到位，如"对、我、组、此、操、项、骤"等。合口呼零声母读成［v］，如"问、威"
5	前鼻音［ən］组发成后鼻音［əŋ］组，如"跟、门"等，后鼻音［əŋ］组发成前鼻音［ən］组，如"统、动、平、清、从、程"等。部分舌尖后音［tʂ］组发成舌尖前音［ts］组，如"者、说、事、束、初、中、之"等，部分舌尖前音［ts］组发成舌尖后音［tʂ］组，如"三、所、赠、总、嗽、似"等。［an］组韵母中主要元音口型较小，如"变、天、前"等。部分字的声调调值发不到位，如"平、了、片、重、广"等。"不"读成入声，如"不下去"
6	前鼻音［ən］组发成后鼻音［əŋ］组，如"分、很、们"等，后鼻音［əŋ］组发成前鼻音［ən］组，如"正、另"等。部分舌尖后音［tʂ］组发成舌尖前音［ts］组，如"愁、专"等。［an］组韵母中主要元音口型较小，如"看、单、点"等。部分字的声调调值发不到位，如"高、大、调、反"等。"不"读成入声，如"不高"。合口呼零声母读成［v］，如"问、完、外"
7	前鼻音［ən］组发成后鼻音［əŋ］组，如"焖、针、粉、跟"等，后鼻音［əŋ］组发成前鼻音［ən］组，如"用、冰"等。［an］组韵母中主要元音口型较小，如"蛋、间、饭、拌、淀"等。部分字的声调调值发不到位，如"水、没、有、凉、里、把"等。合口呼零声母读成［v］，如"午"
8	前鼻音［ən］组发成后鼻音［əŋ］组，如"温、焖"等，后鼻音［əŋ］组发成前鼻音［ən］组，如"蒸、冷、用"等。部分舌尖前音［ts］组发成舌尖后音［tʂ］组，如"做、葱、测"等。［ai］组韵母中主要元音口型较小，如"还"等。［an］组韵母中主要元音口型较小，如"看、单、点、天"等。部分字的声调调值发不到位，如"盘、取、炒、放"等。合口呼零声母读成［v］，如"温"
9	前鼻音［ən］组发成后鼻音［əŋ］组，如"任"等，后鼻音［əŋ］组发成前鼻音［ən］组，如"争"等。部分舌尖后音［tʂ］组发成舌尖前音［ts］组，如"常"等。［an］组韵母中主要元音口型较小，如"天、件、炎、展、烟"等。声调调值普遍发不到位，如"脱、身、主、曹、芳"等。合口呼零声母读成［v］，如"为"。"不"读成入声，如"不可"

续表

编号	个体特征
10	前鼻音［ən］组发成后鼻音［əŋ］组，如"婚、瞬、人、问、孙、分"等，后鼻音［əŋ］组发成前鼻音［ən］组，如"程、生、成、永"等。部分舌尖前音［ts］组发成舌尖后音［tʂ］组，如"四、子、此"等。［ai］组韵母中主要元音口型较小，如"怪、孩、百"等。［an］组韵母中主要元音口型较小，如"点、眼、天、班、全、钱、关、远、拐、烂"等。声调调值普遍发不到位，如"发、呆、麻、抱"等。合口呼零声母读成［v］，如"晚"。"不"读成入声，如"不远"
11	前鼻音［ən］组发成后鼻音［əŋ］组，如"陨、运、们、村、存、人"等，后鼻音［əŋ］组发成前鼻音［ən］组，如"生、竞、挣、冷、中"等。［an］组韵母中主要元音口型较小，如"现、眼、厌、搬、建、员"等。部分字的声调调值普遍发不到位，如"汉、滑、影、谈、吃"等。"不、一"读成入声，如"不久、一个"
12	前鼻音［ən］组发成后鼻音［əŋ］组，如"群、村、分、闷、云"等，后鼻音［əŋ］组发成前鼻音［ən］组，如"蹦、声、风"等。［ai］组韵母中主要元音口型较小，如"怪、外"等。部分舌尖后音［tʂ］组发成舌尖前音［ts］组，如"传、山、铲、周、谁"等。［an］组韵母中主要元音口型较小，如"翻、软、件、远、闪、电"等。声调调值普遍发不到位，如"常、唱、老、鬼、出、没、红"等。"不"读成入声，如"不高"
13	方音较重，前鼻音［ən］组发成后鼻音［əŋ］组，如"狠、门、云、遁、贫、因、分、困"等。［ai］组韵母中主要元音口型较小，如"外、怀、财"等。部分舌尖后音［tʂ］组发成舌尖前音［ts］组，如"常、时、重、出、之"等。部分舌尖前音［ts］组发成舌尖后音［tʂ］组，如"死、子、钻"等。［an］组韵母中主要元音口型较小，如"院、权、佃、念、烂、天"等。声调调值普遍发不到位，如"限、人、没、穷、空、拜、恍"等。"不"读成入声，如"不成"。合口呼零声母读成［v］，如"为"
14	后鼻音［əŋ］组发成前鼻音［ən］组，如"整、成、星、升、能"等。舌尖后音［tʂ］组发成舌尖前音［ts］组，如"沉、睡、这、者"等。［an］组韵母中主要元音口型较小，如"天、肩、边、点"等。部分字的声调调值普遍发不到位，如"星、草、三、浪"等。"不"读成入声，如"不见"。合口呼零声母读成［v］，如"问"
15	方音较重，前鼻音［ən］组发成后鼻音［əŋ］组，如"困"等。后鼻音［əŋ］组发成前鼻音［ən］组，如"动、挺、正、平"等。部分舌尖后音［tʂ］组发成舌尖前音［ts］组，如"识、出、说、上、绽、窗"等。［an］组韵母中主要元音口型较小，如"干、田、前、全"等。声调调值普遍发不到位，如"思、漂、亮、思、好、体"等。"不"读成入声，如"不忙"。合口呼零声母读成［v］，如"温"

续表

编号	个体特征
16	前鼻音［ən］组发成后鼻音［əŋ］组，如"困"等。后鼻音［əŋ］发成前鼻音［ən］组，如"等、用、朋、能、生"等。部分舌尖后音［tʂ］组发成舌尖前音［ts］组，如"崭、者、智"等。部分舌尖前音［ts］组发成舌尖后音［tʂ］组，如"组、次、所、诉"等。［an］组韵母中主要元音口型较小，如"年、间、全、变"等。声调调值普遍发不到位，如"们、足、却、使、做、信、得"等。合口呼零声母读成［v］，如"完"
17	部分前鼻音［ən］组发成后鼻音［əŋ］组，如"论、跟"等。后鼻音［əŋ］组发成前鼻音［ən］组，如"封、争、更、用"等。部分舌尖后音［tʂ］组发成舌尖前音［ts］组，如"助、主、识、梳、占"等。［an］组韵母中主要元音口型较小，如"员、团、签、研、见"等。声调调值普遍发不到位，如"虽、总、揭、被、景、摆"等。合口呼零声母读成［v］，如"往"。"不"读成入声，如"不同"
18	部分后鼻音［əŋ］组发成前鼻音［ən］组，如"正、成、等"等。［an］组韵母中主要元音口型较小，如"番"等。部分字的声调调值发不到位，如"茄、它、蛋"等。合口呼零声母读成［v］，如"温"。"不"读成入声，如"不知道"
19	部分前鼻音［ən］组发成后鼻音［əŋ］组，如"本、文、准、分"等。后鼻音［əŋ］组发成前鼻音［ən］组，如"通、用、同、生、形、省"等。部分舌尖后音［tʂ］组发成舌尖前音［ts］组，如"础、数"等。［an］组韵母中主要元音口型较小，如"全、现、言、便、关"等。声调调值普遍发不到位，如"社、产、律、功"等
20	后鼻音［əŋ］组发成前鼻音［ən］组，如"冷、行、能"等。［an］组韵母中主要元音口型较小，如"然、便、全"等。部分字的声调调值发不到位，如"觉、自、没、对"等。"不"读成入声，如"不管"。合口呼零声母读成［v］，如"温"
21	舌尖后音［tʂ］组发成舌尖前音［ts］组，如"濯、着、春、这、中"等。［an］组韵母中主要元音口型较小，如"旋、间、鲜、便、远"等。声调调值普遍发不到位，如"循、蹄、望、嘴、物"等。"不"读成入声，如"不再"
22	部分前鼻音［ən］组发成后鼻音［əŋ］组，如"云、们"等。部分舌尖后音［tʂ］组发成舌尖前音［ts］组，如"出、水、住、桌"等。［an］组韵母中主要元音口型较小，如"天、干、店、团、员"等。部分字的声调调值发不到位，如"表、穷、人、子"等。"不"读成入声，如"不在"。合口呼零声母读成［v］，如"完、闻"
23	舌尖后音［tʂ］组发成舌尖前音［ts］组，如"专、术、出、设、种、真"等
24	前鼻音［ən］组发成后鼻音［əŋ］组，如"论、顿、跟、春、震、人、很"等。后鼻音［əŋ］组发成前鼻音［ən］组，如"整、能、中、更、生"等。部分舌尖后音［tʂ］组发成舌尖前音［ts］组，如"时、上、春、社、书、闪"等，部分舌尖前音［ts］组发成舌尖后音［tʂ］组，如"字"等。［an］组韵母中主要元音口型较小，如"感、眼、肩"等。声调调值普遍发不到位，如"人、古、恐、站、怕"等。"不"读成入声，如"不被"

续表

编号	个体特征
25	前鼻音［ən］组发成后鼻音［əŋ］组，如"群、们、稳"等。后鼻音［əŋ］组发成前鼻音［ən］组，如"正、等、成、经"等。部分舌尖后音［tʂ］组发成舌尖前音［ts］组，如"长、展、真、慎、处"等，部分舌尖前音［ts］组发成舌尖后音［tʂ］组，如"策"等。［an］组韵母中主要元音口型较小，如"现、员"。部分字的声调调值发不到位，如"产、美、处"等。"不"读成入声，如"不稳定"
26	前鼻音［ən］组发成后鼻音［əŋ］组，如"焖、们、分、很"等。后鼻音［əŋ］组发成前鼻音［ən］组，如"形、曾、蒙、正、乘"等。部分舌尖后音［tʂ］组发成舌尖前音［ts］组，如"山、深、炸、串、说、专"等。［an］组韵母中主要元音口型较小，如"变、烟、简、单"等。声调调值普遍发不到位，如"同、概、讶、街"等。"不"读成入声，如"不了"。合口呼零声母读成［v］，如"晚"
27	前鼻音［ən］组发成后鼻音［əŋ］组，如"人、混、跟"等。后鼻音［əŋ］组发成前鼻音［ən］组，如"用、情、能、东"等。部分舌尖后音［tʂ］组发成舌尖前音［ts］组，如"车、说、制、除"等。部分舌尖前音［ts］组发成舌尖后音［tʂ］组，如"自、三、子"等。［an］组韵母中主要元音口型较小，如"厌、管、点"等。声调调值普遍发不到位，如"酒、回、有、统"等。"不"读成入声，如"不能"。合口呼零声母读成［v］，如"位"
28	前鼻音［ən］组发成后鼻音［əŋ］组，如"奋、墩、人、分"等。后鼻音［əŋ］组发成前鼻音［ən］组，如"争"等。部分舌尖后音［tʂ］组发成舌尖前音［ts］组，如"车、说、制、除"等。部分舌尖前音［ts］组发成舌尖后音［tʂ］组，如"宿、三"等。［an］组韵母中主要元音口型较小，如"点、锻、钱、眼、算"等。声调调值普遍发不到位，如"劳、业、较"等。"不"读成入声，如"不说"。合口呼零声母读成［v］，如"完、谓"
29	部分前鼻音［ən］组发成后鼻音［əŋ］组，如"近、进"等。后鼻音［əŋ］组发成前鼻音［ən］组，如"省、朋"等。［an］组韵母中主要元音口型较小，如"万、连"等。合口呼零声母读成［v］，如"位"
30	部分前鼻音［ən］组发成后鼻音［əŋ］组，如"们、问、痕、昆、人、信"等。部分舌尖后音［tʂ］组发成舌尖前音［ts］组，如"这、蜘、蛛、正"等。后鼻音［əŋ］组发成前鼻音［ən］组，如"生、轻"等。［an］组韵母中主要元音口型较小，如"面、看、见、颜、先"等

（三）大同地方普通话语音的群体特征

1. 声母特点

大同地方普通话在声母方面主要有以下两个特点：

（1）舌尖前音和舌尖后音时有相混，多数发成了舌尖前音，也有的发

成舌尖后音

如前文所述，大同方言中，部分舌尖后音和舌尖前音相混，都发成了舌尖前音。对于普通老百姓而言，人们根本无法辨析哪些字该读舌尖前音，哪些字该读舌尖后音，受方言的影响，人们在说普通话时，不同程度地存在舌尖前音和舌尖后音相混的情况。

普通话水平较高的人群，舌尖前音和舌尖后音能够分得清楚，而普通话水平中等及以下的人群，部分舌尖前音和舌尖后音部分分不清楚或者完全分不清楚，进而发成舌尖前音或舌尖后音，以混读为舌尖前音为多。如：

站——赞　支——资　山——三

（2）唇齿浊音和合口呼零声母时有相混，发成了唇齿浊音

在说普通话中的合口呼零声母字时，绝大多数大同人都读成了唇齿浊音 [v]，而不是零声母。如：文 [v] 学、青蛙 [v]。

2. 韵母特点

大同地方普通话在韵母方面的主要特点体现在以下七个方面：

（1）[ən]——[əŋ] 时有相混，有的发成 [əŋ] 韵母，有的发成 [ən] 韵母

普通话水平较高的人群，[ən]——[əŋ] 韵母能够分得清楚，而普通话水平中等及以下的人群，存在 [ən]——[əŋ] 韵母部分分不清楚或者完全分不清楚的情况，如：

振东——正东　呈现——沉陷　申明——声明

（2）[in]——[iŋ] 时有相混，有的发成 [iŋ] 韵母，有的发成 [in] 韵母

普通话水平较高的人群，[in]——[iŋ] 韵母能够分得清楚，而普通话水平中等及以下的人群，存在 [in]——[iŋ] 韵母部分分不清楚或者完全分不清楚的情况。如：

金星——精心　贫民——平民　亲信——轻信

（3）[un]——[uŋ] 时有相混，有的发成 [uŋ] 韵母，有的发成

[un]韵母

普通话水平较高的人群，[un]——[uŋ]韵母能够分得清楚，而普通话水平中等及以下的人群，存在[un]——[uŋ]韵母部分分不清楚或者完全分不清楚的情况，如：

尊——宗　棍——共　存——从　吞——通

（4）[yn]——[yŋ]时有相混，有的发成[yŋ]韵母，有的发成[yn]韵母

普通话水平较高的人群，[yn]——[yŋ]韵母能够分得清楚，而普通话水平中等及以下的人群，存在[yn]——[yŋ]韵母部分分不清楚或者完全分不清楚的情况，如：

群——穷　熏——兄　运——用

（5）与标准普通话中的[ai uai]韵母相比，主要元音发音时口型普遍较小，发音不到位。

普通话水平较高的人群，[ai uai]韵母发音较准确，而普通话水平中等及以下的人群，存在[ai uai]韵母主要元音发音时口型普遍较小，发音不到位。甚至有的发音受方言影响，发成[ɛe uɛe]。如："张凯"中的"凯"的韵母会发成[ɛe]。

（6）与标准普通话中的[an ian uan yan]韵母相比，主要元音发音时口型普遍较小，发音不到位，甚至[ian yan]与[ie ye]韵母时有相混。

普通话水平较高的人群，[an ian uan yan]韵母发音基本标准，而普通话水平中等及以下的人群，存在[an uan]韵母发音时口型较小、[ian yan]——[ie ye]韵母部分分不清楚或者完全分不清楚的情况。关于这一点，我们还专门做了专项调查，调查了不同普通话水平的人群共122人，其中，75.47%人群发此类韵母时都存在发音口型较小的情况。

（7）个别字仍读为入声韵

在说普通话时，绝大多数人口中已没有入声韵，只有在语流中个别字还常读为入声，如：——"你去吗？"——"我不去。"中的"不"，常读为[pəʔ^{32}]。

关于这一点，我们还专门做了专项调查，调查了不同普通话水平的人群共137人，其中，77.92%的人群都不同程度地存在将"一""个""急""不"等古入声字在一定的语境下读得较短促的情况。

3. 声调特点

大同人在说普通话时所表现出来的声调特点是：入声调基本消失，阴平的调值往往达不到高平55，多为33，阳平的调值多为24，上声的调值接近降调31，往往不能升上去，去声的调值多为53，往往降不到1。

六 朔州地方普通话的语音特征

（一）朔州地方普通话被调查人信息统计

我们所遴选出的30组最有效的朔州地方普通话录音材料的被调查人具体信息如下表：

表6.11　　　　朔州地方普通话被调查人信息统计

编号	姓名	性别	年龄	职业	受教育程度
1	薛××	男	30	自由职业	本科
2	马××	男	47	个体户	中专
3	李×	女	20	学生	本科
4	张××	女	21	学生	本科
5	白××	男	47	个体户	初中
6	边××	女	45	教师	本科
7	朱×	女	31	护士	中专
8	要××	女	38	护士	中专
9	吴××	女	46	自由职业	初中
10	李×	男	32	医生	本科
11	曹×	男	22	理发师	初中
12	冯××	男	46	教师	本科
13	武×	女	34	教师	本科
14	刘××	男	40	无业	初中
15	符××	女	24	幼师	大专

续表

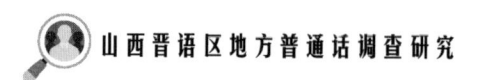

编号	姓名	性别	年龄	职业	受教育程度
16	陶×	男	36	快递员	高中
17	罗××	女	41	销售员	高中
18	李×	女	32	公务员	本科
19	孙××	女	31	教师	本科
20	李×	女	42	秘书	大专
21	孙×	女	21	学生	本科
22	刘×	男	35	个体户	大专
23	刘×	女	41	导购	高中
24	姚××	女	39	收银员	高中
25	李×	女	34	护士	大专
26	李×	女	38	幼师	大专
27	马×	男	44	个体户	中专
28	李×	女	46	个体户	高中
29	张×	男	40	自由职业	高中
30	张×	女	32	建筑师	大学

（二）朔州地方普通话语音的个体特征

在整理、分析30组朔州地方普通话录音语料的基础上，并参照标准普通话的特点，我们分别总结出30组朔州地方普通话的个体特征。具体如下：

表6.12　　　　朔州地方普通话语音的个体特征

编号	个体特征
1	后鼻音［əŋ］组发成前鼻音［ən］组，如"凭、生、敬"等。［an］组韵母中主要元音口型较小，如"欢、凡、然、天"等。部分字的声调调值发不到位，如"龙、角"等
2	后鼻音［əŋ］组发成前鼻音［ən］组，如"能、生、匈、东"等。部分舌尖后音［tʂ］组发成舌尖前音［ts］组，如"朔、州、张、主、值"等。［an］组韵母中主要元音口型较小，如"天、面、弹、然"等。部分字的声调调值发不到位，如"访、摆"等。"不"读成入声，如"不错"

第六章 山西晋语区地方普通话的语音特征

续表

编号	个体特征
3	前鼻音［ən］组发成后鼻音［əŋ］组，如"人、本、问、韵"等。后鼻音［əŋ］组发成前鼻音［ən］组，如"冯、英"等。部分舌尖后音［tʂ］组发成舌尖前音［ts］组，如"楚"等。［an］组韵母中主要元音口型较小，如"言、感、电、看"等。部分字的声调调值发不到位，如"买、课、群"等。"不"读成入声，如"不是"。合口呼零声母读成［v］，如"问"
4	前鼻音［ən］组发成后鼻音［əŋ］组，如"文、准"等。后鼻音［əŋ］组发成前鼻音［ən］组，如"等"等。［an］组韵母中主要元音口型较小，如"键、间、篇、看、全"等。部分字的声调调值发不到位，如"时、考、语、大"等。"不"读成入声，如"不好"。合口呼零声母读成［v］，如"完"
5	前鼻音［ən］组发成后鼻音［əŋ］组，如"人"等。后鼻音［əŋ］组发成前鼻音［ən］组，如"能、生"等。［an］组韵母中主要元音口型较小，如"钱、点、现"等。部分字的声调调值发不到位，如"条、件、小、答"等。"不"读成入声，如"不是"。合口呼零声母读成［v］，如"玩"
6	前鼻音［ən］组发成后鼻音［əŋ］组，如"们、跟、分、顿"等。后鼻音［əŋ］组发成前鼻音［ən］组，如"中、横、生、同、轻、并"等。部分舌尖后音［tʂ］组发成舌尖前音［ts］组，如"重、春、住、竖"等。［an］组韵母中主要元音口型较小，如"点、天、先、间、观、前、短"等。部分字的声调调值发不到位，如"撒、捺、学、住、离"等。"不"读成入声，如"不是"
7	前鼻音［ən］组发成后鼻音［əŋ］组，如"存、云"等。后鼻音［əŋ］组发成前鼻音［ən］组，如"生、情、碰、曾、逢、永"等。部分舌尖后音［tʂ］组发成舌尖前音［ts］组，如"上、淑、知、这"等。［an］组韵母中主要元音口型较小，如"前、见、点、管"等。部分字的声调调值发不到位，如"美、最、量、会"等。"不"读成入声，如"不能"。合口呼零声母读成［v］，如"温"
8	方音较重，前鼻音［ən］组发成后鼻音［əŋ］组，如"云、们、跟"等。后鼻音［əŋ］组发成前鼻音［ən］组，如"平、境、声、蒙、同"等。舌尖后音［tʂ］组发成舌尖前音［ts］组，如"这、使、十、驰"等。［an］组韵母中主要元音口型较小，如"天、边、线、渲、染、远"等。声调调值普遍发不到位，如"总、百、彩、虹、飞"等。"不"读成入声，如"不动"。合口呼零声母读成［v］，如"温"。个别［uai］韵母发成［uei］韵母，如"摔"
9	方音重，前鼻音［ən］组发成后鼻音［əŋ］组，如"人、民、们"等。后鼻音［əŋ］组发成前鼻音［ən］组，如"称、更、情、声、病"等。舌尖后音［tʂ］组发成舌尖前音［ts］组，如"种、上、住、抓、视"等。［an］组韵母中主要元音口型较小，如"电、篇、言、显、篇、宽"等。［tʰ］声母发成［tɕʰ］声母，如"题"。声调调值普遍发不到位，如"台、经、压、力、旬、远、员、因、歧、种"等。"不"读成入声，如"不能"。合口呼零声母读成［v］，如"卫"

续表

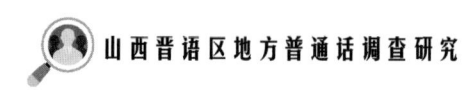

编号	个体特征
10	前鼻音［ən］组发成后鼻音［əŋ］组，如"人"等。后鼻音［əŋ］组发成前鼻音［ən］组，如"生、成、正、令、诚"等。［an］组韵母中主要元音口型较小，如"电、篇、南、"等。部分字的声调调值发不到位，如"段、子、脱、避"等。"不"读成入声，如"不能"。合口呼零声母读成［v］，如"味"
11	前鼻音［ən］组发成后鼻音［əŋ］组，如"根、准、问、论"等。后鼻音［əŋ］组发成前鼻音［ən］组，如"风、朋、用、型、能、平"等。舌尖后音［tʂ］组发成舌尖前音［ts］组，如"说、时、这、长、产"等。［an］组韵母中主要元音口型较小，如"款、贪、换、坚、眼"等。部分字的声调调值发不到位，如"段、子、脱、避、电、持、理"等。"不"读成入声，如"不敢、不断"。合口呼零声母读成［v］，如"问"
12	部分后鼻音［əŋ］组发成前鼻音［ən］组，如"层、成、形、静"等。舌尖后音［tʂ］组发成舌尖前音［ts］组，如"斥"等。［an］组韵母中主要元音口型较小，如"电、原、反、间"等。部分字的声调调值发不到位，如"荷、相、间"等。"不"读成入声，如"不对"
13	前鼻音［ən］组发成后鼻音［əŋ］组，如"很"等。部分后鼻音［əŋ］组发成前鼻音［ən］组，如"清、并、更、横"等。舌尖后音［tʂ］组发成舌尖前音［ts］组，如"车、招、中、彰、说、站、助、水"等。［an］组韵母中主要元音口型较小，如"远、但、千"等。部分字的声调调值发不到位，如"船、江、河"等。"不"读成入声，如"不是"。合口呼零声母读成［v］，如"外"
14	方音重，前鼻音［ən］组发成后鼻音［əŋ］组，如"们、存"等。后鼻音［əŋ］组发成前鼻音［ən］组，如"生、拥、清、整、扔"等。舌尖后音［tʂ］组发成舌尖前音［ts］组，如"中、除"等。［an］组韵母中主要元音口型较小，如"餐、健、前、现"等。［tʰ］声母发成［tɕʰ］声母，如"体、庭"。声调调值普遍发不到位，如"口、使、工"等
15	前鼻音［ən］组发成后鼻音［əŋ］组，如"很"等。部分后鼻音［əŋ］组发成前鼻音［ən］组，如"幸、拥、丰、更、精、空"等。部分舌尖后音［tʂ］组发成舌尖前音［ts］组，如"上"等。［an］组韵母中主要元音口型较小，如"关、验、间、限、远"等。部分字的声调调值发不到位，如"间、虫、览、于、学、神"等。"不"读成入声，如"不仅"
16	前鼻音［ən］组发成后鼻音［əŋ］组，如"人、文、舜、民、深"等。部分后鼻音［əŋ］组发成前鼻音［ən］组，如"从、凝、领、雄、共、等"等。部分舌尖后音［tʂ］组发成舌尖前音［ts］组，如"产、传、展、创"等。［an］组韵母中主要元音口型较小，如"献、千、元、前、年"等。部分字的声调调值发不到位，如"辉、煌、世、续"等。"不"读成入声，如"不断"。合口呼零声母读成［v］，如"未"

第六章　山西晋语区地方普通话的语音特征

续表

编号	个体特征
17	前鼻音［ən］组发成后鼻音［əŋ］组，如"盾、论"等。部分后鼻音［əŋ］组发成前鼻音［ən］组，如"胜、承、经、性、供"等。部分舌尖前音［ts］组发成舌尖后音［tʂ］组，如"色、素、思、侧、总、草"等。部分舌尖后音［tʂ］组发成舌尖前音［ts］组，如"展、社、吹、战、治"等。［an］组韵母中主要元音口型较小，如"点、坚"等。部分字的声调调值发不到位，如"二、主、讨"等。合口呼零声母读成［v］，如"稳"
18	前鼻音［ən］组发成后鼻音［əŋ］组，如"分、们"等。部分后鼻音［əŋ］组发成前鼻音［ən］组，如"证、朋、整、更、用"等。［an］组韵母中主要元音口型较小，如"验、感、年、反、管"等。部分字的声调调值发不到位，如"七、学、北"等。"不、一"读成入声，如"不上、一个"。合口呼零声母读成［v］，如"完"
19	部分后鼻音［əŋ］组发成前鼻音［ən］组，如"封、城、城、明"等
20	前鼻音［ən］组发成后鼻音［əŋ］组，如"人、根、们"等。部分后鼻音［əŋ］组发成前鼻音［ən］组，如"工、政、乘、等"等。［an］组韵母中主要元音口型较小，如"烟、健、点"等。部分字的声调调值发不到位，如"排、港、护"等。合口呼零声母读成［v］，如"外"
21	方言较重，前鼻音［ən］组发成后鼻音［əŋ］组，如"喷、沉、均、匀、们、恩、菌、运"等。部分后鼻音［əŋ］组发成前鼻音［ən］组，如"动、生、封、空"等。［an］组韵母中主要元音口型较小，如"便、前、犯、点、锻、炼"等。部分字的声调调值发不到位，如"后、当"等。"不"读成入声，如"不能"。合口呼零声母读成［v］，如"网"
22	前鼻音［ən］组发成后鼻音［əŋ］组，如"人、本、们、很、奋"等。部分后鼻音［əŋ］组发成前鼻音［ən］组，如"朋、程、重、邓、等、胸"等。部分舌尖后音［tʂ］组发成舌尖前音［ts］组，如"追、身"等。［an］组韵母中主要元音口型较小，如"展、远、变、现、但、限"等。部分字的声调调值发不到位，如"潮、流、人、爱"等
23	前鼻音［ən］组发成后鼻音［əŋ］组，如"本、深、很、们、问、跟"等。部分后鼻音［əŋ］组发成前鼻音［ən］组，如"东、清、正、名、用"等。［an］组韵母中主要元音口型较小，如"感、联、骗、廉、品、原、便"等。部分字的声调调值发不到位，如"学、从"等。合口呼零声母读成［v］，如"网"。"不"读成入声，如"不是"
24	前鼻音［ən］组发成后鼻音［əŋ］组，如"很"等。部分后鼻音［əŋ］组发成前鼻音［ən］组，如"泾、盯、名、生"等。［an］组韵母中主要元音口型较小，如"现、电、短、言"等。部分字的声调调值发不到位，如"题、然、虽"等。合口呼零声母读成［v］，如"渭"。"不"读成入声，如"不再"

续表

编号	个体特征
25	前鼻音［ən］组发成后鼻音［əŋ］组，如"门"等。部分后鼻音［əŋ］组发成前鼻音［ən］组，如"正、灯、龙"等。部分舌尖后音［tʂ］组发成舌尖前音［ts］组，如"传、赏、逐"等。［an］组韵母中主要元音口型较小，如"泛、按、源、团、圆、燃"等。部分字的声调调值发不到位，如"动、龙"等。"不"读成入声，如"不久"。合口呼零声母读成［v］，如"王"
26	部分后鼻音［əŋ］组发成前鼻音［ən］组，如"剩、蒸、证、层"等。部分舌尖后音［tʂ］组发成舌尖前音［ts］组，如"这、常"等。［an］组韵母中主要元音口型较小，如"天、面、管、软"等。部分字的声调调值发不到位，如"感、节、够"等。合口呼零声母读成［v］，如"碗"
27	前鼻音［ən］组发成后鼻音［əŋ］组，如"昏、准、"等。部分后鼻音［əŋ］组发成前鼻音［ən］组，如"能、众、风、东、醒、惩、用"等。部分舌尖前音［ts］组发成舌尖后音［tʂ］组，如"子、山、散、"。部分舌尖后音［tʂ］组发成舌尖前音［ts］组，如"说、树、是、水、舒"等。［an］组韵母中主要元音口型较小，如"便、献、全"等。部分字的声调调值发不到位，如"如、他、品、受、吃、挑"等。合口呼零声母读成［v］，如"闻"
28	前鼻音［ən］组发成后鼻音［əŋ］组，如"忍、人、奔、魂、恨"等。部分后鼻音［əŋ］组发成前鼻音［ən］组，如"东、精、工、生"等。部分舌尖前音［ts］组发成舌尖后音［tʂ］组，如"自、此、死"。部分舌尖后音［tʂ］组发成舌尖前音［ts］组，如"时、山"等。［ai］组韵母中主要元音口型较小，如"海"。［an］组韵母中主要元音口型较小，如"炎、干"等。部分字的声调调值发不到位，如"石、悲、海、末、精、卫、回"等。合口呼零声母读成［v］，如"娲"。"不"读成入声，如"不在"
29	前鼻音［ən］组发成后鼻音［əŋ］组，如"人"等。部分后鼻音［əŋ］组发成前鼻音［ən］组，如"通、中、省、境"等。［ər］韵母主要元音靠后，如"二"。［ei］韵母发成［i］韵母，如"累"。部分舌尖后音［tʂ］组发成舌尖前音［ts］组，如"时、治、出、转"等。［an］组韵母中主要元音口型较小，如"联、院、减、诊、生、面、源"等。部分字的声调调值发不到位，如"少、者、日、无、愈、至"等。合口呼零声母读成［v］，如"万"
30	前鼻音［ən］组发成后鼻音［əŋ］组，如"吨、本、运、吻、分"等。部分后鼻音［əŋ］组发成前鼻音［ən］组，如"中、领、胜、命、经、政"等。部分舌尖后音［tʂ］组发成舌尖前音［ts］组，如"时、山、助、专"等。［an］组韵母中主要元音口型较小，如"员、电、现、关、援"等。部分字的声调调值发不到位，如"辉、煌、以、进、谢"等。合口呼零声母读成［v］，如"稳"。"不"读成入声，如"不在"

（三）朔州地方普通话语音的群体特征

1. 声母特点

朔州地方普通话在声母方面的主要特点与大同方言相似，体现在以下两个方面：

（1）舌尖前音和部分舌尖后音时有相混，并多发成了舌尖前音

如前文所述，朔州方言中，部分舌尖后音和舌尖前音相混，都发成了舌尖前音，受方言的影响，人们在说普通话时，不同程度地存在舌尖前音和舌尖后音相混发成舌尖前音的情况。

普通话水平较高的人群，舌尖前音和舌尖后音能够分得清楚，而普通话水平中等及以下的人群，部分舌尖前音和舌尖后音部分分不清楚或者完全分不清楚，进而发成舌尖前音，如：

站——赞　支——资　山——三

（2）唇齿浊音和合口呼零声母时有相混，发成了唇齿浊音

在说普通话中的合口呼零声母字时，绝大多数大同人都读成了唇齿浊音[v]，而不是零声母。如：文[v]学、青蛙[v]。

2. 韵母特点

朔州地方普通话在韵母方面的主要特点体现在以下六个方面：

（1）[ən]——[əŋ]时有相混，有的发成[əŋ]韵母，有的发成[ən]韵母

普通话水平较高的人群，[ən]——[əŋ]韵母能够分得清楚，而普通话水平中等及以下的人群，存在[ən]——[əŋ]韵母部分分不清楚或者完全分不清楚的情况，如：

振东——正东　呈现——沉陷　申明——声明

（2）[in]——[iŋ]时有相混，有的发成[iŋ]韵母，有的发成[in]韵母

普通话水平较高的人群，[in]——[iŋ]韵母能够分得清楚，而普通话水平中等及以下的人群，存在[in]——[iŋ]韵母部分分不清楚或者完全分不清楚的情况。如：

金星——精心　贫民——平民　亲信——轻信

（3）[un]——[uŋ] 时有相混，有的发成 [uŋ] 韵母，有的发成 [un] 韵母

普通话水平较高的人群，[un]——[uŋ] 韵母能够分得清楚，而普通话水平中等及以下的人群，存在 [un]——[uŋ] 韵母部分分不清楚或者完全分不清楚的情况，如：

尊——宗　棍——共　存——从　吞——通

（4）[yn]——[yŋ] 时有相混，有的发成 [yŋ] 韵母，有的发成 [yn] 韵母

普通话水平较高的人群，[yn]——[yŋ] 韵母能够分得清楚，而普通话水平中等及以下的人群，存在 [yn]——[yŋ] 韵母部分分不清楚或者完全分不清楚的情况，如：

群——穷　熏——兄　运——用

（5）与标准普通话中的 [an ian uan yan] 韵母相比，主要元音发音时口型普遍较小并且鼻韵尾不明显。

普通话水平较高的人群，[an ian uan yan] 韵母发音基本标准，而普通话水平中等及以下的人群，存在 [an uan] 韵母发音时口型较小的情况。关于这一点，我们还专门做了专项调查，调查了不同普通话水平的人群共138人，其中，74.8%的人群发此类韵母时都存在发音口型较小且鼻韵尾不明显的情况。

（6）个别字仍读为入声韵

在说普通话时，绝大多数人口中已没有入声韵，只有在语流中个别字还常读为入声，如：——"你去吗？"——"我不去。"中的"不"，常读为 [pə ^{34}]。

关于这一点，我们还专门做了专项调查，调查了不同普通话水平的人群共144人，其中，73.24%的人群都不同程度地存在将"一""个""急""不"等古入声字在一定的语境下读得较短促的情况。

3. 声调特点

朔州人在说普通话时多数人所表现出来的声调特点是：入声调基本消

失，阴平的调值往往达不到高平 55，多为 44 或 33，阳平和上声的调值与标准普通话相近，去声的调值多为 53，往往降不到 1。

七 忻州地方普通话的语音特征

（一）忻州地方普通话被调查人信息统计

我们所遴选出的 30 组最有效的忻州地方普通话录音材料的被调查人具体信息如下表：

表 6.13　　　　　　忻州地方普通话被调查人信息统计

编号	姓名	性别	年龄	职业	受教育程度
1	边×	女	43	无业	初中
2	连××	男	46	工人	初中
3	武×	男	33	销售经理	本科
4	张×	女	32	教师	本科
5	武×	女	20	学生	本科
6	张×	女	19	学生	高中
7	李×	女	43	无业	初中
8	张×	男	24	学生	本科
9	李×	女	24	学生	本科
10	李×	男	36	工人	大专
11	武××	女	46	无业	初中
12	韩××	男	20	学生	高中
13	孟×	男	30	教师	本科
14	任××	女	49	无业	高中
15	李×	女	47	无业	高中
16	赵×	女	31	教师	本科
17	李××	女	36	教师	本科
18	赵××	女	48	自由职业	高中
19	王××	女	47	教师	大专
20	翟××	女	44	会计	大专

续表

编号	姓名	性别	年龄	职业	受教育程度
21	翟××	女	46	无业	高中
22	李××	女	43	无业	高中
23	张××	男	45	公务员	中专
24	王××	女	47	自由职业	高中
25	王××	男	35	厨师	初中
26	秦××	男	49	工人	初中
27	聂××	女	34	护士	中专
28	秦××	女	20	学生	本科
29	周××	女	35	银行导购	大专
30	乔××	女	21	学生	本科

（二）忻州地方普通话语音的个体特征

在整理、分析30组忻州地方普通话录音语料的基础上，并参照标准普通话的特点，我们分别总结出30组忻州地方普通话的个体特征。具体如下：

表6.14　　　　忻州地方普通话语音的个体特征

编号	个体特征
1	部分前鼻音［ən］组发成后鼻音［əŋ］组，如"军、本"等。前鼻音［an］组发成后鼻音［aŋ］组，如"陕、站、战、敢、残"等。后鼻音［əŋ］组发成前鼻音［ən］组，如"英、奉、生、清、灯、雄、彭、工、铜、从"等。部分舌尖后音［tʂ］组发成舌尖前音［ts］组，如"主、初、战"等。［an］组韵母中主要元音口型较小，如"电、现、战、联、镌"等。声调调值普遍发不到位，如"雄、作、发、民、古、身、转、泊、从"等
2	前鼻音［an］组发成后鼻音［aŋ］组，如"站、院、展"等。后鼻音［əŋ］组发成前鼻音［ən］组，如"承、生、从、影雄"等。部分舌尖后音［tʂ］组发成舌尖前音［ts］组，如"说、创"等。［an］组韵母中主要元音口型较小，如"肩、研"等。声调调值普遍发不到位，如"次、雄、安、级、区、国、复"等
3	部分前鼻音［ən］组发成后鼻音［əŋ］组，如"分"等。后鼻音［əŋ］组发成前鼻音［ən］组，如"生、正、风、竞、争、能"等。［an］组韵母中主要元音口型较小，如"件、员、选"等。部分字的声调调值发不到位，如"形、人、所"等。合口呼零声母读成［v］，如"伟"。"不"读成入声，如"不管"

第六章　山西晋语区地方普通话的语音特征

续表

编号	个体特征
4	部分前鼻音[ən]组发成后鼻音[əŋ]组，如"峻、军、们"等。后鼻音[əŋ]组发成前鼻音[ən]组，如"生、冰、顶、荣、奉"等。部分舌尖后音[tʂ]组发成舌尖前音[ts]组，如"战、山、传"等。[an]组韵母中主要元音口型较小，如"山、险、天、岩、年、献、建、远"等。部分字的声调调值发不到位，如"改、心、确"等。合口呼零声母读成[v]，如"腕、位"。"不"读成入声，如"不是"
5	后鼻音[əŋ]组发成前鼻音[ən]组，如"城、等、政、能"等。[an]组韵母中主要元音口型较小，如"原、官、严、田"等。部分字的声调调值发不到位，如"更、围、筑、至"等。合口呼零声母读成[v]，如"完、围"。"不"读成入声，如"不能"
6	部分前鼻音[ən]组发成后鼻音[əŋ]组，如"们、奔"等。后鼻音[əŋ]组发成前鼻音[ən]组，如"生、奉、平、诚、性、凌、同、雄"等。[an]组韵母中主要元音口型较小，如"坚、篇、险"等。部分字的声调调值发不到位，如"看、茫、岛、世"等。合口呼零声母读成[v]，如"伟"。"不"读成入声，如"不再"
7	[ai]组韵母主要元音口型较小，如"筷、孩"等。[ɑu]组韵母发成单元音[ɔ]，如"糕、熬、要、劳"等。部分前鼻音[ən]组发成后鼻音[əŋ]组，如"很、粉、们、问、人"等。后鼻音[əŋ]组发成前鼻音[nɛ]组，如"乘、荆、农、用、动"等。部分舌尖后音[tʂ]组发成舌尖前音[ts]组，如"顺、吃、说"等。[an]组韵母中主要元音口型较小，如"沿、天、献、千、端"等。声调调值普遍发不到位，如"小、孩、昨、瞧、乘、哪、人、答、特、出、火、平、常、吃"等。合口呼零声母读成[v]，如"弯、问"。"不"读成入声，如"不是"
8	部分前鼻音[ən]组发成后鼻音[əŋ]组，如"论"等。后鼻音[əŋ]组发成前鼻音[ən]组，如"冻、轻、能、公"等。部分舌尖后音[tʂ]组发成舌尖前音[ts]组，如"水、长、纯"等。[an]组韵母中主要元音口型较小，如"面、天、点、换、燕、练"等。部分字的声调调值发不到位，如"肯、河"等。合口呼零声母读成[v]，如"忘"。"不"读成入声，如"不够"
9	[ɑu]组韵母发成单元音[ɔ]，如"条、漂"等。部分前鼻音[ən]组发成后鼻音[əŋ]组，如"论、文"等。后鼻音[əŋ]组发成前鼻音[ən]组，如"正、朋、轻、登、等、病、生"等。部分舌尖后音[tʂ]组发成舌尖前音[ts]组，如"顺、吃、说、真、初、传"等。[an]组韵母中主要元音口型较小，如"全、天、燕、原、前"等。部分字的声调调值发不到位，如"去、题、我"等。合口呼零声母读成[v]，如"弯、问"。"不"读成入声，如"不能"
10	[ai]组韵母主要元音口型较小，如"孩、开、菜"等。部分前鼻音[ən]组发成后鼻音[əŋ]组，如"们、人、门"等。后鼻音[əŋ]组发成前鼻音[ən]组，如"情、听、生、增、朋、用"等。[an]组韵母中主要元音口型较小，如"间、天、柬、锻、炼"等。部分字的声调普遍发不到位，如"出、好、疫、没、啥、学"等。合口呼零声母读成[v]，如"网"。"不"读成入声，如"不要"

续表

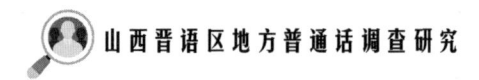

编号	个体特征
11	部分前鼻音［ən］组发成后鼻音［əŋ］组，如"们"等。后鼻音［əŋ］组发成前鼻音［ən］组，如"胜、晨"等。部分舌尖前音［ts］组发成舌尖后音［tʂ］组，如"怎、做"等。部分舌尖后音［tʂ］组发成舌尖前音［ts］组，如"种、装、主、这、谁、身"等。［an］组韵母中主要元音口型较小，如"战、看、鞭、天、点、奇"等。声调调值普遍发不到位，如"好、做、古、前"。合口呼零声母读成［v］，如"闻"。"不"读成入声，如"不好看"
12	部分前鼻音［ən］组发成后鼻音［əŋ］组，如"孙、们、跟、轮"等。后鼻音［əŋ］组发成前鼻音［ən］组，如"平、清"等。［an］组韵母中主要元音口型较小，如"伴、天、看、现"等。部分字的声调普遍发不到位，如"孩、铁、差、错、在、挺"等。合口呼零声母读成［v］，如"网"。"不"读成入声，如"不归路"
13	部分前鼻音［ən］组发成后鼻音［əŋ］组，如"准"等。后鼻音［əŋ］组发成前鼻音［ən］组，如"胜、晨、成、生、能"等。［an］组韵母中主要元音口型较小，如"线、单、件、建"等。部分字的声调调值发不到位，如"国、领"等。合口呼零声母读成［v］，如"为"。"不、一"读成入声，如"不是、一个"
14	方音较重。前鼻音［ən］组发成后鼻音［əŋ］组，如"们、纷、诊"等。后鼻音［əŋ］组发成前鼻音［ən］组，如"平、用、零"等。部分舌尖后音［tʂ］组发成舌尖前音［ts］组，如"时、者、处、水、是、出"等。［an］组韵母中主要元音口型较小，如"店、前、全、园"等。声调调值普遍发不到位，如"阳、以、从、沉、放、班"等。合口呼零声母读成［v］，如"万"
15	方音较重。后鼻音［ɑŋ］组发成前鼻音［an］组，如"上、将、张、像"等。前鼻音［ən］组发成后鼻音［əŋ］组，如"本、很、纷"等。后鼻音［əŋ］组发成前鼻音［ən］组，如"从、生"等。部分舌尖前音［ts］组发成舌尖后音［tʂ］组，如"字"。部分舌尖后音［tʂ］组发成舌尖前音［ts］组，如"盏、纸、专、纸"等。［an］组韵母中主要元音口型较小，如"天、线、缎、专、坚"等。声调调值普遍发不到位，如"房、读、出、来、给、它"等。合口呼零声母读成［v］，如"完、问"
16	后鼻音［əŋ］组发成前鼻音［ən］组，如"生、营、能、正、增、衡"等。［an］组韵母中主要元音口型较小，如"酸、蛋、专、碳"等。部分字的声调调值发不到位，如"水、十、麸"等。合口呼零声母读成［v］，如"维"。"不"读成入声，如"不但"
17	部分前鼻音［ən］组发成后鼻音［əŋ］组，如"军、村"等。后鼻音［əŋ］组发成前鼻音［ən］组，如"听、猛、撑、明"等。［an］组韵母中主要元音口型较小，如"天、官"等。部分字的声调调值发不到位，如"两、袋、亲、认、们"等。合口呼零声母读成［v］，如"问"。"不"读成入声，如"不但"

续表

编号	个体特征
18	部分前鼻音［an］、［uan］发成后鼻音［aŋ］、［uaŋ］，如"饭、搬、栏、关"等。部分前鼻音［ən］组发成后鼻音［əŋ］组，如"氛、们、门"等。后鼻音［əŋ］组发成前鼻音［ən］组，如"成、通、崩、更、东"等。［ian］、［yan］韵母中主要元音口型较小，如"便、片、全、店"等。部分字的声调调值发不到位，如"两、打、包"等。合口呼零声母读成［v］，如"围、晚"。"不"读成入声，如"不行"
19	部分前鼻音［an］、［uan］发成后鼻音［aŋ］、［uaŋ］，如"反、完"等。部分前鼻音［ən］组发成后鼻音［əŋ］组，如"君、人"等。后鼻音［əŋ］组发成前鼻音［ən］组，如"正、弄"等。部分舌尖后音［tʂ］组发成舌尖前音［ts］组，如"水、扎、衬、钟、上、成"等。［ian］、［yan］韵母中主要元音口型较小，如"天、仙"等。声调调值普遍发不到位，如"泡、沫、兰、没"等。"不"读成入声，如"不太"。合口呼零声母读成［v］，如"网"
20	后鼻音［əŋ］组发成前鼻音［ən］组，如"成、声、证"等。部分字的声调调值发不到位，如"个、美、世"等。"不"读成入声，如"不在意"。合口呼零声母读成［v］，如"玩"
21	部分前鼻音［ən］组发成后鼻音［əŋ］组，如"人、深、真、闻、们"等。后鼻音［əŋ］组发成前鼻音［ən］组，如"听、腥、曾、梦"等。部分舌尖后音［tʂ］组发成舌尖前音［ts］组，如"站、抓、山"等。［an］组韵母中主要元音口型较小，如"点、欢"等。声调调值普遍发不到位，如"逸、退、流、个"等。"不"读成入声，如"不太"。合口呼零声母读成［v］，如"闻"
22	部分前鼻音［an］、［uan］发成后鼻音［aŋ］、［uaŋ］，如"南、攀、探、饭"等。部分前鼻音［ən］组发成后鼻音［əŋ］组，如"们、分、群、春"等。后鼻音［əŋ］组发成前鼻音［ən］组，如"红、藤、风、中"等。［ian］、［yan］韵母中主要元音口型较小，如"便、片"等。声调调值普遍发不到位，如"门、走、群、踏"等
23	部分前鼻音［ən］组发成后鼻音［əŋ］组，如"焖、们、门"等。部分舌尖后音［tʂ］组发成舌尖前音［ts］组，如"站、抓、山、视"等。［an］组韵母中主要元音口型较小，如"天、点、现、三、院"等。声调调值普遍发不到位，如"广、场、买、房、排、队"等。"不"读成入声，如"不好"。合口呼零声母读成［v］，如"网"
24	部分前鼻音［ən］组发成后鼻音［əŋ］组，如"匀、分"等。后鼻音［əŋ］组发成前鼻音［ən］组，如"醒、清、平、蒸、工"等。部分舌尖后音［tʂ］组发成舌尖前音［ts］组，如"水、出"等。［an］组韵母中主要元音口型较小，如"边、面、点、前"等。声调调值普遍发不到位，如"洗、好、出、油"等。"不"读成入声，如"不让"。合口呼零声母读成［v］，如"完"

续表

编号	个体特征
25	部分前鼻音［ən］组发成后鼻音［əŋ］组，如"份、们、本、分"等。后鼻音［əŋ］组发成前鼻音［ən］组，如"通、腾"等。［an］组韵母中主要元音口型较小，如"全、天、卷"等。声调调值普遍发不到位，如"小、时、五、训、民、没"等。"不"读成入声，如"不能"。合口呼零声母读成［v］，如"网"
26	部分前鼻音［an］、［uan］发成后鼻音［ɑŋ］、［uɑŋ］，如"难、谈"等。部分前鼻音［ən］组发成后鼻音［əŋ］组，如"们、根"等。后鼻音［əŋ］组发成前鼻音［ən］组，如"生、明、众、能、恐、种、幸、勇、公"等。部分舌尖后音［tʂ］组发成舌尖前音［ts］组，如"是、山、长"等。［ian］、［yan］韵母中主要元音口型较小，如"天、仙、鲜、厌"等。声调调值普遍发不到位，如"青、蛙、塘、必、抛、崖、什、活"等。"不"读成入声，如"不要"
27	部分前鼻音［an］、［uan］发成后鼻音［ɑŋ］、［uɑŋ］，如"满"等。部分前鼻音［ən］组发成后鼻音［əŋ］组，如"们"等。后鼻音［əŋ］组发成前鼻音［ən］组，如"幸、成、更、生、涌"等。部分字的声调调值发不到位，如"山、定、明、白"等
28	部分前鼻音［ən］组发成后鼻音［əŋ］组，如"们"等。后鼻音［əŋ］组发成前鼻音［ən］组，如"生、惊、成、能、听"等。部分字的声调调值发不到位，如"山、定、明、白"等
29	部分前鼻音［ən］组发成后鼻音［əŋ］组，如"根、本"等。后鼻音［əŋ］组发成前鼻音［ən］组，如"翁、声、听"等。部分字的声调调值发不到位，如"市、孔、所"等
30	部分前鼻音［ən］组发成后鼻音［əŋ］组，如"们"等。后鼻音［əŋ］组发成前鼻音［ən］组，如"整、生、症、等"等。［an］组韵母中主要元音口型较小，如"点、安、蛋"等。部分字的声调调值发不到位，如"出、罩、毁、动"等。"不"读成入声，如"不要"

（三）忻州地方普通话语音的群体特征

1. 声母特点

忻州地方普通话在声母方面的主要特点体现在以下两个方面：

（1）在［ʅ］韵母和合口呼韵母前舌尖前音和舌尖后音时有相混，都发成了舌尖前音

如前文所述，忻州方言，在［ʅ］韵母和合口呼韵母前舌尖前音和舌尖后音不分，受方言的影响，人们在说普通话时，不同程度地存在舌尖前

音和舌尖后音相混都发成舌尖前音的情况。

普通话水平较高的人群，舌尖前音和舌尖后音能够分得清楚，而普通话水平中等及以下的人群，存在［ɿ］韵母和合口呼韵母前舌尖前音和舌尖后音部分分不清楚或者完全分不清楚的情况，如：

主——祖　处——醋　闩——酸　支——资

（2）唇齿浊音和合口呼零声母时有相混，发成了唇齿浊音

在说普通话中的合口呼零声母字时，绝大多数忻州人都读成了唇齿浊音［v］，而不是零声母。如：文［v］学、青蛙［v］。

2. 韵母特点

忻州地方普通话在韵母方面的主要特点体现在以下六个方面：

（1）［ən］——［əŋ］时有相混，有的发成［əŋ］韵母，有的发成［ən］韵母

普通话水平较高的人群，［ən］——［əŋ］韵母能够分得清楚，而普通话水平中等及以下的人群，存在［ən］——［əŋ］韵母部分分不清楚或者完全分不清楚的情况，如：

振东——正东　呈现——沉陷　申明——声明

（2）［in］——［iŋ］时有相混，有的发成［iŋ］韵母，有的发成［in］韵母

普通话水平较高的人群，［in］——［iŋ］韵母能够分得清楚，而普通话水平中等及以下的人群，存在［in］——［iŋ］韵母部分分不清楚或者完全分不清楚的情况。如：

金星——精心　贫民——平民　亲信——轻信

（3）［un］——［uŋ］时有相混，有的发成［uŋ］韵母，有的发成［un］韵母

普通话水平较高的人群，［un］——［uŋ］韵母能够分得清楚，而普通话水平中等及以下的人群，存在［un］——［uŋ］韵母部分分不清楚或者完全分不清楚的情况，如：

尊——宗　棍——共　存——从　吞——通

（4）［yn］——［yŋ］时有相混，有的发成［yŋ］韵母，有的发成［yn］韵母

普通话水平较高的人群，［yn］——［yŋ］韵母能够分得清楚，而普通话水平中等及以下的人群，存在［yn］——［yŋ］韵母部分分不清楚或者完全分不清楚的情况，如：

群——穷　熏——兄　运——用

（5）前鼻音［an］、［uan］韵母发成后鼻音［ɑŋ］、［uɑŋ］韵母、如："难——囊、穿——窗"，［ian］、［yan］韵母中主要元音口型较小，如"天、仙、选、劝"等。

（6）个别字仍读为入声韵

在说普通话时，绝大多数人口中已没有入声韵，只有在语流中个别字还常读为入声，如：——"你去吗?"——"我不去。"中的"不"，常读为［pəʔ^2］。

关于这一点，我们还专门做了专项调查，调查了不同普通话水平的人群共118人，其中，72.6%的人群都不同程度地存在将"一""个""急""不"等古入声字在一定的语境下读得较短促的情况。

3. 声调特点

忻州人在说普通话时多数人所表现出来的声调特点是：入声调基本消失，阴平的调值往往达不到高平55，多为44或33，阳平调值多为24，升不到5，上声的调值与标准普通话相近，去声的调值多为53，往往降不到1。

八　长治地方普通话的语音特征

（一）长治地方普通话被调查人信息统计

我们所遴选出的30组最有效的长治地方普通话录音材料的被调查人具体信息如下表：

表6.15　　　　　　　长治地方普通话被调查人信息统计

编号	姓名	性别	年龄	职业	受教育程度
1	王××	男	45	工人	高中
2	贾×	女	46	工人	高中
3	程×	女	26	销售员	大专
4	范×	女	20	学生	本科
5	赵××	女	41	教师	本科
6	栗××	女	39	个体户	大专
7	刘××	女	32	公司职员	大专
8	郭××	女	45	自由职业	高中
9	赖××	女	30	幼师	大专
10	王××	女	22	自由职业	本科
11	乔××	女	43	公务员	大专
12	靳××	女	49	工人	高中
13	李××	女	43	工人	高中
14	申×	男	37	自由职业	高中
15	赵××	女	38	商人	高中
16	王××	女	26	会计	大专
17	王××	女	21	学生	本科
18	王×	女	32	服务员	大专
19	郭×	男	35	自由职业	大专
20	郭×	男	33	工人	大专
21	杨×	女	46	个体户	大专
22	郭××	女	28	护士	大专
23	张××	男	49	会计	初中
24	李××	男	38	设计师	本科
25	祝××	女	36	教师	本科
26	程××	女	43	销售员	初中
27	马××	女	24	学生	本科
28	曹×	女	46	无业	高中
29	牛××	女	42	会计	中专
30	尹××	男	48	司机	初中

（二）长治地方普通话语音的个体特征

在整理、分析30组长治地方普通话录音语料的基础上，并参照标准普通话的特点，我们分别总结出30组长治地方普通话的个体特征。具体如下：

表6.16　　　　　　　长治地方普通话语音的个体特征

编号	个体特征
1	部分前鼻音［an］、［uan］发成后鼻音［ɑŋ］、［uɑŋ］，如"干、环、饭"等。部分后鼻音［ɑŋ］发成后鼻音［an］，如"康"等。部分前鼻音［ən］组发成后鼻音［əŋ］组，如"们、勤"等。舌尖后音［tʂ］组发成舌尖前音［ts］组，如"证、生、身、止、蔬、除、虫、水"等。声调调值普遍发不到位，如"养、勤"等。"不"读成入声，如"不乱"
2	部分前鼻音［ən］组发成后鼻音［əŋ］组，如"们"等。舌尖后音［tʂ］组发成舌尖前音［ts］组，如"这、生、春、熟、阵"等。舌尖前音［ts］组发成舌尖后音［tʂ］组，如"次、子、作、在、最、草、洒"等。声调调值普遍发不到位，如"欢、季、松、雨、橘、美"等。"不"读成入声，如"不是"。合口呼零声母读为［v］，如"玩"
3	部分前鼻音［ən］组发成后鼻音［əŋ］组，如"们"等。部分舌尖后音［tʂ］组发成舌尖前音［ts］组，如"这、穿、上"等。声调调值普遍发不到位，如"喜、队、酥"等。合口呼零声母读为［v］，如"味"
4	部分前鼻音［ən］组发成后鼻音［əŋ］组，如"们、人、本"等。部分舌尖后音［tʂ］组发成舌尖前音［ts］组，如"准"等。部分字的声调调值发不到位，如"传、惯、学、感"等。合口呼零声母读为［v］，如"往"。"不"读成入声，如"不能"
5	部分前鼻音［an］组发成后鼻音［ɑŋ］组，如"圆、天"等。部分前鼻音［ən］组发成后鼻音［əŋ］组，如"们、跟"等。部分舌尖后音［tʂ］组发成舌尖前音［ts］组，如"柱、水、知、这、出"等。部分字的声调调值发不到位，如"题、体、样、形"等。合口呼零声母读为［v］，如"问"
6	部分前鼻音［an］组发成后鼻音［ɑŋ］组，如"晚、怨、盘"等。部分前鼻音［ən］组发成后鼻音［əŋ］组，如"奋、们"等。部分舌尖后音［tʂ］组发成舌尖前音［ts］组，如"吃、装、愁"等。舌尖前音［ts］组发成舌尖后音［tʂ］组，如"材、走、子、资"等。声调调值普遍发不到位，如"陪、演、为、学、习、别、为、没、默、台、良、你"等。合口呼零声母读为［v］，如"玩、网"。"不"读成入声，如"不要"
7	部分后鼻音［ɑŋ］发成后鼻音［an］，如"航"等。部分前鼻音［ən］组发成后鼻音［əŋ］组，如"跟"等。部分舌尖后音［tʂ］组发成舌尖前音［ts］组，如"上、主"等。"不"读成入声，如"不知"

第六章　山西晋语区地方普通话的语音特征

续表

编号	个体特征
8	部分前鼻音［an］组发成后鼻音［aŋ］组，如"监、嫌"等。部分后鼻音［aŋ］发成后鼻音［an］，如"刚"等。部分前鼻音［ən］组发成后鼻音［əŋ］组，如"们"等。舌尖前音［ts］组发成舌尖后音［tʂ］组，如"自"等。舌尖后音［tʂ］组发成舌尖前音［ts］组，如"常"等。部分字的声调调值发不到位，如"满、足"等。"不"读成入声，如"不说"。合口呼零声母读为［v］，如"晚"
9	部分前鼻音［ən］组发成后鼻音［əŋ］组，如"允、们"等。部分舌尖后音［tʂ］组发成舌尖前音［ts］组，如"章、折"等。部分字的声调调值发不到位，如"仍"等。合口呼零声母读为［v］，如"文"
10	部分舌尖后音［tʂ］组发成舌尖前音［ts］组，如"出、产、山、水、正、触"等。部分字的声调调值发不到位，如"北、体、脉、来、人、逃"等。合口呼零声母读为［v］，如"晚"
11	部分前鼻音［ən］组发成后鼻音［əŋ］组，如"分"等。部分舌尖后音［tʂ］组发成舌尖前音［ts］组，如"准、船、撞"等。合口呼零声母读为［v］，如"晚"
12	舌尖后音［tʂ］组发成舌尖前音［ts］组，如"上、粥、吃、说、程"等。部分字的声调调值发不到位，如"大、学、老、特、光、族"等。"不"读成入声，如"不是"。合口呼零声母读为［v］，如"完"
13	舌尖后音［tʂ］组发成舌尖前音［ts］组，如"症、触、传、主、试"等。部分字的声调调值发不到位，如"流、普、七、可"等。"不"读成入声，如"不是"
14	部分舌尖后音［tʂ］组发成舌尖前音［ts］组，如"这、上、衫、说"等。部分字的声调调值发不到位，如"眼、熟、买"等。"不"读成入声，如"不错"
15	部分舌尖后音［tʂ］组发成舌尖前音［ts］组，如"出、逐、这、树"等。部分字的声调调值发不到位，如"仙、扔、看、活、只"等。"不"读成入声，如"不是"
16	部分舌尖后音［tʂ］组发成舌尖前音［ts］组，如"追、这、帅、主、上、成"等。部分字的声调调值发不到位，如"宋、天、没、反"等。"不"读成入声，如"不想"
17	部分舌尖后音［tʂ］组发成舌尖前音［ts］组，如"上、少"等。部分字的声调调值发不到位，如"人、来、普、天、怀"等。"不"读成入声，如"不能"。合口呼零声母读为［v］，如"委"
18	部分前鼻音［ən］组发成后鼻音［əŋ］组，如"很"等。部分舌尖后音［tʂ］组发成舌尖前音［ts］组，如"上、少"等。部分字的声调调值发不到位，如"人、来、普、天、怀"等。"不"读成入声，如"不少"。合口呼零声母读为［v］，如"娃"

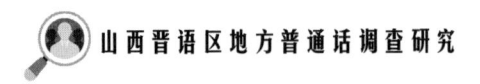

续表

编号	个体特征
19	舌尖后音［tʂ］组发成舌尖前音［ts］组，如"生、世、谁、重"等。部分声调调值发不到位，如"老、人、间"等。"不"读成入声，如"不喜欢"
20	部分前鼻音［an］组发成后鼻音［ɑŋ］组，如"欢、看、本"等。部分前鼻音［ən］组发成后鼻音［əŋ］组，如"很"等。舌尖前音［ts］组发成舌尖后音［tʂ］组，如"自"等。舌尖后音［tʂ］组发成舌尖前音［ts］组，如"主、者、中、说、手"等。部分字的声调调值发不到位，如"电、子、久、间、放、关"等。"不、一"读成入声，如"不同、一大"
21	部分前鼻音［an］组发成后鼻音［ɑŋ］组，如"欢、但、产、天、言、掩"等。部分前鼻音［ən］组发成后鼻音［əŋ］组，如"很、们"等。舌尖后音［tʂ］组发成舌尖前音［ts］组，如"是、生、之、知"等。部分字的声调调值发不到位，如"握、拍、回、和、然、待、相"等。"不、一"读成入声，如"不喜欢、一段"。合口呼零声母读为［v］，如"外"
22	部分前鼻音［an］组发成后鼻音［ɑŋ］组，如"伞"等。部分前鼻音［ən］组发成后鼻音［əŋ］组，如"很、们、根"等。舌尖后音［tʂ］组发成舌尖前音［ts］组，如"车、什、上、说、状"等。部分字的声调调值发不到位，如"底、天、行、蹦、术"等。"不"读成入声，如"不行"
23	方音较重。舌尖后音［tʂ］组发成舌尖前音［ts］组，如"朝、政、世、传、臣"等。声调调值普遍发不到位，如"洪、宪、千、任、跌、八、慈、联、近、人"等。合口呼零声母读为［v］，如"为"
24	部分舌尖后音［tʂ］组发成舌尖前音［ts］组，如"商、上、创、这"等。部分字的声调调值发不到位，如"他、很、而、珍"等。合口呼零声母读为［v］，如"万"
25	部分前鼻音［ən］组发成后鼻音［əŋ］组，如"们、跟"等。舌尖后音［tʂ］组发成舌尖前音［ts］组，如"查、穿、说、是、出、这"等。部分字的声调调值发不到位，如"他、八、点、出、发、走"等。"不"读成入声，如"不去"。合口呼零声母读为［v］，如"温"
26	部分前鼻音［ən］组发成后鼻音［əŋ］组，如"人、任"等。部分后鼻音［əŋ］组发成前鼻音［ən］组，如"曾、能、横、更、行"等。部分舌尖后音［tʂ］组发成舌尖前音［ts］组，如"中、至、正、质、术、顺、社"等。部分舌尖前音［ts］组发成舌尖后音［tʂ］组，如"祖、素"等。部分字的声调调值发不到位，如"女、赛、感、调"等。"不"读成入声，如"不禁"。合口呼零声母读为［v］，如"位"
27	部分后鼻音［əŋ］组发成前鼻音［ən］组，如"生、行"等。部分舌尖后音［tʂ］组发成舌尖前音［ts］组，如"出、真"等。部分字的声调调值发不到位，如"好、现、犯、姓"等。"不"读成入声，如"不是"。合口呼零声母读为［v］，如"文"

第六章　山西晋语区地方普通话的语音特征

续表

编号	个体特征
28	方音较重。部分舌尖后音［tʂ］组发成舌尖前音［ts］组，如"折、睡、状、蔬、种、吃、水"等。部分舌尖前音［ts］组发成舌尖后音［tʂ］组，如"素、猝"等。声调调值普遍发不到位，如"勤、点、可、些、营、甚、养、种"等。合口呼零声母读为［v］，如"温"
29	部分舌尖后音［tʂ］组发成舌尖前音［ts］组，如"上、水、钟、成"等。部分字的声调调值发不到位，如"放、分、左、蛋、离、以、干"等。合口呼零声母读为［v］，如"丸"
30	部分前鼻音［an］组发成后鼻音［aŋ］组，如"间、但、算、源"等。部分后鼻音［aŋ］组发成前鼻音［an］组，如"忙"，部分舌尖后音［tʂ］组发成舌尖前音［ts］组，如"常、树、水、时"等。部分字的声调调值发不到位，如"直、相、隔、旁、赖"等。合口呼零声母读为［v］，如"弯"。"不"读成入声，如"不像"

（三）长治地方普通话语音的群体特征

1. 声母特点

长治地方普通话在声母方面的主要特点体现在舌尖前音和舌尖后音时有相混，多数发成了舌尖前音。

如前文所述，长治方言的舌尖前音和舌尖后音不分，受方言的影响，人们在说普通话时，不同程度地存在舌尖前音和舌尖后音相混，多数发成舌尖前音的情况。

普通话水平较高的人群，舌尖前音和舌尖后音能够分得清楚，而普通话水平中等及以下的人群，舌尖前音和舌尖后音部分分不清楚或者完全分不清楚，多数发成舌尖前音，如：

主力——阻力　一成——一层　诗人——私人

2. 韵母特点

长治地方普通话在韵母方面的主要特点体现在以下九个方面：

（1）［ən］——［əŋ］时有相混，发成［əŋ］韵母

普通话水平较高的人群，［ən］——［əŋ］韵母能够分得清楚，而普通话水平中等及以下的人群，存在［ən］——［əŋ］韵母部分分不清楚或者完全分不清楚的情况，如：

振东——正东　呈现——沉陷　申明——声明

（2）［in］——［iŋ］时有相混，发成［iŋ］韵母

普通话水平较高的人群，［in］——［iŋ］韵母能够分得清楚，而普通话水平中等及以下的人群，存在［in］——［iŋ］韵母部分分不清楚或者完全分不清楚的情况。如：

金星——精心　贫民——平民　亲信——轻信

（3）［un］——［uŋ］时有相混，发成［uŋ］韵母

普通话水平较高的人群，［un］——［uŋ］韵母能够分得清楚，而普通话水平中等及以下的人群，存在［un］——［uŋ］韵母部分分不清楚或者完全分不清楚的情况，如：

尊——宗　棍——共　存——从　吞——通

（4）［yn］——［yŋ］时有相混，发成［yŋ］韵母

普通话水平较高的人群，［yn］——［yŋ］韵母能够分得清楚，而普通话水平中等及以下的人群，存在［yn］——［yŋ］韵母部分分不清楚或者完全分不清楚的情况，如：

群——穷　熏——兄　运——用

（5）［an］——［ɑŋ］时有相混，多发成［ɑŋ］韵母

普通话水平较高的人群，［an］——［ɑŋ］韵母能够分得清楚，而普通话水平中等及以下的人群，存在［an］——［ɑŋ］韵母部分分不清楚或者完全分不清楚的情况，如：

案——盎　航——寒　瞒——忙

（6）［ian］——［iɑŋ］时有相混，多发成［iɑŋ］韵母

普通话水平较高的人群，［ian］——［iɑŋ］韵母能够分得清楚，而普通话水平中等及以下的人群，存在［ian］——［iɑŋ］韵母部分分不清楚或者完全分不清楚的情况，如：

先——香　尖——将　盐——羊

（7）［uan］——［uɑŋ］时有相混，多发成［uɑŋ］韵母

普通话水平较高的人群，［uan］——［uɑŋ］韵母能够分得清楚，而普

通话水平中等及以下的人群，存在［uan］——［uɑŋ］韵母部分分不清楚或者完全分不清楚的情况，如：

官——光　欢——慌　弯——汪

（8）［yan］多发成［yɑŋ］韵母

普通话水平较高的人群，［yan］韵母发音较准确，而普通话水平中等及以下的人群，不同程度地存在将［yan］韵母发成［yɑŋ］韵母的情况，如："全、权［yɑŋ］"。

（9）个别字仍读为入声韵

在说普通话时，绝大多数人口中已没有入声韵，只有在语流中个别字还常读为入声，如：——"你去吗？"——"我不去。"中的"不"，常读为［pəʔ⁵⁴］。

关于这一点，我们还专门做了专项调查，调查了不同普通话水平的人群共131人，其中，76.8%的人群都不同程度地存在将"一""个""急""不"等古入声字在一定的语境下读得较短促的情况。

3. 声调特点

长治人在说普通话时多数人所表现出来的声调特点是：入声调基本消失，阴平的调值往往达不到高平55，多为44或33，阳平、上声的调值与标准普通话相近，但去声的调值多为53，往往降不到1。

九　晋城地方普通话的语音特征

（一）晋城地方普通话被调查人信息统计

我们所遴选出的30组最有效的晋城地方普通话录音材料的被调查人具体信息如下表：

表6.17　　　　　　晋城地方普通话被调查人信息统计

编号	姓名	性别	年龄	职业	受教育程度
1	李××	女	40	公司职员	中专
2	周××	女	46	工人	中专

续表

编号	姓名	性别	年龄	职业	受教育程度
3	李××	男	42	个体户	高中
4	王××	女	41	物业管理人员	大专
5	吉××	女	35	销售员	大专
6	李××	女	22	学生	本科
7	赵××	男	43	公务员	本科
8	马××	女	39	教师	本科
9	任××	女	22	学生	本科
10	李××	男	48	工人	初中
11	杨××	男	47	自由职业	高中
12	秦××	男	38	自由职业	高中
13	秦××	男	35	医生	本科
14	王××	男	32	个体户	大专
15	王××	男	31	个体户	大专
16	张×	女	45	无业	高中
17	赵×	男	40	公司职员	高中
18	李××	男	36	公务员	本科
19	李××	男	22	学生	本科
20	李××	女	33	自由职业	本科
21	高××	女	48	无业	高中
22	梁×	男	46	自由职业	高中
23	成×	男	33	个体户	大专
24	郭××	女	21	学生	本科
25	赵××	女	44	个体户	高中
26	张××	女	41	个体户	初中
27	樊×	女	19	学生	高中
28	李××	男	43	个体户	高中
29	郭××	女	31	教师	本科
30	李×	男	40	工程师	本科

第六章 山西晋语区地方普通话的语音特征

（二）晋城地方普通话语音的个体特征

在整理、分析30组晋城地方普通话录音语料的基础上，并参照标准普通话的特点，我们分别总结出30组晋城地方普通话的个体特征。具体如下：

表6.18　　　　　　　晋城地方普通话语音的个体特征

编号	个体特征
1	方音较重。后鼻音［əŋ］组发成前鼻音［ən］组，如"更、成、应、贡、情、能、承"等。部分舌尖前音［ts］组发成舌尖后音［tʂ］组，如"怎、自、思"等。部分舌尖后音［tʂ］组发成舌尖前音［ts］组，如"是、善、时、捉、传"等。［an］组韵母主要元音口型较小，如"点"等。［ei uei］韵母主要元音口型较大，如"为、给、维"。部分字的声调调值发不到位，如"孩、老、化、度"等。合口呼零声母读为［v］，如"外"
2	方音较重。后鼻音［əŋ］组发成前鼻音［ən］组，如"更、冷、能、等、生、檬、增"等。部分舌尖前音［ts］组发成舌尖后音［tʂ］组，如"素"等。［an］组韵母主要元音口型较小，如"寒、暖、年、点、选"等。［ei uei］韵母主要元音口型较大，如"为、给、维"等。声调调值普遍发不到位，如"期、蛋、盐、维、芝、麻、水、养"等。合口呼零声母读为［v］，如"维、旺"。"不"读成入声，如"不同"
3	后鼻音［əŋ］组发成前鼻音［ən］组，如"成、程、松、登、能"等。部分舌尖前音［ts］组发成舌尖后音［tʂ］组，如"思、做、怎、组、自、刺"等。［an］组韵母主要元音口型较小，如"现、员、看、坚、关、眼"等。声调调值普遍发不到位，如"放、持、水、校、跑"等。"不"读成入声，如"不断"。合口呼零声母读为［v］，如"问"
4	后鼻音［əŋ］组发成前鼻音［ən］组，如"能、成、程、生"等。［an］组韵母主要元音口型较小，如"原、坚、愿、全"等。部分字的声调调值发不到位，如"快、觉"等。合口呼零声母读为［v］，如"问"
5	后鼻音［əŋ］组发成前鼻音［ən］组，如"成、程、松、登、能"等。部分舌尖前音［ts］组发成舌尖后音［tʂ］组，如"做、诉、怎、赛、从"等。［an］组韵母主要元音口型较小，如"汗、但、遍、间、懒"等。部分字的声调调值发不到位，如"才、大、争、口、这"等。"不"读成入声，如"不足"。合口呼零声母读为［v］，如"问"
6	部分后鼻音［əŋ］组发成前鼻音［ən］组，如"省、程、成、生"等。部分字的声调调值发不到位，如"目、标、现、锁"等。合口呼零声母读为［v］，如"为"

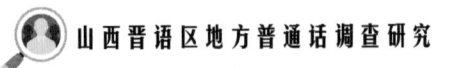

续表

编号	个体特征
7	后鼻音［əŋ］组发成前鼻音［ən］组，如"生、正"等。部分舌尖前音［ts］组发成舌尖后音［tʂ］组，如"从、色、虽"等。［ei uei］韵母主要元音口型较大，如"虽、危"等。［an］组韵母主要元音口型较小，如"原、电、远"等。声调调值普遍发不到位，如"展、环、以、昂、华、了、落"等。"不"读成入声，如"不管"。合口呼零声母读为［v］，如"危"
8	后鼻音［əŋ］组发成前鼻音［ən］组，如"整、增、正"等。部分舌尖后音［tʂ］组发成舌尖前音［ts］组，如"展、常"等。部分舌尖前音［ts］组发成舌尖后音［tʂ］组，如"速、所、随、灾"等。部分字的［an］组韵母主要元音口型较小，如"算、天"等。合口呼零声母读为［v］，如"为"
9	后鼻音［əŋ］组发成前鼻音［ən］组，如"整、生、成、正"等。［an］组韵母主要元音口型较小，如"环、电"等。部分字的声调调值发不到位，如"展、术、脑"等。合口呼零声母读为［v］，如"危"
10	部分后鼻音［əŋ］组发成前鼻音［ən］组，如"城、净、终"等。部分舌尖前音［ts］组发成舌尖后音［tʂ］组，如"速、自、最、作、醋、送、在"等。［an］组韵母主要元音口型较小，如"前、颜"等。声调调值普遍发不到位，如"人、左、右、勉、时、动、口、孩、确"等。"不"读成入声，如"不清"
11	部分后鼻音［əŋ］组发成前鼻音［ən］组，如"城、营"等。舌尖前音［ts］组发成舌尖后音［tʂ］组，如"算、走、糟、子、所、次、做"等。［an］组韵母主要元音口型较小，如"点、钱、便、院"等。"不"读成入声，如"不要"
12	部分后鼻音［əŋ］组发成前鼻音［ən］组，如"能、剩、松、轻、永、硬"等。舌尖前音［ts］组发成舌尖后音［tʂ］组，如"早"等。［ai］韵母主要元音口型较小，如"掰"。［ou］韵母主要元音口型较大，如"肉、稠"。［an］组韵母主要元音口型较小，如"鲜、慢"等。声调调值普遍发不到位，如"排、饱"等。"不"读成入声，如"不是"
13	部分后鼻音［əŋ］组发成前鼻音［ən］组，如"封、盛、龙、整、明、等"等。［an］组韵母主要元音口型较小，如"建、全、元"等。部分字的声调调值发不到位，如"排、饱、时、朝、代"等。"不"读成入声，如"不是"。合口呼零声母读为［v］，如"完"
14	部分后鼻音［əŋ］组发成前鼻音［ən］组，如"证、声、领、东、声、清、中"等。［an］组韵母主要元音口型较小，如"看、短、天、严"等。部分字的声调调值发不到位，如"群、导、分"等。"不"读成入声，如"不要"。合口呼零声母读为［v］，如"外"
15	部分后鼻音［əŋ］组发成前鼻音［ən］组，如"通、挣、星"等。［an］组韵母主要元音口型较小，如"看、短、显、算、遣、天"等。部分字的声调调值发不到位，如"悔、结、十"等。"不、一"读成入声，如"不让、一个"。合口呼零声母读为［v］，如"问"

第六章　山西晋语区地方普通话的语音特征

续表

编号	个体特征
16	方音较重，前鼻音［ən］组发成后鼻音［əŋ］组，如"困、人、们"等。后鼻音［əŋ］组发成前鼻音［ən］组，如"成、生"等。舌尖前音［ts］组发成舌尖后音［tʂ］组，如"随、择、错、自、速"等。［ei uei］韵母主要元音口型较大，如"被、会"等。［ai］韵母主要元音口型较小，如"掰、怀、迈"。［ou］韵母主要元音口型较大，如"走、都、受"。［an］组韵母主要元音口型较小，如"感、年、淡、天、然、远"等。声调调值普遍发不到位，如"吃、了、择、要、庐、茫、程、体"等。"不"读成入声，如"不是"。合口呼零声母读为［v］，如"往"
17	后鼻音［əŋ］组发成前鼻音［ən］组，如"能、仍、功、成、性"等。［an］组韵母主要元音口型较小，如"天、算"等
18	后鼻音［əŋ］组发成前鼻音［ən］组，如"声、永、能、城"等。［an］组韵母主要元音口型较小，如"便、远、天、单、点"等。部分字的声调调值发不到位，如"觉、最"等。"不"读成入声，如"不能"。合口呼零声母读为［v］，如"温"
19	后鼻音［əŋ］组发成前鼻音［ən］组，如"性、共、穷、称、应、成"等。［an］组韵母主要元音口型较小，如"变、按、卷"等。部分字的声调调值发不到位，如"集、合、段、阅"等。"不"读成入声，如"不是"。合口呼零声母读为［v］，如"温"
20	部分前鼻音［ən］组发成后鼻音［əŋ］组，如"甚、真、痕"等。部分后鼻音［əŋ］组发成前鼻音［ən］组，如"生、成、省、鹰、曾"等。［an］组韵母主要元音口型较小，如"点、坚"等。部分字的声调调值发不到位，如"集、合、段、阅、烟"等。"不"读成入声，如"不会"。合口呼零声母读为［v］，如"外"
21	方音较重，后鼻音［əŋ］组发成前鼻音［ən］组，如"诚、能、等、成、兴、更、政"等。［iuu］韵母主要元音较高，如"交"等。舌尖前音［ts］组发成舌尖后音［tʂ］组，如"斯、作、自、次"等。［an］组韵母主要元音口型较小，如"展、掀、愿、年、献、关、全、显"等。声调调值普遍发不到位，如"平、两、维、振、带"等。合口呼零声母读为［v］，如"往"
22	部分前鼻音［ən］组发成后鼻音［ŋ］组，如"人、们、本"。后鼻音［əŋ］组发成前鼻音［nε］组，如"情、朋、能、成、正、终、冷"等。部分舌尖前音［ts］组发成舌尖后音［tʂ］组，如"造、所"等。［an］组韵母主要元音口型较小，如"圈、炎、健、员"等。声调调值普遍发不到位，如"言、暴"等。合口呼零声母读为［v］，如"网"。"不"读成入声，如"不要"
23	后鼻音［əŋ］组发成前鼻音［ən］组，如"永、证、星"等。［an］组韵母主要元音口型较小，如"远、但、眼、边"等。合口呼零声母读为［v］，如"问"。"不"读成入声，如"不停"
24	后鼻音［əŋ］组发成前鼻音［ən］组，如"证、正、听"等。［an］组韵母主要元音口型较小，如"乱、典、年"等。部分字的声调调值发不到位，如"出、后、学、这"等。"不、一"读成入声，如"不是、一个"。合口呼零声母读为［v］，如"闻"

续表

编号	个体特征
25	方音较重，后鼻音［əŋ］组发成前鼻音［ən］组，如"成、生、能、曾、幸、名、穷、用"等。舌尖前音［ts］组发成舌尖后音［tʂ］组，如"总、子、思"等。［ei uei］韵母主要元音口型较大，如"岁、北、最、会、内"等。［ai］韵母主要元音口型较小，如"百、爱"。［ou］韵母主要元音口型较大，如"搜、授、手、肉"。［an］组韵母主要元音口型较小，如"暗、边、攀、件"等。声调调值普遍发不到位，如"比、考、读、维、最、东、西"等。"不"读成入声，如"不可"。合口呼零声母读为［v］，如"温"
26	方音较重，后鼻音［əŋ］组发成前鼻音［ən］组，如"城、等、整、衡、静"等。舌尖前音［ts］组发成舌尖后音［tʂ］组，如"自、四、罪"等。［ei uei］韵母主要元音口型较大，如"给、类"等。［ai］韵母主要元音口型较小，如"埋、灾、在"等。［ou］韵母主要元音口型较大，如"守"。［an］组韵母主要元音口型较小，如"滥、天、前、间"等。声调调值普遍发不到位，如"蝴、碟、存"等。"不"读成入声，如"不是"。合口呼零声母读为［v］，如"温"
27	后鼻音［əŋ］组发成前鼻音［ən］组，如"生、星、能、顶"等。［an］组韵母主要元音口型较小，如"脸、远、但"等。"不"读成入声，如"不想"。合口呼零声母读为［v］，如"为"
28	部分前鼻音［ən］组发成后鼻音［əŋ］组，如"人、根、本"。后鼻音［əŋ］组发成前鼻音［ən］组，如"轻、成、曾、程、终"等。［an］组韵母主要元音口型较小，如"半、坚、员、原、然、算、件、全"等。部分字的声调调值发不到位，如"可、成、越、努、临"等。"不、一"读成入声，如"不动、一辆"。合口呼零声母读为［v］，如"温"
29	部分后鼻音［əŋ］组发成前鼻音［ən］组，如"程、成、生、听、中"等。"不"读成入声，如"不动"
30	部分后鼻音［əŋ］组发成前鼻音［ən］组，如"生、成、政、省"等。［an］组韵母主要元音口型较小，如"关、援、减、院、全"等。"不"读成入声，如"不断"。合口呼零声母读为［v］，如"完"

（三）晋城地方普通话语音的群体特征

1. 声母特点

晋城地方普通话在声母方面的主要特点体现在舌尖前音和舌尖后音时有相混，多发成了舌尖后音。

如前文所述，晋城方言的舌尖前音和舌尖后音不分，受方言的影响，人们在说普通话时，不同程度地存在舌尖前音和舌尖后音相混多发成舌尖

第六章　山西晋语区地方普通话的语音特征

后音的情况。

普通话水平较高的人群，舌尖前音和舌尖后音能够分得清楚，而普通话水平中等及以下的人群，存在舌尖前音和舌尖后音部分分不清楚或者完全分不清楚的情况，如：

主力——阻力　一成——一层　诗人——私人

2. 韵母特点

晋城地方普通话在韵母方面的主要特点体现在以下五个方面：

（1）[ən]——[əŋ] 时有相混，多发成 [ən] 韵母

普通话水平较高的人群，[ən]——[əŋ] 韵母能够分得清楚，而普通话水平中等及以下的人群，存在 [ən]——[əŋ] 韵母部分分不清楚或者完全分不清楚的情况，如：

振东——正东　呈现——沉陷　申明——声明

（2）[in]——[iŋ] 时有相混，多发成 [in] 韵母

普通话水平较高的人群，[in]——[iŋ] 韵母能够分得清楚，而普通话水平中等及以下的人群，存在 [in]——[iŋ] 韵母部分分不清楚或者完全分不清楚的情况，如：

金星——精心　贫民——平民　亲信——轻信

（3）发 [ei uei] 韵母时舌位较高，口型较大

普通话水平较高的人群，[ei uei] 韵母发音较准确，而普通话水平中等及以下的人群，存在 [ei uei] 韵母主要元音发音口型较大，听起来接近 [ɛe uɛe]，如："妹"，有些人在说普通话时，韵母口型较大，听起来接近 [ɛe]。

（4）与普通话相比，[an uan ian yan] 韵母发音时口型较小，鼻韵尾不明显

普通话水平较高的人群，[an uan] 韵母发音基本标准，而普通话水平中等及以下的人群，不同程度地存在 [an uan] 韵母发音时口型较小且鼻韵尾不明显的情况，如：满、谈、显、钱、全。

关于这一点，我们还专门做了专项调查，调查了不同普通话水平的人

群共 102 人，其中，78.3% 人群发此类韵母时都存在发音口型较小的情况。

（5）个别字仍读为入声韵

在说普通话时，绝大多数人口中已没有入声韵，只有在语流中个别字还常读为入声，如：——"你去吗?"——"我不去。"中的"不"，常读为［pəʔ²］。

关于这一点，我们还专门做了一份问卷专项调查，调查了不同普通话水平的人群共 113 人，其中，74.2% 的人群都不同程度地存在将"一""个""急""不"等古入声字在一定的语境下读得较短促的情况。

3. 声调特点

晋城人在说普通话时多数人所表现出来的声调特点是：入声调基本消失，阴平的调值往往达不到高平 55，多为 33，阳平的调值往往升不到 5，上声的调值与标准普通话基本相近，去声的调值多为 53，往往降不到 1。

十　结　语

在对山西晋语区各地地方普通话的语音特点进行描写的基础上，我们不难看出，山西晋语区各地地方普通话有许多的共同特点，具体如下：

1. ［ən in un yn］与［əŋ iŋ uŋ yŋ］多相混，而且多混同为［əŋ iŋ uŋ yŋ］

普通话中的前鼻音韵母和后鼻音韵母从音类上看在山西晋语各地方言中多相混，虽然它们的音值在各地方言中不尽一致，但各地人们在说普通话时，都会潜意识地主动将本地方言的后鼻音韵母或前鼻音韵母折合对应到普通话的后鼻音韵母［əŋ iŋ uŋ yŋ］或前鼻音韵母［ən in un yn］。比如：普通话中的前鼻音韵母和后鼻音韵母在大同方言中相混，都读为［əɣ iəɣ uəɣ yəɣ］，韵尾［ɣ］和［ŋ］发音部位相近，大同人在说普通话时会不自主地将［əɣ iəɣ uəɣ yəɣ］折合为［əŋ iŋ uŋ yŋ］。

2. ［ian yan］与［ie ye］韵母接近，甚至相混

普通话中［ian yan］韵母的主要元音口型较大，但在山西晋语区的太原、晋中、大同、朔州、晋城地方普通话中，［ian yan］韵母的主要元音

开口度较小，鼻韵尾不明显，甚至与［ie ye］相混。

3. ［ts tsʻ s］与［tʂ tʂʻ ʂ］相混，或读为［ts tsʻ s］，或读为［tʂ tʂʻ ʂ］

普通话中的舌尖前音和舌尖后音从音类上看在山西晋语多数地方普通话中相混。这一点可以说是山西晋语的方言特点影响的结果。在山西晋语各方言中都不同程度地存在舌尖前音和舌尖后音相混的特点，人们在说普通话的过程中，没有办法将已经合流的舌尖前音和舌尖后音正确地分离开，因此，就出现了［ts tsʻ s］与［tʂ tʂʻ ʂ］相混的特点。

4. 合口呼零声母与［v］相混

在山西晋语多数方言中，普通话中的合口呼零声母读为［v］，二者的对应性很强，人们在说普通话时，很自然地进行了对应交换，因此，出现了普通话中的合口呼零声母在山西晋语多数地方普通话中读为［v］的特点。

5. 各地地方普通话的调值不规范

"声调是辨别普通话与方言以及不同方言的基本标志，是一个人的语音面貌。"[①] "这说明声调对听感能造成很大影响，而且声调的难发度较小，一般人很容易改变。但在日常口语中，要完全说准却比较困难。……（调值）至多只能是无限接近而永远不会转化为普通话的前景中继续。"[②]

阴平调值多为44或33，阳平调值升不到5，上声调值多为211或212，上升部分升不到4，去声调值多为53，降不到1。

第二节　山西晋语区地方普通话语音的困难度分析

一　确定语音困难度的依据

我们针对上文所归纳、总结出的山西晋语区9个地级市地方普通话语

[①] 中央文明办：《国家语委．国家通用语言文字规范读本》，学习出版社2001年版，第10页。
[②] 高山：《武汉普通话语音考察》，硕士学位论文，华中师范大学，2006年，第48—49页。

音的群体特征，分析各地地方普通话语音的困难度。

张树铮认为："普通话对方言影响的难易与方言区的人说普通话的难易在方向上是一致的：方言区的人在学习普通话时比较容易掌握的内容，也是普通话较容易影响方言的内容；方言区的人在学习普通话时不容易改变的方面，恰恰就是普通话难以影响方言的方面。一个方言区的人在改说普通话时暴露出的问题，主要的不是某个字或某些字的音类问题，而是实际音值问题。"①

汪平教授的《上海口音普通话初探》一文利用"困难度、相似度、参差度、常见度、难发度"等指标来分析各地地方普通话，探讨当地人在学习使用普通话语音时的难易程度。其中，在五个指标中，困难度是最重要的一个总指标。同时，汪平教授为了便于研究，参照五度制标调法，将语音困难度分为5级，其中，1级为最低，5级为最高，2、3、4级依次递增，并指出"值的大小是一种模糊概念，用以表示不同语音间的相对关系，过于追究其精确度是没有必要的"②。汪平教授认为语音的困难大小与其相似度、参差度、常见度、难发度等因素有关。从语音相似度与困难度的关系上看，他认为"相似度跟困难度的关系依话的不同而不同。上海话的相似度跟困难度成正比，普通话的相似度跟困难度成反比。……相似度是考察音值困难度的主要指标，大部分语音的困难度都由相似度决定"③。从语音参差度与困难度的关系上看，他认为"参差度跟困难度成正比"④。从语音常见度与困难度的关系上看，他认为"常见度对困难度的影响远不如相似度、参差度直接，特别是常见度处于中等状态时，基本上不起作用"⑤。从语音难发度与困难度的关系上看，他认为"语音是无所谓好发不好发的，母语中有的音就是好发的，没有的就是难发的。通常认为。这个观点大体是对的，但我们认为还是可以根据发音原理，看出一些音要比另

---

① 张树铮：《方言历史探索》，内蒙古人民出版社1999年版，第201页。
② 汪平：《上海口音普通话初探》，《语言研究》1990年第1期。
③ 汪平：《上海口音普通话初探》，《语言研究》1990年第1期。
④ 汪平：《上海口音普通话初探》，《语言研究》1990年第1期。
⑤ 汪平：《上海口音普通话初探》，《语言研究》1990年第1期。

一些音好发一些"①。

参照汪平教授的观点,结合山西晋语区各地地方普通话的语音实际,我们在确定语音困难度时,主要从两方面来确定:一是根据语音的相似度、参差度、常见度等指标来确定;二是根据语音中的强势成分和弱势成分来确定。

语音的相似度是指山西晋语区各方言的声母、韵母、声调的音值与普通话中相对应的语音音值的相似度。一般而言,二者的语音相似度越大,放弃本地话的困难度就越大,学习普通话的困难度就越小,换句话说,二者的语音相似度越大,当地人在学习普通话的过程中就越觉得二者的差别不大,认为根本没有必要放弃本地话的音,甚至有些人认为自己用本地话说的这些音就是普通话。可见,对于本地话和普通话差别不大的音而言,语音相似度与放弃本地话的困难度成正比,与学习普通话的困难度成反比。如果二者的语音相似度较小甚至没有相似度,那么,语音相似度与放弃本地话的困难度似乎就没有正比关系了。对于二者语音相似度较低的音,当地人在学习普通话的过程中就比较容易感知到,但人们在习得普通话的过程中,由于受到每个音的发音特点、人们的发音习惯、受教育程度等因素的影响,人们对有的音习得普通话的困难度就较大,放弃本地话的困难度也较大,而对有的音则放弃本地话的困难度则较小,习得普通话的困难度也较小。

语音的参差度是指山西晋语区各方言和普通话语音在音类上的参差程度。一般而言,方言和普通话中某个音的对应关系越复杂,其参差度越大,其困难度就越大,即参差度和困难度成正比。

语音的常见度是指某个音在山西晋语中出现频率的高低。一般来说,就方言而言,某个音在方言中越常见,方言区的人越难放弃这个音,其困难度越大。也就是说,方言中某个音的常见度与困难度成正比。就普通话而言,某个音在普通话中常见度越大,方言区的人就越容易习得这个音,

---

① 汪平:《上海口音普通话初探》,《语言研究》1990年第1期。

困难度就越小。也就是说，普通话中某个音的常见度与困难度成反比。

根据放弃本地话或学习普通话某些音的困难程度以及人们掌握普通话的水平情况，我们梳理出山西晋语区各方言或普通话中的强势成分和弱势成分。如前文所述，放弃本地话困难度较大的音，有可能是因为相似度太高而不容易放弃，也有可能是因为相似度太低而不容易放弃。也就是说，一种语言中那些容易获得或不易丢失的成分就是这种语言中的强势成分，反之，那些不易获得或容易丢失的成分就是这种语言中的弱势成分。比如，对于一个普通话水平较高的人而言，其所说的地方普通话中所带有的方言成分就是该方言中不易丢失的强势成分，而其所没有掌握的普通话成分则是普通话中不易获得的弱势成分。相反，对于一个普通话水平较差的人而言，其所说的地方普通话中的普通话成分就是普通话中容易获得的强势成分，而其所放弃的方言成分则就是该方言中容易丢失的弱势成分。

二 习得山西晋语区各地地方普通话语音困难度分析

我们在调查的基础上，对山西晋语区各地地方普通话语音困难度进行了梳理和分析。具体情况如下。

（一）太原人习得地方普通话音值困难度分析

在对上文所述的 30 组调查样本进行详细分析的基础上，我们总结出太原人在放弃太原话中最困难的音值和太原人在习得普通话中最困难的音值。具体如下表：

表 6.19　　　　音值困难度表（习得普通话和放弃太原话）

编号	普通话音值	相似度	困难度[①]	太原话音值	相似度	困难度[②]
1	p m f t n l tɕ tɕʻ ɕ k x	5	1	p m f t n l tɕ tɕʻ ɕ k x	5	5
2	pʻ tʻ kʻ ø ts tsʻ s	4	2	pʻ tʻ kʻ ø v ts tsʻ s z	4	4
3	tʂ tʂʻ ʂ ʐ	1	5	ɣ		2	2

[①] 这里的困难度是当地人在说普通话时放弃本地方言相关音值的困难度。下同，不再说明。

[②] 这里的困难度是当地人在学习普通话时学会普通话相关音值的困难度。下同，不再说明。

续表

编号	普通话音值	相似度	困难度	晋中话音值	相似度	困难度
4	ɿ i u y A iA u Au ə uo ɛ yɛ ai uai ɑu iɑu ei uei ou iou ən in uən yn ɚ	5	1	i u y a ia uA uɛi uai uɛ ei uei uə ɚ	4	4
5	o	1	4	ɤ	1	3
6	ʅ	1	5	ʅ	4	5
7	an uan	1	2	æ̃ iæ̃	2	2
8	ian yan	1	3	iɛ yɜ	1	3
9	əŋ iŋ uŋ yŋ	1	5	əŋ iŋ uŋ yŋ	3	5
10	ɑŋ iɑŋ uɑŋ	1	3	ɒ̃ iɒ̃ uɒ̃	2	3
11				əʔ iəʔ uəʔ yəʔ aʔ iaʔ uaʔ yaʔ	1	1
12	阴平 55	2	2	平声 11	2	3
13	阳平 35	1	2			
14	上声 214	1	2	上声 53	1	3
15	去声 51	1	3	去声 45	1	3
16				阴入 ʔ2	1	1
17				阳入 ʔ54	1	1

通过以上分析，我们可以看出，太原人在习得普通话的过程中，困难度最高的音值为［tʂ tʂʻ ʂ ʐ əŋ iŋ uŋ yŋ ʅ］，这说明太原人在说地方普通话时这些音是最难发准的，同时，也说明太原人在放弃本地话的过程中，［ts tsʻ s z ən in uən yn ʅ］是最难放弃的，它们就是太原话中的强势成分。

（二）晋中人习得地方普通话音值困难度分析

在对上文所述的 30 组调查样本进行详细分析的基础上，我们总结出晋中人在放弃晋中话中最困难的音值和晋中人在习得普通话中最困难的音值。具体如下表：

表6.20　　　　　　音值困难度表（习得普通话和放弃晋中话）

编号	普通话音值	相似度	困难度	晋中话音值	相似度	困难度
1	p pʻ m f t tʻ n l tɕ tɕʻ ɕ k kʻ x	5	1	p pʻ m f t tʻ n l tɕ tɕʻ ɕ k kʻ x	5	5
2	∅ ts tsʻ s	4	2	∅ v ts tsʻ s z	4	4
3	tʂ tʂʻ ʂ ʐ	1	5	ŋ	2	2
4	ɿ i u y ʌ iʌ uʌ ɤ ɜi i u y ɔ ɕi ei uei ai uai ɚ	5	1	i u y ɔ ɕi ei uei ai uai ɚ	4	4
5	o	1	4	ʌ iʌ uʌ	1	2
6	ʅ	1	5	ɿ	4	5
7	an uan	1	2	ɛ uɛ	1	2
8	ian yan	1	2	ie ye	2	2
9	əŋ iŋ uŋ yŋ	1	5	ən in uən yn	4	5
10	ɑŋ iɑŋ uɑŋ	1	3	ɑ iɑ uɑ	2	3
11				əʔ iəʔ uəʔ yəʔ aʔ iaʔ uaʔ yaʔ	1	1
12	阴平 55	2	2	平声 11	2	3
13	阳平 35	1	2			
14	上声 214	1	2	上声 53	1	3
15	去声 51	1	3	去声 35	1	3
16				阴入 ʔ21	1	1
17				阳入 ʔ54	1	1

通过以上分析，我们可以看出，晋中人在习得普通话的过程中，困难度最高的音值为 [tʂ tʂʻ ʂ ʐ əŋ iŋ uŋ yŋ ʅ]，这说明晋中人在说地方普通话时这些音是最难发准的，同时，也说明晋中人在放弃本地话的过程中，[ts tsʻ s z ən in uən yn ɿ] 是最难放弃的，它们就是晋中话中的强势成分。

（三）阳泉人习得地方普通话音值困难度分析

在对上文所述的30组调查样本进行详细分析的基础上，我们总结出阳泉人在放弃阳泉话中最困难的音值和阳泉人在习得普通话中最困难的音值。具体如下表：

表6.21　　　音值困难度表（习得普通话和放弃阳泉话）

编号	普通话音值	相似度	困难度	阳泉话音值	相似度	困难度
1	p pʻ m f t tʻ n l tɕ tɕʻ ɕ k kʻ x	5	1	p pʻ m f t tʻ n l tɕ tɕʻ ɕ k kʻ x	5	5
2	ø ts tsʻ s tʂ tʂʻ ʂ ʐ	4	2	ø v ts tsʻ s z tʂ tʂʻ ʂ ʐ	4	4
3				ŋ	2	2
4	ɿ ʅ i u y ʌ u i ɛ o ɜɛ yɛ uo ai uai au iau ei uei ou iou ən iŋ uŋ yn ɚ aŋ iaŋ uaŋ	5	1	i u y ɑ iɑ uɑ ɿ ʅ ɤ ou ɛ uɛ iɛ ʌ ci c ɐu ue iəu ɚ aŋ iaŋ uaŋ iəi ə nei	4	4
5	an ian uan yan	1	4	æ iæ uæ yæ	1	4
6	ən in uən yn	1	5	əŋ iŋ uŋ yŋ	4	5
7				əʔ iəʔ uəʔ yəʔ aʔ uaʔ	1	1
8	阴平 55	2	2	阴平 313	1	2
9	阳平 35	1	2	阳平 44	1	2
10	上声 214	1	2	上声 53	1	2
11	去声 51	1	3	去声 24	1	2
12				入声 ʔ 4	1	1

通过以上分析，我们可以看出，阳泉人在习得普通话的过程中，困难度最高的音值为［ən in uən yn an ian uan yan］，这说明阳泉人在说地方普通话时这些音是最难发准的，同时，也说明阳泉人在放弃本地话的过程中，［æ iæ uæ yæ əŋ iŋ uŋ yŋ ʅ］是最难放弃的，它们就是阳泉话中的强势成分。

（四）大同人习得地方普通话音值困难度分析

在对上文所述的30组调查样本进行详细分析的基础上，我们总结出大同人在放弃大同话中最困难的音值和大同人在习得普通话中最困难的音值。具体如下表：

表6.23　　　　　音值困难度表（习得普通话和放弃大同话）

编号	普通话音值	相似度	困难度	大同话音值	相似度	困难度
1	p pʻ m f t tʻ n l tɕ tɕʻ ɕ k kʻ x ɸ ts tsʻ s	5	1	p pʻ m f t tʻ n l tɕ tɕʻ ɕ k kʻ x ɸ ts tsʻ s	5	5
2	tʂ tʂʻ ʂ ʐ	3	4	v tʂ tʂʻ ʂ ʐ	3	4
3	ɿ ʅ i u y A iA uA ə o uo ɑu iɑu ei uei ou iou ɚ ɜi yɛ	5	1	i u y a ia ua ʅ o ɜ uoŋ uɜi ue oɑi əu oɑoŋ	4	4
4	ai uai	2	1	ɛe uɛe	2	1
5	an uan	1	2	æ uæ	1	2
6	ian yan	1	4	iɛ yɛ	1	4
7	ən in uən yn	1	5			
8	əŋ iŋ uŋ ɥe	3	5	əɣ ien ɥeɣ yəɣ	3	5
9	ɑŋ iɑŋ uɑŋ	1	3	ɒ iɒ uɒ	1	3
10				əʔ iəʔ uəʔ yəʔ aʔ iaʔ uaʔ yaʔ	1	1
11	阴平 55	2	2	阴平 31	2	3
12	阳平 35	1	2	阳平 313	1	3
13	上声 214	1	2	上声 54	1	3
14	去声 51	1	3	去声 24	1	1
15				入声 ʔ 32	1	1

通过以上分析，我们可以看出，大同人在习得普通话的过程中，困难度最高的音值为 [ən in uən yn əŋ iŋ uŋ yŋ ian yan]，这说明大同人在说地方普通话时这些音是最难发准的，同时，也说明大同人在放弃本地话的过程中，[əɣ aɣ ai ɥeɣ yəɣ iɛ yɛ ʅ] 是最难放弃的，它们就是大同话中的强势成分。

（五）朔州人习得地方普通话音值困难度分析

在对上文所述的30组调查样本进行详细分析的基础上，我们总结出朔州人在放弃朔州话中最困难的音值和朔州人在习得普通话中最困难的音值。具体如下表：

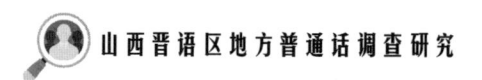

表6.24　　　　音值困难度表（习得普通话和放弃朔州话）

编号	普通话音值	相似度	困难度	朔州话音值	相似度	困难度
1	p pʻ m f n l k kʻ x ø ts tsʻ s ʐ	5	1	p pʻ m f t tʻ l k kʻ x ø tʂ tʂʻ ʂ ʐ	5	5
2	t tʻ tɕ tɕʻ ɕ	3	1	tɕ tɕʻ ɕ n v	3	1
3	tʂ tʂʻ ʂ	4	2	ts tsʻ s	4	4
4	ɿ ʅ i u y A iA uA ə o u o ɤ ou iou ɚ ai uai iɛ yɛ	4	1	i u y ɒ u e ɿ ʅ ɤ en ɜɯ iu ieu ue oci oɕ au	4	4
5	an uan	1	2	æ suæ	1	2
6	ian yan	1	4	iɛ yɛ	1	4
7	ən in uən yn	1	5	ə̃ iə̃ uə̃ yə̃	1	5
8	əŋ iŋ uŋ yŋ	2	5			
9	ɑŋ iɑŋ uɑŋ	1	3	ɒ iɒ uɒ	1	3
10				əʔ suʔ ɕeʔ yəʔ aʔ iaʔ uaʔ yaʔ	1	1
11	阴平55	2	2	阴平上312	1	3
12	阳平35	1	2	阳平35	4	4
13	上声214	1	2			
14	去声51	1	3	去声24	1	1
15				入声ʔ34	1	1

通过以上分析，我们可以看出，朔州人在习得普通话的过程中，困难度最高的音值为［ən in uən yn əŋ iŋ uŋ yŋ ian yan］，这说明朔州人在说地方普通话时这些音是最难发准的，同时，也说明朔州人在放弃本地话的过程中，［ə̃ iə̃ uə̃ yə̃ iɛ yɛ ts tsʻ s］是最难放弃的，它们就是朔州话中的强势成分。

（六）忻州人习得地方普通话音值困难度分析

在对上文所述的30组调查样本进行详细分析的基础上，我们总结出忻州人在放弃忻州话中最困难的音值和忻州人在习得普通话中最困难的音值。具体如下表：

表6.25　　　　音值困难度表（习得普通话和放弃忻州话）

编号	普通话音值	相似度	困难度	忻州话音值	相似度	困难度
1	p pʻ m f t tʻ n l tɕ tɕʻ ɕ k kʻ x ts tsʻ s	5	1	p pʻ m f t tʻ n l tɕ tɕʻ ɕ k kʻ x tʂ tʂʻ ʂ ʐ ø	5	5
2	tʂ tʂʻ ʂ ʐ	4	4	ts tsʻ s	4	4
3	ø	4	2	v	1	4
4				ŋ	2	2
5	ɿ ʅ i u y A ʌ ɑu ɤ uai ɑu iɑu ei uei ou iou ɚ	5	1	ɿ ʅ i u y ɒ ɑu ɤ æ uei uɒ iɒ iɜ ci ei uei uɜ æ	4	4
6	o uo ə	1	2			
7				yɒ ɜu	1	2
8	an ian uan yan ɑŋ iɑŋ uɑŋ	1	3	ã iã uã yã	1	4
9	ən in uən yn	1	5			
10	əŋ iŋ uŋ yŋ	1	5	əŋ iŋ uŋ yŋ	4	5
11				əʔ eəʔ uəʔ yəʔ ɑʔ iɑʔ uɑʔ yɑʔ	1	1
12	阴平 55	1	2	阴平上 313	1	3
13	阳平 35	1	2	阳平 31	1	3
14	上声 214	4	2			
15	去声 51	4	3	去声 53	4	3
16				入声 ʔ2	1	1

通过以上分析，我们可以看出，忻州人在习得普通话的过程中，困难度最高的音值为［tʂ tʂʻ ʂ ʐ ən in uən yn əŋ iŋ uŋ yŋ］，这说明忻州人在说地方普通话时这些音是最难发准的，同时，也说明忻州人在放弃本地话的过程中，［ts tsʻ s v əŋ iŋ uŋ yŋ iɜ yɜ］是最难放弃的，它们就是忻州话中的强势成分。

（七）吕梁人习得地方普通话音值困难度分析

在对上文所述的30组调查样本进行详细分析的基础上，我们总结出吕梁人在放弃吕梁话中最困难的音值和吕梁人在习得普通话中最困难的音值。具体如下表：

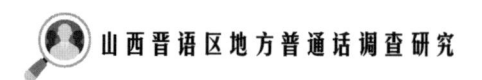

表 6.26　　　　　音值困难度表（习得普通话和放弃吕梁话）

编号	普通话音值	相似度	困难度	吕梁话音值	相似度	困难度
1	p pʻ tʻ t tʻ l tɕ tɕʻ ɕ k kʻ	5	1	p pʻ tʻ t tʻ l tɕ tɕʻ ɕ k kʻ	5	5
2	m n ɸ ts tsʻ s tʂ tʂʻ ʂ ʐ	4	2	m n ŋ nz ɸ ts tsʻ s tʂ tʂʻ ʂ ʐ	4	4
3	x	2	2	x	2	2
4	f	1	2	ŋ	1	2
5	i u ʌ u ʌi ʌu ə ɤ o uo ei ue i ɑu iɑu ou iou ɚ	5	1	i u ʌ u ʌi ʌu ɤ ɚ nei ue oɕ iɔɕ ʌɤ	4	4
6	ai uai	1	4	ɛi uɛi	1	4
7	iɛ	3	1	iɛi	3	2
8	ʅ ɿ	3	2	ʅeʔ ɿ	3	2
9	y	1	1	ʯ	1	1
10	an ian uan yan	1	4	ɛ iɛ uɛ yɛ	1	3
11	ən in uən yn	1	4			
12	əŋ iŋ uŋ yŋ	1	5	əŋ iŋ uŋ yŋ	4	5
13	ɑŋ iɑŋ uɑŋ	1	2	ɒ iɒ uɒ	1	2
14				əʔ iəʔ uəʔ yəʔ ʌʔ iʌʔ uʌʔ yʌʔ	1	1
15	阴平 55	1	2	平声 213	1	2
16	阳平 35	1	2	阳平 44	1	2
17	上声 214	3	2	上声 312	3	2
18	去声 51	1	3	去声 53	3	3
19				阴入 ʔ4	1	1
20				阳入 ʔ312	1	1

通过以上分析，我们可以看出，吕梁人在习得普通话的过程中，困难度最高的音值为 [ən in uən yn əŋ iŋ uŋ yŋ an ian uan yan ai uai]，这说明吕梁人在说地方普通话时这些音是最难发准的，同时，也说明吕梁人在放弃本地话的过程中，[əŋ iŋ uŋ yŋ ɛi uɛi ɿ] 是最难放弃的，它们就是吕梁话中的强势成分。

（八）长治人习得地方普通话音值困难度分析

在对上文所述的 30 组调查样本进行详细分析的基础上，我们总结出长治人在放弃长治话中最困难的音值和长治人在习得普通话中最困难的音值。具体如下表：

表 6.27　　　　音值困难度表（习得普通话和放弃长治话）

编号	普通话音值	相似度	困难度	长治话音值	相似度	困难度
1	p pʻ m f t tʻ n l tɕ tɕʻ ɕ k kʻ x ø	5	1	p pʻ m f t tʻ n l tɕ tɕʻ ɕ k kʻ x ø	5	5
2	ts tsʻ s	4	2	ts tsʻ s	4	4
3	tʂ tʂʻ ʂ ʐ	1	5			
4				ɣ	1	2
5	ɿ i u y A iA uA ɜi yɛ uo ai uai au iau ei uei ou iou əŋ iŋ uŋ yŋ ɚ aŋ iaŋ uaŋ	5	1	i u y iɐ uɐ ɐy ciɔ ɔ æ iə ei uei uə e nei ue	4	4
6	o	1	4	ə	1	3
7	ɻ	1	5	ɻ	1	5
8	an ian uan yan	1	4	aŋ iaŋ uaŋ	1	4
9	ən in uən yn	1	4	əŋ iŋ uŋ yŋ	1	4
10				əʔ iəʔ uəʔ yəʔ aʔ iaʔ uaʔ yaʔ	1	1
11	阴平 55	2	2	平声 11	2	3
12	阳平 35	1	2	上声 53	1	3
13	上声 214	1	2	去声 45	1	3
14	去声 51	1	3	阴入 ʔ2	1	1
15				阳入 ʔ54	1	1

通过以上分析，我们可以看出，长治人在习得普通话的过程中，困难度最高的音值为［tʂ tʂʻ ʂ ʐ an ian uan yan ən in uən yn ɻ］，这说明长

治人在说地方普通话时这些音是最难发准的，同时，也说明长治人在放弃本地话的过程中，[ts tsʻ s əŋ iŋ uŋ yŋ ɑŋ iɑŋ uɑŋ ʅ] 是最难放弃的，它们就是长治话中的强势成分。

（九）晋城人习得地方普通话音值困难度分析

在对上文所述的 30 组调查样本进行详细分析的基础上，我们总结出晋城人在放弃晋城话中最困难的音值和晋城人在习得普通话中最困难的音值。具体如下表：

表 6.28　　音值困难度表（习得普通话和放弃晋城话）

编号	普通话音值	相似度	困难度	晋城话音值	相似度	困难度
1	p pʻ m f t tʻ n l tɕ tɕʻ ɕ k kʻ x ∅	5	1	p pʻ m f t tʻ n l tɕ tɕʻ ɕ k kʻ x ∅	5	5
2	tʂ tʂʻ ʂ ʐ	4	2			
3	ts tsʻ s	1	4	tʂ tʂʻ ʂ ʐ	4	4
4				ɣ	1	2
5	ʅ i u y ʌ i ʌu u i ɜ o e yɛ uo ai uai ɑu iɑu ei uei ou iou ɚ an uan ẽ	4	1	i u y ɑ i ʌu u ʌʌ æ uei ou iou ẽ ue io o uɜ ʌ ei uei uɜ iɜ ẽ	4	4
6	ʅ	1	4	ʅ	1	4
7	ən in uən yn	2	2			
8	əŋ iŋ uŋ yŋ	1	4	ẽ ə̃ uẽ yə̃	1	5
9	ian yan	1	3	ie ye	2	4
10	ɑŋ iɑŋ uɑŋ	1	2	ɒ̃ iɒ̃ uɒ̃	1	2
11				ɕəʔ ɕuəʔ ɕyəʔ ʌʔ iʌʔ uʌʔ yʌʔ	1	1
12	阴平 55	2	2	平声 33	2	3
13	阳平 35	1	2	阳平上声 213	2	3
14	上声 214	1	2	去声 53	3	3
15	去声 51	1	3	入声 ʔ2	1	1
16						

通过以上分析，我们可以看出，晋城人在习得普通话的过程中，困难度最高的音值为 [ts tsʻ s ən iŋ uŋ yŋ ʅ ian yan]，这说明晋城人在说地方普通话时这些音是最难发准的，同时，也说明晋城人在放弃本地话的过程中，[tʂ tʂʻ ʂ ʐ ẽ iæ̃ uæ̃ yæ̃ ʅ ie ye] 是最难放弃的，它们就是晋城话中的强势成分。

纵观人们习得地方普通话的音值困难度，我们可以发现以下特点：

1. 从音类上看，当山西晋语区各方言与普通话的音素之间是一一对应的关系时，即普通话里的一个音素与方言中的一个音素对应，方言中的一个音素与普通话中的一个音素对应，那么，当地人在习得普通话时其困难度较小。比如，很多方言中的 [p pʻ m f] 与普通话中的 [p pʻ m f] 相对应，发音的相似性也高，人们在习得这些音时困难度就较小。

2. 从音类上看，当山西晋语区各方言与普通话的音素之间是此有彼无的关系时，即普通话里有的音素在方言中不存在，或者方言中有的音素在普通话中没有，人们在习得普通话时其困难度就较大。比如，长治方言的韵母系统只有后鼻音，没有前鼻音，而在普通话的韵母系统中既有前鼻音，也有后鼻音，因此，当地人在说普通话时，会很容易受到长治方言的影响，其地方普通话的韵母系统中也表现出前后鼻音相混的特点。

3. 从音类上看，当山西晋语区各方言与普通话的音素之间是一对多的关系时，即方言中的某一个音与普通话中的某几个音对应，那么，人们习得普通话的困难度就会更大一些。比如晋中方言中 [ʌ] 一个音对应普通话中的四个音 [ei uei ou o]，因其对应关系复杂，人们在进行语码转换时会有一定的困难，发音时容易出错。

第三节　山西晋语区方言对地方普通话语音结构的负迁移

据我们的调查结果显示，山西晋语区 85% 的人们最先习得本地方言，并且人们在日常的生产生活中一直使用，可以说，讲本地方言已经成为一种习惯，后来，受经济的发展、学校基础教育的普及、电视网络的影响，

第六章　山西晋语区地方普通话的语音特征

人们开始学说普通话，已经习惯了说方言的人们很容易在学说普通话的过程中将方言的发音习惯迁移到普通话中，使得人们在说普通话时或多或少地带有本地话方言的语音特征，进而干扰普通话的学习。正如布龙菲尔德所说："当我们学习外语或方言时，我们往往用自己的语言或方言在熟悉的音位代表人家的音位。"①

根据上文对山西晋语区各地方言语音特点、各地方言与普通话语音比较、各地地方普通话语音特点以及各地人们习得地方普通话语音的困难度调查分析，我们可以看到人们在习得普通话的过程中各地方言的某些成分会对普通话产生或大或小的负迁移。

一　山西晋语区各地方言与普通话语音相似度大、差异较小的语音，容易发生负迁移

在学习普通话的过程中，方言与普通话中语音相似的音，差异较小，对于说惯了方言的人而言，他们对这种差异毫无觉察，因而会很自然地将自己方言里最接近普通话的音去代替普通话相应的音，进而发生负迁移。这也是地方普通话中带有方言"味道"的一个很重要的原因。与标准普通话相比，这类音反映在普通话学习中，更多的属于"偏误"音。

（一）方言将与普通话相似的音直接迁移到普通话中

对于方言与普通话中在发音部位或发音方法上相似度较高的音，人们便根据自己的发音习惯，直接将这些相似度较高的音迁移到地方普通话的语音系统中。比如：

在太原地方普通话中，有的人会将标准普通话的［uo］常读为太原话的［uɤ］，这是因为这两个音听起来语音差异较小，差别仅表现在唇形的圆展上，人们在说普通话时会很自然地使用自己已经非常熟悉的［uɤ］音，而且听话的人也会毫无觉察。在长治地方普通话中，有的人会将标准普通话中的［ɑu］读为长治话的［ɔ］，这两个音听起来也仅是元音开口度

---

① ［美］布龙菲尔德：《语言论》，商务印书馆2002年版，第96页。

的细微差异,其相似性较高,人们在说普通话时,会很容易产生负迁移,读成[ɔ]。

(二) 方言将与普通话相似的音变形迁移到普通话中

对于方言与普通话中发音相似的音,人们在学习普通话时,对这些音进行了一定的"改造变形",即既不完全与方言一致,也不完全与普通话一致,而是对二者进行了折中,发成了发音不到位的音。这方面最典型的例子就是声调的调值。山西晋语各个地方普通话都存在调值折合的问题。比如,阴平在山西晋语各方言中的调值不尽一致:有11、213、31等,而普通话的阴平调值55在山西各地方普通话中多发成44或33,与标准普通话不一样,也与本地话不一样。

二 山西晋语区各地方言与普通话语音相似度小、差异较大的语音,更容易发生负迁移

山西晋语区各方言中都存在与普通话语音结构差异较大的现象,人们在学习这些差异较大的语音时困难度也较大,方言对普通话的负迁移也较大。与标准普通话相比,这类音反映在普通话学习中,更多的属于"错误"音。

(一) 就普通话有而方言无的语音而言

在学习普通话时,当遇到普通话中有而在方言中却没有的语音,人们会对方言中与之音类相对应的音进行变形改造进而最大程度地接近普通话。一般而言,人们学习普通话中有而方言中没有的语音的困难相对较大,此时,人们会很自然地遵循语言的经济省力原则,根据自身的主观感受找出二者的对应关系,进而最终选择自己已经使用习惯了的本地话或者在本地话基础上改造了的音来取代普通话的语音。比如:

在普通话中既有舌尖前音[ts tsʻ s],又有舌尖后音[tʂ tʂʻ ʂ],而在太原、晋中、阳泉、吕梁、长治方言中只有舌尖前音[ts tsʻ s],没有舌尖后音[tʂ tʂʻ ʂ],方言中的舌尖前音[ts tsʻ s]和普通话中的舌尖后音

[tʂ tʂʻ ʂ] 相似度较小，人们习得普通话中舌尖后音 [tʂ tʂʻ ʂ] 的困难度较大，这时人们就会根据自己的经验，凭借语感找出方言中读舌尖前音 [ts tsʻ s] 的字与普通话中读舌尖后音的字的对应关系，最终选择了自己更熟悉的方言音 [ts tsʻ s]。

再比如：在普通话中有 [an uan] 韵母，而在吕梁方言中没有这两个读音。从音类上看，在吕梁方言中与普通话中 [an uan] 这两个韵母对应的音是 [ɛ uɛ]，二者相似度较小，人们习得普通话中 [an uan] 这两个音的困难度较大，这时人们会将吕梁方言中的 [ɛ uɛ] 改造变形，增加一定的鼻音，将主要元音的口型稍稍扩大，但由于长期受到方言发音习惯的影响，人们的发音在不同程度上尽可能地接近普通话，但很多人对这两个音的发音接近 [æⁿ uæⁿ]，可见很多人发的音既不是吕梁方言的 [ɛ uɛ]，也不是普通话的 [an uan]，更像是对二者的中和。

（二）就普通话无而方言有的语音而言

人们在学习普通话时，当遇到普通话中无而在方言中有的语音，二者的相似度也较小，有时会习惯性地将方言中的语音保留下来带到普通话的语音系统中去。这在一定程度上是语言习惯使然。比如：在山西晋语区多数方言中，都有唇齿音 [v]，而这个音在普通话中不存在。但由于人们长期习惯了说这个音 [v]，所以在说普通话时会凭借语感不自然地顽固保留下了自己母方言中的这个音，而不发普通话的零声母。

（三）就音值上普通话和方言都有，但在音类上二者相混的语音而言

人们在学习普通话时，当遇到普通话和方言中都有的音，但二者音类上分辨不清时，人们在习得这些音时存在"矫枉过正"的问题。比如：在大同方言中，既有舌尖前音 [ts tsʻ s]，也有舌尖后音 [tʂ tʂʻ ʂ]，这两类音值在普通话中也有，但从音类上看，普通话中所对应的音类与大同方言中的所对应的音类不完全一致。大同方言中读 [tʂ tʂʻ ʂ] 的字与普通话读 [tʂ tʂʻ ʂ] 的字大体一致，但大同方言读 [ts tsʻ s] 的字中还包含了一部分普通话读 [tʂ tʂʻ ʂ] 的字，比如支、站、茶、产、山等字，在普通话中声母读舌尖后音［tʂ tʂʻ ʂ］，在大同方言中声母都读舌尖前音［ts tsʻ s］。由于在普通话中读舌尖后音的部分字与普通话中读舌尖前音的字在大同方言中都混在一起，人们在习得普通话时，会出现将本应还读舌尖前音的字读成了舌尖后音的现象。

余论　从山西晋语区地方普通话看山西晋语和普通话的接触

如前文所述，随着各地人们交流的日益频繁、基础教育的普及、普通话的大力推广，山西晋语区已形成"普通话和方言"共用的双言格局，但这种普通话与标准的普通话不同，它是受方言影响的普通话——地方普通话。这种变化与不同除了政治、经济、文化的发展、趋新求异等因素的影响外，在一定意义上可以说它们是方言和普通话相互影响和接触的结果。

关于"语言接触"，很多学者都认为不仅指不同语言之间的接触，还包括同一语言不同变体之间的接触。如：陈松岑认为"在社会语言学中，谈论语言之间的接触时，主要是指地域方言或民族语言这两种变体之间的接触"①。周磊认为"语言接触的途径和方式可分为非亲属语言的接触、亲属语言之间的接触、一个语言之内方言和方言之间的接触"②。从语言实际来看，在当下，随着城市化进程的加快、交通的发达、网络传媒的广泛运用，普通话与方言之间的接触比方言与方言之间的接触更为频繁，可以说方言与普通话的接触是语言接触的一个特例，同时也是一个广泛的存在。语言或方言接触所表现出的某些特点在方言和普通话的接触中也存在。

一　山西晋语与普通话接触的方式

---

① 陈松岑：《语言变异研究》，广东教育出版社 1999 年版，第 169 页。
② 周磊：《语言接触的类型和方言研究》，全国汉语方言学会第 13 届年会暨国际学术研讨会论文，2005 年。

(一) 覆盖

覆盖①,即普通话与方言以双言的方式在同一方言区并存并用,二者在语言功能分布上有所不同。

如前文所述,山西晋语区绝大多数人首先习得的是本地方言,之后随着普通话的推广,开始习得普通话,二者同处于山西晋语区,必然会相互影响,形成"同中有异、异中有同"的互动格局。在接触的过程中,山西晋语区有76.2%的人们具备了双言能力,而且有51.2%的人们自认为所说的普通话是带有地方口音的普通话,57.2%的人们自认为所说的方言并不正宗,而是受普通话影响的本地方言,可见,山西晋语区的双言格局已经形成,二者根据自身特点承担不同的社会交际功能。一般情况下,在对子女、外地朋友、工作单位谈工作、文化场所、医院看病等场合较多地使用普通话,在对长辈、本地朋友、菜市场买菜、乘坐公交车等非正式场合多使用本地方言。

(二) 渗透

渗透②,即普通话的语言成分直接进入方言系统,形成新派方言和老派方言,老派方言仍保留着方言原有的特点,新派方言则表现出向普通话靠拢的趋势,同时,方言的语言成分也不同程度地进入普通话中,对普通话的结构要素产生了一定的负迁移,进而形成带有方言色彩的地方普通话。

普通话的语言成分直接进入方言的情况在山西晋语中普遍存在。比如阳泉方言,梗、通摄合口三等喻母字"荣容融绒"等,其声母老派读[ø],新派读[ʐ],与普通话一致,形成了新老差异。再比如大同、朔州、忻州方言,遇摄合口一等泥组字"路芦炉鲁",其韵母老派都读[əu],新派都读[u],与普通话一致,形成了新老差异。再比如:晋中方

---

① 该界定参考了北京大学中文系现代汉语教研室《现代汉语专题教程》,北京大学出版社2003年版。

② 该界定参考了北京大学中文系现代汉语教研室《现代汉语专题教程》,北京大学出版社2003年版。

余论　从山西晋语区地方普通话看山西晋语和普通话的接触

言中有4.66%的词语是新普一致而与老不同的，如老派方言说"洋取灯的"，新派方言则说"火柴"，与普通话一致。太原方言中有16.43%的词语是新普一致而与老不同的，如老派方言说"提˭留˭"，新派方言则说"重孙子"。

方言的语言成分进入普通话中的情况在山西晋语中也表现得十分明显。前文已有详细的论述，此处不赘。我们知道，每一种方言都有自己的一个结构系统，那么，为什么有的方言特征就可以渗透到普通话中，而有的方言特征就没有渗透到普通话中呢？关于这一点，我们赞同曹晓燕[①]的观点。她认为方言成分的标记性[②]是决定其是否渗透到普通话中的一个非常重要的因素，而且，该标记性与方言的强势成分和弱势成分有着密切的关系。她认为，就方言而言，强势成分多是无标记的，在与普通话的接触中多不容易放弃，而弱势成分多为有标记的，在与普通话的接触中易于放弃。

在山西晋语和普通话的相互接触的过程中，两个语言系统都出现了强势成分和弱势成分。强势成分和弱势成分的较量最终实现了山西晋语和普通话在结构因素上的深层次的接触。强势成分和弱势成分是一对相对的概念。从普通话的角度来看，山西晋语区人们容易习得的语言成分为强势成分，山西晋语区人们不易习得的语言成分为弱势成分，从山西晋语的角度来看，方言中保留下来的语言成分为强势成分，方言中容易丢掉进而与普通话一致的语言成分为弱势成分。比如：长治人在说长治地方普通话时，从普通话的角度来看，[A iA uA iɛ yɛ ai uai ɑu uɑ ən in un yn ɑŋ iɑŋ uɑŋ] 属于强势成分，是长治人最容易掌握的成分，但从长治方言的角度来看，[ts tsʻ s əŋ iŋ uŋ yŋ ɑŋ iɑŋ uɑŋ ʅ] 则是强势成分，都是出现频率很高的无标记项，是长治人最不容易放弃的成分，这些成分在与普

[①] 曹晓燕：《方言与普通话的语音接触研究——以无锡方言为例》，硕士学位论文，苏州大学，2012年，第163页。

[②] 沈家煊先生认为判定语言成分的标记性有四个标准：结构标准、行为标准、频率标准、中和项。具体详情可参见沈家煊《类型学中的标记模式》，《外语教学与研究》1997年第1期。

通话接触的过程中,很自然地成为强势成分进入普通话语音系统中。

山西晋语区的地方普通话和新派方言的形成过程可以说是山西晋语和普通话不断碰撞、不断调整的过程。在山西晋语和普通话接触的过程中,对于二者相一致的成分,即这些成分在方言和普通话中的读音相同,而且与中古音的演变对应关系也一致,无所谓强势、弱势之分,这些成分在方言和普通话接触过程中一般不发生变化,可以说是直接搬用。比如在太原方言和普通话接触的过程中,太原方言和普通话中都有[m f l],这三个音从古音来源看分别属于明母、非敷奉母、来母,这些古声母在太原方言和普通话中的发展演变一致,而且这三个音在太原方言和普通话的语音对应关系也分别呈一一对应的关系,因此,这三个音在太原方言和普通话之间就无所谓强势成分和弱势成分了。

除了一致的成分外,山西晋语与普通话更多的是有差异的成分:或读音不同、或与中古音的演变对应关系不同、或方言和普通话没有对应关系。这些差异成分使得山西晋语和普通话在接触过程中容易产生碰撞,形成强势成分和弱势成分,这两种成分相互较量,从而引发对抗式变异或侵入式变异[①]。所谓对抗式变异是指在普通话和方言中有对应关系但不相同的语言成分相互碰撞之后发生的变异,所谓侵入式变异是指在普通话中存在,在方言中不存在或者在方言中存在,在普通话中不存在的语言成分发生的变异。

在山西晋语和普通话之间发生侵入式变异时,侵入方语言系统中的强势成分更容易侵入对方语言系统中。如:在晋城方言中,入声可以说是强势成分,而普通话中没有入声,在人们说普通话时,入声会不同程度地侵入到晋城人所说的普通话系统中。如果普通话水平较低的人,入声出现的频率会多一些,即使在普通话水平较高的人口中也会不自主地出现一些常用入声字,如"不、一"等。这样使得原本没有入声的标准普通话在晋城

---

① 本部分有关对抗式变异和侵入式变异的内容参考了傅灵《方言与普通话的接触研究——以长沙、上海、武汉为背景》,硕士学位论文,苏州大学2010年版。

地方普通话中不同程度地出现了入声，发生了侵入式变异。

在山西晋语和普通话之间发生对抗式变异时，就山西晋语区的人而言，山西晋语与普通话之间的语言成分越相似，人们放弃自己方言中的语言成分的难度越大，习得普通话中的语言成分的难度也越大。比如，晋城方言的［tʂ］组声母，与普通话中的［ts］组和［tʂ］组声母对应，在晋城方言中，［tʂ］组声母使用频率高，为强势成分，而在普通话中，［ts］声母相对于［tʂ］组声母是无标记项，为强势成分，晋城话的［tʂ］声母和普通话的［ts］组声母在对抗时，由于二者发音相似，晋城人在说普通话时则不易放弃非常熟悉的［tʂ］组声母，进而将其迁移至晋城地方普通话的语音系统中，发生对抗式变异。与之相反，普通话与山西晋语之间的语言成分差异越大，发音越容易，人们放弃方言中的语言成分的难度越小，习得普通话中的语言成分的难度就越小。比如：普通话中的开口呼零声母，在晋城方言中读［ɣ］，二者差异较大，但与［ɣ］相比，零声母发音较容易，可以说是无标记成分，因此，二者在对抗的过程中，零声母在晋城地方普通话中被保留下来，晋城方言中的［ɣ］则被放弃。

二 山西晋语与普通话接触的特点

（一）无界有阶

山西晋语与普通话的接触可以说是涉及到语音、词汇、语法各个层面，而且在各个层面所表现的接触程度也不尽一致。这体现了"无界有阶"的特点。

陈保亚《论语言接触与语言联盟——汉越（侗台语）语源关系的解释》一书，从匹配、回归、并合等语言接触的互协过程中考察语言接触的机制，他认为"'无界有阶性'是语言接触的根本属性。接触可以深入到语言系统的各个层面，这个'度'是由社会因素决定的，具体地说是由接触时间、双语方向、双语人口决定的，但是度的演进是有阶的，这个阶是由结构因素决定的。因此接触的无界有阶性是由社会因素和结构因素共同决定的。如果仅仅考虑到社会因素，就不可能观察到结构的阶，而把语言接触仅仅看成是没有结构、没有层阶的随机碰撞。如果仅仅考虑到结构因素，就会无视干扰和借贷的度，形成接触有界的观念。"① 参照此观点，山西晋语与普通话的接触在一定程度上也具有"无界有阶"的特点。

1. 山西晋语和普通话接触的"无界"

就"无界"而言，山西晋语与普通话的接触涉及到各自语言系统的语音、词汇和语法的各个层面，也就是说其接触是全方位的、深层次的接触。

方言对普通话的影响虽程度不一、深浅不一，但触及到了语音、词汇、语法各个方面。从山西晋语各地的地方普通话的语言特征来看，在语音上仍都程度不同地存在着各地方言语音中的强势成分，在词汇系统中也不同程度地存在着生动的方言词语，在语法系统中存在着各地方言中使用频率较高的语气词等。比如：在吕梁方言和普通话接触的过程中，吕梁方言对普通话的影响在语音、词汇、语法三个方面都有体现。在语音上，吕梁方言将其强势成分［əŋ iŋ uŋ yŋ］迁移到普通话系统中，使得吕梁地方普通话在语音上前鼻音韵母［ən in uən yn］和后鼻音韵母［əŋ iŋ uŋ yŋ］不分；在词汇上，我们对吕梁方言与普通话说法不同的42个代表性词语进行调查，结果显示人们在说普通话时，虽然使用普通话的词语比例超过本地话词语的占比较高，达83.3%，但使用本地话词语的比例超过普通话词语的占比也有14.3%，这在一定程度上说明了吕梁方言对普通话词汇的影响。在语法上，吕梁方言将其语气词"嘞、哇、么、来"迁移到普通话系统中，形成吕梁地方普通话语法上的特点。

从山西晋语各地新派方言的语言特征来看，在语音上某些特征已与普通话趋同，在词汇上，新派方言和普通话的词汇一致的占比高于老派方言与普通话的词汇一致的比例，在语法上，与语音、词汇相比，与普通话接触产生的变化较小，但从使用频率上看，有的老派方言的语法特点虽在新派方言中也存在，但其使用频率却大大降低。比如，山西晋语老派和新派

---

① 陈保亚：《语言接触与语言联盟》，语文出版社1996年版，第152页。

余论　从山西晋语区地方普通话看山西晋语和普通话的接触

方言都存在着入声舒化现象,但各地新派方言入声舒化的数量明显高于老派方言,以太原方言为例,新派方言入声舒化的比例为33.2%,老派方言入声舒化的比例仅有5.7%,这说明山西晋语"有入声"的特点虽然仍不同程度地存在于新派方言中,但其数量却逐渐减少,逐步向普通话靠拢。再比如,晋城方言中,老派方言中66.68%的词语与普通话一致,而新派方言中81.64%的词语与普通话一致,而且,新派方言中15.01%的词语与老派方言不同,而与普通话一致。长治方言中,老派方言和新派方言中都使用"v+动+了"结构,针对该结构我们分别抽选了102名老派和新派进行了专项调查,调查结果显示96.7%的老派经常使用该结构,83.5%的新派经常使用该结构,可见,与老派方言相比,受普通话的影响该结构在新派方言中的使用频率有所减少。

2. 山西晋语和普通话接触的"有阶"

就"有阶"而言,山西晋语与普通话的在语音、词汇和语法上的接触所呈现出的程度深浅不一,也就是说其接触是不平衡的。正如李如龙先生所说:"在双方言地区,两种方言之间的渗透,不论是谁影响谁,在语言系统的哪些方面发生渗透,以及渗透的程度如何,都是不平衡的。"①

从山西晋语的各地地方普通话来看,本地方言对普通话的影响更明显地体现在语音上,其次是词汇,最后是语法。山西晋语各地方言在语音上的差别最明显,方言在与普通话接触过程中,人们会不自主地将方言语音中的强势成分迁移至普通话语音上,因而山西晋语各地地方普通话在语音上的差别也最明显,方言与普通话在语音上接触的程度也相对较深。而方言对普通话词汇、语法的影响更多的体现为某些成分的替换、增加,其接触程度并不深刻。比如,与普通话相比,朔州方言语音系统中只有[ts ts' s],没有[tʂ tʂ' ʂ],朔州方言在与普通话接触中,人们会在朔州普通话中不同程度地出现[ts ts' s]和[tʂ tʂ' ʂ]相混的特点,对于普通话水平较低的人,他们在说朔州普通话时语音上[ts ts' s]组声母更多一些,即使

---

① 李如龙:《汉语方言学》,高等教育出版社2001年版,第56页。

普通话水平较高的人，他们在说朔州普通话时有时也会无意识地将某些[tʂ tʂʻ ʂ]声母的字读为[ts tsʻ s]声母，可见，方言语音对普通话的影响是深刻的。而与方言语音对普通话的影响相比，方言词汇和语法对普通话的影响则相对较弱。在朔州地方普通话中，我们对普通话说法和朔州方言说法有差异的46个代表性词语进行调查，结果显示使用普通话词语的比例超过朔州方言词语的占比为78.3%，而使用朔州话词语的比例超过普通话词语的占比为15.2%，这在一定程度上说明朔州地方普通话词汇中仍以普通话词汇占优势，方言词对其影响较小。从朔州方言对普通话语法上的影响来看，更是零散有限的，如前文所述，主要体现在语气词"哇、呀、么、来来"、代词"咱、各=人"、动态助词"上、下"、副词"紧=管=、紧、倒"上，并不成系统。

从山西晋语各地新派方言来看，普通话对各地方言语法的影响力较弱，普通话对方言的影响更多地体现词汇上，其次是语音上，而且对于具体的词语、语音要素，普通话对其影响也不均衡。比如，大多数方言中，新派方言与普通话在词汇上的一致性远远大于二者在语音上的一致性。拿大同方言为例，新派方言与普通话在词汇上的一致性占比为80.43%，二者在语音上的一致性占比约为10.71%。而且，普通话对新派方言的声母、韵母、声调的影响也不平衡。拿阳泉方言为例，新派方言与普通话一致而与老派方言不一致的占比在声母、韵母和声调上的表现分别为30%、5.26%、0，与声调、声母相比，普通话对新派方言声母的影响相对稍大一些。

（二）同构互协

徐通锵先生曾说"人们在日常生活中使用多种不同的语言，自然趋于把它们弄得比较相似，因而出现了相似性：语音趋于相似，语法也趋于相似。这是一种和谐化的过程。……不同系属、不同结构类型的语言具有相似性，有如生物演进过程中的平行演进现象"[①]。陈保亚也有类似的看法，

[①] 徐通锵：《历史语言学》，商务印书馆1996年版，第26页。

余论　从山西晋语区地方普通话看山西晋语和普通话的接触

他认为（语言）"接触的根本目标都是指向同构，使接触双方的语言结构相互协调，所以我们把接触理解为互协过程"①。山西晋语和普通话在接触的过程中在一定程度上也呈现出"同构互协"的特点。

1. 山西晋语和普通话接触的"同构"

山西晋语和普通话在接触的过程中，山西晋语受到普通话的深度影响，出现了新老差异。与老派方言相比，新派方言与普通话有更多的相似性，产生了局部性的结构变化，二者在结构要素上趋于同构。以长治方言的语音为例，老派和新派方言在古日母字的读音、咸山摄和宕江摄的合并、深臻摄和曾梗通摄的合并、阴去和阳去的合并等方面不同，新派方言不论在音值上还是在音类上逐与普通话趋同。具体如下表：

	声母	韵母		声调
	日母	咸山：宕江	深臻：曾梗通	阴去：阳去
老派	∅	=	=	≠
新派	ʐ	［an］组 ≠ ［aN］组	［ən］组 ≠ ［əŋ］组	=
普通话	ʐ	［an］组 ≠ ［ɑŋ］组	［ən］组 ≠ ［əŋ］组	=

2. 山西晋语和普通话接触的"互协"

在语言接触中存在着源语和受语。托马森根据受语是否保持以及"不完善学习"效应是否出现，将接触引发的演变分为两类："借用"和"转用引发的干扰"②。陈保亚认为语言接触是一种互协的过程，包括母语的干扰和借贷。"语言的干扰通常都是母语（或第一语言，即从小最先学会的语言）对第二语言的影响。语言干扰，可以发生在语言的语音、词汇、语法等各个层面上，但是以词汇、语音上的干扰最为明显。"③ 而且，母语干扰包括匹配、回归、并合三个互协阶段。"匹配是母语对目标语干扰的第一阶段，在这个阶段中，双语者在发目标语的音时，常用母语中和目标语

---

① 陈保亚：《语言接触与语言联盟》，语文出版社1996年版，第139页。
② 本部分有关托马斯关于"借用"和"转用引发的干扰"的内容均参考吴福祥《关于语言接触引发的演变》，《民族语文》2007年第2期，不赘。
③ 陈松岑：《语言变异研究》，广东教育出版社1999年版，第180页。

相似的音位去替代。……匹配是系统与系统之间的对应，不是某一个音的匹配。"① "回归指的是，经过匹配产生的民族语言或第二语言，更进一步向目标语靠拢。""就在民族方言向目标语回归的同时，目标语也会受到民族方言的影响而产生并合，从而使民族方言很难回归到与目标语完全一致的地步。"②

托马斯也有类似的论述。认为"转用引发的干扰"（简称"转用干扰"）指的是语言转用过程中语言使用者将其母语特征带入其目标语之中。这种干扰导源于转用目标语的语言社团对目标语的"不完善学习"，当转用社团在学习目标语过程中所造成的"错误"被目标语原来的使用者模仿时，那么这类"错误"就被扩散到作为一个整体的目标语。转用引发的干扰在语言特征上一个最重要的特点是，跟借用始于词汇成分不同，转用引发的干扰通常始于音系和句法成分（有时也可包括形态成分）。此外，还具有如下特点：(1) 某一语言的使用者开始转用其目标语，但他们不能完善地学习该目标语，目标语习得者所造成的"错误"被目标语最初使用者所模仿并进而得以扩散。(2) 干扰始于音系、句法成分（包括形态成分）而非词汇项。 (3) 目标语也可以从转用社团语言中借入少量的词汇。(4) 语言转用过程可在一代完成；转用过程的时间越短，则干扰特征出现的可能性就越大；反之，转用过程的时间越长，则干扰出现的可能性就越小甚至完全没有。(5) 语言态度因素可以影响目标语最初使用者对转用社团的目标语变体的模仿程度；但是，如果转用社团人口数量很大，目标语最初使用者的语言态度似乎并不能确保目标语不受影响。(6) 转用干扰可能导致接触语的形成、语言区域/语言联盟的出现、新方言的产生、移民语言的形成以及语言死亡。

"借贷指的是母语通过第二语言即民族方言向目标语言借贷语言成分。"③

---

① 陈松岑：《语言变异研究》，广东教育出版社1999年版，第187页。
② 陈松岑：《语言变异研究》，广东教育出版社1999年版，第187页。
③ 陈松岑：《语言变异研究》，广东教育出版社1999年版，第189页。

余论 从山西晋语区地方普通话看山西晋语和普通话的接触

托马斯也有类似的论述。"借用"指的是外来成分被某种语言的使用者并入该语言社团的母语;这个语言社团的母语被保持,但由于增加了外来成分而发生变化。这是语言获得干扰特征的最主要的途径,最常见的借用干扰是词汇成分(非基本词汇特别是其中的文化词)。很多学者认为语言成分的借用在社会因素均等的前提下具有一定的借用等级,依次是:词汇成分(非基本词)>句法成分/音系成分>形态成分。从时间先后看,词汇成分的借用总是先于句法或音系成分;从蕴含关系上看,如果一个语言若具有句法和音系借用成分,那么通常也具有词汇借用成分。从难易程度上看,词汇成分的借用要易于句法和音系成分,而后者又易于形态成分。从概率大小来看,词汇借用的可能性大于句法和音系成分。托马斯基于借用成分的种类和层次,将语言的接触分为四个等级:偶然接触、强度不高的接触、强度较高的接触和高强度的接触,不同等级借用的成分的种类和层次也不同。

参照以上论述,我们认为山西晋语和普通话在接触的过程中在一定意义上也呈现出"互协"的特点。

(1)母方言的干扰

山西晋语与普通话在接触的过程中,山西晋语一方面受到普通话的强势影响,同时山西晋语各地方言也将自己所具有的强势成分顽固地保留下来,不同程度地渗透到普通话系统中,进而对普通话的语音、词汇、语法产生了不同程度的干扰。

山西晋语和普通话在长期接触的过程中形成了地方普通话,山西晋语区的人们由于不能完善系统地学习掌握目标语——普通话,在最初习得的过程中便受到本地方言的干扰,进而产生了一些"错误"并将其扩散。而且,根据上述托马斯、陈松岑和陈保亚先生关于"母语干扰"的论述,这种干扰涉及语音、词汇、语法各个方面。从前文关于地方普通话的语音特点、词汇、语法特点的讨论中我们可以很清楚地看到这一点。

(2)借贷

根据托马斯、陈松岑、陈保亚等先生的论述,我们认为,在山西晋语和普通话的相互接触中，受普通话的影响而造成的山西晋语所出现的新派方言就属于"借用"或"借贷"。在普通话的影响下，山西晋语这一受语被保持，但由于增加了普通话的某些成分而发生了相应的变化，使得山西晋语的新派方言有别于老派方言，其中词汇借用最常见，其次是语音成分的借用，语法上的借用较少。比如，太原方言，新派方言与普通话一致，而与老派不一致的词语占比为16.43%，主要集中在"地理、时令、动物、商业活动"等方面，如老派说"块块钱"，新派借用普通话说法，说"零钱"。

综上，山西晋语区地方普通话和新派方言是山西晋语和普通话接触的产物，通过对山西晋语区"地方普通话"和"新派方言"的特点分析，我们可以看到山西晋语和普通话的接触是二者发生变化的一个重要因素，结构差异和标记差异是山西晋语和普通话系统变化的区域，山西晋语和普通话通过覆盖和渗透的方式形成"地方普通话"和"新派方言"共存于山西晋语区，形成"无界有阶""同构互协"的接触格局。

参考文献

著　作

常乐、任小琴：《榆次方言研究》，北岳文艺出版社 2015 年版。

陈保亚：《论语言接触与语言联盟》，语文出版社 1996 年版。

陈恩泉：《双语双方言（二）》，彩虹出版社 1994 年版。

陈恩泉：《双语双方言》，中山大学出版社 1989 年版。

陈恩泉：《双语双方言序》，《双语双方言（三）》，汉学出版社 1994 年版。

陈恩泉：《双语双方言语现代中国》，北京语言文化大学出版社 1999 年版。

陈恩泉：《中国施行双语制刍议》，中山大学出版社 1989 年版。

陈建民：《中国语言和中国社会》，广东教育出版社 1999 年版。

陈松岑：《语言变异研究》，广东教育出版社 1999 年版。

陈原：《社会语言学》，商务印书馆 2000 年版。

陈章太、李行健：《普通话基础方言基本词汇集》，语文出版社 1996 年版。

陈章太：《论语言生活的双轨制》，中山大学出版社 1989 年版。

陈章太：《语言规划研究》，商务印书馆 2022 年版。

崔容：《太原北郊区方言研究》，山西人民出版社 2004 年版。

崔霞、贺红、李颖：《朔州方言研究》，中国书籍出版社 2011 年版。

戴庆厦、成燕燕、傅爱兰:《中国少数民族语言文字应用研究》,云南民族出版社 1999 年版。

戴庆厦:《社会语言学教程》,中央民族学院出版社 1993 年版。

刁晏斌:《现代汉语史》,福建人民出版社 2006 年版。

刁晏斌:《新时期新语法现象研究》,中国文联出版社 2001 年版。

郭熙:《中国社会语言学》,南京大学出版社 1999 年版。

国家语言文字工作委员会政策法规室:《国家语言文字政策法规汇编》,语文出版社 1996 年版。

哈桑诺夫:《双语学》,新疆大学出版社 1992 年版。

何俊芳:《中国少数民族双语研究》,中央民族大学出版社 1998 年版。

侯精一、温端政:《山西方言调查研究报告》,山西高校联合出版社 1993 年版。

侯精一:《晋语的变音》,商务印书馆 2010 年版。

侯精一:《现代汉语方言音库》,上海教育出版社 1999 年版。

侯精一:《长治方言志》,语文出版社 1985 年版。

胡明扬:《北京话初探》,商务印书馆 1987 年版。

黄伯荣、廖序东:《现代汉语(上册)》,高等教育出版社 1990 年版。

黄行、梅思德:《中国少数民族语言活力研究》,中央民族大学出版社 2000 年版。

简·爱切生:《语言的变化:进步还是退化?》,语文出版社 1997 年版。

江荫瞭:《朔县方言志》,山西高校联合出版社 1991 年版。

杰弗里·利奇:《语义学》,上海外语教育出版社 1987 年版。

劲松:《社会语言学研究》,民族出版社 2009 年版。

李达仁、李振杰、刘士勤:《汉语新词语词典》,商务印书馆 1993 年版。

李荣:《现代汉语方言大词典 1—4 画》,江苏教育出版社 2002 年版。

李英哲:《双语双方言教育、双文制及教育现代化》,汉学出版社 1994 年版。

林寿：《普通话和北京话》，语文出版社 2009 年版。

刘涌泉：《字母词词典》，上海辞书出版社 2001 年版。

陆学艺：《当代中国社会阶层研究报告》，社会科学文献出版社 2002 年版。

罗常培、王均：《普通话语音学纲要修订本》，商务印书馆 1981 年版。

吕叔湘：《近代汉语指代词（江蓝生补）》，辽宁教育出版社 2002 年版。

马文忠、梁述中：《大同方言志》，语文出版社 1986 年版。

欧阳觉亚：《普通话广州话的比较与学习》，中国社会科学出版社 1993 年版。

普通话普及情况调查项目组：《普通话普及情况调查·调查人员手册》，未出版。

钱乃荣：《现代汉语研究论稿》，学林出版社 2006 年版

秦秀白：《英语文体学入门》，湖南教育出版社 1986 年版。

全国语言文字工作会议秘书处：《新时期的语言文字工作》，语言出版社 1987 年版。

申小龙：《语言与文化的现代化思考》，河南人民出版社 2000 年版。

深港语言研究所：《双语双方言（二）》，彩虹出版社 1992 年版。

深港语言研究所：《双语双方言（三）》，汉学出版社 1994 年版。

深港语言研究所：《双语双方言（四）》，汉学出版社 1996 年版。

深港语言研究所：《双语双方言（五）》，汉学出版社 1997 年版。

深港语言研究所：《双语双方言（一）》，中山大学出版社 1989 年版。

深圳市语言文字工作委员会办公室和深澳语言研究所：《双语双方言（六）》，汉学出版社 1999 年版。

深圳市语言文字工作委员会办公室和深澳语言研究所：《双语双方言（七）》，汉学出版社 2001 年版。

沈慧云：《晋城方言志》，语文研究杂志编辑部 1983 年版。

沈家煊：《语言变异与变化》序言，上海教育出版社 2006 年版。

王德春、孙汝健、姚远：《社会心理语言学》，上海外语教育出版社 1995 年版。

温端政：《忻州方言志》，语文出版社 1985 年版。

吴为章：《新编普通语言学教程》，北京广播学院出版社 1999 年版。

徐大明、蔡冰：《语言变异与变化》，上海教育出版社 2006 年版。

徐大明、陶红印、谢天蔚：《当代社会语言学》，中国社会科学出版社 1997 年版。

徐思益：《语言的接触与影响》，新疆人民出版社 1997 年版。

徐通锵：《历史语言学》，商务印书馆 1991 年版。

薛才德：《语言接触与语言比较》，学林出版社 2007 年版。

游汝杰：《汉语方言学教程》，上海教育出版社 2004 年版。

游汝杰、邹嘉彦：《社会语言学教程》，复旦大学出版社 2004 年版。

游汝杰、邹嘉彦：《语言接触论集》，上海教育出版社 2004 年版。

于根元：《二十世纪的中国语言应用研究》，书海出版社 1996 年版。

于根元：《新时期推广普通话方略研究》，中国经济出版社 2005 年版。

于根元：《中国网络语言词典》，中国经济出版社 2001 年版。

于根元：《中国现代应用语言学史纲》，中国经济出版社 2005 年版。

语言文字应用研究所社会语言学研究室：《语言·社会·文化：首届社会语言学学术讨论会文集》，语文出版社 1991 年版。

詹伯慧：《再论方言、共同语和双语制问题》，汉学出版社 1994 年版。

中国社会科学院语言研究所、中国社会科学院民族学与人类学研究所、香港城市大学语言资讯科学研究中心：《中国语言地图集》，商务印书馆 2012 年版。

中国社会科学院语言研究所词典编辑室：《现代汉语词典》，商务印书馆 1978 年版。

中国语言文字使用情况调查领导小组办公室编：《中国语言文字使用情况调查·调查人员手册》，语文出版社 1999 年版。

中国语言文字使用情况调查领导小组办公室编：《中国语言文字使用

情况调查资料》，语文出版社 2006 年版。

周洪波：《精选汉语新词语词典》，四川人民出版社 1997 年版。

周有光：《周有光语文论集（第四卷）》，上海文化出版社 2002 年版。

朱爱平：《对太原方言区 PSC 中"二乙"语音特征的分析和思考》，第四届全国普通话培训测试学术研讨会论文集，语文出版社 2009 年版。

祝畹瑾：《社会语言学概论》，湖南教育出版社 1992 年版。

祝畹瑾：《社会语言学概论》，湖南教育出版社 1992 年版。

期刊论文

谢俊英、李卫红、姚喜双、魏晖：《普通话普及情况调查分析》，《语言文字应用》2011 年第 3 期。

蔡冰：《语言变异与文化》，《中国社会语言学》2005 年第 2 期。

曹春梅：《民族地区推广普通话的几个问题》，《新疆职业大学学报》2001 年第 1 期。

曹雨生、谢广华：《语言使用情况的计量分析》，《民族语文》1988 年第 6 期。

常乐：《榆次人普通话中方言特征研究——以人身分析为视角》，《中国司法鉴定》2019 年第 5 期。

常月华：《大学生普通话——方言双言使用现状的分析与思考》，《海南师范大学学报（社会科学版）》2007 年第 3 期。

陈保亚、何方：《略说汉藏语系的基本谱系结构》，《云南民族大学学报》2004 年第 1 期。

陈保亚：《语言接触导致汉语方言分化的两种模式》，《北京大学学报（哲学社会科学版）》2005 年第 2 期。

陈恩泉：《简论双语和双方言》，《语文研究》1996 年第 2 期。

陈海伦：《论方言相关度、相似度、沟通度指标问题》，《中国语文》1996 年第 5 期。

陈建民、陈章太：《从我国语言实际出发研究社会语言学》，《语文建设》1988 年 4 期。

陈建民:《两种普通话,两种测试标准》,"普通话与方言问题学术讨论会"论文副本,1990 年。

陈松岑:《共同语与地区语的共存问题——兼论普通话与方言》,普通话与方言问题学术讨论会会议论文 1990 版。

陈松岑:《绍兴市城区普通话的社会分布及其发展趋势》,《语文建设》1990 年第 1 期。

陈亚川:《"地方普通话"的性质特征及其他》,《世界汉语教学》1991 年第 1 期。

陈亚川:《闽南口音普通话说略》,《语言教学与研究》1987 年第 4 期。

陈郁芬:《普通话普及调查数据中比例的启示》,《贺州学院学报》2014 年第 2 期。

陈媛媛:《普通话能力对中国劳动者收入的影响》,《经济评论》2016 年第 6 期。

陈章太:《关于普通话与方言的几个问题》,《语文建设》1990 年第 4 期。

陈章太:《关于普通话与方言的几个问题》,《语文建设》1990 年第 4 期。

陈章太:《略论我国新时期的语言变异》,《语言教学与研究》2002 年第 6 期。

崔梅:《地方普通话与汉民族文化心理》,《云南师范大学学报(哲学社会科学版)》1993 年第 6 期。

戴红亮:《广西普通话普及情况调查分析》,《语言文字应用》2012 年第 1 期。

戴庆厦、罗自群:《语言接触研究必须处理好的几个问题》,《语言研究》2006 年第 4 期。

刁晏斌:《试论当代口语中的声调混同现象》,《语言文字应用》2010

年第 4 期。

董洁茹：《普通话中介语研究初探》，《新乡师范高等专科学校学报》2003 年第 3 期。

董思聪、徐洁：《普通话区域变体的特点与普通话差错的分际》，《语言科学》2015 年第 6 期。

杜莲艳：《语言规划与语言使用实态考察研究》，《大众文艺》2013 年第 4 期。

冯广艺：《论语言态度的三种表现》，《语言研究》2013 年第 2 期。

冯广艺：《语言生态与语言嫉妒》，《江汉大学学报（人文科学版）》2011 年第 4 期。

付义荣：《新生代农民工的语言使用与社会认同——兼与老一代农民工的比较分析》，《语言文字应用》2015 年第 2 期。

高景成：《从很多词汇里看轻声衰颓的趋势》，《文字改革》1959 年第 2 期。

高晓博、罗芳春：《关于汉语普通话和少数民族语言的语言使用和语言态度综述》，《山东工业技术》2014 年第 13 期。

顾百里：《语言运用与教学中"地方普通话"的一席之地》，《华文教学与研究》2019 年第 1 期。

顾颖、李建国：《普通话的地域变体与乡音情结》，《西安外国语学院学报》2001 年第 3 期。

郭骏：《关于城市语言调查的几点思考》，《语言文字应用》2013 年第 4 期。

郭龙生：《当代中国普通话推广政策的价值取向研究》，《修辞学习》2004 年第 3 期。

郭正彦：《地方普通话的产生、发展及其特点》，"普通话与方言问题学术讨论会"论文副本，1990 年。

韩磊磊、源国伟：《在校大学生语言态度研究及其意义》，《广东青年干部学院学报》2008 年第 3 期。

韩莉、王嵘：《方言调查与普通话教学的不对称性》，《陇东学院学报》2013年第4期。

侯精一：《方言腔普通话研究刍议》，"普通话与方言问题学术讨论会"论文副本，2008年版。

侯精一：《山西、陕西沿黄河地区汉语方言第三人称代词类型特征的地理分布与历史层次》，《中国语文》2012年第4期。

侯精一：《推行普通话（国语）的回顾与前瞻》，《语言文字应用》1994年第4期。

胡迪、闾国年、温永宁、林伯工：《我国方言地理学发展演变及问题分析》，《南京师大学报（自然科学版）》2012年第3期。

黄行：《语言接触与语言区域性特征》，《民族语文》2005年第3期。

江佳慧：《地方民族院校大学生语言能力现状与语言教育对策研究》，《牡丹江大学学报》2017年第4期。

江新：《第二语言习得的研究方法》，《语言文字应用》1999年第2期。

蒋德红：《第二语言习得研究综观》，《安徽大学学报（社科版）》2003年第1期。

蒋宗霞：《汉语方言调查研究近百年发展之路》，《云南师范大学学报（哲学社会科学版）》2008年第5期。

劲松、牛芳：《长沙地方普通话固化研究——地方普通话固化的个案调查》，《语言文字应用》2010年第4期。

劲松：《语言规范的现实性、动态性和前瞻性——评《现代汉语规范词典》轻声和儿化词的规范》，《语言文字应用》2004年第2期。

劲松：《中介语僵化的语言学意义》，《民族语文》2004年第2期。

邝利芬、易缨：《浅谈普通话习得过程中的中介语》，《萍乡高等专科学校学报》2013年第2期。

邝永辉：《粤语影响下的韶关市城区普通话词汇的特点》，《韶关大学学报（自然科学版）》1996年第1期。

李爱军、王霞、殷治纲：《汉语普通话和地方普通话的对比研究》，《第六届全国现代语音学学术会议论文集（上）》，2003 年。

李德鹏：《新中国成立以来国家语言文字工作重心之反思》，《云南师范大学学报（对外汉语教学与研究版）》2016 年第 2 期。

李根芹：《正视轻声衰颓现象　重新审订轻声词》，《镇江高专学报》2005 年第 1 期。

李桂玲：《教师语言态度对幼儿语言能力的影响》，《文学教育（中）》2014 年第 2 期。

李海英：《结合 PSC 对普通话中介语的初步考察》，《鲁东大学学报（哲学社会科学版）》2008 年第 6 期。

李佳潞：《太原市城郊小学生方言保留情况调研》，《现代语文（学术综合版）》2017 年第 3 期。

李建国、边兴昌：《普通话—方言的互动变异与对外汉语教学》，《华侨大学学报》2000 年第 2 期。

李金凤、何洪峰、周宇亮：《语言态度、语言环境与农村学前留守儿童语言使用》，《语言文字应用》2017 年第 1 期。

李金凤、周宇亮、何洪峰：《土语层"普方双言"现象影响因素分析》，《语言文字应用》2018 年第 1 期。

李蕾：《长治普通话双音节词语的声调分析》，《第九届中国语音学术会议论文集》，2010 年。

李宁、孟子厚、李蕾：《山西普通话的语音特征》，《第十一届全国人机语音通讯学术会议论文集（二）》，2011 年。

李宁、孟子厚：《长治普通话双字词的调型结构分析》，《第九届中国语音学学术会议论文集》，2010 年。

李荣：《官话方言的分区》，《方言》1985 年第 1 期。

李如龙：《论方言和普通话之间的过渡语》，《福建师范大学学报（哲学社会科学版）》1988 年第 2 期。

李如龙：《论普通话的普及和规范——就福建省推广普通话工作谈几

点认识》,《语文建设》1988 年第 2 期。

李如龙:《在方言复杂地区加速推广普通话》,《语文建设》1986 年第 6 期。

李儒忠:《二十一世纪的挑战——双语教育的当代责任》,《新疆教育学院学报》2011 年第 4 期。

李树辉:《语言能力的培养——语言文化和语言能力之三》,《语言与翻译》1996 年第 4 期。

李小平:《山西离石方言音系》,《吕梁教育学院学报》2004 年第 4 期。

李行健、仇志群:《双言现象与语言差异的层次性》,《读书》2018 年第 10 期。

李勋:《语言变异的社会心理成因分析》,《边疆经济与文化》2007 年第 6 期。

李燕、武玉芳:《山阴县语言使用及语言态度调查研究——兼论普通话的推广与方言的保持》,《北方工业大学学报》2011 年第 4 期。

林清书:《"地方普通话"在汉语中的位置》,《龙岩师专学报》2001 年第 2 期。

林小平:《语言变异的社会心理成因探析》,《湘潭师范学院学报(社会科学版)》2005 年第 1 期。

林有苗:《语言接触与语法演变》介评,《现代外语》2008 年第 2 期。

刘大为:《语言知识、语言能力与语文教学》,《全球教育展望》2003 年第 9 期。

刘丹青:《语言能力的多样性和语言教育的多样化》,《世界汉语教学》2015 年第 1 期。

刘丹青:《语言能力的多样性和语言教育的多样化》,《语言科学》2016 年第 4 期。

刘宏:《方言区"过渡语"语音问题的调查与研究——以洛阳地区为例》,《郑州大学学报(哲学社会科学版)》2004 年第 5 期。

刘宏:《加快"过渡语"研究的步伐》,《语文建设》1999年第4期。

刘虹:《语言态度对语言使用和语言变化的影响》,《语言文字应用》1993年第3期。

刘华卿:《邢台地方普通话语言特征分析》,《邢台师范高专学报》2002年第1期。

刘莉芳:《语言环境对青少年语言态度的影响》,《湖北民族学院学报(哲学社会科学版)》2013年第1期。

刘淑学、余光武:《汉语语言能力描述语库建设刍议》,《语言科学》2013年第6期。

刘文琦:《试论语言能力的培养》,《江西社会科学》2003年第9期。

刘湘涛:《地方高师院校学生的语言态度分析》,《教育评论》2010年第2期。

刘新中:《海南口音普通话初探》,《海南师院学报》1998年第4期。

刘艳平:《定襄方言词汇与普通话词汇的比较》,《忻州师范学院学报》2010年第6期。

刘忠华:《男女对话及语言使用方面的性别差异》,《牡丹江大学学报》2008年第9期。

刘子琦、姚喜双:《浅析普通话与方言在广播电视节目中的使用》,《语言文字应用》2012年第3期。

龙惠珠:《从职业背境看语言态度的分层》,《外语教学与研究》1999年第1期。

鲁健骥:《中介语研究中的几个问题》,《语言文字应用》1993年第1期。

陆俭明:《要重视语言能力的不断提升——兼说语言教育之创新》,《语言科学》2016年第4期。

罗美珍:《论族群互动中的语言接触》,《语言研究》2000年第3期。

麻彩霞:《不可忽视的语言文化的传承载体——地方普通话》,《语文学刊》2019年第5期。

彭建国、刘金桥：《地方普通话的语言学思考》，《通化师范学院学报》2017年第7期。

彭庆华：《应用语言学研究中"语言能力"的新解释及其多元性》，《山东外语教学》2010年第3期。

普通话普及情况调查项目组、郭龙生、李卫红、姚喜双、魏晖：《教育领域普通话普及情况调查分析》，《语言文字应用》2012年第3期。

普通话普及情况调查项目组、苏金智、李卫红、姚喜双、魏晖：《江苏省普通话普及情况调查分析》，《语言文字应用》2012年第1期。

普通话普及情况调查项目组、孙曼均、李卫红、姚喜双、魏晖：《河北省普通话普及情况调查分析》，《语言文字应用》2011年第4期。

齐沪扬：《就"方言普通话"答客问》，《修辞学习》1999年第4期。

钱曾怡：《〈汾河流域方言的语音特点及其流变〉序》，《语文研究》2003年第3期。

钱华：《普通话习得中的尖团音问题》，《内蒙古电大学刊》2006年第10期。

乔全生、刘洋；《三十年来山西长治方言语音的三点显著变化》，《语文研究》2018年第2期。

乔全生：《关于地名读音的依据及思考》，《山西师大学报（社会科学版）》2019年第1期。

秦嘉麟：《弹奏起语言与生活的和弦——浅谈农村学生普通话能力的培养》，《科学咨询（教育科研）》2011年第4期。

瞿霭堂：《语音演变的理论和类型》，《语言研究》2004年第2期。

沙平：《方言对共同语学习的影响及其对策》，《语文建设》1996年第10期。

沙平：《论母语方言对共同语学习的影响》，《福建师范大学学报（哲学社会科学版）》1995年第1期。

沈依青：《语言态度初探》，《清华大学学报（哲学社会科学版）》1997年第2期。

施燕薇：《初探"松阳普通话"与"标准普通话"间的差异》，《丽水师范专科学校学报》2003年第3期。

苏金智：《语言接触背景下我国境内汉语方言使用现状及其趋势分析》，《中国社会语言学》2008年第2期。

苏金智：《中国语言文字使用情况调查准备工作中的若干问题》，《语言文字应用》1999年第1期。

苏雪梅：《普通话与大同话语码转换顺应模式研究》，《山西大同大学学报（社会科学版）》2011年第2期。

孙德坤：《中介语理论与汉语习得研究》，《语言文字应用》1993年第4期。

孙蕙如：《普通话学习受方言习惯影响的考证》，《河南社会科学》1997年第2期。

孙积农：《推广普通话的重要窗口——从中央电视台新闻联播看推普》，《语言文字应用》1998年第3期。

孙金华：《语言变异与变化微观研究的新思路——《语言变异与变化》述评》，《南京社会科学》2008年第4期。

汪平：《上海口音普通话初探》，《语言研究》1990年第1期。

王洪君：《《中原音韵》知庄章声母的分合及其在山西方言中的演变》，《语文研究》2007年第1期。

王建勤：《关于中介语研究方法的思考》，《汉语学习》2000年第3期。

王魁京：《第一、第二语言学习在语音掌握过程上的区别性特征探讨》，《北京师范大学学报（社会科学版）》1997年第6期。

王磊、张颖：《普通话中介语负迁移及应对策略》，《山西师大学报（社会科学版）》2007年第3期。

王理嘉：《对〈语言文字应用〉的新期望：为提升国家语言能力继续做出新贡献》，《语言文字应用》2012年第2期。

王莉宁：《汉语方言中的"平分阴阳"及其地理分布》，《语文研究》

2012 年第 1 期。

王临惠：《秦晋沿黄河方言声调的演变及其自然人文背景》，《方言》2011 年第 3 期。

王琪、罗尚荣、吴华清：《农村推普对象普通话综合能力缺失及对策》，《时代文学（双月版）》2007 年第 4 期。

王群生、王彩豫：《略论"带地方色彩的普通话"》，《荆州师范学院学报》2001 年第 6 期。

王生龙、王劲松：《中原城市化进程中公民语言能力问题分析与思考》，《语言文字应用》2013 年第 2 期。

王士元、沈钟伟：《词汇扩散的动态描写》，《语言研究》1991 年第 1 期。

王士元：《语言变化的词汇透视》，《语言研究》1982 年第 2 期。

王希杰：《汉语的规范化问题和语言的自我调节功能》，《语言文字应用》1995 年第 3 期。

韦储学：《"语言能力"与"语言运用"的区别及其对外语教学的启示》，《广西师范大学学报（哲学社会科学版）》2002 年 S3 期。

卫志强：《男女语言使用上的差异》，《语言教学与研究》1983 年第 3 期。

魏日宁、苏金智：《我国民众对外语作为教学语言的支持度——基于"中国语言文字使用情况调查"的实证研究》，《世界教育信息》2011 年第 8 期。

温栗：《太原方言的舒声促化》，《忻州师范学院学报》2011 年第 3 期。

邬美丽：《双语态度调查及思考》，《语言文字应用》2009 年第 3 期。

吴安其：《语言接触对语言演变的影响》，《民族语文》2004 年第 1 期。

吴伟平：《民族共同语在方言区的推广和使用》，《暨南大学华文学院学报》2007 年第 3 期。

夏历：《城市农民工语言态度调查研究》，《社会科学战线》2012年第1期。

夏莲：《语言接触和语言迁移——试论英汉语言的相互影响》，《上海海事大学》2006年第3期。

夏先忠：《试论方言对方言区的人们学习普通话的影响及学好普通话的方法》，《社会科学家》2007年第2期。

肖劲松：《普通话中介语研究述评》，《郧阳师范高等专科学校学报》2007年第2期。

肖萍：《汉语方言与普通话关系浅析》，《南通工学院学报（社会科学版）》2004年第3期。

肖显宝、吴宏：《语言变异的社会心理成因》，《湖北经济学院学报（人文社会科学版）》2006年第10期。

肖显宝：《语言变异的社会心理成因探微》，《长春理工大学学报（社会科学版）》2006年第5期。

谢广华：《语言使用调查的一些问题》，《民族语文》1987年第2期。

谢俊英：《中国语言文字使用情况调查中有关普通话的几个问题》，《语言文字应用》1999年第4期。

刑向东、郭沈青：《晋陕宁三省区中原官话的内外差异与分区》，《方言》2005年第4期。

刑向东：《谈汉语方言语法的调查研究》，《中文自学指导》2008年第6期。

徐大明：《言语社区理论》，《中国社会语言学》2004年第1期。

徐大明：《中国社会语言学的新发展》，《南京社会科学》2006年第2期。

徐世荣：《四十年来的普通话语音规范》，《语文建设》1995年第6期。

徐通锵：《声母语音特征的变化和声调的起源》，《民族语文》1998年第1期。

徐兴祥：《浅析语言能力和语言应用》，《西南民族大学学报（人文社科版）》2003年第10期。

许多会：《语言态度研究述评》，《乌鲁木齐成人教育学院学报》2009年第1期。

杨超：《古代汉语教学改革探索——兼谈师范本科生语言能力的培养》，《西华师范大学学报（哲学社会科学版）》2006年第4期。

杨洁：《"地方普通话"初探》，《阜阳师范学院学报（社会科学版）》2003年第6期。

杨晋毅：《中国新兴工业区语言状态研究（中原区）》，《语文研究》2002年第1—2期。

杨俊芳：《长治方言的语法特点》，《南昌教育学院学报》2011年第9期。

杨雯婷：《方言区普通话培训的现状与策略研究》，《语文建设》2013年第2期。

姚春：《应该开展对"地方普通话"的研究》，《语文建设》1989年第3期。

姚德怀：《"规范普通话"与"大众普通话"》，《语文建设通讯》1998年第10期。

姚佑椿：《上海口音的普通话说略》，《语言教学与研究》1988年第4期。

姚佑椿：《应该开展对"地方普通话"的研究》，《语言建设》1989年第3期。

叶军：《上海地方普通话口音特征语项动态分析》，《语言文字应用》2012年第S1期。

英君：《浅谈语音变异的影响因素》，《阴山学刊》2011年第5期。

游汝杰：《方言和普通话的社会功能与和谐发展》，《修辞学习》2006年第6期。

于芳：《普通话训练与测试所要面对的"地方普通话"问题》，《武夷学院学报》2009 年第 3 期。

俞玮奇：《国民普通话能力的基本状况与发展态势》，《语言文字应用》2018 年第 2 期。

俞玮奇：《普通话的推广与苏州方言的保持——苏州市中小学生语言生活状况调查》，《语言文字应用》2010 年第 3 期。

詹伯慧：《汉语方言研究的回顾和前瞻》，《学术研究》1992 年第 1 期。

张福荣：《经济发展水平对语言态度的影响——赣籍大学生赣语与普通话调查》，《江西教育学院学报（社会科学）》2005 年第 5 期。

张高明：《长治土语地名趣谈》，《中国地名》2017 年第 4 期。

张光明：《五台话与普通话的语音比较研究》，《忻州师范学院学报》2001 年第 1 期。

张浩明：《加强语言规划，提升语言能力》，《语言科学》2016 年第 4 期。

张建强：《"地方普通话"研究刍议》，《广西社会科学》2005 年第 7 期。

张建强：《地方普通话产生根源探究》，《贺州学院学报》2009 年第 3 期。

张建强：《汉语中介语研究的理论思考》，《现代语文》2007 年第 4 期。

张璟玮、徐大明：《人口流动与普通话普及》，《语言文字应用》2008 年第 3 期。

张敏：《城市化进程中农村方言变异探究》，《郑州航空工业管理学院学报（社会科学版）》2010 年第 6 期。

张树铮：《试论普通话对方言语音的影响》，《语言文字应用》1995 年第 4 期。

张先亮：《从新型城镇化角度看市民语言能力》，《中国社会科学》2015 年第 3 期。

张雪平：《试论推广普通话的制约因素》，《华北水利水电学院学报（社科版）》2007 年第 6 期。

张一舟：《从某些多音字的单音化倾向谈起》，《语文建设》1996 年第 10 期。

张瀛月：《"地方普通话"的文献综述》，《文教资料》2012 年第 13 期。

张振兴：《汉语方言调查研究的未来走向》，《云南师范大学学报（哲学社会科学版）》2009 年第 2 期。

章太炎：《对普通话及其有关问题的再思考》，《语文建设通讯》2000 年第 7 期。

赵变亲：《山西沁水方言内部的语音差异》，《语言科学》2019 年第 4 期。

赵擎华：《汾城人普通话口音特征的听辨研究》，《中国司法鉴定》2018 年第 2 期。

赵世开：《当前汉语中的变异现象》，《语文建设》1988 年第 1 期。

赵燕：《近二十年来国内语言态度研究考证》，《云南师范大学学报（对外汉语教学与研究版）》2009 年第 5 期。

赵则玲：《"金华普通话"探微》，《浙江师大学报》1996 年第 5 期。

郑科红：《大学生语言素质提升中语言规范使用的作用与实现》，《语文建设》2016 年第 35 期。

郑欣：《流行语：双重视野下的语言现象研究——从校园流行语调查看当前城市青年流行语》，《青年研究》1999 年第 10 期。

郑张尚芳：《中古三等专有声母非、章组、日喻邪等母的来源》，《语言研究》2003 年第 2 期。

郑彰培、国赫彤：《太原市双方言词汇使用现状的调查》，《南开语言学刊》2006 年第 2 期。

钟武媚：《方言区人普通话习得中的语音缺陷类型探讨》，《大学教育》，2017 年第 4 期。

周红:《〈语言与社会网络〉简介》,《国外语言学》1992年第4期。

周梅:《以语言能力发展为导向的高校汉语课程体系构建》,《安徽农业大学学报(社会科学版)》2016年第6期。

周庆生:《语言和谐思想刍议》,《语言文字应用》2005年第3期。

朱玲君、周敏莉:《地方普通话研究综述》,《湖南冶金职业技术学院学报》2009年第2期。

朱永锴:《"蓝青官话"说略》,《语文研究》1998年第2期。

朱玉金:《方言区学生学习普通话的心理障碍及其对策》,《济宁师范专科学校学报》2005年第5期。

学位论文

白静茹:《大同方言的入声》,硕士学位论文,天津师范大学,2001年。

白琳:《电视方言节目发展现状及应对策略研究》,硕士学位论文,内蒙古大学,2012年。

蔡瑱:《汉语趋向范畴的跨方言专题研究——基于"起"组趋向词的研究》,博士学位论文,复旦大学,2013年。

蔡瑱:《汉语趋向范畴的跨方言专题研究——基于"起"组趋向词的研究》,博士学位论文,复旦大学,2015年。

曹晓燕:《方言和普通话的语音接触研究——以无锡方言为例》,博士学位论文,苏州大学,2012年。

曹玉梅:《朔州市中学生对普通话及朔县方言的态度研究》,硕士学位论文,吉林大学,2012年。

常莎:《晋城方言初探》,硕士学位论文,苏州大学,2008年。

陈凯敏:《长治(市区)方言语音研究》,硕士学位论文,山西师范大学,2014年。

陈里:《方言与普通话对应规律的类推性和类推的非同步性》,硕士学位论文,上海师范大学,1990年。

陈蒙：《"济南普通话"语音研究》，硕士学位论文，山东大学，2009年。

陈焱：《关于英汉方言与标准语接触的比较研究》，硕士学位论文，鲁东大学，2007年。

崔安慧：《山西广灵方言词汇研究》，硕士学位论文，湖南师范大学，2019年。

崔容：《太原盆地方言语音研究》，博士学位论文，山西大学，2014年。

崔淑慧：《山西北区方言语音研究》，博士学位论文，暨南大学，2004年。

崔霞：《大同方音百年来的演变》，硕士学位论文，山西大学，2006年。

杜舒雅：《晋城方言语气词研究》，硕士学位论文，华东师范大学，2018年。

段婕：《方言电视节目研究——山西地方电视台调查研究系列之一》，硕士学位论文，山西大学，2012年。

范椿淑：《从社会语言学的角度考察山西平遥方言的社会功能》，硕士学位论文，西北民族大学，2015年。

范珊珊：《普通话婴儿的两字组轻声词感知》，博士学位论文，中国社会科学院研究生院，2016年。

方芳：《山西平定方言代词研究》，硕士学位论文，陕西师范大学，2016年。

冯孝晶：《太原方言副词研究》，硕士学位论文，辽宁大学，2011年。

郭丽峰：《山西晋语吕梁片方言代词研究》，硕士学位论文，山西师范大学，2018年。

郭娜：《山西省高平市普通话使用情况调查研究》，硕士学位论文，青海师范大学，2013年。

韩沛玲：《五台片方言阳声韵的演变》，硕士学位论文，天津师范大学,2003年。

贺玉龄:《近百年晋语方音研究综述》,硕士学位论文,吉林大学,2017年。

黄佳祥:《进城老年人普通话使用状况的实证调查》,硕士学位论文,广西师范大学,2017年。

贾璐:《宁武方言词汇研究》,硕士学位论文,辽宁师范大学,2019年。

贾晓莹:《太原南郊新派方言声调实验研究》,硕士学位论文,山西大学,2013年。

李林超:《方言类电视新闻栏目研究》,硕士学位论文,新疆大学,2013年。

李玲:《长治方言与语文教学》,硕士学位论文,华中师范大学,2018年。

李蓉:《研临汾话老派与新派语音差异的调查及究》,硕士学位论文,广西大学,2011年。

李婷婷:《晋北方言区小学普通话语音教学问题及对策研究——以大同市南郊区L小学为例》,硕士学位论文,内蒙古师范大学,2017年。

李颖:《朔城区方言助词"哩"研究》,硕士学位论文,山西大学,2011年。

李咏梅:《关于地方普通话的产生动因、价值及未来趋势的探讨——以"南宁普通话"为例》,硕士学位论文,广西大学,2012年。

梁新荣:《山东荣成方言新老派语音差异研究》,硕士学位论文,山东大学,2006年。

刘静:《山西大同方言的实词研究》,硕士学位论文,广西民族大学,2010年。

刘莉芳:《山西晋语形容词重叠研究》,硕士学位论文,华南师范大学,2004年。

刘悦:《山西柳林方言词汇研究》,硕士学位论文,华中师范大学,

2014 年。

刘子琦：《广播电视播音用语功能规划研究——以普通话和汉语方言为中心》，博士学位论文，南开大学，2013 年。

吕建凤：《大同方言的语音研究》，硕士学位论文，福建师范大学，2009 年。

孟睿：《长治方言词义与普通话词义的比较研究》，硕士学位论文，北方民族大学，2017 年。

牛凯波：《长治方言词汇研究》，硕士学位论文，新疆师范大学，2012 年。

潘栖：《大同方言的儿化词词研究》，硕士学位论文，辽宁师范大学，2014 年。

任梅梅：《山西省离石县四个特色词缀研究》，硕士学位论文，湘潭大学，2012 年。

任一娇：《山西晋语名词重叠式》，硕士学位论文，天津师范大学，2017 年。

邵宁：《大同方言的语流音变》，硕士学位论文，河北大学，2006 年。

邵鹏飞：《方言普通话和普通话的韵律比较及评测系统的研究》，硕士学位论文，山东师范大学，2009 年。

史荣：《语言接触视野下的绛县方言指示代词研究》，硕士学位论文，山西大学，2016 年。

司文静：《官话方言核心词共时比较研究》，硕士学位论文，鲁东大学，2014 年。

孙海娜：《我国国家通用语——普通话推广的历史考察及其启示》，硕士学位论文，首都师范大学，2006 年。

孙雯超：《大同本土年轻人对普通话及大同话的态度》，硕士学位论文，内蒙古大学，2011 年。

孙玉卿：《山西方言亲属称谓研究》，博士学位论文，暨南大学，2003 年覃俊珺：《晋语并州片音韵比较》，硕士学位论文，北京大学，2011年。

王慧慧：《山西离石方言代词研究》，硕士学位论文，山西师范大学，2015年。

王丽：《太原年轻人对太原方言的语言态度》，硕士学位论文，太原理工大学，2009年。

王琼：《并州片晋语语言研究》，博士学位论文，北京大学，2012年。

王亚男：《晋城方音在现当代时期的演变情况》，硕士学位论文，北京外国语大学，2015年。

王颖：《太原方言构词法研究》，硕士学位论文，天津师范大学，2019年。

王永祥：《山西太原小店方言语音研究》，硕士学位论文，山西大学，2017年。

王堉程：《山西襄汾方言词汇与普通话词汇的比较研究》，硕士学位论文，山西大学，2016年。

温栗：《太原城区方言副词研究》，硕士学位论文，河北师范大学，2012年。

吴琼：《徐州口音普通话初探》，硕士学位论文，华中科技大学，2004年。

吴文杰：《平定方言研究》，硕士学位论文，山东大学，2008年。

席卓馨：《晋语介休话亲属称谓词语研究》，硕士学位论文，中央民族大学，2016年。

谢雅乐：《语言接触背景下宁乡地方普通话中的语气词变异研究》，硕士学位论文，湘潭大学，2013年。

徐晶：《推广普通话与保护方言的关系研究综述》，硕士学位论文，东北师范大学，2014年。

许令：《高师中文专业普通话教学的问题与对策》，硕士学位论文，湖南师范大学，2008年。

延俊荣、刘芳:《平定方言研究》,硕士学位论文,山东大学,2014年。

杨慧芝:《阳城方言词汇词形词义及流变特征研究——基于与普通话词汇的比较》,硕士学位论文,辽宁大学,2016年。

杨静:《朔城区方言语音研究》,硕士学位论文,辽宁师范大学,2016年。

杨俊芳:《汉语方言形容词重叠研究》,博士学位论文,复旦大学,2008年。

杨琦:《山西大同方言"V+趋"结构及其演化研究》,硕士学位论文,上海师范大学,2013年。

尹国梁:《山西方言重叠研究》,硕士学位论文,山西大学,2016年。

岳彦廷:《平定城区方言常用词变异研究》,硕士学位论文,山西师范大学,2012年。

张超:《太原南郊新派方言元音实验研究》,硕士学位论文,山西大学,2013年。

张从容:《长治惠民社区语言情况的调查研究》,硕士学位论文,北方民族大学,2018年。

张红瑜:《从人们的语言态度透视方言的社会功能》,硕士学位论文,烟台大学,2009年。

张洁:《太原方音百年来的演变》,硕士学位论文,山西大学,2005年。

张敏:《长治(市区)方言语音研究》,硕士学位论文,山西师范大学,2014年。

张天明:《离石方言重叠式研究》,硕士学位论文,山西大学,2014年。

张韡琦:《以地域文化为视角的大同方言特种词汇研究》,硕士学位论文,西安外国语大学,2017年。

张晓玲:《大同县方言词汇比较研究》,硕士学位论文,云南师范大学，2017年。

张轶南：《晋城方言语音研究》，硕士学位论文，辽宁师范大学，2017年。

张莹：《普通话的态度语音韵律研究》，硕士学位论文，南京师范大学，2011年。

张颖：《中介语的研究》，硕士学位论文，黑龙江大学，2006年。

赵伟：《长治与太原方言的词汇差异研究》，硕士学位论文，长沙理工大学，2016年。

赵小英：《忻州方言的连读变调》，硕士学位论文，天津师范大学，2003年。

郑翔：《太原话与普通话若干词汇辨异》，硕士学位论文，广西大学，2013年。

朱红红：《五台方言向普通话靠拢趋势考察——从词汇的角度》，硕士学位论文，山西大学，2007年。

附　录

一　各县市发放和回收问卷的具体数量情况

县市	发放问卷数	回收有效问卷数
太原市	280	267
阳曲县	150	121
娄烦县	130	123
古交市	300	258
清徐县	150	130
晋中市	130	115
寿阳县	150	119
昔阳县	130	90
和顺县	130	88
祁　县	110	90
榆社县	150	119
左权县	100	75
平遥县	200	172
介休市	100	78
灵石县	120	93
阳泉市	200	157
盂　县	100	80
平定县	300	246

续表

县市	发放问卷数	回收有效问卷数
交城县①	250	212
文水县	200	178
孝义市	120	105
大同市	400	356
大同县	120	116
天镇县	100	92
阳高县	100	96
左云县	90	78
浑源县	80	76
灵丘县	100	92
朔州市	120	103
右玉县	120	120
怀仁市	210	193
山阴县	100	87
应县	500	461
忻州市	100	97
河曲县	100	85
神池县	90	79
代县	110	101
保德县	90	87
岢岚县	100	98
原平市	300	287
五台县	80	71
定襄县	110	101
五寨县	90	86
偏关县	90	85
宁武县	110	96

① 交城县、文水县、孝义市从行政区划上看属于西部吕梁市管辖，但从语言特征上看，依据《山西方言调查研究报告》，我们将其归入山西晋语中区。

续表

县市	发放问卷数	回收有效问卷数
繁峙县	90	80
吕梁市	140	136
兴　县	130	125
岚　县	120	113
临　县	90	77
柳林县	120	119
中阳县	130	129
汾阳市	250	236
石楼县	130	112
交口县	80	77
方山县	80	76
静乐县	100	90
汾西县	260	254
隰　县	70	68
长治市	880	817
沁源县	90	84
沁　县	150	142
武乡县	110	102
襄垣县	130	121
黎城县	140	138
潞城市①	90	87
屯留县	150	130
平顺县	120	112
壶关县	160	148
长治县	90	80
长子县	140	130
晋城市	200	179

---

① 2018年年11月，长治市部分行政区划调整，将潞城市、屯留县、长治县分别调整为长治市潞城区、屯留区、上党区，但从语言特征上看，这些地方的方言与长治市区方言有较明显不同，本书仍按旧称。

续表

县市	发放问卷数	回收有效问卷数
沁水县	110	105
高平市	270	252
陵川县	360	345
阳城县	260	247
泽州县	350	325

二 被调查对象基本情况

表1[①]　　　　　　被调查对象的性别分布情况

	男	女
山西	4677	6618
	41.4%	58.6%
北部	1481	1742
	46%	54%
西部	725	887
	45%	55%
中部	1156	1760
	39.6%	60.4%
东南部	1315	2229
	37.1%	62.9%
大同市	142	214
	39.9%	60.1%
大同县	50	66
	43.1%	56.9%
天镇县	35	57
	38%	62%

---

① 每个地点后面有两行，其中一行的数字为相应的人数，另一行表示相应的占比。本书其他表格的排列均与此一致，不赘。

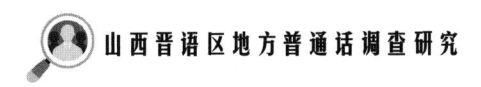

续表

	男	女
阳高县	49	47
	51%	49%
左云县	31	47
	39.7%	60.3%
浑源县	26	50
	34.2%	65.8%
灵丘县	46	46
	50%	50%
朔州市	41	62
	39.8%	60.2%
右玉县	65	55
	54.2%	45.8%
怀仁县	90	103
	46.6%	53.4%
山阴县	41	46
	47.1%	52.9%
应县	222	239
	48.2%	51.8%
忻州市	49	48
	50.5%	49.5%
河曲县	36	49
	42.4%	57.6%
神池县	47	32
	59.5%	40.5%
代县	39	62
	38.6%	61.4%
保德县	38	49
	43.7%	56.3%
岢岚县	50	48
	51%	49%
原平市	137	150
	47.7%	52.3%

续表

	男	女
五台县	22	49
	31%	69%
定襄县	46	55
	45.5%	54.5%
五寨县	46	40
	53.5%	46.5%
偏关县	41	44
	48.2%	51.8%
宁武县	49	47
	51%	49%
繁峙县	43	37
	53.8%	46.3%
吕梁市	60	76
	44.1%	55.9%
兴县	64	61
	51.2%	48.8%
岚县	57	56
	50.4%	49.6%
临县	30	47
	39%	61%
柳林县	49	70
	41.2%	58.8%
中阳县	49	80
	38%	62%
汾阳市	93	143
	39.4%	60.6%
石楼县	47	65
	42%	58%
交口县	44	33
	57.1%	42.9%
方山县	41	35
	53.9%	46.1%

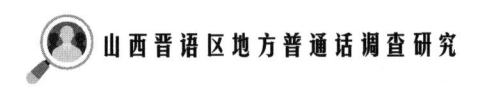

续表

	男	女
静乐县	39	51
	43.3%	56.7%
汾西县	120	134
	47.2%	52.8%
隰县	32	36
	47.1%	52.9%
太原市	89	178
	33.3%	66.7%
阳曲县	52	69
	43%	57%
娄烦县	45	78
	36.6%	63.4%
古交市	111	147
	43%	57%
清徐县	47	83
	36.2%	63.8%
晋中市	36	79
	31.3%	68.7%
寿阳县	51	68
	42.9%	57.1%
昔阳县	31	59
	34.4%	65.6%
和顺县	30	58
	34.1%	65.9%
祁县	31	59
	34.4%	65.6%
榆社县	47	72
	39.5%	60.5%
左权县	20	55
	26.7%	73.3%
平遥县	86	86
	50%	50%

续表

	男	女
介休市	24	54
	30.8%	69.2%
灵石县	41	52
	44.1%	55.9%
阳泉市	68	89
	43.3%	56.7%
盂县	37	43
	46.3%	53.8%
平定县	117	129
	47.6%	52.4%
交城县	73	139
	34.4%	65.6%
文水县	73	105
	41%	59%
孝义市	47	58
	44.8%	55.2%
长治市	233	584
	28.5%	71.5%
沁源县	43	41
	51.2%	48.8%
沁县	60	82
	42.3%	57.7%
武乡县	37	65
	36.3%	63.7%
襄垣县	41	80
	33.9%	66.1%
黎城县	55	83
	39.9%	60.1%
潞城市	32	55
	36.8%	63.2%
屯留县	36	94
	27.7%	72.3%

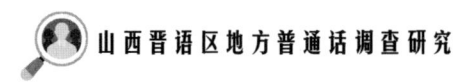

续表

	男	女
平顺县	43	69
	38.4%	61.6%
壶关县	48	100
	32.4%	67.6%
长治县	22	58
	27.5%	72.5%
长子县	49	81
	37.7%	62.3%
晋城市	62	117
	34.6%	65.4%
沁水县	51	54
	48.6%	51.4%
高平市	91	161
	36.1%	63.9%
陵川县	170	175
	49.3%	50.7%
阳城县	126	121
	51%	49%
泽州县	116	209
	35.7%	64.3%

表2　　　　被调查对象的年龄分布情况

	12岁以下	12—18	19—30	31—45	46—60	60岁以上
山西	376	1618	4266	2586	1880	569
	3.3%	14.3%	37.8%	22.9%	16.6%	5%
北部	76	555	1232	733	453	174
	2.4%	17.2%	38.2%	22.7%	14.1%	5.4%
西部	58	263	566	239	377	109
	3.6%	16.3%	35.1%	14.8%	23.4%	6.8%
中部	71	351	1109	750	498	137
	2.4%	12%	38%	25.7%	17.1%	4.7%

续表

	12 岁以下	12—18	19—30	31—45	46—60	60 岁以上
东南部	171	449	1359	864	552	149
	4.8%	12.7%	38.3%	24.4%	15.6%	4.2%
大同市	1	17	118	111	79	30
	0.3%	4.8%	33.1%	31.2%	22.2%	8.4%
大同县	9	31	40	17	12	7
	7.8%	26.7%	34.5%	14.7%	10.3%	6%
天镇县	0	0	24	40	19	9
	0%	0%	26.1%	43.5%	20.7%	9.8%
阳高县	3	36	26	16	14	1
	3.1%	37.5%	27.1%	16.7%	14.6%	1%
左云县	1	17	28	22	9	1
	1.3%	21.8%	35.9%	28.2%	11.5%	1.3%
浑源县	0	1	34	17	18	6
	0%	1.3%	44.7%	22.4%	23.7%	7.9%
灵丘县	6	8	44	10	15	9
	6.5%	8.7%	47.8%	10.9%	16.3%	9.8%
朔州市	0	2	50	48	3	0
	0%	1.9%	48.5%	46.6%	2.9%	0%
右玉县	3	90	27	0	0	0
	2.5%	75%	22.5%	0%	0%	0%
怀仁县	11	85	90	5	2	0
	5.7%	44%	46.6%	2.6%	1%	0%
山阴县	2	28	40	17	0	0
	2.3%	32.2%	46%	19.5%	0%	0%
应县	9	117	283	22	16	14
	2%	25.4%	61.4%	4.8%	3.5%	3%
忻州市	0	7	25	39	13	13
	0%	7.2%	25.8%	40.2%	13.4%	13.4%
河曲县	2	7	39	25	7	5
	2.4%	8.2%	45.9%	29.4%	8.2%	5.9%
神池县	0	24	21	12	17	5
	0%	30.4%	26.6%	15.2%	21.5%	6.3%

续表

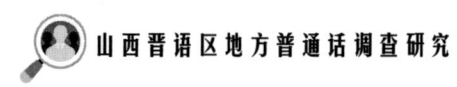

	12岁以下	12—18	19—30	31—45	46—60	60岁以上
代县	6	19	17	30	19	10
	5.9%	18.8%	16.8%	29.7%	18.8%	9.9%
保德县	1	5	23	40	16	2
	1.1%	5.7%	26.4%	46%	18.4%	2.3%
岢岚县	5	16	25	28	20	4
	5.1%	16.3%	25.5%	28.6%	20.4%	4.1%
原平市	0	0	101	94	70	22
	0%	0%	35.2%	32.8%	24.4%	7.7%
五台县	0	0	21	22	28	0
	0%	0%	29.6%	31%	39.4%	0%
定襄县	2	15	21	32	24	7
	2%	14.9%	20.8%	31.7%	23.8%	6.9%
五寨县	3	8	29	32	9	5
	3.5%	9.3%	33.7%	37.2%	10.5%	5.8%
偏关县	9	14	33	15	8	6
	10.6%	16.5%	38.8%	17.6%	9.4%	7.1%
宁武县	3	8	47	11	17	10
	3.1%	8.3%	49%	11.5%	17.7%	10.4%
繁峙县	0	0	26	28	18	8
	0%	0%	32.5%	35%	22.5%	10%
吕梁市	1	3	73	16	34	9
	0.7%	2.2%	53.7%	11.8%	25%	6.6%
兴县	7	27	36	22	29	4
	5.6%	21.6%	28.8%	17.6%	23.2%	3.2%
岚县	5	27	38	20	15	8
	4.4%	23.9%	33.6%	17.7%	13.3%	7.1%
临县	0	3	33	1	27	13
	0%	3.9%	42.9%	1.3%	35.1%	16.9%
柳林县	4	12	33	2	49	19
	3.4%	10.1%	27.7%	1.7%	41.2%	16%
中阳县	1	24	61	20	20	3
	0.8%	18.6%	47.3%	15.5%	15.5%	2.3%

续表

	12岁以下	12—18	19—30	31—45	46—60	60岁以上
汾阳市	4	32	81	4	93	22
	1.7%	13.6%	34.3%	1.7%	39.4%	9.3%
石楼县	11	36	20	26	14	5
	9.8%	32.1%	17.9%	23.2%	12.5%	4.5%
交口县	5	8	26	12	16	10
	6.5%	10.4%	33.8%	15.6%	20.8%	13%
方山县	5	11	24	18	12	6
	6.6%	14.5%	31.6%	23.7%	15.8%	7.9%
静乐县	0	1	40	30	16	3
	0%	1.1%	44.4%	33.3%	17.8%	3.3%
汾西县	9	74	78	51	38	4
	3.5%	29.1%	30.7%	20.1%	15%	1.6%
隰县	6	5	23	17	14	3
	8.8%	7.4%	33.8%	25%	20.6%	4.4%
太原市	1	19	168	62	15	2
	0.4%	7.1%	62.9%	23.2%	5.6%	0.7%
阳曲县	6	23	50	30	7	5
	5%	19%	41.3%	24.8%	5.8%	4.1%
娄烦县	5	13	63	27	14	1
	4.1%	10.6%	51.2%	22%	11.4%	0.8%
古交市	10	49	69	64	59	7
	3.9%	19%	26.7%	24.8%	22.9%	2.7%
清徐县	11	24	44	18	23	10
	8.5%	18.5%	33.8%	13.8%	17.7%	7.7%
晋中市	1	6	63	32	8	5
	0.9%	5.2%	54.8%	27.8%	7%	4.3%
寿阳县	13	23	28	29	19	7
	10.9%	19.3%	23.5%	24.4%	16%	5.9%
昔阳县	4	9	23	32	19	3
	4.4%	10%	25.6%	35.6%	21.1%	3.3%
和顺县	0	11	35	23	16	3
	0%	12.5%	39.8%	26.1%	18.2%	3.4%

续表

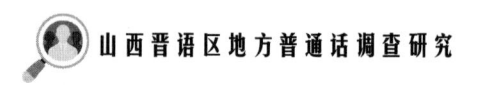

	12岁以下	12—18	19—30	31—45	46—60	60岁以上
祁县	2	12	33	26	9	8
	2.2%	13.3%	36.7%	28.9%	10%	8.9%
榆社县	0	1	32	44	36	6
	0%	0.8%	26.9%	37%	30.3%	5%
左权县	0	2	24	21	25	3
	0%	2.7%	32%	28%	33.3%	4%
平遥县	0	2	71	42	47	10
	0%	1.2%	41.3%	24.4%	27.3%	5.8%
介休市	0	0	28	24	23	3
	0%	0%	35.9%	30.8%	29.5%	3.8%
灵石县	4	25	32	20	7	5
	4.3%	26.9%	34.4%	21.5%	7.5%	5.4%
阳泉市	0	2	42	54	50	9
	0%	1.3%	26.8%	34.4%	31.8%	5.7%
盂县	3	1	21	39	12	4
	3.8%	1.3%	26.3%	48.8%	15%	5%
平定县	0	2	78	91	48	27
	0%	0.8%	31.7%	37%	19.5%	11%
交城县	10	83	56	23	28	12
	4.7%	39.2%	26.4%	10.8%	13.2%	5.7%
文水县	0	27	89	36	21	5
	0%	15.2%	50%	20.2%	11.8%	2.8%
孝义市	1	17	60	13	12	2
	1%	16.2%	57.1%	12.4%	11.4%	1.9%
长治市	69	59	364	242	68	15
	8.4%	7.2%	44.6%	29.6%	8.3%	1.8%
沁源县	8	28	21	0	21	6
	9.5%	33.3%	25%	0%	25%	7.1%
沁县	14	36	68	2	16	6
	9.9%	25.4%	47.9%	1.4%	11.3%	4.2%
武乡县	12	31	27	6	17	9
	11.8%	30.4%	26.5%	5.9%	16.7%	8.8%

续表

	12岁以下	12—18	19—30	31—45	46—60	60岁以上
襄垣县	0	2	51	39	22	7
	0%	1.7%	42.1%	32.2%	18.2%	5.8%
黎城县	10	52	40	3	24	9
	7.2%	37.7%	29%	2.2%	17.4%	6.5%
潞城市	0	8	33	8	33	5
	0%	9.2%	37.9%	9.2%	37.9%	5.7%
屯留县	1	38	44	29	14	4
	0.8%	29.2%	33.8%	22.3%	10.8%	3.1%
平顺县	12	23	51	14	10	2
	10.7%	20.5%	45.5%	12.5%	8.9%	1.8%
壶关县	11	41	70	7	16	3
	7.4%	27.7%	47.3%	4.7%	10.8%	2%
长治县	2	9	45	16	6	2
	2.5%	11.3%	56.3%	20%	7.5%	2.5%
长子县	0	6	36	9	59	20
	0%	4.6%	27.7%	6.9%	45.4%	15.4%
晋城市	0	2	82	64	25	6
	0%	1.1%	45.8%	35.8%	14%	3.4%
沁水县	4	8	32	41	15	5
	3.8%	7.6%	30.5%	39%	14.3%	4.8%
高平市	0	3	78	109	52	10
	0%	1.2%	31%	43.3%	20.6%	4%
陵川县	25	100	132	61	23	4
	7.2%	29%	38.3%	17.7%	6.7%	1.2%
阳城县	1	2	70	89	70	15
	0.4%	0.8%	28.3%	36%	28.3%	6.1%
泽州县	2	1	115	125	61	21
	0.6%	0.3%	35.4%	38.5%	18.8%	6.5%

表3　　　　　　　　　被调查对象的职业分布情况

	教师	公务员	企事业单位人员	商业服务人员	农民	学生	无业人员	其他
山西	997	428	1513	384	1384	4505	179	726
	8.8%	3.8%	13.4%	3.4%	12.3%	39.9%	1.6%	6.4%
北部	250	134	461	115	342	1352	54	179
	7.8%	4.2%	14.3%	3.6%	10.6%	41.9%	1.7%	5.6%
西部	95	60	177	63	282	653	23	75
	5.9%	3.7%	11%	3.9%	17.5%	40.5%	1.4%	4.7%
中部	275	112	399	100	366	1001	54	243
	9.4%	3.8%	13.7%	3.4%	12.6%	34.3%	1.9%	8.3%
东南部	377	122	476	106	394	1499	48	229
	10.6%	3.4%	13.4%	3%	11.1%	42.3%	1.4%	6.5%
大同市	53	20	96	6	21	76	6	28
	14.9%	5.6%	27%	1.7%	5.9%	21.3%	1.7%	7.9%
大同县	5	5	5	11	9	64	3	3
	4.3%	4.3%	4.3%	9.5%	7.8%	55.2%	2.6%	2.6%
天镇县	9	14	20	1	15	5	1	3
	9.8%	15.2%	21.7%	1.1%	16.3%	5.4%	1.1%	3.3%
阳高县	5	4	6	6	8	54	1	3
	5.2%	4.2%	6.3%	6.3%	8.3%	56.3%	1%	3.1%
左云县	6	2	7	1	12	28	4	13
	7.7%	2.6%	9%	1.3%	15.4%	35.9%	5.1%	16.7%
浑源县	1	0	27	1	4	16	3	19
	1.3%	0%	35.5%	1.3%	5.3%	21.1%	3.9%	25%
灵丘县	6	5	7	9	11	41	2	6
	6.5%	5.4%	7.6%	9.8%	12%	44.6%	2.2%	6.5%
朔州市	6	2	38	8	0	30	5	13
	5.8%	1.9%	36.9%	7.8%	0%	29.1%	4.9%	12.6%
右玉县	1	1	2	0	0	115	0	1
	0.8%	0.8%	1.7%	0%	0%	95.8%	0%	0.8%

续表

	教师	公务员	企事业单位人员	商业服务人员	农民	学生	无业人员	其他
怀仁县	2	1	5	4	0	180	0	1
	1%	0.5%	2.6%	2.1%	0%	93.3%	0%	0.5%
山阴县	4	2	11	2	1	63	0	2
	4.6%	2.3%	12.6%	2.3%	1.1%	72.4%	0%	2.3%
应县	11	6	26	13	20	362	7	6
	2.4%	1.3%	5.6%	2.8%	4.3%	78.5%	1.5%	1.3%
忻州市	10	10	5	2	19	23	2	9
	10.3%	10.3%	5.2%	2.1%	19.6%	23.7%	2.1%	9.3%
河曲县	3	3	23	5	14	23	0	0
	3.5%	3.5%	27.1%	5.9%	16.5%	27.1%	0%	0%
神池县	15	3	11	3	10	28	0	1
	19%	3.8%	13.9%	3.8%	12.7%	35.4%	0%	1.3%
代县	9	6	14	6	14	31	1	11
	8.9%	5.9%	13.9%	5.9%	13.9%	30.7%	1%	10.9%
保德县	15	5	13	2	16	12	0	7
	17.2%	5.7%	14.9%	2.3%	18.4%	13.8%	0%	8%
岢岚县	13	4	14	1	20	28	2	2
	13.3%	4.1%	14.3%	1%	20.4%	28.6%	2%	2%
原平市	24	15	62	6	66	21	4	33
	8.4%	5.2%	21.6%	2.1%	23%	7.3%	1.4%	11.5%
五台县	5	0	11	1	19	6	0	5
	7%	0%	15.5%	1.4%	26.8%	8.5%	0%	7%
定襄县	10	5	10	8	23	27	2	6
	9.9%	5%	9.9%	7.9%	22.8%	26.7%	2%	5.9%
五寨县	11	3	16	4	14	25	3	0
	12.8%	3.5%	18.6%	4.7%	16.3%	29.1%	3.5%	0%
偏关县	7	3	11	8	7	46	2	0
	8.2%	3.5%	12.9%	9.4%	8.2%	54.1%	2.4%	0%
宁武县	13	10	9	6	7	38	6	0
	13.5%	10.4%	9.4%	6.3%	7.3%	39.6%	6.3%	0%

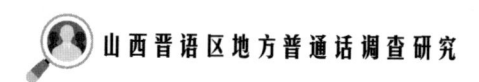

续表

	教师	公务员	企事业单位人员	商业服务人员	农民	学生	无业人员	其他
繁峙县	6	5	12	1	12	10	0	7
	7.5%	6.3%	15%	1.3%	15%	12.5%	0%	8.8%
吕梁市	18	3	28	3	12	36	0	8
	13.2%	2.2%	20.6%	2.2%	8.8%	26.5%	0%	5.9%
兴县	6	7	11	6	15	50	1	11
	4.8%	5.6%	8.8%	4.8%	12%	40%	0.8%	8.8%
岚县	6	7	12	4	12	61	5	2
	5.3%	6.2%	10.6%	3.5%	10.6%	54%	4.4%	1.8%
临县	6	4	10	1	17	26	1	4
	7.8%	5.2%	13%	1.3%	22.1%	33.8%	1.3%	5.2%
柳林县	5	1	8	0	34	46	0	11
	4.2%	0.8%	6.7%	0%	28.6%	38.7%	0%	9.2%
中阳县	4	1	20	2	15	67	0	6
	3.1%	0.8%	15.5%	1.6%	11.6%	51.9%	0%	4.7%
汾阳市	13	3	16	5	68	100	2	10
	5.5%	1.3%	6.8%	2.1%	28.8%	42.4%	0.8%	4.2%
石楼县	6	1	5	3	21	57	1	1
	5.4%	0.9%	4.5%	2.7%	18.8%	50.9%	0.9%	0.9%
交口县	6	8	5	10	14	20	2	2
	7.8%	10.4%	6.5%	13%	18.2%	26%	2.6%	2.6%
方山县	7	2	4	8	13	24	6	4
	9.2%	2.6%	5.3%	10.5%	17.1%	31.6%	7.9%	5.3%
静乐县	3	6	16	6	7	22	3	11
	3.3%	6.7%	17.8%	6.7%	7.8%	24.4%	3.3%	12.2%
汾西县	12	10	25	10	44	127	2	4
	4.7%	3.9%	9.8%	3.9%	17.3%	50%	0.8%	1.6%
隰县	3	7	17	5	10	17	0	1
	4.4%	10.3%	25%	7.4%	14.7%	25%	0%	1.5%
太原市	36	5	48	12	4	122	4	21
	13.5%	1.9%	18%	4.5%	1.5%	45.7%	1.5%	7.9%

续表

	教师	公务员	企事业单位人员	商业服务人员	农民	学生	无业人员	其他
阳曲县	12	0	13	0	18	42	7	7
	9.9%	0%	10.7%	0%	14.9%	34.7%	5.8%	5.8%
娄烦县	9	2	17	8	14	47	0	15
	7.3%	1.6%	13.8%	6.5%	11.4%	38.2%	0%	12.2%
古交市	16	10	32	4	28	102	3	20
	6.2%	3.9%	12.4%	1.6%	10.9%	39.5%	1.2%	7.8%
清徐县	8	5	7	3	21	64	1	5
	6.2%	3.8%	5.4%	2.3%	16.2%	49.2%	0.8%	3.8%
晋中市	14	3	20	5	3	49	0	10
	12.2%	2.6%	17.4%	4.3%	2.6%	42.6%	0%	8.7%
寿阳县	15	7	4	7	12	53	5	2
	12.6%	5.9%	3.4%	5.9%	10.1%	44.5%	4.2%	1.7%
昔阳县	9	5	12	2	15	37	1	2
	10%	5.6%	13.3%	2.2%	16.7%	41.1%	1.1%	2.2%
和顺县	8	6	6	5	7	40	4	2
	9.1%	6.8%	6.8%	5.7%	8%	45.5%	4.5%	2.3%
祁县	9	2	6	3	9	34	2	10
	10%	2.2%	6.7%	3.3%	10%	37.8%	2.2%	11.1%
榆社县	7	10	25	7	33	15	3	10
	5.9%	8.4%	21%	5.9%	27.7%	12.6%	2.5%	8.4%
左权县	23	7	14	0	8	15	1	3
	30.7%	9.3%	18.7%	0%	10.7%	20%	1.3%	4%
平遥县	23	6	27	5	36	14	3	25
	13.4%	3.5%	15.7%	2.9%	20.9%	8.1%	1.7%	14.5%
介休市	9	9	9	4	13	9	3	10
	11.5%	11.5%	11.5%	5.1%	16.7%	11.5%	3.8%	12.8%
灵石县	4	3	11	6	11	49	2	2
	4.3%	3.2%	11.8%	6.5%	11.8%	52.7%	2.2%	2.2%
阳泉市	15	9	46	8	16	14	1	21
	9.6%	5.7%	29.3%	5.1%	10.2%	8.9%	0.6%	13.4%

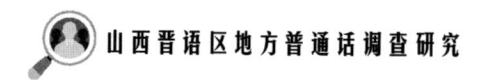

续表

	教师	公务员	企事业单位人员	商业服务人员	农民	学生	无业人员	其他
盂县	10	2	18	4	5	8	4	9
	12.5%	2.5%	22.5%	5%	6.3%	10%	5%	11.3%
平定县	21	14	33	10	64	21	3	32
	8.5%	5.7%	13.4%	4.1%	26%	8.5%	1.2%	13%
交城县	12	2	18	2	20	118	1	15
	5.7%	0.9%	8.5%	0.9%	9.4%	55.7%	0.5%	7.1%
文水县	13	4	16	1	24	82	3	16
	7.3%	2.2%	9%	0.6%	13.5%	46.1%	1.7%	9%
孝义市	2	1	17	4	5	66	3	6
	1.9%	1%	16.2%	3.8%	4.8%	62.9%	2.9%	5.7%
长治市	109	21	102	28	9	436	19	59
	13.3%	2.6%	12.5%	3.4%	1.1%	53.4%	2.3%	7.2%
沁源县	2	0	4	3	8	55	2	1
	2.4%	0%	4.8%	3.6%	9.5%	65.5%	2.4%	1.2%
沁县	3	0	6	0	7	114	1	2
	2.1%	0%	4.2%	0%	4.9%	80.3%	0.7%	1.4%
武乡县	5	1	1	2	14	67	2	1
	4.9%	1%	1%	2%	13.7%	65.7%	2%	1%
襄垣县	16	1	28	7	15	24	2	21
	13.2%	0.8%	23.1%	5.8%	12.4%	19.8%	1.7%	17.4%
黎城县	6	4	4	3	16	99	0	0
	4.3%	2.9%	2.9%	2.2%	11.6%	71.7%	0%	0%
潞城市	12	4	9	3	16	34	2	1
	13.8%	4.6%	10.3%	3.4%	18.4%	39.1%	2.3%	1.1%
屯留县	34	5	4	2	6	70	0	3
	26.2%	3.8%	3.1%	1.5%	4.6%	53.8%	0%	2.3%
平顺县	7	2	8	6	7	66	1	8
	6.3%	1.8%	7.1%	5.4%	6.3%	58.9%	0.9%	7.1%
壶关县	4	3	9	0	11	111	0	6
	2.7%	2%	6.1%	0%	7.4%	75%	0%	4.1%

续表

	教师	公务员	企事业单位人员	商业服务人员	农民	学生	无业人员	其他
长治县	4	0	7	2	11	50	2	3
	5%	0%	8.8%	2.5%	13.8%	62.5%	2.5%	3.8%
长子县	10	6	12	2	42	34	2	6
	7.7%	4.6%	9.2%	1.5%	32.3%	26.2%	1.5%	4.6%
晋城市	21	8	51	6	17	30	1	16
	11.7%	4.5%	28.5%	3.4%	9.5%	16.8%	0.6%	8.9%
沁水县	12	9	10	7	23	22	3	3
	11.4%	8.6%	9.5%	6.7%	21.9%	21%	2.9%	2.9%
高平市	30	30	71	9	30	18	0	30
	11.9%	11.9%	28.2%	3.6%	11.9%	7.1%	0%	11.9%
陵川县	19	7	20	2	52	212	1	11
	5.5%	2%	5.8%	0.6%	15.1%	61.4%	0.3%	3.2%
阳城县	30	13	54	11	52	25	1	24
	12.1%	5.3%	21.9%	4.5%	21.1%	10.1%	0.4%	9.7%
泽州县	53	8	76	13	58	32	9	34
	16.3%	2.5%	23.4%	4%	17.8%	9.8%	2.8%	10.5%

表4　　　　　　　　　被调查对象的受教育程度分布情况

	没上过学	小学	初中	高中	大专	本科及本科以上
山西	293	1181	2235	2032	1552	4002
	2.6%	10.5%	19.8%	18%	13.7%	35.4%
北部	96	340	697	552	479	1059
	3%	10.5%	21.6%	17.1%	14.9%	32.9%
西部	66	209	376	312	194	455
	4.1%	13%	23.3%	19.4%	12%	28.2%
中部	68	261	600	568	422	997
	2.3%	9%	20.6%	19.5%	14.5%	34.2%
东南部	63	371	562	600	457	1491
	1.8%	10.5%	15.9%	16.9%	12.9%	42.1%

续表

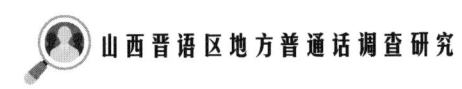

	没上过学	小学	初中	高中	大专	本科及本科以上
大同市	6	18	56	46	70	160
	1.7%	5.1%	15.7%	12.9%	19.7%	44.9%
大同县	7	18	21	22	17	31
	6%	15.5%	18.1%	19%	14.7%	26.7%
天镇县	7	7	21	17	12	28
	7.6%	7.6%	22.8%	18.5%	13%	30.4%
阳高县	3	12	18	24	10	29
	3.1%	12.5%	18.8%	25%	10.4%	30.2%
左云县	1	15	35	10	7	10
	1.3%	19.2%	44.9%	12.8%	9%	12.8%
浑源县	2	12	19	10	9	24
	2.6%	15.8%	25%	13.2%	11.8%	31.6%
灵丘县	7	12	13	13	9	38
	7.6%	13%	14.1%	14.1%	9.8%	41.3%
朔州市	1	0	3	3	12	84
	1%	0%	2.9%	2.9%	11.7%	81.6%
右玉县	1	6	75	13	6	19
	0.8%	5%	62.5%	10.8%	5%	15.8%
怀仁县	1	13	53	51	18	57
	0.5%	6.7%	27.5%	26.4%	9.3%	29.5%
山阴县	0	3	13	20	13	38
	0%	3.4%	14.9%	23%	14.9%	43.7%
应县	13	23	73	116	75	161
	2.8%	5%	15.8%	25.2%	16.3%	34.9%
忻州市	5	16	22	9	13	32
	5.2%	16.5%	22.7%	9.3%	13.4%	33%
河曲县	3	8	16	11	8	39
	3.5%	9.4%	18.8%	12.9%	9.4%	45.9%
神池县	1	8	29	12	13	16
	1.3%	10.1%	36.7%	15.2%	16.5%	20.3%
代县	6	14	24	10	23	24
	5.9%	13.9%	23.8%	9.9%	22.8%	23.8%

续表

	没上过学	小学	初中	高中	大专	本科及本科以上
保德县	1	13	15	17	17	24
	1.1%	14.9%	17.2%	19.5%	19.5%	27.6%
岢岚县	3	19	27	18	12	19
	3.1%	19.4%	27.6%	18.4%	12.2%	19.4%
原平市	9	38	60	62	47	71
	3.1%	13.2%	20.9%	21.6%	16.4%	24.7%
五台县	0	17	19	9	12	14
	0%	23.9%	26.8%	12.7%	16.9%	19.7%
定襄县	3	26	19	18	11	24
	3%	25.7%	18.8%	17.8%	10.9%	23.8%
五寨县	0	12	14	11	26	23
	0%	14%	16.3%	12.8%	30.2%	26.7%
偏关县	4	13	21	8	15	24
	4.7%	15.3%	24.7%	9.4%	17.6%	28.2%
宁武县	5	11	13	12	15	40
	5.2%	11.5%	13.5%	12.5%	15.6%	41.7%
繁峙县	7	6	18	10	9	30
	8.8%	7.5%	22.5%	12.5%	11.3%	37.5%
吕梁市	2	10	29	22	16	57
	1.5%	7.4%	21.3%	16.2%	11.8%	41.9%
兴县	2	18	22	27	19	37
	1.6%	14.4%	17.6%	21.6%	15.2%	29.6%
岚县	7	8	20	29	20	29
	6.2%	7.1%	17.7%	25.7%	17.7%	25.7%
临县	6	12	8	9	7	35
	7.8%	15.6%	10.4%	11.7%	9.1%	45.5%
柳林县	8	29	32	12	9	29
	6.7%	24.4%	26.9%	10.1%	7.6%	24.4%
中阳县	3	7	27	33	31	28
	2.3%	5.4%	20.9%	25.6%	24%	21.7%
汾阳市	7	30	57	46	23	73
	3%	12.7%	24.2%	19.5%	9.7%	30.9%

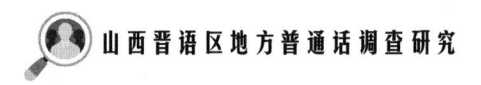

续表

	没上过学	小学	初中	高中	大专	本科及本科以上
石楼县	4	33	41	17	9	8
	3.6%	29.5%	36.6%	15.2%	8%	7.1%
交口县	4	11	17	12	12	21
	5.2%	14.3%	22.1%	15.6%	15.6%	27.3%
方山县	13	14	19	8	7	15
	17.1%	18.4%	25%	10.5%	9.2%	19.7%
静乐县	4	5	14	22	12	33
	4.4%	5.6%	15.6%	24.4%	13.3%	36.7%
汾西县	4	23	77	57	16	77
	1.6%	9.1%	30.3%	22.4%	6.3%	30.3%
隰县	2	9	13	18	13	13
	2.9%	13.2%	19.1%	26.5%	19.1%	19.1%
太原市	0	0	13	15	42	197
	0%	0%	4.9%	5.6%	15.7%	73.8%
阳曲县	2	13	37	33	13	23
	1.7%	10.7%	30.6%	27.3%	10.7%	19%
娄烦县	3	14	24	29	17	36
	2.4%	11.4%	19.5%	23.6%	13.8%	29.3%
古交市	4	28	82	53	28	63
	1.6%	10.9%	31.8%	20.5%	10.9%	24.4%
清徐县	6	21	32	18	16	37
	4.6%	16.2%	24.6%	13.8%	12.3%	28.5%
晋中市	0	6	9	20	12	68
	0%	5.2%	7.8%	17.4%	10.4%	59.1%
寿阳县	6	19	28	22	12	32
	5%	16%	23.5%	18.5%	10.1%	26.9%
昔阳县	1	8	18	30	10	23
	1.1%	8.9%	20%	33.3%	11.1%	25.6%
和顺县	1	5	20	13	7	42
	1.1%	5.7%	22.7%	14.8%	8%	47.7%
祁县	0	7	20	32	8	23
	0%	7.8%	22.2%	35.6%	8.9%	25.6%

续表

	没上过学	小学	初中	高中	大专	本科及本科以上
榆社县	8	21	24	8	23	35
	6.7%	17.6%	20.2%	6.7%	19.3%	29.4%
左权县	1	0	12	13	12	37
	1.3%	0%	16%	17.3%	16%	49.3%
平遥县	5	17	37	39	36	38
	2.9%	9.9%	21.5%	22.7%	20.9%	22.1%
介休市	3	5	18	10	15	27
	3.8%	6.4%	23.1%	12.8%	19.2%	34.6%
灵石县	5	12	20	17	18	21
	5.4%	12.9%	21.5%	18.3%	19.4%	22.6%
阳泉市	3	6	38	25	38	47
	1.9%	3.8%	24.2%	15.9%	24.2%	29.9%
盂县	3	4	8	22	20	23
	3.8%	5%	10%	27.5%	25%	28.8%
平定县	11	33	75	33	32	62
	4.5%	13.4%	30.5%	13.4%	13%	25.2%
交城县	1	27	36	82	18	48
	0.5%	12.7%	17%	38.7%	8.5%	22.6%
文水县	2	11	41	34	24	66
	1.1%	6.2%	23%	19.1%	13.5%	37.1%
孝义市	3	4	8	20	21	49
	2.9%	3.8%	7.6%	19%	20%	46.7%
长治市	3	77	50	69	67	551
	0.4%	9.4%	6.1%	8.4%	8.2%	67.4%
沁源县	2	13	23	17	11	18
	2.4%	15.5%	27.4%	20.2%	13.1%	21.4%
沁县	1	18	23	25	24	51
	0.7%	12.7%	16.2%	17.6%	16.9%	35.9%
武乡县	0	25	25	21	4	27
	0%	24.5%	24.5%	20.6%	3.9%	26.5%
襄垣县	0	4	21	17	30	49
	0%	3.3%	17.4%	14%	24.8%	40.5%

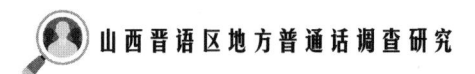

续表

	没上过学	小学	初中	高中	大专	本科及本科以上
黎城县	3	25	33	26	11	40
	2.2%	18.1%	23.9%	18.8%	8%	29%
潞城市	4	5	10	15	13	40
	4.6%	5.7%	11.5%	17.2%	14.9%	46%
屯留县	2	6	7	51	7	57
	1.5%	4.6%	5.4%	39.2%	5.4%	43.8%
平顺县	2	16	10	31	15	38
	1.8%	14.3%	8.9%	27.7%	13.4%	33.9%
壶关县	0	17	30	23	11	67
	0%	11.5%	20.3%	15.5%	7.4%	45.3%
长治县	0	5	14	11	1	49
	0%	6.3%	17.5%	13.8%	1.3%	61.3%
长子县	8	24	35	18	8	37
	6.2%	18.5%	26.9%	13.8%	6.2%	28.5%
晋城市	2	7	26	35	29	80
	1.1%	3.9%	14.5%	19.6%	16.2%	44.7%
沁水县	4	10	26	21	14	30
	3.8%	9.5%	24.8%	20%	13.3%	28.6%
高平市	7	18	33	56	50	88
	2.8%	7.1%	13.1%	22.2%	19.8%	34.9%
陵川县	12	42	86	70	39	96
	3.5%	12.2%	24.9%	20.3%	11.3%	27.8%
阳城县	6	20	60	34	47	80
	2.4%	8.1%	24.3%	13.8%	19%	32.4%
泽州县	7	39	50	60	76	93
	2.2%	12%	15.4%	18.5%	23.4%	28.6%

三 山西晋语区地方普通话使用情况调查问卷

亲爱的朋友：

您好！感谢您百忙之中抽出宝贵的时间来填写我们的调查问卷。我们正在进行山西范围内各居民地方普通话使用情况调查，您被抽选为调查对象。您提供的信息对我们的调查结果影响很大,希望您能依据实际情况认真完成我们的调查问卷,我们会严格遵守相关法律对您的信息保密。谢谢您的合作!

1. 请选择您所在的地区（　　　）

大同市：市区　　　天镇县　　大同县　　阳高县　　左云县　　浑源县　　灵丘县

朔州市：市区　　　右玉县　　怀仁市　　山阴县　　应县

忻州市：市区　　　河曲县　　神池县　　代县　　　保德县　　岢岚县　　原平市
　　　　五台县　　定襄县　　繁峙县　　五寨县　　偏关县　　宁武县

吕梁市：市区　　　兴县　　　岚县　　　临县　　　柳林县　　中阳县　　汾阳市
　　　　石楼县　　交口县　　方山县　　静乐县　　汾西县　　隰县　　　交城县
　　　　文水县　　孝义市

太原市：市区　　　阳曲县　　娄烦县　　古交市　　清徐县

晋中市：市区　　　寿阳县　　昔阳县　　和顺县　　祁县　　　榆社县　　左权县
　　　　平遥县　　介休市　　灵石县

阳泉市：市区　　　孟县　　　平定县

长治市：市区　　　沁源县　　沁县　　　武乡县　　襄垣县　　黎城县　　潞城市
　　　　屯留县　　平顺县　　壶关县　　长治县　　长子县

晋城市：市区　　　沁水县　　高平市　　陵川县　　阳城县　　泽州县

2. 您的性别（　　　）

A. 男　　　　　　　　　　　　　　B. 女

3. 民族（　　　）

A. 汉族　　　　　　　　　　　　　B. 非汉族

4. 你的年龄段（　　　）

A. 12 岁以下　　　　　　　　　　 B. 12—18 岁

C. 19—30 岁　　　　　　　　　　 D. 31—45 岁

E. 46—60 岁以上　　　　　　　　 F. 60 岁以上

5. 受教育程度（　　　）

A. 没上过学　　　　　　　　　　　B. 小学

C. 初中 D. 高中

E. 大专 F. 本科及本科以上

6. 您的职业（   ）

A. 教师 B. 公务员

C. 企事业单位人员 D. 商业、服务人员

E. 个体户 F. 农民

G. 学生 H. 无业人员

I. 其他

7. 您的家庭语言环境（   ）

A. 父母在家用普通话与孩子交流居多

B. 父母在家用当地方言与孩子交流居多

8. 出生地（   ）

A. 本地 B. 其他

9. 现居住地（   ）

A. 本地 B. 其他

10. 您小时候最先学会哪种语言？（   ）

A. 本地话 B. 普通话

C. 其他方言

11. 现在能用哪些话与人交流？（   ）

A. 本地话 B. 普通话

C. 两种话都可以

12. 您会在什么场合使用本地话？（   ）

A. 家里 B. 学校

C. 社交场所 D. 网上聊天

E. 打电话时 F. 对朋友（非本地人）常使用

G. 对朋友（本地人）常使用 H. 对陌生人常使用

I. 在工作单位对同事或在学校对老师同学

J. 在说到专有名词（如：人名、地名、书名、商标名称等）时常使用

附 录

K. 其他场合 L. 基本不使用

13. 您在家时会与（   ）用本地话交流？

A. 常对父母等长辈使用 B. 常对丈夫或妻子使用

C. 常对孩子、孙子等晚辈使用 D. 常对兄弟姐妹等同辈使用

E. 跟邻居/朋友（本地人）常使用

F. 跟邻居/朋友（非本地人）常使用

G. 基本不使用

14. 在工作单位或学校时，在（   ）使用本地方言交流？

A. 谈工作时（非学生） B. 在工作单位聊天时（非学生）

C. 上课发言时（学生） D. 下课与同学聊天时（学生）

E. 下课与老师对话时（学生） F. 其他情况

G. 基本不使用（说明原因）

15. 在当地，您会在什么社交场合使用方言交流？（   ）

A. 商场超市购物时 B. 医院看病时

C. 文化场所参观时 D. 金融场所办事时

E. 休闲场所休闲时 F. 乘坐公共交通工具时

G. 饭店吃饭时 H. 菜市场买菜时

F. 其他情况 G. 基本不使用

16. 您会在什么场合使用普通话？（   ）

A. 家里 B. 学校

C. 社交场所 D. 网上聊天

E. 打电话时 F. 对朋友（非本地人）

G. 对朋友（本地人） H. 对陌生人

I. 在工作单位时对同事或在学校时对老师同学

J. 说专有名词（如：人名、地名、书名、商标名称等）时

K. 其他场合 L. 基本不使用

17. 您在家会与谁用普通话交流？（   ）

A. 父母等长辈 B. 丈夫或妻子

C. 孩子、孙子等晚辈　　　　　　D. 兄弟姐妹等同辈

E. 邻居/朋友（本地人）　　　　　F. 跟邻居/朋友（非本地人）

G. 基本不使用

18. 在工作单位或者学校时，在（　　）使用普通话交流？

A. 谈工作时（非学生）　　　　　B. 在工作单位聊天时（非学生）

C. 上课发言时（学生）　　　　　D. 下课与同学聊天时（学生）

E. 下课与老师对话时（学生）　　F. 其他情况

G. 基本不使用（请说明原因）

19. 在当地，您会在什么社交场所使用普通话交流？（　　）

A. 商场超市购物时　　　　　　　B. 医院看病时

C. 文化场所参观时　　　　　　　D. 金融场所办事时

E. 休闲场所休闲时　　　　　　　F. 乘坐公共交通工具时

G. 饭店吃饭时　　　　　　　　　H. 菜市场买菜时

I. 其他场合　　　　　　　　　　J. 基本不使用

20. 您觉得日常生活中说本地话的人和说本地话的机会与以前相比有什么变化？（　　）

A. 明显增多　　　　　　　　　　B. 略为增多

C. 明显减少　　　　　　　　　　D. 略为减少

E. 没有变化

21. 您觉得本地话使用增多的原因是？（　　）

A. 好听　　　　　　　　　　　　B. 亲切

C. 有用　　　　　　　　　　　　D. 流行

E. 无法回答

22. 您觉得本地话使用减少的原因是？（　　）

A. 不好听　　　　　　　　　　　B. 外地人多

C. 受普通话影响　　　　　　　　D. 强制规定使用普通话

E. 无法回答

23. 您学习普通话的途径（　　）

A. 学校 B. 家里人的影响

C. 电视、网络 D. 社会交往

E. 培训机构 F. 其他途径

24. 您为什么要学习普通话？（   ）

A. 工作或学习需要 B. 个人兴趣

C. 为了与更多的人交往 D. 为了找到更好的工作

E. 单位或学校要求

25. 您的本地话水平怎么样？（   ）

A. 完全能听懂，可以熟练交谈 B. 基本能听懂，基本能交谈

C. 基本能听懂，但不会说 D. 完全听不懂，完全不会说

26. 您的普通话使用状况如何？（   ）

A. 能较流利准确地使用 B. 能较熟练使用但有些音不准

C. 能熟练使用但方言口音较重 D. 基本能交谈但不太熟练

E. 能听懂但不太会说 F. 能听懂一些但不会说

G. 听不懂也不会说

27. 您认为您的普通话程度怎么样？（   ）

A. 标准 B. 略带本地口音的普通话

C. 本地口音很重的普通话 D. 带有其他口音的普通话

28. 您的本地话属于下面哪一类？（   ）

A. 正宗本地话（老年人说的普通话） B. 受普通话影响的本地话

C. 受其他方言影响的本地话 D. 无法回答

29. 您使用本地话的原因？（   ）

A. 对方言有感情 B. 不会说普通话

C. 普通话不标准 D. 方言好听

E. 其他

30. 您使用普通话的原因？（   ）

A. 方便与人交流 B. 有社会影响力

C. 强制规定使用 D. 方言不好听

E. 其他

31. 您认为在您的生活中是本地话重要还是普通话重要？（   ）

　　A. 本地方言　　　　　　　　　　B. 普通话

　　C. 都重要　　　　　　　　　　　D. 都不重要

32. 您个人更喜欢说哪种话？（   ）

　　A. 本地方言　　　　　　　　　　B. 普通话

33. 您希望自己的普通话达到什么程度？（   ）

　　A. 和新闻联播主持人一样标准　　B. 能较流利准确地使用

　　C. 能进行一般交际　　　　　　　D. 没什么要求

　　E. 无法回答

34. 您认为本地中小学最好用哪种话教学？（   ）

　　A. 普通话　　　　　　　　　　　B. 本地方言

　　C. 外语　　　　　　　　　　　　D. 无所谓

　　E. 无法回答

35. 您对本地方言今后的前途持什么态度？（   ）

　　A. 乐观，使用范围和频率上升　　B. 悲观，使用范围和频率下降

　　C. 期望，应该积极保护　　　　　D. 绝望，会逐渐消亡

　　F. 无所谓

谢谢您的认真填写，感谢您对我们调查工作的支持，祝您生活愉快！

说明：1—11为必做题，第11题选择"本地话"的做12、13、14、15、20、21、22、23、24、25、28、29、31、32、33、34、35，选择"普通话"的做16、17、18、19、20、21、22、23、24、26、27、30、31、32、33、34、35，其中21、22也为选做题，根据20题的情况选择一题。

后　　记

2022年4月，国家哲学社会科学基金一般项目"山西晋语区'地方普通话'和'新派方言'的调查与研究"顺利结项。本书是该项目成果的一部分内容。

随着山西经济、文化的迅速发展，对外交流程度的不断加深，大众传媒影响力的日益扩大，推广普通话的力度不断加大，在山西晋语区形成了方言与普通话并存的"双言"格局。但在山西晋语的长期影响下，山西晋语区的人们所说的普通话势必带有一定的方言特征，那么，这种地方普通话的使用情况以及语音特点如何，引起了我的研究兴趣。项目立项之后，除了繁重的教学和行政工作外，我几乎把剩余的全部时间和精力都投入这个项目上。由于兼任管理岗位，白天要忙于很多的行政工作，所以我更期待用晚上"充足"的时间来查找文献、梳理思路。回想起那段白加黑，5加2的无缝对接的日子，内心最真实的感受是：苦与乐交织，煎熬又充实。"苦"在于自己身处的忙碌状态，"乐"在于发现并解决了更多有趣的语言问题。

为了有效开展调查，我按照研究计划利用暑假整块时间按部就班地进行调查、描写、分析。我们调查了山西晋语区77个县市的人们对地方普通话和方言的语言选用、语言态度、语言能力、语言习得等问题；调查了山西晋语区9个市区地方普通话的语言特征，以及山西晋语区9个市区的新派方言。尤其在对地方普通话与方言使用情况的调查中，由于涉及的地域范围较广，对被调查人的年龄、性别、职业、受教育程度、居住地等都有一定的要求，因此，寻找合适的被调查人是开展这一项目必须解决的首要问题，也遇到了更多联系上的困难。在这里我由衷感谢单位的各位老师和同学，他们非常热心地帮助我联系到所需要的各种类型的被调查人。在调查过程中，有些被调查人并不是非常了解和理解这项调查工作的意义，有些被调查人在被调查前痛快答应，但一看到问题繁多的问卷后就失去耐心，扬长而去，无论我们怎么解释、劝说，他们也不再配合。对此，我们感到非常无奈，甚至痛心；但所幸仍有很多的被调查人能够积极配合和理解我们的调查工作，认为这项工作对于了解当下山西晋语区普通话和方言的使用现状颇有意义。吕梁离石的慧琳一家，一听我们是远道而来的调查小组，无论我们的问题多么繁琐枯燥，他们依然非常配合，尤其是70多岁的武爷爷，他积极联系发音人，从头至尾陪着我们完成了对当地的调查工作，临别前还满怀深情地对我们说："你们做得这个事情好啊，等成果出来了一定要邮给我一份啊。"一个农村的老爷爷有如此的远见，更坚定了我们必须把这件事完成好的决心和信心。

在项目研究过程中，可谓一路跌跌撞撞。目前，学界对山西晋语区地方普通话的相关研究成果很少，这为我们的研究提出了很大的挑战。从实地调查到数据整理、从文献搜集、梳理到材料的分析，项目组成员多次召开讨论会，制定论文框架，梳理研究思路，甚至有时候为某一材料的不同理解而争论得面红耳赤。那种严谨、认真、一丝不苟的态度为我们的团队鼓足了精神。在这里，我十分感谢我的团队，我们齐心协力使研究成果逐渐趋于成熟。

如今，书稿虽已完稿，但还存在很多不足，比如：对于地方普通话的研究更多地集中在语音特征上，没有对其词汇、语法特征进行详细的调查和比较；在调查地方普通话的使用情况时，仅从性别、受教育程度、职业、年龄等四个方面进行分析，而就其他因素对人们使用地方普通话是否有影响还缺少进一步的研究。

就在不知不觉间，山西晋语区的77个县市都有了我们的足迹，我也更加期待在未来的某一天还会再次登上那片土地，与那里的人们喜乐相逢，继续话方言！